Tessin

Barbara Schaefer

Gratis-Download: Updates & aktuelle Extratipps der Autorin

Unsere Autoren recherchieren auch nach Redaktionsschluss für Sie weiter. Auf unserer Homepage finden Sie Updates und persönliche Zusatztipps zu diesem Reiseführer.

Zum Ausdrucken und Mitnehmen oder als kostenloser Download für Smartphone, Tablet und E-Reader.
Besuchen Sie uns jetzt!
www.dumontreise.de/tessin

short.travel/y8kz6

DUMONT
Reise-Taschenbuch

Reiseinfos, Adressen, Websites

Panorama – Daten, Essays, Hintergründe

Unterwegs im Tessin

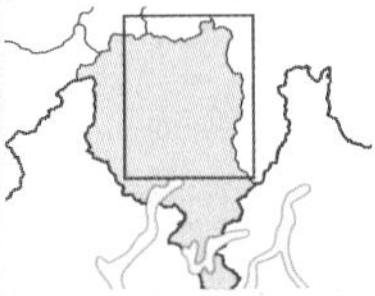

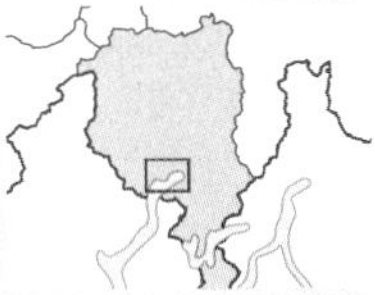

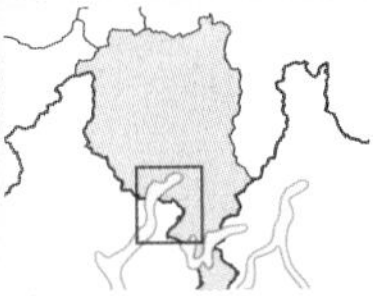

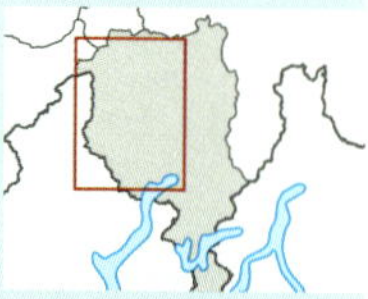

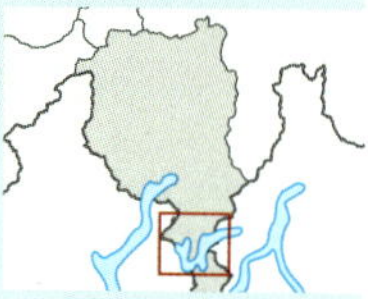

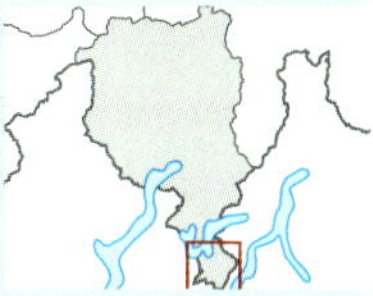

Auf Entdeckungstour

Karten und Pläne

s. hintere Umschlagklappe

▶ Dieses Symbol im Buch verweist auf die Extra-Reisekarte Tessin

Liebe Leserin, lieber Leser,

es war kurz nach dem Abitur, mit einer Freundin wollte ich in den Süden. Vielleicht ans Meer? Nicht doch, ich hatte so eine intellektuelle Phase und sehnte mich nach dem Monte Verità, dem Hügel der Aussteiger und Avantgardisten! Wir fuhren also nach Ascona, und spazierten – etwas ratlos – durch die Ansammlung von Hütten auf dem ›Wahrheitsberg‹. Der erleuchtende Funke wollte nicht überspringen. Umso mehr packte uns aber das Tessin-Fieber. Begeistert schlenderten wir durch Dörfer, lagen am See, entdeckten die Grotti und tranken Rotwein aus dem Boccalino, dem ›irdenen Krüglein‹, wie der Dichter schwärmte – unseren Hesse hatten wir natürlich gelesen.

Seither fahre ich immer wieder in das Tessin, und auf jeder Reise fällt mir etwas auf, das ich vorher noch nie wahrgenommen habe. Ein Blick auf einen See, ein Durchgang in einem Dorf, eng, zwischen alten Mauern, und plötzlich öffnet sich wieder eine andere Aussicht auf bewaldete Berge. Überhaupt die Berge: Bei jeder Reise plane ich eine Wanderung ein, um zu Fuß eine neue Ecke kennenzulernen und sie Ihnen dann in meinem Buch vorzustellen. So kam ich irgendwann ins Val Bavona. Was für ein urgewaltiges Tal, riesige Felsblöcke liegen herum. Die Sonne scheint sogar im Sommer nur ein paar Stunden auf die Dächer der grauen Häuser. Karg muss das Leben hier gewesen sein, so wildromantisch es heute auch aussehen mag.

Gerne gebe ich zu: Die meiste Zeit im Tessin verbringe ich in Seenähe. Auch an die Seepromenaden nehme ich Sie in meinem Buch mit, zeige Ihnen, wo der Seeblick besonders ist oder wo die Wellen sanft gegen das Ufer plätschern. Weil Spaziergänge hungrig machen, sammle ich auch kulinarische Entdeckungen. Mal lasse ich mir Formaggini auf rustikalen Granittischen, mal experimentelle Kreationen auf Designer-Tellern servieren. Und manchmal muss es auch einfach ein Eis sein, zuletzt entdeckt: Mon-Chéri-Eis in Locarno und das Santorini aus griechischem Joghurt und Bio-Honig in Lugano. Wenn mir dann der Trubel in den Gassen der Stadt zu viel wird, büchse ich wieder aus, in die Berge.

Intensive Natur- und Kulturerlebnisse wünsche ich Ihnen auf Ihrer Tessin-Reise!

Ihre

Licht und Wasser in perfekter Harmonie – der Lago di Lugano von Morcote aus gesehen

Leser fragen, Autoren antworten

Tessin persönlich – meine Tipps

Was sind gute Standorte?

Das Tessin ist nicht groß und man kann durchaus in wenigen Tagen alles abfahren – viel sehen wird man dann allerdings nicht. Wer nur eine Woche Zeit hat, sollte sich zwischen dem Nordtessin, dem Sopraceneri, und dem Südtessin, dem Sottoceneri, entscheiden. Also entweder das Quartier in der Gegend um **Locarno** oder um **Lugano** wählen.

Im Sopraceneri, dem mehr den Bergen zugewandten Teil des Tessins, locken alpine Touren. Hier in den großen Tälern wie dem Vallemaggia und Verzascatal setzt nur die eigene Kondition dem Wandern Grenzen. Der Lago Maggiore ist trotzdem nie weit.

Im südlichen Teil werden die Hügel sanfter, die Wanderungen im Malcantone sind nicht so anspruchsvoll, sorgen aber dennoch für einen guten Appetit. Wer mehr Zeit im Tessin verbringen möchte, kann zwischen beiden Standorten wechseln. Rundreisen bieten sich im Tessin weniger an, weil man immer wieder in lange Täler hinein- und wieder aus ihnen herausfährt.

Welche größeren Orte lohnen einen Besuch?

Alle vier Städte im Tessin! **Bellinzona,** die Hauptstadt, ist wenig touristisch, dabei sind die drei Burgen UNESCO-Kulturerbe und absolut sehenswert. **Ascona** hat seinen eigenen, ruhigen Rhythmus und die entspannteste Uferpromenade. In **Locarno** geht es geschäftiger zu, schön ist das Auf und Ab der Altstadtgassen. Und wer auf italienische Lebensart steht, wird **Lugano** aufsuchen. Von den Essensgewohnheiten – spät und mediterran – bis zur Kleidung im Stadtbild – High-Heels und Anzug – ist der Einfluss des Nachbarn unverkennbar.

Gibt es besonders reizvolle Dörfer?

Das Dorf **Corippo** im Val Verzasca steht komplett unter Denkmalschutz.

Sehenswerte Orte, Dörfer, Architektur

Es war zu abgelegen, bis auf ein paar Alte wanderten die Bewohner aus – und hinterließen das intakte Ortsbild. Die Häuser sind so steil an den Hang gebaut, dass das untere Stockwerk oftmals von einer unteren Gasse, der erste Stock mit der Kammer nur von einer höher am Hang gelegenen Gasse zu erreichen ist.

Und das weltabgelegene **Comologno** im Valle Onsernone – einst Heimat von Intellektuellen und Flüchtlingen – ist ebenfalls einen Besuch wert.

Welche Architekturdenkmäler sind interessant?

Von den romanischen Kirchen gefallen mir die Chiesa San Nicolao in **Giornico** und die Chiesa San Carlo in **Negrentino** besonders gut. Beide sind mit Fresken reich verziert. Als Profanbauten sind die drei mittelalterlichen Burgen von **Bellinzona** sehenswert. Berühmt ist das Tessin auch für seine moderne Architektur: San Giovanni Battista in **Mogno** von Mario Botta im hintersten Vallemaggia ist ein echtes Highlight. Und in **Lugano** bietet sich ein Stadtrundgang zu Fuß auf den Spuren zeitgenössischen Bauens an, von Klassikern der Moderne aus den 1940er-Jahren über weitere Botta-Bauten bis zum Neubau des Kulturzentrums LAC.

Gibt es empfehlenswerte Museen?

Allein Lugano kann mit drei Kunstmuseen, einem Kanton- und einem ethnologischen Museum aufwarten. Darüber hinaus wird dort demnächst das neue **Kulturzentrum LAC** mit noch mehr Ausstellungsfläche eingeweiht. Vom **Fossilienmuseum** in Meride werden sogar Kinder begeistert sein, da dreht sich viel um Saurier. In Locarno zeigt die **Pinacoteca Comunale Casa Rusca** Wechselausstellungen der Klassischen Moderne. Und in Ascona ist im neu eröffneten **Museo Castello San Materno** moderne Kunst aus der Sammlung Fondazione per la cultura Kurt e Barbara Alten zu sehen.

Wie könnte ein entspannter Sommertag aussehen?

Im Süden des Tessins könnte ein Entspannungstag mit einer Schifffahrt beginnen, eine kleine luftige Tour von Lugano nach **Gandria.** Dort ein Eis essen und auf dem **Sentiero del'Olivo** zurück nach **Lugano** spazieren, immer mit Blick auf den See. In der kühlen Kirche Santa Maria degli Angioli lassen wir die Fresken lange auf uns wirken. Und dann: ans Wasser! Am besten in ein Strandbad, ins **Lido di**

Architektur oder Kunst? – Steinbrücke im Val Bavona

Lugano mit Schwimmbecken, Strand und allem, was zu einem Sommertag dazu gehört.

Was kann ich bei schlechtem Wetter unternehmen?

Als die meistbesuchte Indoor-Attraktion des Kantons zählt mittlerweile das riesige **Outlet-Center Fox-Town** in Mendrisio, das eine Vielzahl an Geschäften und Restaurants sowie ein Casino bietet. Wer lieber planschen will, fährt ins neue **Splash & Spa Tamaro,** ein Wasserpark mit Schwimm- und Thermalbädern, Rutschen und großem Wellnessbereich.

Welche Spezialitäten sollte ich unbedingt probieren?

Die kleinen Tessiner **Käse,** *formaggini* genannt, werden mit Olivenöl serviert, ein zarter Genuss! Kräftiger schmecken die gereiften Sorten, wie sie die Käserei Caseificio del Gottardo produziert, es gibt sie in vielen Lebensmittelläden.

Wer richtig Hunger hat, etwa nach einer Wanderung, kann sich einen **Mazzafam** servieren lassen, einen ›Hungertöter‹: Gebackene Fladen aus Kartoffeln und Maismehl, mit Käse überbacken. Dazu schmeckt der lokale **Merlot,** ein eher heller, nicht zu kräftiger Rotwein. Und – Vegetarier mal weghören – eine weitere Spezialität sind zarte **Fohlenschnitzel.** Gilt als alte Tessiner Kost, wird in manchen Grotti serviert, etwa im Grotto Morchino bei Lugano.

Jeder ein Original: Tessiner Käse

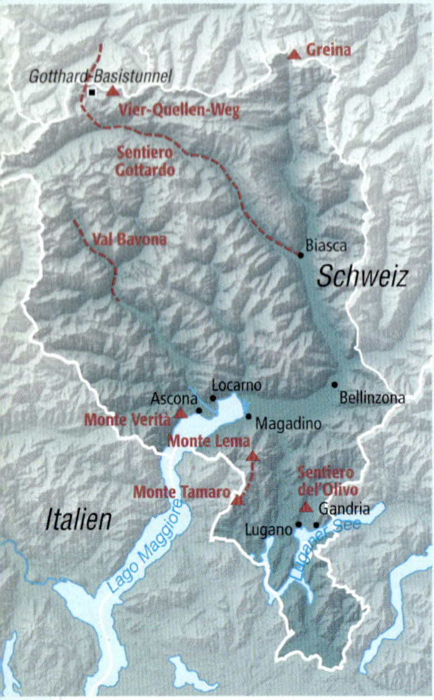

Lohnenswerte Wanderungen

Welche Wanderungen sollte ich unbedingt machen?

Val Bavona – das ursprüngliche Tal lässt sich am besten zu Fuß erleben. Auch wer nur ein oder zwei Stunden den fast ebenen Talboden entlangspaziert versteht, wie hart das Leben hier früher war. Mächtige Felsbrocken liegen herum, an sie angebaut einfache Stein-Behausungen. Die **Überquerung der Greina** hingegen ist ein anspruchsvolles, zweitägiges Unterfangen. Mit alpiner Erfahrung kann man die einsame Tour genießen. Vom **Monte Lema** zum **Monte Tamaro** wird man nicht so alleine unterwegs sein, der tolle Panoramablick lohnt die Tagestour. Eine familienfreundliche 5-Tages-Wanderung bietet der **Vier-Quellen-Weg** im Gotthard-Massiv (www.vier-quellen-weg.ch, ca. 85 km Länge), der zu den Quellen der Flüsse Rhein, Reuss, Ticino und Rhone führt.

Wer das Ungewöhnliche sucht: zu Fuß ins Tessin

Stau auf der Autobahn? Genervt von der langen Anreise? Da wäre es vielleicht eine Alternative, zu Fuß ins Tessin zu marschieren. Der **Sentiero Gottardo** (Passhöhe: 2106 m ü. M.) wurde zum 125-Jahr-Jubiläum der Gotthardbahn im Jahr 2007 eröffnet. Der Bahnlehrpfad führt von Erstfeld im Kanton Uri nach Biasca. Siebzig Infotafeln erzählen aus der teils tragischen Geschichte dieser weltberühmten Strecke und geben Auskunft über Natur und Kultur unterwegs. Neben den beeindruckenden Bauwerken der Technik führt der Wanderweg an weiteren Sehenswürdigkeiten vorbei. Bei den Infocentern der AlpTransit Gotthard AG in Erstfeld und in Pollegio kann man zudem einen Blick in die Zukunft der Bahn werfen. Dort erfährt man alles über den längsten Eisenbahn-Tunnel der Welt, den 57 km langen **Gotthard-Basistunnel.**

Startreff: Filmfestival von Locarno

Tagsüber wandern, abends essen gehen: Hafenrestaurants in Ascona

Wo ist abends etwas los?

In **Lugano** sind die Abende lang, gegessen wird spät, danach in edlen Bars bei Cocktails geplauscht. Von April bis Juni finden Klassikkonzerte im Rahmen des Lugano Festivals, im Juni/Juli Jazz-Konzerte im Rahmen des Estival-Jazz-Festival statt. Das Spielkasino, Diskotheken und Nachtclubs bieten ganzjährig Spiel- und Tanzvergnügen.

Während der Filmfestspiele verwandelt sich die Piazza Grande in **Locarno** in ein Open-Air-Kino.

In **Ascona,** lange ein recht behäbiges Städtchen, kann man nun am Ufer gut chillen, bis die Sonne im See untergegangen ist. Von August bis Mitte Oktober finden auch klassische Konzerte der Settimane Musicali, Ende Juni/Anfang Juli das New-Orleans-Festival mit Jazz im Freien statt. Viele weitere Orte wie **Bellinzona** oder **Magadino** bieten in den Sommermonaten ein nettes Musikprogramm. In den Dörfern der Täler hingegen ist abends überhaupt nichts los. Für viele genau der Grund, immer wieder dorthin zu fahren.

Und noch ein ganz persönlicher Tipp zum Schluss

Auf den **Monte Verità** zieht es viele Besucher, aber nur wenige spazieren auch im Bereich hinter dem Bauhaus-Hotel herum. Dort gibt es verwunschene Wege – und versteckt im Gelände drei Steine mit Inschriften der frühen Aussteiger: vom Walküren-Felsen zum verblassten Schriftzug des Loreley-Felsens und zum sogenannten Harras-Sprung. Und wenn es romantisch sein soll: ein nächtlicher Spaziergang dort oben im Frühjahr. Dann schwirren hier Glühwürmchen herum.

NOCH FRAGEN?

Die können Sie gern per E-Mail stellen, wenn Sie die von Ihnen gesuchten Infos im Buch nicht finden:

schaefer@dumontreise.de

info@dumontreise.de

Auch über eine Lesermail von Ihnen nach der Reise mit Hinweisen, was Ihnen gefallen hat oder welche Korrekturen Sie anbringen möchten, würden wir uns freuen.

Tiefe Blicke von der Cardada, S. 144

Kirche mit Seesicht in Ronco sopra Ascona, S. 168

Lieblingsorte!

Einsame Schönheit – San Carlo in Negrentino, S. 118

Natur und Kultur im Einklang – an der Verzasca, S. 210

Anziehender Ort nicht nur für Wahrheitssuchende – der Monte Verità, S. 154

O Grotto mio – auf Grotti-Tour in Biasca, S. 108

Die Reiseführer von DuMont werden von Autoren geschrieben, die ihr Buch ständig aktualisieren und daher immer wieder dieselben Orte besuchen. Irgendwann entdeckt dabei jede Autorin und jeder Autor seine ganz persönlichen Lieblingsorte. Städtchen, die abseits des touristischen Mainstreams liegen, ganz besondere Ausblicke, Plätze, die zum Entspannen einladen, ein Stückchen ursprünglicher Natur – eben Wohlfühlorte, an die man immer wieder zurückkehren möchte.

Bilderbuch in der Kirche – die Lettnerwand in Santa Maria degli Angioli, S. 228

Oase mit Weitsicht – Santa Maria Iseo-Cimo, S. 265

Schnellüberblick

Vallemaggia, Val Verzasca, Centovalli
Gebirgstäler mit vielen Attraktionen: Corippo im Verzasca-Tal steht unter Denkmalschutz, San Giovanni Battista in Mogno ist ein Botta-Bau und das Val Bavona das ursprünglichste Tal im Tessin. Und mit der Centovallibahn zuckelt man über 83 Brücken und durch 31 Tunnels – eine gemächliche Eisenbahnfahrt durch die Geschichte und an ›hundert Tälern‹ entlang. S. 186

Locarno und Ascona
Zwei lebhafte Städtchen am Lago Maggiore: Locarno punktet mit den Filmfestspielen, einer quirligen Altstadt und Blumenpracht an der Seepromenade. Ascona ist verträumter, wacht aber gerade auf aus seinem touristischen Dornröschenschlaf und reibt sich die Augen angesichts all der neuen Bars, die nun auch jüngeres Publikum anziehen. S. 130

Asconeser Ufer und Gambarogno
Vom Kirchplatz in Ronco sopra Ascona sieht man den ganzen See, die Brissago-Inseln, das ruhigere Ufer gegenüber und das Mündungsgebiet von Ticino und Verzasca, die unter Naturschutz stehenden Bolle di Magadino. Im Gambarogno sieht man Ascona und Locarno auf der anderen Seite und freut sich über die Ruhe abseits der Touristenströme, die vielen kleinen Strände und den Botanischen Garten. S. 164

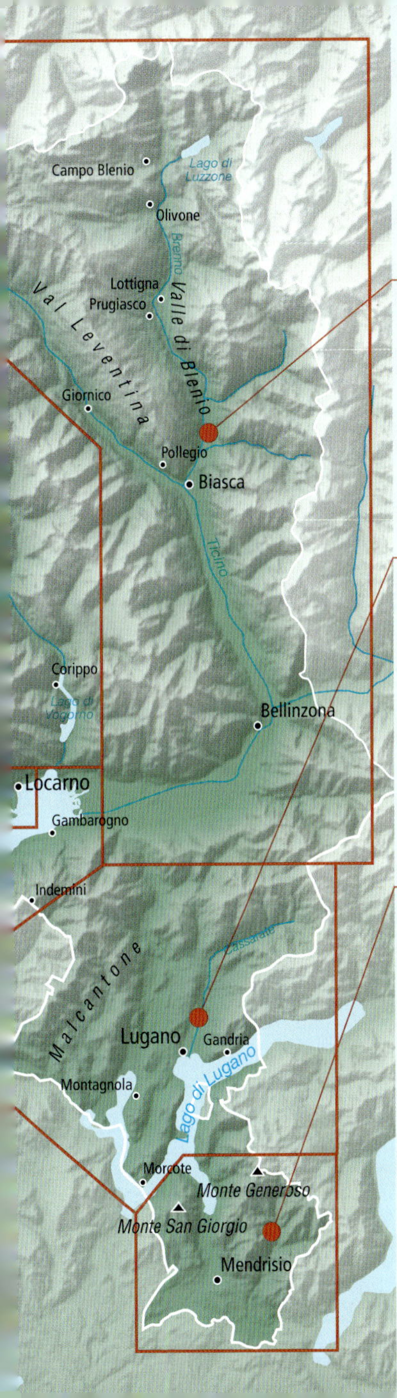

Valle Leventina, Valle di Blenio, Bellinzona
Das Valle Leventina ist das Tor zum Süden und führt vom Gotthardpass hinunter ins Tessin. Zu schade zum Durchfahren – San Nicolao in Giornico gilt als bedeutendste Kirche im Tessin. Im Bleniotal locken Wanderwege, weitere romanische Kirchen und in der Kantonshauptstadt Bellinzona drei großartige Burganlagen. S. 90

Lugano, Lago di Lugano, Malcantone
Hier, in der Schweiz, auf Luganos Plätzen beginnt Italien. Der See lädt zur Schiffsrundfahrt und nach Gandria, einem Dorf kurz vor der italienischen Grenze ein. Im Malcantone hingegen wandert man fast allein durch Kastanienwälder. Das alles gefiel auch Hermann Hesse, der lange in Montagnola lebte. Moderne Zeiten dagegen in der Stadt – viel zeitgenössische Architektur gibt es in Lugano zu sehen. S. 224

Mendrisiotto
Tessiner Toskana, so wird der Landstrich im tiefen Süden des Kantons gern genannt. Sanfte Hügel mit Weinreben umgeben das Städtchen Mendrisio. Der Monte San Giorgio ist mit 200 Mio. Jahre alten Fossilien der ›Jurassic Parc‹ des Tessins. Immer Bellavista gewährt der Monte Generoso – im Norden bis zu den Alpen, im Süden auf die oberitalienischen Seen. S. 268

Reiseinfos, Adressen, Websites

Sportliches und aussichtsreiches Vergnügen – mit dem Fahrrad am Lago Maggiore

Informationsquellen

Infos im Internet

www.ticino.ch
Offizielle Website des Ente Ticinese per il Turismo (ETT). Umfassende Informationen zu allen Dörfern, Städten, Regionen, zahlreiche Tipps zu Sport, Essen, Festen u. a. und Buchung von Hotels.

www.tessin.ch
Hauptsächlich Unterkünfte zum Mieten, aber auch einige interessante Links, z. B. Restaurants, Aktivitäten sowie ein gut gepflegter Event-Kalender.

www.reiseziel-tessin.de
Etwas unübersichtlich gestaltete Site. Die Pluspunkte: Link zur Webcam am Gotthard-Straßentunnel und anderen Orten und einige unterhaltsame Videos.

www.myswitzerland.com
Website des schweizerischen Tourismusverbandes. Unter ›Regionen/Orte‹ findet sich das Tessin mit Informationen zu Highlights, Verkehr, Hotels, Events, Restaurants etc. Unter ›Angebote‹ günstige Pauschalreisen ins Tessin.

www.schweiz-tessin.com
Ferienwohnungen und -häuser am Lago Maggiore sowie (wenige) im Maggia-, Verzasca-Tal und im Centovalli.

www.tourenguide.ch/d/wanderungen/tessin
Umfassende Informationen zu vielen Wanderungen im Tessin. Auf derselben Site gibt es auch ›Velotouren‹ (gemäßigt) und ›Biketouren‹ (anspruchsvoller).

http://naturschutz.ch
Anspruchsvolle Site über Naturschutzprojekte und Erfolge von Naturschützern. Auch aktuelle Nachrichten.

www.ti.ch
Italienischsprachige Website des Kantons. Infos zu Verwaltungsfragen.

www.tessinerzeitung.ch
Die deutschsprachige Wochenzeitung des Tessins ist journalistisch gut gemacht und vermittelt ein gutes Bild vom Leben im Tessin. Viele Geschichten und Hintergrundinfos.

http://tisalutoticino.blogspot.com
Gut gemachte private Site mit verlässlichen Einkaufstipps und Restaurantempfehlungen, vor allem für das Gambarogno, sogar auch auf Deutsch.

www.wetter.ch
Zieht eine Schönwetterlage über den Kanton? Hier steht's.

Fremdenverkehrsämter

In Deutschland
Schweiz Tourismus
Rossmarkt 23
D-60311 Frankfurt a. M.
Tel. 00800 10 02 00 29 (gratis)
www.myswitzerland.com

In Österreich
Schweiz Tourismus
Schwindgasse 20
A-1040 Wien
Tel. 00800 10 02 00 29 (gratis)
www.myswitzerland.com

In der Schweiz
Ortsspezifische Informationen erteilen die Fremdenverkehrsämter vor

Ort (s. Reisekapitel ab S. 90). Auskunftsstelle für das gesamte Tessin ist die ETT:

ETT (Ente Ticinese per il Turismo)
Via Lugano 12
CH-6501 Bellinzona
Tel. 0041 091 825 70 56,
091 826 10 50
www.ticino.ch

Lesetipps

Beat Hächler (Hrsg.): Das Klappern der Zoccoli. Literarische Wanderungen im Tessin, Zürich 2007.

Hermann Hesse: Klingsors letzter Sommer, Frankfurt 2000. 1919 bezog Hesse in Montagnola in der Casa Camuzzi vier kleine Zimmer und wohnte dort bis 1931, wovon das Buch fast unverschlüsselt handelt.

Peter Kamber: Geschichte zweier Leben – Wladimir Rosenbaum und Aline Valangin, Zürich 2000. Sie war Pianistin und Psychoanalytikerin, ihr Mann Anwalt. Rosenbaum setzte sich in den 1930er-Jahren in Zürich für Franco-Gegner ein, woraufhin ihm sein Anwaltspatent aberkannt wurde. Beide zogen ins Tessin und gründeten ein Antiquariat in Ascona, später lebten sie im Valle Onsernone.

Plinio Martini: Nicht Anfang und nicht Ende – Roman einer Rückkehr, Zürich 2006. Ein junger Tessiner wandert 1924 nach Amerika aus.

Alberto Nessi: Abendzug, Zürich 1991. Erzählband über Kindheit und Jugend des Tessiner Autors. Die Wohnwagenfrau, Zürich 1998. Über eine junge Tessiner Frau, die sich nicht anpassen will.

Giorgio Orelli: Rückspiel/Partita di ritorno. Gedichte, Zürich 1998. Sehr poetisch, aber nicht ganz leicht zu lesen.

Franziska Schläpfer (Hrsg.): Reise ins Tessin. Kulturkompass fürs Handgepäck, Zürich 2009. Gelungene Anthologie – zahlreiche Autoren, u. a. Orelli, Martini, Frisch, schreiben übers Tessin.

Pia Todorovic Redaelli (Hrsg.): Märchen aus dem Tessin, Zürich 2006. Amüsant und manchmal böse, schrullig und manchmal gruselig – ganz nebenbei erfährt man viel über das Leben der armen Leute früher.

Aline Valangin: Die Bargada/Dorf an der Grenze, Zürich 2002. Zwei Romane in einem Band über das Valle Onsernone zu Zeiten des Krieges.

Ulrike Voswinkel: Freie Liebe und Anarchie, Schwabing – Monte Verità, Entwürfe gegen das etablierte Leben, München 2009. Drei Jahrzehnte war der Wahrheitsberg Inspirationsquelle für neue Lebens- und Kunstformen.

Tessin-Apps

Auf der Internetseite des Tessiner Fremdenverkehrsamtes www.ticino.ch kann man Apps zu Themen wie Parks und Gärten, Veranstaltungskalender, Familienangebote, Schneereport, Karneval, Hüttenführer, GPS-Tracks oder Weltkulturerbe im Tessin kostenlos downloaden – ein tolles Angebot, für alle, die ein Smartphone haben.

Hörtipps

Liane Dirks: Narren des Glücks, Roman, gelesen von der Autorin, Random House Audio. Roman über die Brissago-Inseln – eine Endzeitgeschichte, die im Jahr 1929 spielt.

Eveline Hasler: Die Felshöhle des jungen Hermann Hesse. Literarische Spurensuche im Tessin, Deutsche Grammophon Literatur.

Schönherz & Fleer: Hesse-Projekt, Die Welt unser Traum, Der Hörverlag. Musiker, Sänger und Schauspieler wie Ben Becker, Till Brönner, Juliane Köhler und andere gestalten Gedichte von Hesse.

Wetter und Reisezeit

Klima

Das Tessin zählt zur insubrischen Region, die sich bis zum Gardasee erstreckt. Der Begriff leitet sich ab von den Insubrern, einem Keltenstamm, der südlich des Alpenhauptkamms siedelte – in einem recht angenehmen Klima, das um die Seen herum nicht zu kalt und nicht zu heiß ist und sowohl von mediterranen Tälern als auch von alpinen Höhen geprägt ist. Charakteristisch für das insubrische Klima sind sonnige und trockene Winter, reichlich Regen im Frühjahr und im Herbst sowie sonnenreiche Sommer. Die Alpen halten die kalten Luftströme des Nordens zurück, südliche Luft sorgt zusätzlich für ›mildernde Umstände‹. So gedeihen an den Seen des Tessins exotische Pflanzen wie Magnolien, Kamelien, Azaleen, Rhododendren, Oleander oder Korkeichen. Völlig andere Klima- und Wetterverhältnisse herrschen in der Hochgebirgszone des Kantons. Auch wenn unten am See noch sommerliche Hitze herrscht, kann ab 2000 m Höhe Frost einsetzen und Schnee fallen; dies sollte man bei Wanderungen beachten!

Klimadiagramm Tessin (Lugano)

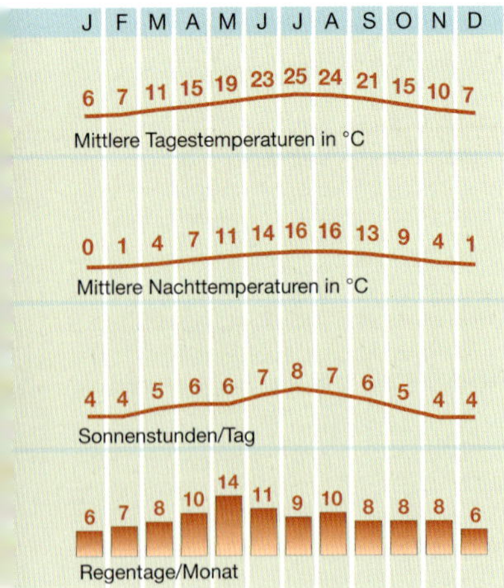

Locarno verzeichnet im Schnitt etwa 100 Regentage im Jahr (Zürich 160), dann jedoch mit 15 mm Niederschlagsmenge pro Tag doppelt so viel wie Zürich (7 mm). Das bedeutet: Wenn es im Tessin regnet, dann heftig! Dafür scheint aber auch die Sonne häufiger: Zürich muss mit etwa 1700 Sonnenstunden pro Jahr auskommen, in Locarno darf man mit fast 2300 Std. rechnen.

Bergsteiger berichten, der Gletscher am Adula (Rheinwaldhorn) sei in den letzten Jahren so drastisch zurückgegangen, dass manche Routen auf den Gipfel schwierig geworden sind. In der oberen Adula-Hütte hängen Plakate, die den Rückgang der Gletscher im Tessin beschreiben (nur auf Italienisch). Auch der Basodino-Gletscher geht seit 1998 konstant zurück, ergeben die Messdaten.

Reisezeit

Im Tessin kann man das ganze Jahr über Urlaub machen. Meist ist das **Frühjahr** die schönste Zeit: Wenn jenseits der Alpen noch alles grau ist, blühen diesseits schon die Kamelien. Allerdings regnet es im Frühjahr auch oft und lang. Wer sich bräunen und Tage am Strand verbringen möchte, wird den **Sommer** wählen. Meist kann man trotz großer Hitze unten oberhalb von den Seen bei einer frischen Brise herrlich wandern. Der **Herbst** ist trotzdem die beste Wanderzeit: Lange stabile Schönwetterperioden

Frühlingsgefühle an der Seepromenade von Locarno

erlauben ausgedehnte Wanderungen mit oft großartiger Fernsicht. Die **Winter** sind mild, dennoch locken in den Bergen, z. B. in Airolo, Bosco Gurin und oberhalb von Locarno, einige Skigebiete zum Winterurlaub. Und Weihnachtsmärkte gibt es im Dezember übrigens auch südlich vom Gotthardtunnel, besonders schön sind die in Biasca und Locarno.

Kleidung und Ausrüstung

Es kommt darauf an: Beim Wandern oder Radfahren wird man bequeme, lockere Kleidung und praktisches Schuhwerk bevorzugen. Beim Spaziergang am See darf es schon etwas feiner sein und zum großen Dinner lieben die Tessiner und Tessinerinnen den großen Auftritt! Generell ist die Nähe zu Italien sichtbar, vor allem die Frauen sind oft sehr gut angezogen, allzu leger gekleidete Touristen fallen dagegen auf, vor allem in Restaurants.

Gut zu wissen ...

... März und April sind die Monate der Kamelienblüte.

... Mai ist kein guter Reisemonat, weil er sehr regenreich sein kann.

... August empfiehlt sich nicht als Reisezeit, weil es an den Seen zum einen sehr heiß, zum anderen auch voll und teuer wird.

... September ist der Monat der Weinfeste, vor allem im Mendrisiotto.

... Oktober findet die Kastanienernte statt. Die reifen *maroni* werden dann überall angeboten, auch auf Festen, den Castagnate, in den Dörfern, z. B. in Ascona.

Reiseplanung

Eine Woche Nordtessin

In der Karte Tour 1

Wenn man mit dem Auto den **Gotthardtunnel** verlässt, schnuppert man südlichere Luft. Wer schon eine längere Anreise hinter sich hat, sollte in der **Valle Leventina** eine erste Nacht einlegen, vielleicht im Dazio Grande bei **Rodi.** Ausgeruht geht es am zweiten Tag auf Nebenstraßen bis **Biasca** – und dann wieder nach Norden, das **Blenio-Tal** hinauf, um das einsam gelegene Kirchlein **San Carlo in Negrentino** anzusehen und eventuell eine Wanderung in die Berge zu unternehmen. Nun lockt **Bellinzona,** die Hauptstadt des Tessins, mit drei Burgen, die von der UNESCO zum Welterbe ernannt wurden. Die Hotels sind hier mäßig, deshalb geht es zum Übernachten besser nach **Locarno** oder **Ascona** (3–4 Tage). In beiden Städten kann man sich gut länger aufhalten – am See spazieren und Sternfahrten (je ein Tag) ins **Verzasca-Tal,** ins **Vallemaggia** und/oder ins **Centovalli** unternehmen. Zum Abschluss gibt es eine Nacht in **Lugano** – Italien schnuppern.

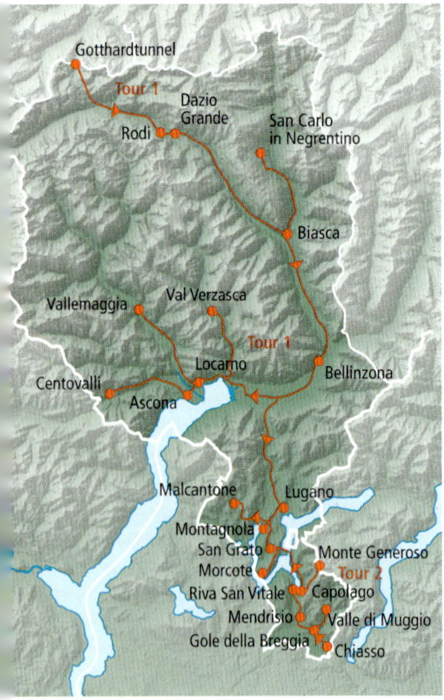

Eine Woche Südtessin

In der Karte Tour 2

Wenn der Flieger in Mailand landet, geht es per Mietwagen oder Shuttle Richtung **Luganer See. Chiasso** und **Mendrisio** kann man, muss man aber nicht unbedingt gesehen haben. Dafür sollte man im **Valle di Muggio** in einem *agriturismo* übernachten und im **Gole della Breggia** (ein Tag), einem geologischen Naturpark, spazieren gehen. Am nächsten Tag wirft man in **Riva San Vitale** einen ersten Blick auf den Lago di Lugano und bewundert die herrlichen Fresken im Baptisterium. Dann geht es von **Capolago** aus mit der Zahnradbahn hinauf auf den Gipfel des **Monte Generoso,** wo sich ein weiter Blick eröffnet und man auch übernachten kann (ein Tag).

Die nächsten zwei Tage gehören der Halbinsel **Ceresio** mit dem idyllischen **Morcote** an der südlichen Spitze, **Montagnola,** wo es sich auf Hermann Hesses Spuren wandeln lässt, und **San Grato,** am nördlichen Ende der Halbinsel, mit dem Botanischen Garten. Dann ist **Lugano** (zwei Tage oder länger) mit seiner modernen Architektur, den alten Kirchen, der jungen Küche und dem italienischen Flair erreicht. Ein Ausflug am siebten Tag ins **Malcantone,** vielleicht mit einer Übernachtung in Castelrotto, lässt wieder Ruhe einkehren. Auf der Rückreise gen Norden sollte man mindestens eine Nacht am **Lago Maggiore** einplanen.

Anreise und Verkehrsmittel

Anreise

... mit dem Flugzeug

Die Swiss (www.swiss.com, Buchungen: 0049 1805 11 00 35 – Festnetz: 0,14 €/ Min, Mobilfunknetz: max. 0,42 €/Min.) bietet Linienflüge von Deutschland und Österreich über Basel und Zürich nach Lugano-Agno an (Swiss Agno, Aeroporto Lugano-Agno, Tel. 091 610 12 82, www.lugano-airport.ch; Lugano Turismo am Flughafen: Tel. 091 605 12 26, info@lcst.ch, Mo–Fr 10–14 u. 15–19, Sa/So 10–14 u. 16–19 Uhr). Von Agno kommt man mit einem Shuttle-Bus nach Lugano (Tel. 079 221 42 43, www.shuttle-bus.com, tgl. 8–21 Uhr, alle 10 Min., je nach Entfernung 8–25 CHF).

Darwinairline fliegt Lugano von Genf aus und von/nach Italien an (Lugano Airport, Tel. 091 612 45 00, Darwinairline: www.etihadregional.com). Lufthansa und Air Berlin fliegen von deutschen Flughäfen nach Zürich, Genf, Basel und Bern. Nächster großer Flughafen ist Mailand-Malpensa in Italien, den Air Berlin anfliegt (www.airberlin.com). Zwei Unternehmen fahren von dort mit Shuttle-Bussen nach Lugano (tgl. bis 22 Uhr, Fahrtzeit 1 Std.): Starstation, Via San Gottardo 32, Lugano Massagno, Tel. 091 994 88 78, Abfahrt von Terminal 1 und 2 mit Halt in Lugano, Paradiso, Mendrisio und Rückfahrt; Malpensa Express, Giosy Tours, C.P. 435, S. Antonino, Tel. 091 858 23 26, www.malpensa-express.com, Abfahrt von Terminal 1 und 2 mit Halt in den Bahnhöfen von Bellinzona, Lugano, Chiasso und Rückfahrt.

... mit der Bahn

Die Gotthard-Eisenbahnlinie ist eine der großen Nord-Süd-Verbindungen. Aus dem Norden Deutschlands ist die Anreise mit dem CityNightLine bis Basel bequem; morgens steigt man in die SBB (Schweizerische Bundesbahn) um. Mehrere Züge fahren täglich nach Bellinzona, mit (meistens) vorherigem Halt in Airolo und späterem Stopp in Lugano und Chiasso. Von Bellinzona verkehren zudem Züge nach Locarno, Lugano, Chiasso und ins Gambarogno. München–Lugano dauert gut 8 Std., Stuttgart–Lugano etwa 7 Std., Wien–Lugano über 12 Std., Fahrplaninfos: www.sbb.ch.

... mit dem Auto

Zur Einreise in die Schweiz benötigen deutsche und österreichische Autofahrer den Kraftfahrzeugschein und den nationalen Führerschein. Mehrere Alpenpässe, die nur in den Sommermonaten geöffnet sind, führen aus dem Norden ins Tessin: Nufenen, St. Gotthard, Lukmanier und San Bernardino. Durch den Gotthard und den San Bernardino führen Tunnel. Ob Pässe und Tunnel geöffnet sind, erfährt man auf der Website des Touring Club Schweiz (TCS) www.tcs.ch.

Für Fahrzeuge mit einem Gesamtgewicht bis zu 3,5 t, die eine Autobahn oder Schnellstraße befahren, ist pro Kalenderjahr eine pauschale Mautgebühr (Vignette) von 40 CHF (34,50 €) zu zahlen. Auch für Anhänger und Motorräder wird dieser Betrag erhoben. Wer aus Deutschland über Bregenz in

Swiss Pass, Swiss Card & Co.

Swiss Pass: Mit diesem Pass genießen Reisende mit Wohnsitz außerhalb der Schweiz während der gewählten Geltungsdauer freie Fahrt auf dem gesamten Netz des Swiss Travel Systems (www.sbb.ch/freizeit-ferien/ferien-kurztrips-schweiz/swisstravelsystem/swiss-pass.html): vier Tage 272 CHF, acht T. 393 CHF, 15 T. 476 CHF, 22 T. 552 CHF, ein Monat 607 CHF, 15 % Rabatt ab zwei Personen, reduzierte Preise für Kinder und Jugendliche.

Swiss Flexi Pass: Bei diesem Pass sind Straßenbahnen und Busse in 37 Städten, 50 % Rabatt auf die meisten Bergbahnen, Gratiseintritt in die meisten Museen inbegriffen (2. Klasse für 1 Erw. an drei frei wählbaren Tagen 260 €, vier T. 315 €, fünf T. 364 €, 6 T. 414 €, 50 % Rabatt für Kinder von 6 bis 15 J., 15% ab zwei Pers.).

Swiss Card: Mit ihr reist man gratis vom Grenz- oder Flughafenbahnhof zum Zielort und zurück. Alle weiteren Fahrkarten für Bahn, Bus und Schiff erhält man zum halben Preis. Auch viele Bergbahnen gewähren Rabatt. Die Swiss Card ist einen Monat lang gültig (Swiss Card, 2. Klasse, 1 Erw. 199 CHF).

Ticino Discovery Card: Mit ihr kann man für 87 CHF (47 CHF für 6- bis 16-Jährige, www.cartaturisticaticino.ch) drei Tage lang fast das gesamte Tessin ›erfahren‹ und gelangt umsonst mit Seil- und Zahnradbahnen, Postauto, Zug, Bus und Schiff an traumhaft schöne Orte. Zudem freier Eintritt zu Freizeitparks, Museen und Schwimmbädern u. a. Erhältlich an den Schaltern der SBB und der Transportunternehmen, in Reisebüros, Hotels und Tourismusbüros.

Bike Card Ticino: Mit ihr kann man Zug fahren und ein Rad inkl. Helm leihen. In Lugano (Tel. 051 221 56 42), aber auch in Airolo, Bellinzona und Locarno können Räder ausgeliehen und abgegeben werden. Man muss das Rad nicht am Leihbahnhof wieder abgeben, was perfekt für Touren ist (38 CHF, erhältlich an allen Schaltern der SBB und bei den Informationsbüros, Info: www.bikecard.ch).

die Schweiz fährt, kann sich die österreichische Vignette sparen, wenn er kurz vor dem Pfändertunnel die Autobahn verlässt und auf Landstraßen bis zur Schweizer Grenze fährt.

Verkehrsmittel vor Ort

Bahn

Der Regionalzugverkehr im Tessin ermöglicht es – vor allem in Verbindung mit den Postbussen –, auf das Auto zumindest tageweise zu verzichten. Zwischen Bellinzona und Locarno verkehren die Züge tagsüber alle 30 Min., nach Lugano etwa stündlich. Die Schmalspurzüge der **Centovallibahn** fahren von Locarno über die ›hundert Täler‹ des Centovalli und die schweizerisch-italienische Grenze bis nach Domodossola. Ausführliche Infos, auch zu vielen Buslinien erteilt die **FART:** Via Franzoni 1, Locarno, Tel. 091 756 04 00, www.centovalli.ch. Wichtige regionale Bahnstrecken im Tessin betreibt auch die Firma **TILO** (Treni regionali Ticino Lombardia). Linien- und Fahrpläne unter www.tilo.ch.

Bus

Fast alle Täler werden mit Bussen bedient (www.postauto.ch). Für Wanderer ist das sehr praktisch: Man kann in der Frühe mit einem Bus etwa ins hintere Vallemaggia fahren, den Tag über talabwärts wandern und weiter unten mit dem Bus zurückfahren. Genaue Busfahrpläne hängen an den Bushaltestellen und sind bei den Fremdenverkehrsämtern und großen Bahnhöfen erhältlich. Die Busse fahren pünktlich!

Auto

Soweit nicht anders angezeigt, beträgt die Höchstgeschwindigkeit auf Autobahnen 120 km/h, außerhalb von Ortschaften 80 km/h, auf Schnellstraßen 100 km/h und innerhalb geschlossener Ortschaften 50 km/h. Der Alkoholgrenzwert liegt bei 0,5 Promille, für Führerscheinneulinge bei 0,0 Promille. Angaben zur Vignette s. S. 23.
Straßenzustandsbericht: Tel. 163 bzw. Tel. 0041 11 63 (aus Deutschland) und auf www.tcs.ch.

Mietwagen

In größeren Orten gibt es internationale und lokale Leihwagenfirmen *(autonoleggio)*. In der Hauptsaison empfiehlt es sich, im Voraus einen Wagen zu reservieren. Am Flughafen in Agno sind internationale Mietwagenanbieter vertreten, z. B. **Avis:** Tel. 091 913 41 51, www.avis.ch; **Hertz:** Tel. 091 923 46 75, www.hertz.ch; **Europcar:** Tel. 091 605 12 11 , www.europcar.ch.

Taxi

Locarno: am Bahnhof, Associazione Autisti Autorizzati Stazione FFS, Piazza Stazione, Muralto, Tel. 091 743 11 33; Taxistand auf der Piazza Grande: Alfa Piccolo Taxi SA, Tel. 091 751 44 44.
Ascona: Tel. 091 791 77 77; Paulino Taxi, Tel. 091 791 00 66; Carlo Laterza Taxi und Bus, Tel. 091 791 41 41.
Lugano: Tel. 091 993 16 16.

Schiff und Fähre

Die Schiffe auf dem Lago di Lugano oder Maggiore sind in Verbindung mit Buslinien ein öffentliches Verkehrsmittel. Infos bei:
Navigazione Lago Maggiore: Lungolago Motta, Locarno, Tel. 091 751 61 40, www.navigazionelaghi.it.
Navigazione del Lago di Lugano: Lugano, Tel. 091 971 52 23, www.lakelugano.ch.

Die Centovallibahn verbindet die Orte zwischen Locarno und Domodossola

Übernachten

Hotels

Der Standard der Hotels im Tessin ist, wie in der Schweiz überhaupt, hoch. Auch in einfacheren Unterkünften liegt er höher als in anderen Ländern, damit allerdings auch bei den Preisen. Bei den lokalen Fremdenverkehrsämtern gibt es ausführliche und informative Broschüren zum Hotelangebot. Auf www.ticino.ch können viele Hotels im Tessin gebucht werden.

Der Preis für ein Doppelzimmer in diesem Buch gilt immer für zwei Personen inkl. Frühstück.

Ferienwohnungen und Rustici

Das Angebot an Ferienwohnungen ist groß. In jedem Dorf wurden **Rustici,** also ehemalige Bauernhäuser, zu Zweitwohnsitzen umgebaut (s. S. 65). Viele davon werden vermietet, was vor allem für Familien billiger ist als die Hotels. Außerdem wohnt man oft sehr idyllisch und auch an Komfort fehlt es nicht. Informationsbroschüren gibt es bei den Fremdenverkehrsämtern (s. unter den Orten im Reisekapitel), beim Ente Ticinese per il Turismo in Bellinzona (s. S. 19) und unter www.regio-ticino.ch, wo Ferienwohnungen im ganzen Tessin zu finden sind.

Agriturismo

Urlaub auf dem Bauernhof heißt im Tessin Agriturismo. Man wohnt familiär, zum Frühstück gibt es Honig von eigenen Bienen oder hausgemachte Marmelade, oft stammen auch Butter, Brot, Käse und Wurst direkt vom Hof. Etwa hundert solcher Betriebe gibt es derzeit im Tessin, Tendenz steigend. Die Preise sind meist günstiger als in Hotels. Auf www.ticino.ch sind viele Agriturismo-Betriebe der Region aufgelistet, manche können auch online gebucht werden. Umfassend auch die Website des Tessiner Bauernverbandes: www.agriturismo.ch.

Jugendherbergen

Wirklich günstig sind nur Gruppenunterkünfte wie Berghütten oder Jugendherbergen. Letztere können auch von nicht mehr jugendlichen Reisenden aufgesucht werden. Einen Überblick gibt die Website www.youthhostel.ch, weitere Gruppenunterkünfte auf www.ticino.ch. Den notwendigen internationalen Jugendherbergsausweis kann man auch in Deutschland beantragen (www.jugendherberge.de).

Camping

Wie bei den Hotels gibt es auch hier alle Kategorien – von einfachen Zeltplätzen bis zu Anlagen mit Schwimmbad, Tennisplätzen und jeglichem Komfort. Wildes Campen ist im ganzen Tessin verboten. Insgesamt gibt es rund 50 Campingplätze, sie sind ausführlich beschrieben in einer Broschüre des Fremdenverkehrsamtes (s. S. 18) und aufgelistet auf www.ticino.ch. Vor allem in Tenero am Lago Maggiore gibt es eine Vielzahl von Plätzen, die meisten mit hohem Standard, so etwa Camping Tamaro, Via Mappo 32, Tel. 091 745 21 61, www.campingtamaro.ch, mit Sandstrand, Internetcafé und Bike-Events.

Essen und Trinken

Ursprünglich war die Küche des Tessins ärmlich. Karl Viktor von Bonstetten, Ende des 18. Jh. Syndikatsrichter in den Ennetbirgischen Vogteien, dem heutigen Tessin, schrieb in seinen »Nachrichten aus den italienischen Ämtern«, die meisten Einwohner lebten von Polenta, Kastanien und Milch. Fleisch gebe es nie, nur der hausgemachte saure Wein reiche fürs ganze Jahr. Auch zu Beginn des 20. Jh. hatte sich daran nicht viel geändert. Der Schriftsteller Plinio Martini berichtet, damals habe man in den schlimmsten Jahren gemahlene Buchenrinde unter das Mehl gemischt, um es zu strecken. »Polenta und Milch, Kartoffeln und Käse, *focaccia,* das war's. Roggenbrot war schon eine Ausnahme, und Fleisch sahen wir zu Weihnachten und zu Ostern oder etwa einmal im Sommer, wenn eine Kuh sich zu Tode stürzte.«

Wann, wo, wie?

Die Bandbreite der Tessiner Küche heute ist enorm: Im Nobelrestaurant Ecco! in Ascona (s. S. 162) explodiert die Molekularküche aus homöopathischen Soßentröpfchen am Gaumen. In den rustikalen Grotti (s. S. 84) kommt dagegen währschafte (schweizerisch für deftig, üppig) Polenta in großen Portionen und mit dicken Würsten auf den Teller.

Wer an einer Seepromenade das Touristenmenü bestellt, darf sich nicht wundern, wenn er genau das bekommt. Besser isst man meist in etwas abgelegenen Gassen, billiger dazu. Eine Faustregel gibt es dennoch nicht, da natürlich die richtig guten Lokale auch an ausgesucht schönen Plätzen liegen. Bei den Essenszeiten gilt die Faustregel: je südlicher desto später. In Lugano gibt man sich ganz italienisch und geht erst gegen 21 Uhr zum Abendessen, in den Gebirgstälern des nördlichen Tessins dagegen schon gegen 19 Uhr. Bei der Art zu frühstücken gibt es ebenfalls ein Nord-Süd-Gefälle (außer in großen Hotels, die die international üblichen Büffets bieten): In den Bergen langt man ordentlich mit Wurst, Käse, Brot, Eiern und Saft zu; in Lugano begnügen sich Einheimische durchaus mit Croissant und Café.

Nahrhaftes aus den Bergen und aus Italien

Geografisch, sprachlich, historisch und somit auch kulinarisch ist Italien nah. Und so stehen auch **Pizza** und **Pasta** auf dem einheimischen Speisezettel. Früher kamen jedoch kaum Nudeln auf den Tisch, stattdessen Kartoffeln zusammen mit anderen stärkereichen Nahrungsmitteln. Im Verzasca-Tal kennt man *mazzafam,* den Hungertöter: Kartoffeln und Maismehl werden verrührt und zu Fladen gebacken, darüber kommt *formagella,* Alpkäse. Mit der Renaissance alter Rezepte kann man das auch heute wieder finden. Mindestens genauso nahrhaft ist *pasta e pom,* das man in der Leventina kennt: Nudeln mit Kartoffeln, dazu viel geschmolzener Käse – mächtig und gut vor einer Bergtour. Grundnahrungsmittel früherer Zeiten waren die **Kastanien** (s. S. 27). Davon geblieben sind viele Feste zur Kastanienernte im Herbst, z. B. in Locarno (s. S. 79). Die beliebte **Polenta** war früher nicht aus Maismehl, sondern aus Hirse. *Polenta grassa* heißt die gehaltvollste Almnahrung und ist ein

Mein Tipp

Ein Picknick ...

... ist eine schöne und preisgünstige Alternative zum Lokal: Man gehe auf den Markt, vielleicht donnerstags in Locarno oder samstags in Bellinzona, kaufe *luganighe,* Tessiner Würstchen, und *formaggini,* kleine Weichkäse, Brot und Wein, Tomaten und Obst. Dann schnüre man sein Ränzel, marschiere auf ein halb sonniges, halb schattiges Plätzchen – vielleicht mit Blick auf die gluckernde Verzasca oder mit Weitblick über die Seen. Dann breite man ein kariertes Geschirrtuch aus und lege all die Herrlichkeiten darauf. *Buon appetito!*

Brei, der eine Stunde lang mit Rahm statt mit Wasser auf dem Herd gerührt wird. Die *polenta taragna* wird mit Butter und Käsewürfeln angereichert. Ebenfalls von den Almen kommt die *cicitt,* eine kleine Wurst aus Ziegenfleisch. Ein ehemals beliebtes Gericht wurde dagegen an die neuen Gegebenheiten angepasst: die *polenta con ucelli,* Maisbrei mit Vögeln. Hähnchenfleisch ersetzt heute die Singvögel, da im Tessin das Fangen von Vögeln – im Gegensatz zu Italien – nicht erlaubt ist.

Suppen und Vorspeisen

Die **Tessiner Gemüsesuppe** wird oft schon vor dem Restaurant auf Tafeln angeboten; wenn sie gut ist, wurde sie mit vielen frischen Gemüsesorten und Kräutern sowie Olivenöl zubereitet. Wer es noch etwas herzhafter mag, bestellt *busecca,* Gemüsesuppe mit Kutteln. Als Vorspeise isst man aber auch gerne eine gemischte Platte Tessiner Wurstspezialitäten. Vor allem in geselliger Runde beliebt sind *costine,* Schweinsrippchen, die auf dem Grill zubereitet werden.

Fleisch, Fisch und Pilze

Zu den klassischen Gerichten zählt *brasato,* ein in Rotwein geschmorter Rinderbraten, der meist mit Polenta serviert wird. Kalbshaxe und *luganighe,* die typischen Tessiner Würstchen, eignen sich bestens für etwas kältere Temperaturen. Beliebt sind auch *alborelle:* in Öl gebackene Weißfische aus dem Lago Maggiore; berühmter sind *pesce in carpione,* in Wein, Essig und Gemüse eingelegter Fisch aus den Seen (Felche, Forelle, Egli). Im Herbst genießt man frische **Steinpilze,** als Salat und mit Parmesan, zur Polenta oder im (Safran-) **Risotto.** Reis in Massen wird bei dem traditionellen Fest Risotto in Piazza verteilt, dem öffentlichen Risottoessen zur Fastnacht in Ascona an der Uferpromenade. Reis wird im Tessin sogar angebaut, wenn auch mangels ebener Flächen nicht in großen Mengen. Etwas *riso nostrano* und Pasta produziert die Azienda Agricola Terreni alla Maggia.

Süßes und Käse

Das unvermeidliche **Tiramisù** wird man auf vielen Speisekarten als Nachspeise finden. Zum Tessiner Essen passt es natürlich auch, zumal wenn es frisch zubereitet ist. Ein schönerer Abschluss ist eine Auswahl der **Käsespezialitäten,** die auf den Almen gereift sind. Am bekanntesten sind die Sorten ›Vallemaggia‹, ›Bedretto‹ und ›Piora‹. Lecker sind außerdem die *formaggini;* die kleinen Weichkäse werden mit Salz, Pfeffer und Olivenöl serviert. Wenn sie aus Ziegenmilch gekäst werden, nennt man sie *büscion*. Wer nach einem deftigen Tessiner Gericht immer noch Hunger haben sollte, der sollte einen **Brotkuchen** hinterherschieben. Für das ehemalige Restegericht armer Leute wird altbackenes Brot in warme Milch eingelegt, mit Kakao und Zucker gewürzt, dazu kommen Amarettini, Sultaninen, Walnüsse und Eier – eine köstliche Kalorienbombe, schwer und süß. Dagegen schmeckt ein *gelato,* ein **Eis,** direkt flockig leicht. Eine Spezialität, die nur selten serviert wird, etwa im Dazio Grande in Rodi (s. S. 101), ist *gelato farina bóna.* Das lässt sich mit Eis aus Maismehl oder Popcorn-Eis übersetzen. Geschmacklich erinnert es eher an Letzteres: Dafür wird gerösteter Mais – *farina bóna* im Dialekt – aus dem Valle Onsernone gemahlen.

Wein und Grappa

Im Tessin trinkt man gern Wein (s. S. 29), in edleren Lokalen aus großen Kelchen, im Grotto dagegen aus der *tazzina,* einer Steinguttasse, oder dem *boccalino,* einem 0,2-l-Krug. Wer großen Durst hat, verdünnt den Wein mit *gazzosa,* süßer Limonade. Hervorragend ist die Grappa, sie wird meistens aus der sogenannten Uva americana gebrannt. Eine weitere Spezialität ist der Nusslikör, *nocino,* ein Aufguss von Grappa auf grüne Nussschalen. Der so gewonnene Likör heißt **Ratafià.** Die Nüsse werden nach einem alten Rezept von Mönchen in der Nacht des San Giovanni, am 24. Juni, geerntet, in Scheiben geschnitten und im Destillat eingestampft. Er reift unter Beigabe von Zucker und Gewürzen und gilt als besonders verdauungsfördernd.

Gourmetküche

Wem der Sinn nach leichterer Küche steht, wird ebenso fündig: Vor allem in den Städten haben sich Gourmetrestaurants etabliert, die vorzügliche mediterrane Kost, zumeist köstlichen Fisch, anbieten. Schließlich ist der größte Fischmarkt Italiens nicht weit: der Großmarkt in Mailand, nahe am Flughafen. Auch das Ambiente verlockt: Oft sind diese modernen Restaurants in die Haut alter, stilvoll restaurierter Häuser geschlüpft.

Wein, Grappa, Käse und Würste – die Genüsse im Tessin sind häufig ländlich

Aktivurlaub, Sport und Wellness

Angeln

Das Angeln ist auf dem Lago Maggiore und dem Luganer See ganzjährig möglich, in anderen Gewässern von Juni bis September erlaubt. Benötigt wird hierfür ein Fischerpatent, das bei den lokalen Fremdenverkehrsbüros erworben werden kann. Der Wochenangelschein für fast alle Tessiner Gewässer kostet 120 CHF, für eine Zweitageskarte zahlt man 60 CHF, Kinder und Jugendliche 30 bzw. 20 CHF (s. auch www.ftap.ch, nur italienisch). Eine gute Adresse am Lago Maggiore für Angelscheine und Informationen ist das **Sportangelfachgeschäft** von Mauro Ambrosini, Via Verbano 3a, Locarno-Muralto, Tel. 091 743 46 06. Auch im obersten Leventina-Tal kann man sportangeln, im Angelteich von St. Antonino und Ambrì werden zwei Fischarten gehalten. Die Ausrüstung wird Gästen zur Verfügung gestellt. Der Teich ist auch ideal für Anfänger (Pesca sportiva Laghetti Audan, Società di pesca Alta Leventina, Ambrì, mobil 079 598 55 39, 2 Std. Sportfischen 30 CHF, Tageskarte 70/50 CHF, Angelruten und -haken werden gratis zur Verfügung gestellt).

Während im Lago di Lugano der Zander überwiegt, schwimmen im Lago Maggiore Zander, Seeforelle, Hecht, Egli, Schwarzbarsch, Trüsche, Aal und Agone. Die Societa pescatori Sant'Andrea di Muralto hat in den letzten Jahren Hunderttausende Jungforellen in den Lago Maggiore und in die Zuflüsse eingesetzt. Der meistgefangene Fisch im Lago Maggiore ist für Deutschschweizer ein Exot: Die Agone gehört zur Familie der Heringe und bildet riesige Schwärme. In den Bergseen werden Regenbogenforellen, Kanadische Forellen und Saiblinge eingesetzt.

Achtung Gefahr! – Baden in der Verzasca und der Maggia

In der Maggia und der Verzasca zu baden, ist gefährlich! Obwohl Schilder vor den Gefahren warnen, ertrinken in den Flüssen jeden Sommer Urlauber. An der Verzasca sind seit einigen Jahren junge Männer als Aufpasser und Flussbademeister unterwegs. Die Zivildienstleistenden tragen leuchtend gelbe T-Shirts mit der Aufschrift ›River Safety‹. Sie informieren vor allem über die Gefahren, im Fluss zu baden, weisen mit ihrer schrillen Trillerpfeife aber auch auf akute Risiken hin. Man sollte ihren Anweisungen unbedingt Folge leisten.

Baden

Als in den 1970er-Jahren am **Lago di Lugano** wegen der schlechten Wasserqualität Badeverbote ausgesprochen wurden, ging der Tourismus um ein Viertel zurück. Mittlerweile wurden elf Kläranlagen gebaut, das Problem ist behoben – nur gibt es am See nicht allzu viele öffentliche Badeplätze. In Lugano bleiben nur die Freibäder. An einsameren Abschnitten, wie bei Cantine di Gandria, findet sich aber ein Plätzchen, das Handtuch auszubreiten. Einfacher ist dies am **Lago Maggiore:** Im Gambarogno hat jeder Ort einen öffentlichen Strand; zwischen Ascona und Locarno breiten sich dann am Schwemmdelta der Maggia herrliche Sandstrände aus und das Bad von Locarno ist eine Attraktion mit Wasserrutschen (www.lidolocarno.ch). Einige Liegewiesen am Wasser befinden sich zwischen Muralto und Minusio.

Bergsteigen, Wandern und Sportklettern

Das Tessin ist ein Wanderparadies, Hunderte Kilometer ausgewiesene Wanderwege durchziehen den Kanton. Von einfachen Spaziergängen entlang der Flüsse über stramme Tageswanderungen bis hin zu regelrechten Gebirgstouren ist alles möglich. Das größte Problem der Tessiner Berge besteht für Wanderer und Bergsteiger in den gewaltigen Höhenunterschieden zwischen Talboden und Baumgrenze. Zwischen 200 m ü. d. M. – so niedrig liegen manche Ortschaften – und 1900 m geht man über steiles Felsgelände, kleine Hochflächen, unwegsame Steilhänge oder muss sich durch üppig wuchernde Vegetation schlängeln. Diese ungewöhnlichen Höhenunterschiede erfordern beste körperliche Voraussetzungen, wenn man Auf- und Abstieg an einem Tag überwinden muss. Die ideale Jahreszeit zum Wandern und Bergsteigen kann man nicht für das gesamte Tessin bestimmen; in den höhergelegenen Tälern wie **Leventina-** oder **Bedretto-Tal** bietet sich der Sommer an; im **Val Verzasca** oder im vorderen, tief gelegenen **Vallemaggia** kann man ab Juni wandern, besser geeignet sind jedoch September und Oktober. Die Markierung der Wege ist übersichtlich. Allenthalben trifft man auf Wegweiser mit ausführlichen Angaben zu Meereshöhe, Standort, Wegstrecken und Gehzeiten. Letztere sind meist an ein strammes Schweizer Marschtempo angelehnt, Spaziergänger dürfen gern ein Drittel der Zeit hinzurechnen, um nicht in Zeitnot zu geraten! Gelbe Rhomben kennzeichnen Wege ohne besondere Gefahren, die von jedermann zu bewältigen sind. Sie führen ohne große Höhenunterschiede durch Täler, leichte Wanderschuhe genügen. Weiß-rot-weiße Markierungen leiten auf höhergelegene Berghütten, Almen und einfache Gipfel; Bergschuhe und wetterfeste Kleidung sind nötig. Weiß-blau-weiß markierte Wege sind geübten Bergwanderern vorbehalten, alpine Gefahren wie Kletterstellen oder Gletscherquerungen müssen gemeistert werden.

Der höchste Gipfel des Tessins, das **Rheinwaldhorn** (3402 m), hier **Adula** genannt, wird von Dangio aus bestiegen. Zuerst wandert man zur Capanna Adula (s. S. 114) ohne alpine Schwierigkeiten. Von dort hingegen muss man einen Gletscher bewältigen – man sollte Erfahrung haben oder sich einem Bergführer anvertrauen. Kontakte unter www.guidealpineticino.ch.

Einen **Klettergarten** für Sportkletterer gibt es bei **Bellinzona:** Die Palestra di Roccia ist in Kletterkreisen weit übers Tessin hinaus bekannt. Vielbesucht sind auch die Steilwände des unteren Vallemaggia, gleich hinter **Ponte Brolla.** Für Gletscherbegehungen bietet sich eine Tour auf den **Basodino** an.

Spezialveranstalter

Mit dem MTB durch das Tessin: Diese Durchquerung bietet Transalptours an (www.transalptours.de/de/transtessin transalp), 7 Tage/6 Nächte ab 950 €. Derselbe Veranstalter bietet auch Klettern im Maggia-Tal an.

Trekking im Tessin: Mit Hauser Exkursionen kann man eine einwöchige Trekkingtour vom Gotthard ins Centovalli unternehmen. Die 7-Tages-Trekking-Tour wird unter dem Titel »Genusswandern in der Sonnenstube der Schweiz« angeboten und kostet 750 € (www.hauser-exkursionen.de).

Bergbahnen
Diverse Bergbahnen erleichtern den Zugang ins Gebirge. Zu den bekanntesten zählen die Bahnen von San Carlo nach Robiei, die Standseilbahn von Locarno nach Madonna del Sasso und weiter bis auf die Cardada, die Luftseilbahn von Verdasio nach Rasa, die Gondelbahn von Rivera auf den Monte Tamaro, die Sesselbahn von Miglieglia auf den Monte Lema, die Seilbahn von Lugano/Cassarate auf den Monte Brè und die Standseilbahn von Lugano auf den San Salvatore sowie die elektrische Schmalspurzahnradbahn von Capolago auf den Monte Generoso und auf der anderen Seite des Tals die Bahn am Monte San Giorgio.

Bungee-Jumping

An der 220 m hohen Staumauer im Val Verzasca springt man auf den Spuren von James Bond – der hier für den Film »Golden Eye« hüpfte – ins tiefe Tal (Trekking Team AG, Casa Rosina, Tegna, Tel. 091 780 78 00, mobil 079 600 70 07, www.trekking.ch, Ostern–Mitte Juli, Ende Aug.–Ende Okt. nur am Wochenende nachmittags, Mitte Juli–Ende Aug. Mi–So nachmittags, 255 CHF, zweiter Sprung 195 CHF, am selben Tag 125 CHF, inkl. Sprungtraining, -diplom, -gebühren, Getränk). Mit demselben Anbieter gibt es auch Brückensprünge im Centovalli (70 m, erster Sprung 135 CHF).

Karten
Empfehlenswert sind die Kompass-Wanderkarten WK 90 (»Lago Maggiore, Lago di Varese«), WK 110 (»Valle Maggia, Val Verzasca«) und WK 111 (»Südtessin, Locarno, Lugano«) im Maßstab 1:50 000. In einigen Fremdenverkehrsbüros gibt es brauchbare Wanderkarten der jeweiligen Region. Eine Panoramakarte erhält man kostenlos bei allen Fremdenverkehrsämtern.

Canyoning

In einer Art Wassertrekking werden Flüsse und Bäche talabwärts bewältigt, dazu wird man mit Neoprenanzug, Sturzhelm und Klettergurten ausgerüstet. Angeboten wird diese Sportart in Intragna im Centovalli (Tel. 081 911 52 50, www.swissraft.ch).

Golf

Die drei Tessiner Golfklubs haben jeweils 18-Loch-Plätze: Golf Club Lugano, Via Bött, Magliaso, Tel. 091 606 15 57, www.golflugano.ch. 1928 gegründet wurde der Golf Club Patriziale in Ascona, Via Lido 81, Tel. 091 785 11 77, www.golf.ascona.ch. Erst 2001 eröffnete der Golfplatz in Losone, Tel. 091 785 10 90, www.golfascona.ch.

Radfahren

Das Tessin ist unter Radfahrern ausgesprochen beliebt, wer jedoch nicht nur an den Seen entlang oder in der Magadino-Ebene radeln möchte, sollte eine gute Kondition mitbringen – die Höhenunterschiede sind gewaltig. Dennoch sind vor allem an den Wochenenden viele Sportler unterwegs, sei es auf Mountainbikes in den nördlichen Tälern, sei es auf Rennrädern auf allen Straßen. Im Rahmen des nationalen Projekts ›Veloland Schweiz‹ (www.veloland.ch) wurden Tessiner Fahrradstrecken von insgesamt 175 km Länge ausgebaut und markiert. Die Nord-Süd-Route verbindet Basel mit dem Tessin, sie führt 60 km weit von Airolo über Ambri, Faido, Giornico, Biasca, Lodrino und Gordu-

Wie James Bond – Bungee-Springer über dem Verzasca-Staudamm

no bis Bellinzona und schließlich weiter nach Chiasso; eine Variante führt von Bellinzona nach Locarno.

Leihräder gibt es an den SBB-Bahnhöfen in Bellinzona und Locarno. Die Broschüre »Ticino Bike« und die Loseblattsammlung »Il Ticino in Mountain Bike« listen Radwege und Tourenmöglichkeiten in allen Ecken des Kantons auf und sind bei den Fremdenverkehrsämtern erhältlich.

Biketels und Velotels sind Hotels, die speziell auf die Bedürfnisse von Radfahrern eingerichtet sind. Über diese können auch Pauschalreisen und Rundtouren gebucht werden (www.bike-hotels.ch, www.velotel.ch).

Immer beliebter werden **E-Bikes** (http://ticino.e-bike-park.ch). Mit über 30 Vermietstellen an Bahnhöfen und in Hotels bietet der E-Bike-Park viele Tourenmöglichkeiten. Über 200 km beschilderte Radrouten stehen zur Auswahl: auf der Nord-Süd-Route vom Fuße des Gotthards talabwärts durch die Leventina, durch die Magadinoebene von Bellinzona nach Locarno oder entlang der Maggia in Richtung Bignasco (s. auch Rent a Bike AG, www.rentabike.ch, unter »Stationen« findet man alle Telefonnummern, bei denen man Bikes ausleihen kann).

Reiten

Die unwegsamen Täler und auch die idyllischen Seelandschaften des Tessins eignen sich gut für Reittouren. Einige Pferdehöfe bieten unterschiedliche Programme an – vom Reitunterricht über kurze Ausritte bis zu mehrtägigen Trekkingtouren. Letzteres ist möglich mit Vallemaggia Turismo, Tel. 091 753 18 85, www.vallemaggia.ch.

In der Magadino-Ebene: Scuderie La Bolla, Yvonne Tosio, Quartino, Tel. 091 858 03 95, mobil 079 331 23 52, www.scuderialabolla.ch, Unterricht und Ausritte, Halbtagestrekking 90 CHF, einstündiger Ausritt 40 CHF.

Wellness

Wandern, spazieren gehen, baden oder einfach auf einem Bänkchen die Aussicht und die gute Luft genießen – für die meisten Tessin-Urlauber ist das Wellness genug. Doch der Wellness-Sektor im Tessin ist im Kommen, immer mehr Luxushotels bieten Wohlfühlaufenthalte an. In Ascona: Ascona Hotel Giardino, www.giardino.ch; Hotel Eden Roc, www.edenroc.ch; Parkhotel Delta, www.parkhoteldelta.ch; in Losone: Hotel Losone, www.albergolosone.ch; in Lugano: Hotel Villa Castagnola au Lac, www.villacastagnola.com und ganz neu im Hotel Collina d'Oro (www.resortcollinadoro.com) und im Kurhaus Cademario (www.kurhauscademario.com).

Außerhalb der Hotels gibt es folgende Wellness- und/oder Spaßbäder: **Acquapark California:** Via San Gottardo 4, Balerna, Tel. 091 695 70 00, www.california-acquapark.ch, Mo–Fr 8.30–22, Sa/So 9–20 Uhr, Erw. 20–22 CHF, Kinder 12 CHF. Großes Schwimmbecken, Wellenbad, Kinderbecken, Hydromassagebad, Saunas, Dampfbäder, zwei Wasserrutschen, 100 bzw. 120 m lang. **Acquasana muralto sa:** Via Balli 1, Muralto/Locarno, Tel. 091 730 15 75, www.acquasana.ch, Mo, Di, Do 7–14, Mi bis 21, Fr bis 21.30, Sa 14–19.30, So 9.30–19.30 Uhr, 32 CHF/20 CHF (nur Schwimmbad: 15 CHF/8 CHF). Mehrzweckschwimmbad, für Menschen mit Handicap geeignet, Wassertemperatur bis 34 °C, Aquafitnesstraining, Schwimmkurse, Wasser-Shiatsu, Yoga, Kosmetikstudio.

Splash & Spa Tamaro: Rivera, www.splashespa.ch. Innovativer Wasserpark, in dem ein Besucher nicht mehr als eine halbe Badewanne voll Wasser verbraucht. Auf einer Fläche von 14 300 m^2 gibt es Schwimm- und Thermalbäder, Rutschen, künstliche Wellen, Surfanlagen sowie einen großen Wellness- und Beautybereich. Erw. ab 35 CHF. Vier Stunden Spa: 50 CHF. Mo–Fr 10–22 Uhr, Sa/So ab 9 Uhr.

Wintersport

15 Skistationen bieten Abfahrts- und Langlaufpisten. Ein größeres Skigebiet kann **Airolo** vorweisen (www.funivie-gottardo.ch, 30 km Pisten), als Familienskiort beliebt ist **Campo Blenio** (www.campoblenio.ch). **Bosco Gurin** ist nach dem Ausbau des Grossalpgebiets ebenfalls ein beliebtes Familienskigebiet. Wer mit der neuen Sesselbahn vom Ort hinauf zur Grossalp fährt, kann auch dann noch gut Ski fahren, wenn die Talabfahrt nicht mehr möglich ist (www.bosco-gurin.ch, www.capannagrossalp.ch). Im Langlaufzentrum **Campra** unterhalb des Lukmanierpasses warten 34 km Loipen auf Langläufer (www.campra.ch), außerdem gibt es eine Eislaufbahn. Dort kann man auch eine Hütte mit 40 Plätzen mieten (10 CHF pro Person u. Tag). Zudem hat der Südkanton einige Skitourenziele zu bieten, auf denen am Wochenende und in den Osterferien viel Betrieb herrscht (www.hikr.org/region41/ski). An die **Haute Route Ticinese** sollten sich nur versierte Skitourengeher wagen. Vom Oberrhein bis nach Locarno ist man acht Tage unterwegs; übernachtet wird meist in unbewirtschafteten Hütten, d. h. die gesamte Ausrüstung und Verpflegung müssen selbst mitgebracht werden – das erfordert vor allem Kondition und alpine Erfahrung!

Feste und Veranstaltungen

Gefeiert wird im Tessin viel und überall, die Urspünge der Vergnügungen sind unterschiedlicher Art. Manche dienen schlicht der Volksbelustigung wie das vergnügliche Eselsrennen in Mendrisio, während die Karfreitagsprozessionen im selben Ort ein düsteres, religiös geprägtes Spektakel sind. Wenn im Herbst auf Dorfplätzen Kastanien geröstet werden und Spaziergänger sich die Hände an den Tüten wärmen, wissen nicht mehr viele, dass die Kastanie Hauptnahrungmittel der armen Talbevölkerung war. Doch für alle Feste gilt: Sie sind nicht für die Touristen erfunden worden, die Tessiner selbst genießen sie ebenso.

Karneval

Nicht nur der **Rabadan** (s. u.) in Bellinzona, sondern viele Karnevalsveranstaltungen werden im Tessin gefeiert. In Locarno füllt sich am Freitagabend bei der **Stranociada** die Altstadt mit Maskengängern und Musikgruppen.

Rabadan
Der Karnevalsumzug in Bellinzona wird Rabadan genannt (www.rabadan.ch). Karnevalsumzüge in Bellinzona gibt es seit 1862 und eine der berühmtesten Masken heißt König Rabadan. Der Ursprung des Wortes ist kurios: Es kommt aus dem Piemonteser Dialekt, bedeutet Lärm und stammt aus der Zeit der Kreuzzüge. Den piemontesischen Invasoren fiel auf, dass während des moslemischen Fastens, dem Ramadan, nachts viel gegessen und gefeiert wurde. Dies – so verstanden sie – heiße Rabadan. Die Fastnacht in Bellinzona dauert eine ganze Woche.

Chiasso wird während der Faschingstage, hier **Carnevale Nebiopoli** genannt (www.nebiopoli.ch), von einem sogenannten Premierminister regiert, der die Ortschaft zur ›Freien Republik Nebiopoli‹ ausruft. Höhepunkt ist der Fastnachtsdienstag mit einem Maskenumzug. Die meisten Besucher kommen zum Karneval nach Biasca, Brissago und Tesserete, insbesondere während vieler farbenprächtiger Maskenumzüge am Samstag. In vielen Festzelten gibt es ab Donnerstagabend Risotto-Essen für alle und Musik.

Kamelienblüte

Nicht nur die Kamelien, auch andere Frühblüher erstrahlen schon im März an den Seen, wenn sich nördlich der Alpen noch keine Knospe ans Licht traut. Wer genug hat vom Winter, wird hier mit Frühlingsgefühlen überschüttet. In Locarno wird im Kameliengarten an der Uferpromenade Ende März das **Kamelienfest** gefeiert. Dort blühen rund 300 Arten des japanischen Baumes. Aber auch der botanische Garten des Gambarogno am gegenüberliegenden Ufer und die Kameliensammlung auf den Brissago-Inseln lohnen einen Besuch.

Gründonnerstag und Karfreitag in Mendrisio

Bei der **Karfreitagsprozession** in Mendrisio zieht seit dem 17. Jh. fast der ganze Ort in historisierenden Kostümen durch die abendliche Stadt, um den toten Christus zu Grabe zu tragen. Die Altstadtarkaden sind mit bis zu 300 Jahre alten Transparenten ge-

Feste und Festivals im Jahreslauf

Februar
Fischerfest: letzte zwei Febr.-Wochen, Locarno. Spezialitäten aus der Seeküche in verschiedenen Restaurants.

März
San Giuseppe: Hl. Josef, 19. März. Auf den Dorfplätzen werden Tänze gezeigt und frittierte Mehlklöße verspeist.

März/April
Karneval: in Locarno, Bellinzona, Chiasso, Biasca, Brissago, Tesserete, s. S. 35
Karfreitagsprozessionen: besonders schön in Ascona und in Mendrisio.
Kamelienfest: März in Locarno s. S. 35

April
Bellinzona in Fiore: vorletztes Aprilwochenende. Blumenmarkt, Konzerte.
Lugano Festival: April–Anfang Juni. Renommiertestes Klassik-Event, s. S. 37

Mai
Antiquitätenmarkt: 2. Maiwochenende, in der Altstadt Locarnos.
La Spada nella Rocca: Ende Mai in Bellinzona. Mittlealterfest s. S. 37
Paglio degli Asini: Ende Mai in Mendrisio. Eselrennen s. S. 37
Leoncavallo-Festival: drei Wochenenden Mai/Juni, Brissago. Werke des Komponisten Ruggero Leoncavallo.

Juni
Piazza Blues: 15.–17. Juli, Bellinzona, Bluesfestival mit vielen Konzerten.
New-Orleans-Festival: Ende Juni/Anfang Juli, Ascona. Jazz im Freien.

Juli
Estival Jazz: Ende Juni/Anfang Juli, Eintritt frei. Jazzkonzerte auf der Piazza della Riforma in Lugano und der Piazza alla Valle in Mendrisio.
Internationales Orgelfestival: vom 9.–23. Juli jeden Di und Fr in der Pfarrkirche San Carlo in Magadino.
Luci e Ombre: Do–Sa am 2. oder 3. Juliwochenende, Locarno. Großes Fest an der Seepromenade mit Feuerwerk.

August
Seefeuerwerke: 1. Aug. (Nationalfeiertag), in vielen Orten.
Traversata del Lago: 1. Aug., Brissago. Schwimmwettbewerb, bei dem der Lago Maggiore durchquert wird.
Festival Internazionale del Film: erste Augusthälfte, Locarno. s. S. 37
Settimane Musicali: bis Mitte Okt., Ascona. Klassische Musikwochen.

September
Winzerfeste: an den Wochenenden, Bellinzona, Mendrisio und Lugano.

Oktober
Castagnate: Kastanienfeste in vielen Dörfern.
Festa d'autunno: 1. Okt.-Wochenende, Lugano. Musik und Tanzdarbietungen in der Altstadt, lokale Produkte.
Rassegna Gastronomica: ganzer Okt., Mendrisiotto. Fest rund ums Essen mit Weinständen, Kastanienbratereien.

November
Martinsmarkt: 11. Nov., Mendrisio. Rund um die Kirche San Martino.

Dezember
Krippenausstellungen: in vielen Dörfern, u. a. in Mendrisio und Vira.
Presepe Vivente: Anfang Dez., Locarno. Einwohner stellen Krippen dar.

schmückt. Einen Tag zuvor, an Gründonnerstag, haben 300 Einwohner, verkleidet als römische Legionäre und jüdische Händler, den Christusdarsteller spätabends durch die düsteren Gassen zum Kalvarienberg geleitet.

Lugano Festival und Progetto Martha Argerich

Das Lugano Festival (April–Anfang Juni) wurde zu einem der renommiertesten Klassik-Events der Schweiz, vor allem zusammen mit dem zweiten Teil, dem Progetto Martha Argerich. Dieses ›Projekt‹ (alljährlich im Juni) trägt den Namen der berühmten argentinischen Pianistin Martha Argerich, die mit anderen renommierten Künstlern unter den Mitwirkenden ist. Schon der erste Teil umfasst zehn Konzerte mit internationalen Orchestern, Musikern, Solisten und Dirigenten (www.luganofestival.ch).

La Spada nella Rocca

Ende Mai werden Schwerter gekreuzt und klappern Rüstungen beim dreitägigen **Mittelalterfest** auf dem Castello di Montebello in Bellinzona. La Spada nella Rocca – das Schwert im Felsen – zeichnet Szenen aus dem mittelalterlichen Leben nach – mit Turnieren für Schwertkämpfer und Pfeilbogenschützen, Fahnenschwingern, mittelalterlichen Abendessen und Einblicken in die Handwerkskunst (www.laspadanellarocca.ch).

Palio degli Asini

Die Bewohner aus allen fünf Quartieren Mendrisios – Cantum Uri, Curubiell, Via Furesta, Vignuu, Brecch – bekämpfen sich bei diesem **Eselsrennen,** das historisch anmutet, aber erst 1983 eingeführt wurde und fester Bestandteil des Jahreslaufs ist (Fr/Sa Ende Mai, www.paliodimendrisio.ch).

Cliff Diving Championship

Nicht zum Nachmachen empfohlen: Bei der europäischen Klippenspringer-Meisterschaft im Vallemaggia springen Könner bei Ponte Brolla 20 m in die Tiefe und landen im brodelnden Wasser der Maggia (3. Juliwochenende, www.whdf.com, Eintritt frei).

Filmfest in Locarno

Das **Festival Internazionale del Film** in Locarno wurde 1946 gegründet und ist das kleinste unter den großen Filmfestspielen. Besonders schön: Viele Filme des Programms werden auf der Riesenleinwand gezeigt, die auf der bestuhlten Piazza Grande aufgespannt wird. Der internationale Wettbewerb findet jedes Jahr in den ersten beiden Augustwochen statt, der beste Film erhält den Goldenen Leoparden, *il pardo,* so benannt nach dem Wappentier Locarnos (www.pardo.ch, Tickets für die Abendvorstellungen auf der Piazza Grande ab Mitte Juli über die Webadresse, vor Ort einen Tag vor Beginn des Festivals in den Box Offices auf der Piazza Grande).

Locarno on Ice

Von November bis Anfang Januar wird die Piazza Grande in Locarno zur Schlittschuhbahn; in den Glas-Iglus um die Eisbahn kann man sich aufwärmen. Beliebter Treffpunkt: Die Kinder sind auf dem Eis, die Eltern davor (www.locarnoonice.ch). Und nachts bis ein Uhr gehen dann auch die Großen aufs Eis, bei Live-Musik von Rock bis Jazz (Eintritt auf die Eisbahn 4 CHF, ermäßigt 3 CHF).

Reiseinfos von A bis Z

Apotheken

Apotheken heißen im Tessin *farmacia.* Für diese gelten die üblichen Ladenöffnungszeiten.

Ärztliche Versorgung

Der medizinische Notruf ist unter Tel. 144 zu erreichen. Dort erfährt man auch, welcher Arzt Notdienst hat. Ärzte stehen im Telefonbuch unter *medici.* In Locarno, Lugano und Ascona findet man deutschsprachige Ärzte, in kleineren Dörfern ist das unter Umständen schwieriger.

Diplomatische Vertretungen

... in Deutschland

Schweizerische Botschaft
Otto-von-Bismarck-Allee 4A
10557 Berlin
Tel. 030 390 40 00
www.botschaft-schweiz.de
ber.vertretung@eda.admin.ch
Abteilung Visa und Einreise
Mo–Fr 9–12 Uhr
Telefonauskunft: Mo–Fr 8–12.30 und 13.30–17 Uhr, Tel. 030 39 04 00 80

... in Österreich

Schweizerische Botschaft
Kärntner Ring 12
1010 Wien
Tel. 01 795 05
vie.vertretung@eda.admin.ch
Mo–Fr 9–12 Uhr

... im Tessin

Konsulat der Bundesrepublik Deutschland
Via Soave 9
6900 Lugano
Tel. 09 19 22 78 82

Konsulat der Republik Österreich
Via Pretorio 7
6900 Lugano
Tel. 09 19 13 40 07

Einreise- und Zollbestimmungen

Zur **Einreise** in die Schweiz benötigen deutsche und österreichische Staatsbürger einen Reisepass, der mindestens noch ein Jahr gültig sein muss, oder einen gültigen Personalausweis. Seit Juni 2012 benötigt jedes Kind, das ins Ausland reist, unabhängig vom Alter ein eigenes Reisedokument. Informationen über die Einreisebestimmungen für Bürger anderer Staaten erhält man bei der Schweizerischen Botschaft.

Tiere: Für Hunde und Katzen muss eine Tollwutimpfung nachgewiesen werden, die nicht mehr als ein Jahr und nicht weniger als 30 Tage zurückliegt. Die Vorschrift gilt auch für Hunde und Katzen, die nach vorübergehender Ausfuhr wieder in die Schweiz zurückkehren.

Zollfrei können eingeführt werden: persönliche Gebrauchsgegenstände wie Kleider, Toiletten- und Sportartikel, Foto- und Amateurfilmkameras, Videokameras, Musikinstrumente, Campingausrüstungen usw. sowie Reiseproviant in der Menge, die dem normalen Tagesbedarf entspricht. Alkohol: Wein 2 l, Schnaps u. Ä. 1 l. Tabakwaren: Personen im Alter von über 17 Jahren dürfen 200 Zigaretten oder 50 Zigarren oder 250 g Pfeifentabak einführen.

Elektrizität

Die Netzspannung beträgt 220 Volt Wechselstrom. Ein Adapter ist meist notwendig, kann aber vor Ort gekauft oder im Hotel ausgeliehen werden.

Feiertage

Das Tessin hat mehr Feiertage als jeder andere Schweizer Kanton, denn zu den üblichen Schweizer Feiertagen kommen noch die katholischen hinzu:
1. Januar: Capo d'anno (Neujahr)
6. Januar: Epifania (Dreikönigstag)
19. März: San Giuseppe (St. Joseph)
März/April: Pasqua (Ostern)
1. Mai: Festa del lavoro (Tag der Arbeit)
Mai/Juni: Ascensione (Christi Himmelfahrt); Lunedì di Pentecoste (Pfingstmontag), Corpus Domini (Fronleichnam)
29. Juni: Santi Pietri e Paolo (Peter und Paul)
1. August: Nationalfeiertag
15. August: Ferragosto (Mariä Himmelfahrt)
1. November: Ogni santi (Allerheiligen)
8. Dezember: Immacolata concezione (Mariä Empfängnis)
25. Dezember: Natale (Weihnachten)
26. Dezember: Santo Stefano

Geld

Die Schweiz ist kein Euro-Land, die Schweizer Währung ist der Schweizer Franken (CHF) zu je 100 Rappen. Im Tessin werden die Rappen *Centesimi* genannt. Es gibt Münzen zu 5, 10, 20 Rappen/Centesimi und 0,5, 1, 2, 5 Franken, Scheine zu 10, 20, 50, 100, 200, 1000 Franken.

Wechselkurs: 1 CHF = 0,82 € bzw. 1 € = 1,22 CHF

An den **Geldautomaten** kann man mit ec/Maestro-Karte oder Kreditkarten Geld abheben. Alle großen Hotels und besseren Restaurants akzeptieren Kreditkarten.

Gesundheitsvorsorge

Spezielle Impfungen sind fürs Tessin nicht vorgeschrieben. Die Sonnenkraft sollte – vor allem im Gebirge – nicht unterschätzt werden. Bei Ausflügen in die Feuchtgebiete der Bolle di Magadino Mückenschutzmittel nicht vergessen!

Notruf

Polizei: Tel. 117
Sanitäter: Tel. 144
Feuerwehr: Tel. 118
Pannendienst: Tel. 0800 140 140
ADAC: +49 89 22 22 22
Sperrung von Handys, EC- und Kreditkarten: 0049 116 116

Öffnungszeiten

Kleinere Läden: Mo–Fr 8–12 und 14–18.30 Uhr
Kaufhäuser: Mo–Fr 8–18.30, Sa 8–17 Uhr. In der Schweiz gibt es abends (noch) keine verlängerten Öffnungszeiten.
Banken: Mo–Fr 8.30–12.30 und 13.30–16.30 Uhr
Museen: Di–So 8–12 und 14–18.30 Uhr

Post

In nahezu jedem Dorf findet sich ein Postamt. In kleineren Gemeinden sind die Ämter nur wenige Stunden geöffnet, für die größeren gilt: Mo–Fr 7.30–12 und 14–18 Uhr, Sa 8–11 Uhr.

Radio und Fernsehen

Der Radio- und Fernsehsender ›Radio-Televisione della Svizzera Italiana‹ strahlt ein Fernseh- und zwei Hörfunkprogramme in italienischer Sprache aus. In den Hotels empfangen die TV-Geräte auch die Programme der deutschsprachigen Schweiz sowie viele deutsche Sender.

Reisekosten

Leider ist die Schweiz und somit auch das Tessin nicht billig. Ein guter Trost dürfte aber sein: Das Preis-Leistungs-Verhältnis stimmt eigentlich immer. Der Standard der Hotels ist hoch, das Essen vorzüglich. Wer weniger Geld im Urlaub ausgeben möchte, wird statt eines Hotels eine Ferienwohnung buchen und häufig selber kochen.

Ein Einzelzimmer unter 60 CHF (inkl. Frühstück) wird man selten finden, Doppelzimmer unter 100 CHF (2 Pers. inkl. Frühstück) sind ebenfalls rar. Bis 200 CHF fürs Doppelzimmer ist ein mittlerer Preis, wer es richtig luxuriös haben möchte, kann auch das Vierfache dafür ausgeben.

Wer essen geht, wird außer in einer Pizzeria oder in einem einfachen Grotto wohl immer mindestens 35 CHF pro Person für ein Gericht mit Vorspeise und einem Getränk zahlen.

Spartipps
Günstig und schön sind die **Wandertouren** von TCEN, Tra Cultura e Nautra. Sie führen z. B über die Hochebene La Greina in sechs Tagen aus dem Bündner Vorderrheintal ins Tessin. Übernachtet wird in kleinen, alten Gasthäusern, gegessen dafür üppig und gut. 6 x Halbpension mit landestypischen Abendessen, Tourenplanung und -begleitung, Organisation, thematische Einführung, z. T. Gepäcktransport, ab 540 €. Infos unter www.tcen.de.
Diverse Cards und Pässe sind eine gute Investition für Bahn-, Bus- und Schiff-(viel-)fahrer (s. S. 24).

Reisen mit Handicap

Die Dörfer in den Gebirgstälern dürften für Gehbehinderte nicht einfach zu bewältigen sein, einfacher ist es in den großen Hotels in den Städten. Genauere Auskünfte können eingeholt werden bei: Federazione Ticinese per l'Integrazione degli Andicappati FTIA, Via Linoleum 7, 6512 Giubiasco, Tel. 091 850 90 90, www.ftia.ch. Umfassende Informationen auch unter www.ticino.ch/de/travel-and-information/accessible-tourism.html.

Sicherheit

Wilde Tiere gibt es im Tessin nicht und auf Giftschlangen wird man kaum treten.

Vorsichtig sollte man sich bei **Wanderungen im Hochgebirge** verhalten, nicht ohne genügend Wasser, Verpflegung und Kondition losmarschieren und jemanden über das Ziel informieren. Gefährlich kann das Bad in den **Gebirgsflüssen** sein, immer wieder gibt es Todesfälle, da die tückischen Strömungen unterschätzt werden.

Die **Kriminalität** ist gering, aber wie überall auf der Welt sollten Urlauber im Gedränge – etwa auf Märkten oder bei Open-Air-Konzerten – ihre Habseligkeiten im Auge behalten.

Nicht ganz problemlos ist das hohe **Verkehrsaufkommen** in der Region Lugano mit den Pendlern aus Italien. Hier geht es oft nur sehr langsam vorwärts, motorisierte Zweiräder fahren oft wild an den Autoschlangen vorbei.

Sommerhitze

Im August, manchmal auch schon früher, kann es an den Seen höllisch heiß werden. Kein Problem: Setzen Sie sich in Lugano in die Seilbahn auf den Monte Brè oder in Locarno in die Bahn auf die Cardada – da oben weht immer eine leichte Brise.

Souvenirs

Beliebte Mitbringsel sind **Lebensmittel** wie Salami, Käse und das Bauernbrot aus den Tälern. Eine große Auswahl dieser Produkte findet man in Lugano in der Via Nassa, aber auch in vielen Supermärkten der Region.

Auch **Wein** wird gerne mitgenommen, denn zu Hause bekommt man fast keine Tessiner Tropfen, da sie kaum exportiert werden. In allen größeren Orten gibt es Weinhandlungen, die vor allem den Tessiner Merlot führen. **Töpferwaren** findet man in Sonogno im Val Verzasca, hochwertigeres Kunsthandwerk (und Käse) im Laden Artis der Associazione Artigiani di Vallemaggia in Cevio. Bei den Antiquitätenmärkten – z. B. in Locarno im Herbst – wird man auf richtige Schnäppchen vergeblich hoffen, dazu ist die Klientel einfach zu wohlhabend, doch eine nette Kleinigkeit wird zu finden sein.

Beliebte Mitbringsel sind **Lebensmittel** wie Salami, Käse und das Bauernbrot aus den Tälern. Eine große Auswahl dieser Produkte findet man in Lugano in der Via Nassa, aber auch in vielen Supermärkten der Region. Wer richtig umfangreich shoppen möchte, sollte sich mittwochs in Luino einfinden. Dann findet dort einer der größten Märkte Norditaliens statt.

Telefonieren

Ländervorwahlen
Schweiz: 0041
Deutschland: 0049
Österreich: 0043

Innerhalb des Tessins muss die Ortsvorwahl immer mitgewählt werden, sie ist Bestandteil der Telefonnummer. Bei Anrufen aus dem Ausland entfällt die Anfangsnull. Alle üblichen Mobilfunknetze funktionieren im Tessin. In der italienischen Schweiz wird das Handy *Natel* genannt, nicht *cellulare* wie in Italien.

Trinkgeld

Der Service ist zwar im Preis eingeschlossen, doch bei gutem Service wird man 5 bis 10 % Trinkgeld geben. Gängigste Methode: sich das Wechselgeld ganz auszahlen lassen und dann einen Betrag auf dem Tisch hinterlassen.

Umgangsformen

Besondere Verhaltensregeln muss man im Tessin nicht beachten, mit Höflichkeit ist man immer am besten dran. In den feinen Lokalen der Städte sollte man nicht einfach an einem freien Tisch Platz nehmen, sondern auf einen Kellner warten. Rustikaler geht es in den einfachen Lokalen und Grotti zu.

Zeitungen und Zeitschriften

Wöchentlich (Di, Do, Sa) die deutschsprachige »Tessiner Zeitung«. Die seriöse Lokalzeitung informiert ausführlich über das Veranstaltungsangebot. Deutsche Tageszeitungen und Zeitschriften gibt es am Bahnhof von Locarno und an vielen Kiosken im Tessin.

Zeit

Im Tessin gehen die Uhren nach der MEZ, im Sommer nach der MESZ, also wie in Deutschland und Österreich.

Panorama – Daten, Essays, Hintergründe

In Lavertezzo ergänzen sich Kunstwerke der Natur und solche von Menschenhand

Steckbrief Tessin

Daten und Fakten

Lage: Das Tessin (Repubblica e Cantone Ticino), benannt nach dem Fluss Ticino, ist der südlichste und der fünftgrößte Kanton der Schweiz. Er bildet zusammen mit Misox, Calanca-Tal, Bergell und Puschlav (Graubünden) die italienische Schweiz (Svizzera Italiana). Das Tessin grenzt im Norden an Wallis, Uri und Graubünden, im Süden ist die Kantonsgrenze gleichzeitig Landesgrenze zu Italien.
Hauptstadt: Bellinzona ist zwar mit 17 700 Einwohnern nicht die größte Stadt, dennoch aber Kantonshauptstadt.
Größte Städte: Lugano (55 000 Einw.), Locarno (15 000 Einw.), Chiasso (7800 Einw.), Mendrisio (11 550 Einw.), Biasca (5950 Einw.), Ascona (5500 Einw.), Airolo (1535 Einw.)
Fläche: 2812 km^2
Zeitzone: MEZ, im Sommer MESZ
Vorwahl: Es gibt keine Telefonvorwahl im herkömmlichen Sinne. Zwar hat das Tessin die 091 (0041 91), aber die Nummernfolge ist fester Bestandteil der Telefonnummer und muss auch vor Ort immer mitgewählt werden.

Geografie und Natur

Der höchste Berg ist der Adula (dt. Rheinwaldhorn), 3402 m, der tiefste Punkt des Kantons liegt auf 193 m, am Lago Maggiore.

Ein Drittel des Tessins ist bewaldet, wobei Kastanienwälder einen großen Anteil daran haben. Die beiden großen Seen sind Lago Maggiore und Luganersee. Landschaftsbildend sind die Alpensüdseite sowie die Magadinoebene bei Locarno im Sopraceneri und das hügelige Land im Süden des Kantons, im Sottoceneri.

Geschichte und Kultur

1291 gründeten die Urkantone Uri, Schwyz und Unterwalden die Eidgenossenschaft. Das Gebiet des heutigen Tessins wurde im Mittelalter von den Mailänder Herzögen beherrscht, zwischen 1403 und 1422 wurden einige Teile des Kantons bereits der Herrschaft von Uri unterstellt, mussten aber später wieder abgetreten werden. Im Jahr 1500 brachten Uri, Schwyz und Nidwalden die Stadt Bellinzona und die nördlichen Täler unter ihre Kontrolle. Ein nächster Vorstoß nach Süden erfolgte durch die Truppen aller Kantone. Immer weiter nach Süden dehnte sich der Bereich aus, doch mit dem Einrücken französischer Revolutionstruppen 1798 ins Gebiet der Eidgenossenschaft endete der Untertanen-Status des Tessins. So entstanden die neuen Kantone Bellinzona und Lugano. Ab 1803, unter Napoleon, erhöhte sich die Zahl der Kantone auf 19, darunter das Tessin.

Staat und Politik

Das Tessin ist in acht Verwaltungsbezirke eingeteilt. Seit 2004 fanden Gemeindefusionen statt, so gibt es nun noch 135 Gemeinden. Alle vier Jahre finden Kantonswahlen statt (nächste

Wahl 2015). Im Gran Consiglio, dem Parlament, sitzen 90 Vertreter. Das momentane Parlament: Partito liberale radicale ticinese (dt. FDP) 23 Sitze, Partito popolare democratico 19, Partito socialista 14, die rechtsgerichtete Lega dei Ticinesi 21 Sitze, die rechtskonservative Schweizerische Volkspartei (SVP) 5 Sitze, die Grünen 7 und die Kommunistische Partei 1 Sitz. Der Staatsrat ist die Regierung des Kantons, Präsident ist seit 2014 der Sozialist Gianrico Corti.

Wirtschaft und Tourismus

Das Pro-Kopf-Einkommen im Tessin liegt bei 41330 CHF im Jahr. Das bedeutet eine Verdoppelung seit 1980, doch liegt das Tessin damit auf Platz 22 der 26 Kantone.

Zwei Drittel des Bruttosozialprodukts werden im Tourismus und Dienstleistungssektor erwirtschaftet; über die Hälfte aller Beschäftigten arbeitet in diesen Bereichen. Industrie und Gewerbe erwirtschaften die restlichen 40 %, die Landwirtschaft beschäftigt nur noch 5 % der Bevölkerung. Industrieansiedlungen zu Maschinenbau, Metallverarbeitung, Textil- und Elektroindustrie gibt es fast nur im Sottoceneri. Ertragreich ist das Baugewerbe. Vor allem macht der Südkanton Furore als Standort für Finanz- und Handelsbeziehungen und innovative Technologien. Lugano gilt als drittgrößter Finanzplatz der Schweiz.

Der Tourismus ist für die Wirtschaft ebenfalls von großer Bedeutung: 458 Hotels bieten 20 000 Betten an; hinzu kommen 90 000 weitere in Ferienhäusern, Privatunterkünften, auf Campingplätzen etc., das sind ungefähr 15 Mio. Übernachtungen jährlich.

Bevölkerung, Sprache und Religion

Im Tessin leben 341 650 Einwohner, das sind gut 4 % der Schweizer Gesamtbevölkerung. Die Bevölkerungsdichte beträgt 121 Einwohner pro km^2. Nur 5 % gelten als Siedlungsfläche, 14 % werden landwirtschaftlich genutzt, Wald macht fast die Hälfte der Bodenfläche aus und ein weiteres Drittel gilt als »unproduktive Fläche«, also zumeist Hochgebirge. Etwa die Hälfte der Einwohner sind Ticinesi, 14 % Schweizer anderer Kantone und knapp 30 % Ausländer, hauptsächlich Italiener.

Italienisch ist Amtssprache, für 85 % der Bevölkerung zugleich Muttersprache; auch lokale Dialekte werden noch gesprochen. Überraschend sind die vielen Umlaute. So heißt etwa »heute« in manchen Tälern *inchöö*. Statt *buon giorno* hört man für »Guten Tag« das lombardische *bon dì*. Ansonsten wird auch Schweizerdeutsch gesprochen. Eine Besonderheit stellt die Walser-Gemeinde Bosco Gurin dar, in der Deutsch die Hauptsprache ist, jedenfalls offiziell. Fast alle sprechen dort mittlerweile Italienisch. Und das verbliebene Walserdeutsch mag sogar Süddeutschen kaum verständlich sein.

Rund drei Viertel aller Tessiner bekennt sich zum katholischen Glauben, 7 % sind Protestanten, 2 % sind christlich-orthodox oder gehören islamischen Gemeinschaften an. Anfang 2009 hatte das Tessiner Kantonsparlament ein Minarett-Verbot per Beschluss abgelehnt. Doch als gegen Ende desselben Jahres das Volk abstimmte, sprachen sich 68 % der Tessiner für das Minarett-Verbot aus, schweizweit waren es 57 % gewesen. Im ganzen Tessin leben etwa 6000 Muslime.

Geschichte im Überblick

Besiedlung und Völkerwanderung

1000 v. Chr. Ligurer besiedeln die See-Ufer der Südalpen.

2. Jh. v. Chr. Die Römer beginnen mit der Eroberung des Gebietes; unter den Römern wird Locarno ein wichtiges Zentrum.

313 Nach dem Toleranzedikt von Mailand, das völlige Glaubensfreiheit gewährt, breitet sich das Christentum im südlichen Alpenraum aus. Vorangetrieben wird es unter der Ägide des Mailänder Bischofs Ambrosius (340–397). ›Sant'Ambrogio‹ führt in den ambrosianischen Talschaften Riviera, Blenio und Leventina den nach ihm benannten Ritus ein, der dort bis heute zelebriert wird. Von den römischen Zeremonien unterscheidet er sich z. B. durch die Immersionstaufe, bei der der Täufling vollständig untergetaucht wird. Außerdem begehen die Ambrosianer sechs Adventssonntage; auch gibt es Unterschiede in der Abfolge der Messe.

5./6. Jh. Hunnen, Ostgoten, Langobarden und Franken (8. Jh.) fallen im Zuge der Völkerwanderung ins Tessin ein.

ab 9. Jh. Die Bischöfe von Como dehnen ihr Herrschaftsgebiet vom Luganese auf Locarno, Bellinzona und das Vallemaggia aus.

ab 11. Jh. Zahlreiche romanische Kirchen werden gebaut.

1174–1178 Im Konflikt zwischen Ghibellinen (Kaisertreuen) und Guelfen (Papsttreuen) gerät das Tessin unter die Herrschaft kaiserlicher Vasallen.

1182 ›Schwur von Torre‹ im Blenio-Tal: Die Talbewohner geben kund, fürderhin keine Burgen von Fremdherrschern mehr zu dulden. Um dem Nachdruck zu verleihen, schleifen sie gemeinsam mit den Livinen das Schloß von Curtero – ein eidgenössischer Bund hundert Jahre vor dem Rütli-Schwur.

Die Zeit der Mailänder Herrscher

12.–15. Jh. Die Visconti-Herzöge des Herzogtums Mailand bauen Bellinzona zur Festung aus und befestigen auch Locarno.

13. Jh. Die Verbindung über den St.-Gotthard-Pass, einer der wichtigsten Alpenverbindungen, wird ausgebaut; auf dem Pass eröffnet ein Hospiz. Das Mailänder Domkapitel stattet die Bewohner der Leventina mit Zoll-Vollmachten aus, die ihnen von den Mailänder Herzögen Visconti streitig gemacht werden. Alberto Cerro aus Airolo, der die Talbewohner mit den Wallisern und den Urnern verbindet und gegen die Vormachtstellung der Visconti angeht, fällt jedoch den Mailändern in die Hände und wird 1290 hingerichtet.

1291 Rütli-Schwur: Die Kantone Uri, Schwyz und Unterwalden gründen den Ewigen Bund: der Beginn der Schweizerischen Eidgenossenschaft.

1403 Erstmals fällt Bellinzona an die Urner.

1422 Schlacht von Arbedo: Die Mailänder gewinnen Bellinzona zurück.

1478 Am 28. Dezember: Schlacht von Giornico; Eidgenossen und Livinen besiegen das übermächtige Mailänder Heer.

Das Tessin wird eidgenössisch

1496–1516 Die Schweizer Eidgenossen setzen ihre Eroberungszüge fort; im ›Ewigen Frieden‹ mit Frankreich wird das Gebiet des heutigen Tessins eidgenössisch. Bis 1798 residieren in den drei ursprünglich gegen die Eidgenossen errichteten Burgen Bellinzonas die Landvogteien Schwyz, Unterwalden und Uri.

1496–1500 Die Gebiete des heutigen Tessins werden eidgenössisch: das Valle di Blenio 1496, die Riviera zwischen Bellinzona und Biasca 1499, Bellinzona 1500.

Den höchsten Punkt des Gotthard-Passes markiert ein Denkmal, das an die einst mühsame Überquerung erinnert

1512 Als ›Ennetbirgische Vogteien‹ sind Teile des Tessins der Schweizer Eidgenossenschaft unterstellt. Fremde Landvögte werden bestellt.

1555 Etwa 150 Protestanten, die dem neuen Glauben nicht abschwören, werden aus Locarno ausgewiesen; viele der alteingesessenen Familien ziehen nach Zürich und bauen dort den Seidenhandel auf.

ab 1567 Carlo Borromeo setzt sich mit den Beschlüssen des Konzils von Trient (1564) vehement für die Gegenreformation ein. Als Erzbischof von Mailand bereist er das Tessin.

1584 Die Pest wütet, auch Carlo Borromeo, der sich um Pestkranke kümmert, stirbt nach einem Tessinbesuch in Mailand. Nach seinem Tod wird er als Karl Borromäus heiliggesprochen.

1755 Vergeblicher Versuch der Livinen, sich gegen die Herrschaft des Kantons Uri zu erheben.

Napoleonische Epoche

1798 Napoleon gründet die Cisalpinische Republik und will dieser das Tessin zuschlagen. Doch nach 300-jähriger Untertanenschaft entscheidet sich die Region unter der Losung »liberi e svizzeri« (frei und schweizerisch) für den Verbleib in der Helvetischen Republik, dem von den Franzosen nach der Auflösung der Eidgenossenschaft gegründeten Staat. Das Tessin wird in die Kantone Bellinzona und Lugano aufgeteilt.

1803 Napoleon führt mit der von ihm diktierten Mediationsakte die Schweiz zurück in einen föderativen Staatenbund mit 19 gleichberechtigten Kantonen. Erst jetzt wird das Gebiet südlich des Gotthards nach dem Fluß Ticino – Tessin – genannt. Bellinzona, Locarno und Lugano wechseln sich alle sechs Jahre mit dem Regierungssitz ab.

1810 Französisch-italienische Truppen besetzen das Tessin für drei Jahre. Bürgerkriegsähnliche Auseinandersetzungen erschüttern das Tessin auch nach dem Abzug der Besatzung. Konservative und fortschrittliche politische Parteien streiten um Form und Reform des Kantons.

1813 Gegen Napoleon verbündete Truppen marschieren in die Schweiz ein, die Mediationsverfassung wird aufgehoben und der Status von vor 1798 wieder eingeführt.

1814 Revolution von Giubiasco: Der Kanton Tessin gibt sich eine Verfassung. Uri annektiert die Leventina.

Die Schweiz wird neutral

1815 Im Frieden von Paris wird der Schweiz immerwährende Neutralität zugesichert.

1827–1830 Der wichtige Säumerweg über den Gotthard wird zur Straße, es verkehren regelmäßig Postkutschen.

1830 Eine Verfassungsreform soll dem Tessin Volkssouveränität, Gewaltenteilung, Petitions- und Pressefreiheit und demokratische Rechtsprechung garantieren.

1848 Der lose Staatenbund der Kantone gibt sich eine neue Bundesverfassung und wird zum Schweizer Bundesstaat.

Mitte 19. Jh. Die Risorgimento genannte Bewegung kämpft unter Garibaldi für die Einigung Italiens. Viele Verfolgte flüchten ins Tessin, darunter berühmte Freiheitskämpfer wie Giuseppe Mazzini, der nach Lugano ins Exil geht. Gleichzeitig entvölkern sich die Täler des Tessins; die drückende Armut führt zu einem Exodus, vor allem nach Kalifornien, wo Tausende ihr Glück zu machen hoffen.

Aufschwung durch die Eisenbahn

1878 Bellinzona ist alleinige Hauptstadt des Tessins.

1872–1882 Die Gotthard-Eisenbahnlinie wird gebaut. Beschäftigt werden vor allem italienische Gastarbeiter. 177 Männer sterben bei den Tunnelarbeiten, unter ihnen auch der projektleitende Ingenieur Louis Favre. Durch die Eisenbahnlinie beginnt ein wirtschaftlicher Aufschwung im Tessin.

1884 Ein Tessiner Bistum wird gegründet, was die Loslösung vom italienischen Como einleitet.

Beginn 20. Jh. Erste Touristen reisen in die Südschweiz, auch Zuwanderer verändern das gesellschaftliche Gefüge. Das Risorgimento Italiens übersteigert sich zur sogenannten Irredentista, der Bewegung der ›Unerlösten‹: Italien will weitere Gebiete ›erlösen‹, bis zum Brenner und bis zum Gotthard wollen die Irredentisten das Staatsgebiet erweitern. Doch die Bewegung findet im Tessin nur wenig Resonanz. 1935 wird die Zeitschrift ›Adula‹, die den Anschluss des Tessins an Italien propagiert hatte, verboten.

1925 Die Konferenz von Locarno mit den Außenministern Aristide Briand (Frankreich), Emile Vandervelde (Belgien), Joseph Austen Chamber-

Radler aller Nationalitäten begeistern sich für Touren durch das Tessin

lain (Großbritannien) und Gustav Stresemann sowie den Vertretern von Italien, Polen und der Tschechoslowakei ebnet Deutschland den Weg in den Völkerbund.

1939–1945 Offiziell verhält sich die Schweiz wie im Ersten auch im Zweiten Weltkrieg neutral. Exilanten aus Deutschland reisen ins und vor allem durchs Tessin.

Das Tessin wird Urlaubsregion

1950er-Jahre Das Tessin wird zum beliebten Feriengebiet, Tausende Rustici, ehemalige Ställe, werden zu Zweitwohnsitzen umgebaut; die sprunghafte Zunahme von Deutschschweizern und deutschen Teilzeit-Tessinern sorgt mancherorts für Unmut.

1967 Die Kantonsverfassung wird revidiert; Frauen erhalten das Wahlrecht auf kantonaler Ebene. Die neue Panoramastraße über den Gotthard ersetzt die alte kurvenreiche Strecke durch das Val Tremola. Zwei Jahre später gelangt man mit dem Auto über das Bedretto-Tal auf den 2480 m hohen Nufenen-Pass.

1980 Der Gotthard-Straßentunnel (16 km) wird eröffnet.

1993 Hochwasserkatastrophe am Lago Maggiore.

2000 Baubeginn des Gotthard-Transittunnels, des längsten Eisenbahntunnels Europas bzw. der Welt. – Bellinzonas Burgen werden als Weltkulturerbe in die UNESCO-Liste aufgenommen.

2002 Anfang August findet das Internationale Filmfestival von Locarno zum 55. Mal statt.

2004 Im Oktober findet die Schachweltmeisterschaft in Brissago statt. Weltmeister wird Titelverteidiger Wladimir Kramnik.
Am 24. November erschüttert ein starkes Erdbeben der Stärke 5,2 Norditalien. Die Auswirkungen sind auch im Tessin zu spüren, wenngleich niemand zu Schaden kommt.

2006 Der Bau des Gotthard-Basistunnels geht deutlich schneller voran als errechnet, im Juni 2006 sind bereits über 100 Kilometer am Gotthard ausgebrochen. Am 2. Juni 2006 wird mit dem Bau des Ceneri-Basistunnels begonnen und damit ein weiterer Baustein der künftigen Flachbahn durch die Alpen gelegt.

2007 Gemeindefusionen im ganzen Kanton. Barbengo, Carabbia und Villa Luganese werden Lugano eingemeindet; neun Gemeinden am Südufer des Lago Maggiore schließen sich zur Gemeinde Gambarogno zusammen, und sieben Gemeinden im Vedeggio-Tal werden zur Gemeinde Monteceneri. Aus Arzo, Capolago, Genestrerio, Mendrisio, Rancate und Tremona wird die neue Gemeinde Mendrisio.

2009 Die Gemeinden Borgnone, Intragna und Palagnedra fusionieren zur Gemeinde Centovalli. Im Februar lehnt das Tessiner Kantonsparlament ein Minarett-Verbot per Beschluss ab. Doch als am 29. November 2009 das Volk abstimmt, sprechen sich 68 % der Tessiner für das Minarett-Verbot aus. Die Planung des Nationalpark Locarnese erhält einen Rückschlag, weil die Gemeinde Cevio aus dem Projekt aussteigt.

2010 Die Tessiner Regierung plant eine kantonale Steueramnestie, sie soll insgesamt rund 1 Mrd. CHF Schwarzgeld ans Licht bringen. Der Kanton und die Gemeinden rechnen mit Einnahmen in Höhe von 36 Mio. CHF.

2011 Der starke Schweizer Franken führt zu Einbußen im Tourismus. Dachverbände des Schweizer Tourismus fordern für 2012 einen befristeten Mehrwertsteuersatz von 2,5 % für gastronomische Leistungen. Bis Ende 2013 gilt ein Sondersatz für Beherbergungsleistungen von 3,6 %.

2012 Im Tessin, vor allem in Montagnola, wird der 50. Todestag von Hermann Hesse mit Lesungen und Konzerten begangen. – Der Tessiner Große Rat lehnt im März eine kantonale Steueramnestie ab.

2014 Bei der Abstimmung ›Gegen Masseneinwanderung‹ stimmt das Tessin mit 68,2 % gegen Zuwanderung.

Der Steinbock ist zurück

Die Tierwelt des Tessins ist stark vom Menschen beeinflusst, viele Arten wurden ausgerottet, wie Bär und Wolf, doch es gibt auch gute Nachrichten.

Der Tanystropheus ist ausgestorben, seine Reste sind im Tessin noch zu finden, im Kalk des Monte San Giorgio. Für das Verschwinden dieser Reptilienart kann der Mensch nichts, den gab es zu Lebzeiten des Urtieres nämlich noch gar nicht. Dass aber Bär, Wolf und Luchs im Tessin ausgestorben sind, hat er sehr wohl zu verantworten: Wie fast im gesamten Alpenraum haben Jäger diese Tiere verfolgt und ausgerottet. 1891 fiel der letzte Bär in den Luganeser Alpen. Verjagt im Wortsinn hatte man schon vor Jahrhunderten den Steinbock; dieser konnte jedoch durch Auswilderungsprojekte wieder angesiedelt werden. In den urtümlichsten Tälern, im Val Bavona, Valle Onsernone und Val Verzasca, klettern gesunde Populationen umher, gut erkennbar an den bis zu 1 m langen, nach hinten gebogenen Hörnern mit den charakteristischen Querwülsten. Auch Wölfe werden gesichtet: 2001 tauchte erstmals wieder ein Wolf im Tessin auf, genetische Analysen des Kots belegen, dass er aus Italien eingewandert sein muss.

Der Steinbock hat im Tessin wieder eine Heimstatt gefunden

In der Schweiz gibt es kein Bärenansiedlungsprojekt, eine natürliche Zuwanderung ist allerdings nicht ausgeschlossen, wie es Ende Juli 2005 im Nationalpark im Kanton Graubünden ja auch geschehen war. Der eingewanderte Bär stammt aus dem Nationalpark Adamello Brenta. Das Bundesamt für Umwelt geht davon aus, dass es im Tessin durchaus Regionen gibt, in denen der Bär einen Lebensraum finden würde. Das Amt hat ein »Konzept Bär« erarbeitet und diesen »Managementplan für den Braunbären in der Schweiz« 2009 erweitert. Die Sicherheit des Menschen habe in jedem Fall Vorrang gegenüber dem Schutz der Bären, heißt es darin, geschossen werden darf ein Bär, wenn er Menschen gefährdet, sie angegriffen, verletzt oder gar getötet hat. Das Einfangen »und die Verbringung in ein Gehege oder eine Umsiedlung« sei jedoch keine Option. Tierethische Überlegungen sprächen gegen die Gefangenschaft von Wildbären.

Rotwild und Vogelparadies

Am Gotthard-Massiv und im Val Bedretto stößt man auf Rehe und Rotwild; Hirschen kann man in der Leventina begegnen. Weit leichter zu beobachten sind allerdings Fledermäuse: Allabendlich flattern sie in der ersten Dämmerung im Tiefflug über die Seen. 18 Fledermausarten gibt es hier.

Schlechthin ein Vogelparadies ist das Tessin, 40 % der europäischen Vogelarten wurden dort schon gesichtet, das sind rund 300 Arten; 130 davon brüten hier. Leicht zu beobachten sind z. B. Haubentaucher. Die Chancen, die Artenvielfalt zu erhalten, sind gut: Im Tessin ist, im Gegensatz zu Italien, das Fangen von Vögeln verboten. Vom Aussterben bedroht sind dennoch einige Arten, deren Lebensräume eng werden: Flussregenpfeifer, Wanderfalke und Uferschwalbe gehören dazu.

Fische und Reptilien

Zwar wurde durch das Aussetzen ertragreicher Fischarten, mit dem im 19. Jh. begonnen wurde, ein Schritt in Richtung nivellierender Fischwirtschaft getan, dennoch gibt es weiterhin einen großen Fischreichtum. Am häufigsten kommen Bach- und Regenbogenforelle vor, Saibling, Felchen, Barsch, Hecht und Zander findet man jedoch ebenfalls.

Das schönste Reptil des Tessins ist zweifellos die Smaragdeidechse; bis zu 40 cm lang können die grün schillernden Urzeittiere werden. Sie sind besonders im oberen Vallemaggia anzutreffen sowie im Bavona-Tal. Interessant ist die Verhaltensweise, wenn sich die Smaragdeidechse in der Sonne ausstreckt: Sie bewegt die Zehen ihrer Vorderbeine, einem Pianisten ähnlich; das Phänomen wird denn auch ›Klavierspielen‹ genannt. Den kleineren Mauereidechsen wird man beim Wandern auf Schritt und Tritt begegnen, seltener dagegen den Feuersalamander sehen. Wenig Wert legen Wanderer vermutlich auf eine Begegnung mit einer der drei giftigen Vipernarten. Die Äskulapnatter kann bis zu 2 m lang werden, ist aber ungiftig; Kreuz- und Hornotter sowie Aspisviper sind kleiner, aber eben giftig. Achtgeben heißt es noch vor Skorpionen, aber bei ihnen gilt dasselbe wie bei den Schlangen: Von sich aus greifen sie Menschen nicht an. Man sollte sich allerdings nicht auf sie draufsetzen.

Nutztierhaltung spielte im Tessin eine wichtige Rolle, wenngleich es keine großen Kuhherden gibt – die Weideflächen sind dafür zu klein. Verbreitetstes Weidetier ist die Ziege, hier typisch die Schwarze Verzasca-Ziege. Sie war oft das einzige Haustier armer Bergbauern. Die Ziege kann in großen Höhen noch weiden und ist nicht allzu wählerisch bei ihrer Nahrung. Das wiederum gereicht der Natur zum Nachteil: Der Verbiss ist mitschuldig an Vegetationsschäden, die letzten Endes zu Bodenerosion führen können.

Was kreucht und fleucht

Die wirbellosen Tiere machen über 90% der Tierwelt aus. Zurzeit zählt man im Tessin etwa 2900 Käferarten, 2150 Falterarten, etwa 160 Tagesschmetterlinge, 88 Ameisenarten, 143 verschiedene Schnecken, 53 Libellen, 90 Schnaken und 376 Spinnen. Eines der interessantesten Insekten, die das Tessin bevölkern, ist sicherlich die Gottesanbeterin. Sie gehört zur Gattung der Schreckenfamilie. Sie ist vor allem der Schrecken des männlichen Gottesanbeters: Dieser wird nämlich nach dem Fortpflanzungsakt vom Weibchen verzehrt. Sogar in der Gletscherregion finden sich noch Lebewesen, darunter der Gletscherfloh. Er ernährt sich von Blütenpollen, die der Wind aus dem Tal heraufträgt.

Das Nationalpark-Projekt Locarnese

Die Schweiz mit ihrer grandiosen Natur verfügt nur über einen einzigen Nationalpark, den Schweizerischen Nationalpark im Engadin. Der wurde 1914 gegründet. Immer wieder gab es seither Ansätze für Nationalparks, doch kein weiteres Projekt wurde verwirklicht. Seit einiger Zeit gibt es gleich zwei Versuche im Tessin: im Adula-Gebiet und im Locarnese.

Das Nationalpark-Projekt im Locarnese sollte 13 Gemeinden umfassen, die in den Regionen Centovalli, Bavona-, Rovana- und Onsernone-Tal liegen. Die gut 300 km² reichen bis auf eine Höhe von 3272 m, vom Gipfel des Ghiridone bei Brissago bis zum Gletscher des Basodino. Gut ein Drittel des möglichen Parks entfiel auf das Bavona-Tal. Sogar Bosco Gurin hätte sich in dem Gebiet befunden.

Cevio steigt aus

Doch die Idee, diesen Nationalpark Locarnese im Vallemaggia einzurichten, verursacht seit einigen Jahren große Aufregung. Ende Mai 2009 stieg schließlich das Gemeindeparlament von Cevio im Maggia-Tal aus, wodurch sich die Fläche des geplanten Parks deutlich verkleinerte. Dennoch haben sich die verbliebenen Gemeinden und der Kanton Tessin entschieden, das Parkgesuch aufrecht zu halten.

Wie fast immer bei Nationalpark-Fragen geht es um die unterschiedlichen Ansichten von direkten Anwohnern, die befürchten, ein Nationalpark könnte ihre Freiheiten beschneiden, und der generellen Überlegung, so einen Park irgendwo einzurichten (nur nicht vor der eigenen Haustüre). Im Locarnese sprachen sich Ortsbürger

Stand der Dinge
Informationen darüber, wie es weitergeht mit dem Nationalpark Locarnese gibt es bei **Pro Natura:** Dornacherstr. 192, 4018 Basel, Tel. 061 317 91 91, www.pronatura.ch. Weitere Informationen (allerdings nur auf Italienisch) unter www.parconazionale.ch.

dagegen aus, Teile der im Maggia-Tal besonders starken Christlich-demokratischen Volkspartei (CVP), aber auch Jäger, Fischer und Rustici-Besitzer.

Die Planung geht weiter

Da weiterhin zehn von ursprünglich 13 Gemeinden für den Nationalpark sind, soll die Planung weitergeführt werden. Vor Cevio waren Campo Vallemaggia und Cerentino ausgestiegen. Geplant sind, eben aus Rücksicht auf die Rustici-Besitzer, nicht eine große, zusammenhängende Kernzone einzurichten, sondern mehrere kleinere, die dann in der Summe die notwendigen rund 83 km^2 ergeben. In der Kernzone wird die Natur sich selbst überlassen, in den Umgebungszonen soll die Kulturlandschaft naturnah bewirtschaftet werden.

Die Idee, neben dem bestehenden Schweizer Nationalpark in Graubünden einen zweiten Nationalpark zu schaffen, war im Frühling des Jahres 2000 von Pro Natura lanciert worden. Ein Nationalpark würde eine Starthilfe von 1 Mio. CHF bekommen. So argumentiert Pro Natura in der Ausschreibung für das wichtige Projekt: »Seit bald hundert Jahren begnügt sich die Schweiz mit einem einzigen Nationalpark. Pro Natura findet, die Zeit sei reif für mehr. In unseren Nachbarstaaten sind inzwischen gegen fünfzig Nationalparks entstanden.«

Rund dreißig Initiativen für neue Parks entstanden daraufhin. Viele davon streben einen Regionalen Naturpark an. In fünf Regionen wurden Vorstudien für einen Nationalpark erstellt, und zwei, eben Locarnese e Vallemaggia (TI) und Parc Adula (GR/TI), haben die Planung in Angriff genommen.

Internationale Aufmerksamkeit

Samantha Bourgoin, Direktorin des Progetto Parco Nazionale Locarnese, erklärte in einem Interview der Tessiner Zeitung, was ein Nationalpark den Einheimischen tatsächlich brächte. Zum einen würden durch die erhöhte touristische Attraktivität wieder mehr Restaurants und Ferienwohnungen nachgefragt, hinzu kämen Stellen innerhalb der Parkverwaltung, von Fachleuten für Information bis zu Wanderführern, Umweltpädagogen sowie Marketing- und Kommunikations-Spezialisten. Samantha Bourgoin konstatiert: »Als Nationalpark genießt man internationale Sichtbarkeit und Aufmerksamkeit.«

Und es scheint ganz offensichtlich: Ein Abend in der Capanna Adula, ein junges Paar aus Belgien. Der junge Mann breitet eine Wanderkarte aus und fragt die anderen Gäste, wo im Schweizerischen Nationalpark man denn besonders gut wandern könne? Ein Gast antwortet, er kenne einen sehr schönen Wanderweg im Engadin, aber der ist auf der anderen Talseite. Der Belgier bemerkt darauf: »Ja, schon. Aber wir möchten halt in den Nationalpark. Das ist doch immer etwas Besonderes.«

Steinreich – Granit, Gneis und Marmor

Granit ist das Baumaterial des Tessins. Dächer, Ställe und sogar die kegelförmigen Kirchtürme wurden aus den typischen grauen Felsplatten aufeinandergeschichtet. So richtig ins Rollen kam die Granitindustrie mit dem Bau der Gotthardbahn.

Tetto a piuma – Flaumdach – wird im Tessin das Dach genannt, das aus Granitplatten aufgeschichtet und alles andere als federleicht ist. Auch die Stützpfeiler in den Weinbergen sind nicht aus Holz, sondern aus **Granit**. Doch die Granitindustrie ist im Tessin erst etwa hundert Jahre alt. Ihre größte Blütezeit erlebte sie nach dem Bau der Gotthardbahn; damals waren in den Steinbrüchen etwa 3000 Granitarbeiter beschäftigt, hauptsächlich Italiener. Danach ermöglichte die Gotthardbahn den zunehmenden Export von Tessiner Granit in die Deutschschweiz.

Gotthard, massiv

Das Gotthard-Massiv, tatsächlich massiv und aus Granit, kann als Herz der Alpen und somit Europas angesehen werden, hier entspringen die vier gro-

Stein auf Stein: ein typisches Steinhaus im Val Bavona

Granit für Daheim
Gartenmöbel u. Ä. aus Tessiner Granit gibt es z. B. bei NaturalStone in Arbedo.
NaturalStone Hofmann: Via delle Cave 19c, 6532 Castione, NatSto@NaturalStone.ch, Tel. 079 263 19 46, Fax 091 829 00 23 www.naturalstone.ch.
Informationen über den Marmor in Peccia: www.marmo.ch.
Bildhauerkurse: Schnupperkurse im Bildhauen gibt es an der Bildhauerschule in Peccia (www.bildhauerschule.ch). Ein Wochenkurs kostet 1600 CHF.

ßen Flüsse Rhein, Reuss, Rhône und eben der Ticino. Fährt man über das Gotthard-Massiv ins Tessin und weiter über Chiasso nach Italien, so quert man fast alle geologischen Großeinheiten der östlichen Westalpen.

Das Aar-Gotthard-Massiv ist eine gewaltige Aufbuckelung des präalpinen Untergrundes, eine Serie von Gneisen, die von Graniten abstammen, und über 300 Mio. Jahre alt sind. Hinzu kommen Glimmerschiefer, grünliche Amphibolite, Hornblendegarbenschiefer, Quarzite und andere kristalline Gesteine. Die südlich anschließenden Berge, vor allem Monte Cristallina und Monte Basodino, sind reich an **Bergkristall** und anderen alpinen Kluftmineralien. Ihr Suchen ist nur professionellen ›Strahlern‹ mit behördlicher Genehmigung erlaubt. Doch kann der Mineralienliebhaber in Andenkenläden, besser noch bei den ›Strahlern‹ selbst, schöne Exemplare erwerben. Da man Bergkristalle oft in Gletschernähe fand, vermutete man früher, es handle sich dabei um ein spezielles, nicht mehr auftaubares Eis.

Harter Stein, harte Arbeit

Zwischen Bellinzona und Biasca wird Glimmergneis gebrochen und in über 30 Betrieben verarbeitet. Insgesamt arbeiten heute im Tessin in rund 60 Betrieben etwa 600 Beschäftigte. Noch immer wird viel von Hand gearbeitet, eine aufwendige und körperlich anstrengende Methode, die wenig Profit abwirft. Immer wieder gibt es Aufruhr um die Granitindustrie. Als Zeichen der Krise hatte man 1992 ein Exempel statuiert: Ein 22 t schwerer Granitblock wurde nachts vor den Regierungssitz in Bellinzona gestellt – Steinbruchunternehmer wollten so ihren Forderungen nach mehr Beteiligung bei öffentlichen Ausschreibungen Nachdruck verleihen.

Bis Bellinzona reicht der Bereich der penninischen Tessiner Gneise, helle, gut spaltende Granitgneise aus Feldspat, Quarz und Glimmer. Sie werden seit alters her in zahlreichen großen und kleinen Steinbrüchen gewonnen – der Stoff, aus dem die Häuser sind.

Junger Kalk

Ohne dass es morphologisch besonders auffällt, überquert man nördlich von Bellinzona die geologisch scharfe Grenze zu den – deutlich jüngeren – Südalpen, die Gesteine wurden erst während der Hauptphase der alpinen Gebirgsbildung und der gleichzeitigen Metamorphose im Tertiär (vor rund 40 Mio. Jahren) umgeprägt. Die bei der Auffahrt zum Monte-Ceneri-Pass aufgeschlossenen basalen Gesteine der Südalpen dagegen sind alte Gneise, ihre Bildung liegt wiederum 315 Mio. Jahre zurück.

Saurier in Stein

Südlich des Monte Ceneri ändern sich dann Landschaft und Gestein ganz deutlich, der Monte San Salvatore unmittelbar südlich von Lugano besteht aus Trias-Dolomit, vergleichbar dem des Schlerns in den Dolomiten. Der Damm von Melide wurde auf einem unter Wasser gelegenen Endmoränenrücken des eiszeitlichen Tessin-Gletschers angelegt. Auf der Westseite des Sees wird der Monte San Giorgio von Triasgesteinen aufgebaut – eine **Fundstätte triassischer Saurier und Fische,** deren beste Exemplare man im Museum des Paläontologischen Instituts der Universität Zürich bewundern kann.

Marmor rot-weiß

Zu den Besonderheiten der Tessiner Steinvorkommen zählt der **Marmo di Arzo,** der südlich von Lugano gewonnen wird und in Norditalien und in ganz Mitteleuropa für Taufbecken, Säulen und andere aufwendige Kircheninnenausschmückungen verwendet wurde. Marmo di Arzo wird schon seit Ende des Mittelalters abgebaut. Die charakteristischen Kolorierungen der Buntkalke heißen Macchie vecchie, Rosso, Broccatello und Venato. Zu den bekanntesten Verarbeitungsbeispielen zählen etwa die roten Zierelemente in den Bodenmosaiken des Mailänder Doms.

Im Tessin gibt es auch **weißen Marmor** von lupenreiner Qualität. In Peccia im Maggia-Tal wird der zuckerweiße Stein abgebaut, wenngleich nicht in großen Mengen. Die Verarbeitung kann man sich direkt vor Ort in der Bildhauerschule ansehen.

Wie man ganz zeitgemäß aus den Tessiner Materialien bauen kann, machte **Mario Botta** vor: Seine aufsehenerregende Kirche San Giovanni Battista in Mogno (s. S. 197) etwa wurde – in alter Tessiner Tradition – aus vorhandenem Gestein gebaut. Heller Marmor aus Peccia wechselt sich ab mit grauem Gneis aus dem unteren Maggia-Tal.

Marmorkunst zum Besitzen in Cevio

Auf nach La Merika! – Land der Emigration

Das Tessin war von jeher ein armes Land. Jahrhundertelang emigrierten seine Bewohner deshalb ins Ausland, viele ins Land der Hoffnung und Träume, nach Amerika. Die kargen Böden ernährten die Familien nicht mehr, die Jungen zogen hinaus, um ein besseres Leben zu finden. Zurück blieben die Alten – und die Ziegen.

Die kargen Böden der schmalen, nach Süden exponierten Tessiner Täler konnten nie alle ihre Bewohner ernähren. Die Talbewohner rodeten in immer höheren Lagen, aber auch diese ausgedehnte Bewirtschaftung von Grenzertragslagen war aus der Not geboren. Das bisschen Grund, das bewirtschaftet werden konnte in den engen Gebirgstälern, wurde von Generation zu Generation kleiner und kleiner, denn nach römischem Erbrecht hatten mit der sogenannten Realteilung alle Kinder zu gleichen Teilen Anrecht auf das väterliche Erbe. Da wundert es nicht, dass viele – zu Recht – glaubten, das Gras sei anderswo grüner.

Vor allem abgelegene Gemeinden leiden bis heute unter der Abwanderung der Jungen

Glückssuchende

Ab dem 17. Jh. wanderten ganze Generationen aus: Handwerker, Dienstboten, Gewerbetreibende. Sie suchten ihr Auskommen in anderen Ländern, erst in der Ganzjahres-, später in der Daueremigration. Manche wurden reich, manche nur unglücklich, manche gingen zugrunde. Nomadisieren, jeden Sommer nach Genua zum Lastenschleppen oder auf die Alpe, das ja. Doch das schiere Auswandern, das auch Walser aus dem Wallis nach Gurin und in die weitere Welt trieb, schien nicht das große Los zu sein. Ein gewisser Antonio Dellapietra schrieb 1851 an seine Verwandten: »La Mericha non è degno di lodarlo.« La Merika ist es nicht wert, dass man es lobt.

Im Vallemaggia wütete 1868 eine Hochwasserkatastrophe, zurück blieb eine Kieswüste, die Einwohner zogen nach Deutschland, Genua und in die Toskana. Die Auswanderer des Sopraceneri wurden Kaminkehrer, Ofensetzer, Träger, die aus dem Sottoceneri Maurer, Steinmetze, Bildhauer, Architekten, darunter einige berühmte wie der Architekt des barocken Rom, Francesco Borromini (1599–1667).

Europas Kaminkehrer

Auch Karl Viktor von Bonstetten, der im 18. Jh. als Richter in den Ennetbirgischen Vogteien arbeitete, beschreibt, wie die Auswanderungswellen Dörfer entvölkerten. Jedes Dorf hatte irgendein Handwerk, das es ausschließlich in den italienischen Städten betrieb. Aus dem Vallemaggia kamen viele Kaminkehrer, die das Rauchen der Kamine auf allen Dächern in ganz Europa verhinderten. Im Centovalli waren fast alle arbeitsfähigen Männer Lastträger oder Kutscher in Rom, in den Tälern von Lugano Stukkateure, Maurer oder Baumeister, in Verzasca Kaminfeger. Besser trafen es die Menschen aus dem Onsernone-Tal, einige wurden Kaufleute. Dennoch verhalf ihnen das verdiente Geld selten zu Reichtum oder auch nur zu einem passablen Auskommen. Zu Hause wartete eine vielköpfige Kinderschar, das Geld zerrann zwischen den Fingern, und es floss auch die Kehlen hinunter, wenn sich die Heimkehrer, fremd in der Fremde und fremd in der alten Heimat, in den Wirtshäusern trafen.

Auch Fernweh war ein Grund

Doch muss es bei manchen auch das reine Fernweh gewesen sein, was sie hinaustrieb. Es gebe im Tessin keine Arbeit, war dann manchmal nur der vorgeschobene Grund. Denn ausgerechnet zur Zeit der größten Auswanderungswellen, im 19. Jh., brauchte das Tessin sogar Gastarbeiter aus Italien, denn plötzlich gab es Arbeit für viele: Die Gotthard-Eisenbahn wurde gebaut, ganze Wohnsiedlungen entstanden bei Airolo, in denen Italiener wohnten. Und genau zu der Zeit entstand im Süden von Buenos Aires, der argentinischen Hauptstadt, ein neuer Stadtteil. Er hieß Lugano. Gegründet von Tessiner Einwanderern. Andere folgten dem Ruf des Goldes und schifften sich nach Australien ein. Wie der Maurer Giovanni Antonio Palla aus Cevio und der Kaufmannsgehilfe Tommaso Pozzi aus Coglio im Maggia-Tal, die 1854 zurückkehrten in ihre Heimat. Palla brachte aus den Goldminen von Victoria so viel Geld mit, wie seine Nachbarn in ihrem ganzen Leben noch nicht gesehen hatten, 10 000 Franken.

Intellektuelle, Reiche, Arme – die Einwanderer

Jahrhundertelang ist die Region Auswandererland gewesen. Doch immer hat es auch Zuzügler gegeben, Arbeitskräfte aus der Lombardei, die in die Städte des Tessins zogen, und schöngeistige oder reiche Menschen von jenseits der Alpen. Deutsche bevölkerten um 1900 den Monte Verità bei Ascona. Reiche Rentner, Steuerflüchtlinge, Kurgäste und Urlauber folgten. Und auch heute noch gibt es etwa 60 000 italienische Grenzgänger, die täglich an- und abreisen.

Schon zu Anfang des 20. Jh. kamen zwei Gruppen von Einwanderern: Deutschschweizer und Italiener. Gegenseitig warfen sie sich vor, ihre Heimattümelei zu weit und ins Tessin hineinzutragen. Die beiden Lager waren jeweils durch eine Zeitung vertreten, die – damals – sehr deutschfreundliche »Tessiner Zeitung« und das Magazin »Adula«, das allmählich in den Faschismus abdriftete und auf den Anschluss an Italien baute.

Politische Flüchtlinge aus dem Süden

Mit Beginn des Risorgimento, der Einigungsbewegung in Italien, wurde der junge Kanton Asylland für diejenigen, die vor der Metternich-Politik flüchteten. Die italienischen Emigranten suchten sich Stützpunkte im Nachbarland, und einer der berühmtesten war der Kreis um die Brüder Ciani in der gleichnamigen Villa in Lugano. Dort wurde eine Druckerei eingerichtet, die Tipografia Ruggia, die revolutionäre Schriften druckte. Zu den berühmtesten Immigranten dieser Zeit gehörte Giuseppe Mazzini, einer der radikalen Führer des Risorgimento. Er machte Lugano immer wieder zu seinem Hauptsitz, wenngleich er von Schweizer Behörden gesucht wurde. Die größte Sicherheit bot ihm schließlich die Casa Airoldi, wie Max Wermelinger, Redakteur der Neuen Zürcher Zeitung, herausfand: Dort vermutete ihn niemand, weil im gleichen Haus die eidgenössischen Kommissäre untergebracht waren, die Aufwiegler wie ihn suchen sollten.

Touristen aus dem Norden

Nach dem Zweiten Weltkrieg blühte in Deutschland der Fremdenverkehr auf; man reiste – auch ins Tessin. Zum Fremdenverkehr kam der Kapitalverkehr, auf die Künstler des Fin de siècle folgten Steuerflüchtlinge in ein angenehmes Steuer- und Sonnenklima. Am besten ließ sich in Immobilien investieren, der Bauboom lockte weitere Zuzügler an – ein Kreislauf, der dem Landschaftsbild nicht immer zuträglich war, auch wenn der Zustrom der Oltrogottardi, derjenigen also, die von jenseits des Gotthards kommen, die Gebirgstäler vor dem völligen Verfall rettete. Wenn man die Hänge um Lugano und oberhalb Locarnos und Asconas betrachtet, sieht man die Auswirkungen ungezügelter Bauwut.

Italiener kamen nicht nur als Pendler aus der Lombardei, in den 1950er-Jahren reisten die ersten jungen Männer aus Kalabrien an. Sie ließen sich in Orten nieder, die für die Touristen aus dem Norden eher unattraktiv waren: das Gebiet auf dem Monte Ceneri, Ortschaften wie Vezia, Lamone, Cadempino oder Taverne, die bis heute in kaum einem Tessin-Reiseführer stehen. Fast 4000 Süditaliener haben sich im Tessin niedergelassen. Wie auch in Deutschland oder in Norditalien kamen sie nicht, um zu bleiben. Sie wollten nur Geld verdienen und dann wieder nach Hause. Doch irgendwann ließen sie ihre Frauen nachkommen, und mittlerweile gibt es die dritte Generation ehemaliger Kalabresen. Bis heute bleiben sie meist unter sich.

Migranten von Überall

Im 21. Jh. kommen zu den Arbeitspendlern aus Italien Migranten aus der ganzen Welt hinzu. Sie verkaufen an der Uferpromenade von Locarno Taschen und Souvenirs. Sie putzen in Hotels und spülen in den Küchen der Restaurants. Um sie besser einzugliedern und um gleichzeitig die Verbindung zur alten Heimat aufrechtzuerhalten, gibt es einige integrationsfördernde Projekte. So hat Ondemedia in Bellinzona einen Bibliobus für Migranten finanziert. Er ist in der Hauptstadt stationiert, fährt aber auch in die abgelegenen Täler, um auch dort Lektüre anzubieten. Neben vielen Kinderbüchern gibt es Bücher für Erwachsene, 3000 in 30 Sprachen, sowie CDs und DVDs. Doch bei der Abstimmung ›Gegen Masseneinwanderung‹ (2014), initiiert von der rechtspopulistischen Schweizerischen Volkspartei, stimmte das Tessin mit 68,2 % gegen Zuwanderung und Personenfreizügigkeit. Und war damit trauriger Spitzenreiter.

Literaturtipp
Walther Kauer: Spätholz, Zürich 1976. Roman um einen Konflikt im Zusammenleben von Einheimischen und Zugezogenen.

Rustico – mal rustikal, mal mit Sauna

Rund 30000 Rustici wird es wohl geben im Tessin – als Ställe haben sie jedoch ausgedient. Besucher des Tessins entdeckten sie neu. Die Ställe wurden zu komfortablen Ferienwohnungen aus- und umgebaut. Doch mittlerweile stehen manche leer.

Dem beliebigen Aus- und Umbau sind mittlerweile strenge Grenzen gesetzt. »Die Gemeindebehörde gibt bekannt, dass für Neubauten, Wiederaufbauten, Niederreissungen und im Allgemeinen für alle Änderungen des physischen und ästhetischen Grundaspekts zuvor die Bewilligung der Gemeindebehörde eingeholt werden muss«, ist am Aushang im Alpweiler Monti di Caviano zu lesen. Die Behörde habe andernfalls die Befugnis, »die Prozedur einer Gesetzesübertretung einzuleiten und den Abbruch oder Berichtigung der mit dem Gesetz in Kontrast stehenden Arbeiten anzuordnen«.

Da aber, auch in der Schweiz, die wirtschaftlichen Verhältnisse nicht mehr so rosig sind wie noch vor zehn Jahren etwa, sieht man inzwischen allenthalben Schilder mit der Aufschrift »Rustico zu verkaufen« – mit dem Unterschied, dass es sich dabei um bereits umgebaute Gemäuer handelt. Die Besitzer sind des Zweitwohnsitzes überdrüssig geworden oder brauchen Geld. Nur findet sich nicht mehr so leicht jemand, der bereit ist, bis zu 80000 CHF für einen abgelegenen Ziegenstall auszugeben.

»Zu verkaufen« – dieses Schild sieht man mittlerweile nicht nur an den Rustici, auch an formidablen Villen, den Zweitwohnungen der Boomjahre. In den Besitzerfamilien hat ein Generationenwechsel stattgefunden. Und der Nachwuchs fährt eben auch gerne mal in die ferne Welt, und nicht immer nur über den Gotthard nach Süden. Manche Liegenschaft ist im Unterhalt teuer, allein Pool und Garten in einem ordentlichen Zustand zu halten, kostet übers Jahr mehr als so manche Urlaubsreise zusammen. Also werden Schilder rausgehängt und die Unterlagen an Makler gegeben.

Rustico für die Ferien

Wer sich nicht von seinem Rustico trennen kann, es aber nicht mehr regelmäßig nutzt, gibt es, da das Herzblut nicht mehr so dran hängt, auch an eine Vermittlungsagentur für Ferienwohnungen. So hat etwa ein Deutsch-Schweizer im Centovalli-Tal eine Rustici-Agentur gegründet (www.centorustici.ch). Er bot den Besitzern an, deren Ferienhäuser zu verwalten und zu vermieten. Angefangen hatte er mit den Almhäusern seiner eigenen Großeltern, später kamen andere dazu. So sind die Rustici zwar nicht mehr ganzjährig bewohnt, aber doch zumindest mehr genutzt als nur am Wochenende (www.ferienwohnungen-tessin.ch, www.fewotessin.ch, www.ferienhaus.ch).

Ein Garten Eden – die Isole di Brissago

Natürliche Wildheit und ein gepflegter Park, das stellen die beiden Brissago-Inseln dar. Die kleine Insel Sant'Apollinare darf nicht betreten werden; San Pancrazio, die große Brissago-Insel (Isola Grande), ist ein subtropisches Paradies und Heimat des Botanischen Gartens des Kantons.

Isole dei Conigli hießen die Inseln einst im Volksmund, ›Kanincheninseln‹: die tummelten und vermehrten sich dort nämlich zuhauf. Auf der kleinen Insel **Sant'Apollinare,** die in ihrem natürlichen Zustand belassen wurde, gibt es noch Spuren der Römer, die Ruine einer Kirche von 1250 wird allmählich von der Natur überwuchert.

San Pancrazio, die große Brissago-Insel (Isola Grande), ist ein subtropisches Paradies. Wellengeplätscher und Vogelgezwitscher sind hier die einzigen Geräusche – vorausgesetzt, man fährt morgens mit einem der ersten Boote hin, bevor Ausflugsschiffe mehr Menschen herschaffen, als die Insel eigentlich verträgt.

Vom Kloster zum Dynamitlager

Die Isola Grande beherbergte ab dem 13. Jh. ein Humiliatenkloster, das 1571 aufgehoben wurde. Vor 100 Jahren war sie dann für kurze Zeit nichts anderes als ein Zwischenlager für Dynamit. Nachdem eine während des Baus der Gotthardbahn in Ascona errichtete Dynamitfabrik 1874 in die Luft geflogen war und ein Neubau dort nicht genehmigt wurde, wich die Fabrik auf die Brissago-Insel aus.

Die hochexplosive Fracht schipperte auf einem Schiff über den See. Aber die Bürger wollten das nicht lange dulden – die Dynamitfabrik musste schließen.

Die Pflanzen der Baronin

Die Insel war nun zu haben, und Antonietta, die sich in diesen Tagen nach ihrem dritten Ehemann Baronin de St-Léger nannte, wollte sie haben. Antoniettas Herkunft blieb rätselhaft. Sie sei die Tochter einer jüdischen Tänzerin und eines Zarensohnes, hieß es, dann wieder, dass sie im vornehmsten Pensionat von St. Petersburg erzogen worden war.

Die Baronin kaufte und bestellte Pflanzen aus aller Welt. 1885 begann sie, die Isola Grande zu kultivieren – im doppelten Sinn: Künstler und Intellektuelle reisten an, Cosima Wagner, Harry Graf Kessler, Rilke und Joyce waren ihre Gäste. Den kargen Pflanzenbewuchs verwandelte sie in einen exotischen Garten. Dazu ließ sie Schiffsladungen voll Erde und Humus herbeischaffen. Geld spielte keine Rolle – bis sie keins mehr hatte. 1927 musste sie verkaufen, und der Hamburger Kaufmann Max Emden erwarb die Inseln. Die Villa der Gräfin ließ er sprengen und baute sich einen neoklassizistischen Herrschaftssitz.

Paradiesisch – nackt

Immer noch blieben die Inseln ein dem Außenstehenden verschlossenes Privateigentum, »um das die sonder-

Inselkreuzfahrt
Die große Insel kann tgl. von 9 bis 18 Uhr besucht werden. **Schiffe** legen in Brissago, aber auch in Locarno und Ascona ab.
Verwaltung der Brissago Inseln: Tel. 091 791 43 61, www.isolebris sago.ch.
Eintritt: Erw. 8 CHF, Kinder/Jugendliche (6–16) 2,50 CHF, Familienkarte (2 Erw. + 2–3 Kinder) 20 CHF.
Führungen durch den Park, im Sommer Di 11.30 Uhr, Erw. 15 CHF, Kinder 7,50 CHF (jeweils inkl. Eintritt), Buchungen bis 17 Uhr des Vortages, Tel. 091 791 43 61.
Restaurant: März–Okt. sowie Mitte Juli–Mitte Aug. ist das Restaurant auch abends geöffnet.
Ein **Shuttleboot** bringt Besucher unentgeltlich zum Restaurant, Tel. 076 474 07 89. Es gibt außerdem zehn **Bootsanlegeplätze**.

barsten Gerüchte flüsterten«, wie in einem Schweizer Heimatbuch nachzulesen ist. »Emden führte ein prunkvolles Leben und schaffte sich auf seinen Inseln einen Garten Eden«, so steht es im offiziellen Inselführer. Das darf man ruhig wörtlich nehmen: Zeitgenössische Fotografien zeigen junge Menschen in paradiesischem Zustand, nackte Grazien posieren auf den schmiedeeisernen Blumenranken eines Fenstergitters im ›römischen Bad‹.

Botanische Raritäten

1949 kauften der Kanton, die Gemeinden Ascona, Brissago und Ronco sopra Ascona, der Schweizerische Heimatbund und der Naturschutzbund die Inseln und gestalteten daraus den Parco Botanico des Kantons Tessin. Bäume, Büsche und Blumen von allen Kontinenten wurden dem Herkunftsland entsprechend in Gruppen angepflanzt. 1500 verschiedene Pflanzen: aus Mittelmeerländern, den subtropischen Regionen Asiens von China bis Japan, Nord-, Mittel- und Südamerika sowie einigen ozeanischen Inseln. Ein Sonderprospekt der Parkverwaltung listet botanische Raritäten auf, von *Bauhinia corniculata* über *Lithocarpus edulis* und *Sophora teraptera microphylla* bis *Xanthoriza simplicissima*. Obwohl die Namen nur Botanikern etwas sagen, begeistert die optische Ästhetik auch den Laien.

Auf Isolino, der kleinen Insel, wachsen Wildpflanzen, die typisch für das insubrische Klima zwischen Po-Ebene und Südalpen entlang der norditalienischen Seen sind. Auf den Isole di Brissago sind die Winter durch die vom See gespeicherte Wärme milder.

Die letzten nackten Damen

Aus Emdens Lustschloss wurde ein Hotel mit Restaurant. Auf der Terrasse kann man heute großbürgerlich sitzen, mit Blick auf den Gambarogno und die Schneegipfel der Adula-Gruppe im Norden. An die illustre Vergangenheit von San Pancrazio erinnern bis heute die exotischen Pflanzen der Baronin Antonietta de St-Léger, an Emdens Lustwandlerinnen nur noch ein paar nackte Damen auf dem Dach des Schlosses. Die aber sind aus Stein. Wer aber über Nacht bleibt (DZ NS 285 CHF, HS 330 CHF), den wird nach wie vor die Ruhe verzaubern, die auf der Insel herrscht, wenn das letzte Ausflugsschiff abgelegt hat.

Bauen mit Tradition

Thront über Locarno und dem Lago Maggiore: Santuario della Madonna del Sasso

Frühes Bauen und zeitgenössische Architektur schufen im Tessin die markantesten Baudenkmäler. In den Jahrhunderten dazwischen waren die Tessiner auch nicht faul: Sie bauten in Russland und Rom im großen Stil.

Reichverziertes Rokoko, prächtigen Barock, sicher, das findet man im Tessin, aber man muss schon danach suchen. Zwei Epochen jedoch sind mit berühmten Bauwerken vertreten. Da ist zum einen die Romanik – augenfällig recken sich die unverputzten Campanile am Ticino entlang in die Höhe, konkurrieren in den Bergtälern mit den steilen Gipfeln und ragen noch in der toskanisch anmutenden Landschaft des Sottoceneri weithin sichtbar aus den Dörfern empor. Zum anderen aber ist es die moderne, zeitgenössische Architektur, die dem Tessin einige berühmte Bauten bescherte und hoffentlich noch weiter beschert. Angefangen – geografisch – bei der Autobahnraststätte in Piotta, 1998 erbaut vom Tessiner Star-Architekten Mario Botta, über die wegweisende Umgestaltung eines Augustinerklosters in Monte Carasso durch Luigi Snozzi (1978) bis hin zur Renovierung des Castelgrande in Bellinzona durch Aurelio Galfetti (1983–89) und noch weiter südlich das Spielcasino von Campione, der italienischen Enklave, ebenfalls von Botta (2004).

Die wahrscheinlich älteste Kirche

Das früheste der berühmten Bauwerke im Tessin ist zugleich das älteste

Zu den alten Meistern
In Planung ist die Rundtour »Sulle tracce dei Magistri Comacini«. Der Schweizer Teil der Spurensuche ist teilweise ausgeschildert, auf italienischer Seite ist man noch nicht so weit. Ein Interreg-Programm soll weiterhelfen. Der Schweizer Teil beginnt in Mendrisio mit einer Wanderung nach Salorino und Morbio Superiore, später weiter nach Arogno.
Infos beim Fremdenverkehrsamt in Mendrisio. **Info Ente Turistico del Mendrisiotto e Basso Ceresio:** Via Lavizzari 2, Tel. 091 641 30 50, info@mendrisiotourism.ch, www.mendrisiotourism.ch, Mo–Fr 9–12 u. 14–18, Sa 9–12 Uhr.

Gotteshaus in der Schweiz, das Baptisterium San Giovanni in Riva San Vitale am Lago di Lugano. Es soll bereits vor 1500 gebaut worden sein, und die Freskenreste im Innern stammen ebenfalls aus dieser Zeit. Nahezu jedes Dorf im Tessin birgt noch eine romanische Kirche, zumindest der Campanile ist meist erhalten. Unter den Kirchen sind einige von Berühmtheit, allen voran San Nicolao in Giornico (s. S. 104) und San Carlo in Negrentino (s. S. 118).

Burgen und Barock

Profanbauten von Rang sind die spätmittelalterlichen Burganlagen von Bellinzona (s. S. 121). Im 16. Jh. bauten die Mailänder Herzöge den ganzen Ort zu einer Festung aus. Mit dieser Wehranlage wurde Bellinzona im Jahr 2000 in die UNESCO-Liste der Weltkulturgüter aufgenommen. Im Tessin selbst gibt es nur wenige Juwele des Barock, in dem Bauernlandstrich fehlte es schlicht an potenten Auftraggebern für Derartiges, doch die Wallfahrtskirche Madonna del Sasso oberhalb von Locarno ist ein Beispiel, die Casa Serodine in Ascona (s. S. 151) ein weiteres.

Künstlerdynastien

Tessiner Baumeister schufen außerhalb ihrer Heimat Großes, denn Auswandern hieß die Tessiner Devise in allen Jahrhunderten. Wer etwas werden wollte, der ging weg (s. S. 60). Was für Bauern und Handwerker galt, das traf auch auf Künstler, auf Architekten und Maler zu. Ganze Künstlerfamilien entstanden auf diese Weise, sie werden unter dem Namen »Magistri Comacini« zusammengefasst und waren Architekten, Steinmetze, Maler, Stukkateure. Ihr Handwerk lernten sie in den Marmorbrüchen und Steinbrüchen der Umgebung, ihr Wissen gaben sie an die nächste Generation weiter. Dadurch konnten sie ihre Fähigieiten so perfektionieren, dass sie in ganz Europa gefragt waren.

Der Schweizer Kulturhistoriker Hans Schmid beschrieb 1923 die Familie der Solari von Carona als eine Künstlerdynastie. Sie sei aber dort nicht die einzige gewesen. Eine ganze Reihe anderer Meister sei aus dem kleinen Bergdorf hervorgegangen: »... die Casella, Gaspare, Tomaso und Marco da Carona. Beim Bau der berühmtesten Bauwerke Oberitaliens, des Mailänder Doms und der Certosa von Pavia, waren Caronesen beschäftigt.« Wie Carona hätten alle Dörfer am Luganer See Baumeister, Bildhauer und Maler von Namen und Rang hervorgebracht, eine »Galerie berühmter Männer von erstaunenerregendem Glanz«. Aus Melide stammte die Künstlerfamilie der Fontana, sie arbeiteten am Lateran in Rom und am Königspalast in Neapel. Die Rodari aus Maroggia bauten den Dom von Como und San Lorenzo in Lugano; »die Gaggini von Bissone haben in Genua und in Spanien berühmte Paläste erstellt, und Carlo Maderno aus Bissone war der Baumeister von St. Peter in Rom; Luigi Canonica von Tesserete war der Erbauer des Theaters Carcano und der Arena von Mailand, der Theater von Brescia und Modena; Campionesen haben den Mailänder Dom, die Certosa von Pavia, die Scaligergräber in Verona geschaffen, und Gaspare Fossato von Morcote ist der Wiederhersteller der Sophienkirche von Konstantinopel.« Und das seien nur die »Sterne erster Größe« ...

Der bekannteste von allen wurde **Francesco Borromini,** dessen Gesicht die 100-Franken-Banknote ziert. Der 1599 in Bissone geborene Baumeister und Bildhauer war ein Schüler Madernos. Er war maßgeblich an der Ausgestaltung des barocken Rom beteiligt. So baute er die römische Kirche San Carlo alle Quattro Fontane, die Universitätskirche Sant'Ivo della Sapienza, und als Bildhauer arbeitete er an der Peterskirche im Vatikan mit. 1667 beging er in Rom Selbstmord.

Auf den Spuren der Meister

Wenn die Künstler von auswärtigen Aufträgen zurück in ihre Heimat kamen, arbeiteten sie aber auch dort, und so finden sich auch im Tessin vereinzelte Werke dieser Meister. In Arogno schmückte Giovanni Battista Colombo die Kirche mit Fresken aus. In Capolago war der Architekt des Petersdoms, Pietro Maderno, tätig. Er baute die Kirche S. Maria Maddalena um.

Ein Kunsthandwerk, das im Tessin zu großer Blüte heranreifte, verdient noch besonderer Erwähnung: die Scagliola-Technik. Eine Mischung aus Gips, Wasser und Farbe wurde derart kunstvoll aufgetragen, dass sie bis heute von echten Marmorintarsien nicht leicht zu unterscheiden ist. Vor allem im 18. Jh. wurden auf diese Weise viele Altarfronten verziert.

Alt neben Neu: Spiegelung in der Fassade des Spielkasinos von Lugano

Aus der Heimat, fern der Heimat

Schriftsteller von Weltrang hat das Tessin nicht hervorgebracht. Das verwundert nicht so sehr, die Region war Agrarland; Zirkel, die auf Literaturproduktion hätten anregend wirken können wie in großen Städten, fehlten. Doch einige Autoren sind bis heute lesenswert und werden auch ins Deutsche übersetzt. Auch politisch verfolgte Literaten suchten und fanden im Tessin eine neue Heimat – gerade die vermeintlich kulturelle Abgeschiedenheit zog sie an.

Die italienisch sprechenden Schweizer sind eine Minderheit in ihrem eigenen Staat – und die Italiener des Stiefels blicken skeptisch auf die nicht-italienischen Autoren, die in ihrer Muttersprache publizieren. In gängigen italienischen Literaturlexika sind nicht einmal die bekannteren wie der Lyriker Giorgio Orelli oder der Romancier Alberto Nessi verzeichnet. Es ist eine regionale Literatur geblieben – um nicht das geschmähte Wort provinziell zu verwenden, auch im Doppelsinn: eine Literatur, die aus dem Tessin kommt und fast ausschließlich vom Tessin erzählt. Heimattümelnde Rustico-Literatur gibt es natürlich auch im Tessin, wobei nicht so sehr die einheimischen Autoren derart in Klischees schwelgen. Eher sind es die zugereis-

Ein Zimmer mit Aussicht fand Hermann Hesse für viele Jahre in Montagnola

ten Wahl-Tessiner, allen voran Kathrin Rüegg mit ihren unzähligen Büchern im Stil von »Dies ist mein Tal – dies ist mein Dorf« ...

Tessiner Anthologie

Bei den italienisch schreibenden Tessinern herrscht ein zeitkritischer Ton vor. Sehr gut nachlesen lässt sich das in »Südwind«, einer Anthologie zeitgenössischer Prosa und Lyrik aus der italienischen Schweiz, 1976 von Alice Vollenweider und Carlo Castelli herausgegeben. Darin finden sich auch Gedichte des Lyrikers Giorgio Orelli, dieser konkurriert mit seinen italienischen Dichterkollegen Eugenio Montale und Giuseppe Ungaretti. Er verschaffte, so Vollenweider, »der zeitgenössischen hermetischen Lyrik Italiens Eingang in die Provinz«. Das Buch ist vergriffen, aber die Libreria delle Rondine in Ascona, ein Schatzkästchen von Antiquariat mit Tessin-Literatur, hat meistens noch ein Exemplar vorrätig (s. S. 152).

Von der Liebe und den Locken

Nur wenig Tessiner Literatur wird überhaupt übersetzt; der Zürcher Limmat Verlag bringt einige Werke heraus, so die Romane des bekanntesten Tessiner Autors, Alberto Nessi. Geboren 1940 in Chiasso, arbeitete er dort als Lehrer. Heute lebt er als freischaffender Schriftsteller und Publizist im Mendrisiotto. Der Erzählband »Abendzug« behandelt Kindheit und Jugend des Autors im Tessin. In »Die Wohnwagenfrau« erzählt Nessi packend und anrührend das exemplarische Schicksal einer jungen Frau im Tessin, die sich nicht anpassen will und schließlich in einem Wohnwagen lebt. Für die anderen eine Pennerin, lebt sie, die verhinderte Sängerin, ihr Leben nach dem Motto der Carmen: »Libre elle est née et libre elle mourra«. Nessi konstatierte Folgendes zu seinem Verhältnis zum Tessin: »Ein Interviewer aus der Deutschschweiz fragte mich einmal, warum ich das Tessin liebe. In jenem Moment konnte ich ihm nicht antworten. Es ist, wie wenn man einen fragt, warum er Locken habe. Es ist ein natürliches Phänomen.«

Von der gar nicht guten alten Zeit

Anschaulich, manchmal etwas betulich schildert Plinio Martini das Leben der Tessiner Bergbauern. »Die schwarzen Brüder« ist ein Klassiker der Kinderliteratur und erzählt spannend und gefühlvoll die Geschichte des kleinen Giorgio aus dem Verzasca-Tal, der wie viele andere Kinder in Mailand als Kaminkehrer Sklavenarbeit verrichtete: Der Vater Roberto ist erbost, als der Mann mit der Narbe ihm 30 Franken dafür anbietet, seinen Sohn Giorgio als Kaminkehrerjungen nach Mailand mitzunehmen, und wirft ihn hinaus. Aber der düstere Mann lässt nicht locker. Im Jahr darauf muss Giorgio wirklich in die Stadt. Aus schierer Not verkauften noch im 19. Jh. arme Tessiner Bergbauern ihre Kinder zum Arbeiten nach Mailand. Als »lebende Besen« mussten die Buben in die Kamine klettern, viele überlebten das nicht.

Die Autorin Lisa Tetzner (1894–1963) emigrierte 1933 zusammen mit ihrem Ehemann Kurt Kläber alias Kurt Held aus Schlesien ins Tessin. Das Ehepaar lebte in Carona im Luganese. Tetzner war durch eine Zeitungsnotiz auf die »kleinen Schweizer Sklaven« aufmerksam geworden. Darin hieß es, dass diese Kinder über den Lago Maggiore hinweg in Barken, wie Tiere zusammengepfercht, transportiert wurden und dass eine solche Barke umschlug und 16 kleine Kaminfeger ertranken. Tetzner begann mit dem Manuskript, ihr Mann schrieb den Roman. Da er als politischer Flüchtling in der Schweiz Publikationsverbot hatte, erschien das Buch unter dem Namen seiner Frau. Im Roman schließen sich die Kaminfegerbuben in Mailand zu einer Bande zusammen, den »schwarzen Brüdern«, und am Ende kehrt der kleine Giorgio als Lehrer in sein Heimatdorf Sonogno zurück. Ein versöhnlicher Schluss, dem Genre Kinderbuch angemessen, wenngleich die Realität für die Arbeitssklaven meist ein düsteres Ende bereithielt. Zwar spielt die Geschichte im 19. Jh., doch das Thema – Kinderarbeit aus wirtschaftlichen Zwängen – bleibt weltweit aktuell. 2012 hat der Schweizer Xavier Koller das Buch verfilmt, Moritz Bleibtreu spielt eine Hauptrolle. Kläber schrieb später das weit bekanntere Kinderbuch »Die rote Zora«.

Auf dem Berge und aus den Dörfern

Im Umfeld des Monte Verità (s. S. 156) hielt sich auch die grandios chaotische Gräfin Franziska zu Reventlow auf und schrieb ihren vergnüglichen Roman »Der Geldkomplex«. Für die Reventlow – »Schriftstellerin! Ich habe gegen das bloße Wort eine förmliche Idiosynkrasie!« – nahm der Ascona-Aufenthalt allerdings ein böses Ende: Sie starb im Tessin nach einer Operation.

Mit Frömmigkeit, Bigotterie und schließlich Abtrünnigkeit befasste sich der naturalistische Autor Gerhart Hauptmann, der einige Zeit im Mendrisiotto zubrachte, in seinem Roman »Der Ketzer von Soana« von 1918. Ein junger Pfarrer verfällt in rasender Liebe einem Mädchen, das auch noch die Tochter einer inzestuösen Verbindung ist. Hinter Soana verbirgt sich das Dorf Rovio am Fuß des Monte Generoso.

Exil-Literatur

Insbesondere zur Zeit des Nationalsozialismus war das Tessin Zufluchtsstätte für zahlreiche deutsche Autoren. Thomas Mann machte hier Zwischenstation; ElseLasker-Schüler kam und auch Georg Kaiser. Der ehemals meistgespielte Dramatiker auf deutschen Bühnen ging im Jahr 1938 ins Schweizer Exil; arm, mittellos und fast vergessen starb Georg Kaiser 1945 in Ascona.

Auch den Verfolgten des Mussolini-Regimes wurde Hilfe gewährt; von dieser Zeit handelt ein Roman des berühmten neorealistischen italienischen Autors Ignazio Silone, der ebenfalls in die Schweiz flüchtete: »Der Fuchs und die Kamelie« erzählt von einem Bauern im Tessin, der im Untergrund gegen den Faschismus jenseits der Grenze kämpft. Das erweist sich als gefährlich, da in der Schweiz nicht nur Verfolgte, sondern auch Verfolger leben; der italienische Geheimdienst ist dem Bauern auf den Fersen.

Berühmtester Autor im Tessin war natürlich **Hermann Hesse,** der jahrzehntelang in Montagnola im Ceresio wohnte. »Ich neige sehr dazu, aus dem Rucksack zu leben und Fransen an den Hosen zu haben«, schrieb er 1911, aber just da war er auf dem Weg, sesshaft zu werden: 1919 bezog Hermann Hesse in der Casa Camuzzi vier kleine Zimmer und wohnte dort bis zum Jahr 1931 (s. S. 256).

»Garten und Roman vom Unkraut säubern« – Schriftsteller in Berzona

Berzona liegt in einem kleinen Seitental des Valle Onsernone. Hierher, ganz nach hinten, hatten sich Alfred Andersch, Golo Mann und Max Frisch zurückgezogen. Möglicherweise war es gerade diese Abgeschiedenheit, die die Schriftsteller anzog.

Das Valle Onsernone ist schmal, fast düster. Hier scheint die Sonne im Winter nur für ein paar Stunden. Spätestens an der Kirche muss man das Auto abstellen, besser noch man lässt es an der Durchfahrtsstraße stehen und geht die ausgeschilderten, steilen Treppen hinauf nach Berzona. Als erstes kommt man am Friedhof vorbei, dort fällt eine Granittafel ins Auge: Die Kommune von Berzona dankt dem Ehrenbürger Max Frisch dafür, dass er den Ort als sein Refugium gewählt hat. Die Tafel an der Friedhofsmauer ist eigentlich ein Affront: Sie ehrt Max Frisch – und schweigt zu Alfred Andersch und Golo Mann.

Frisch wohnte fast zwanzig Jahre in Bellinzona. Auch wenn darauf kein Schild hinweist. Wie aber kam Frisch ins Tessin?

Max Frisch (1911–1991)

»Ein malerisches Dorf«

Max Frisch, geboren 1911 in Zürich, lebte Anfang der 1960er-Jahre mit Ingeborg Bachmann in Rom. Dann lernte er die dreißig Jahre jüngere Marianne Oellers kennen. »Mein Leben lang bin ich Mieter oder Untermieter gewesen. Jetzt möchte ich ein Haus haben mit dir«, schreibt Frisch über einen Besuch im Tessin. 1964 kauft er das Haus in Berzona. Es ist, als verleite das Tessin die Literaten zum Wurzeln schlagen. Über zehn Jahre später erscheint »Montauk«, Frischs am stärksten autobiografisches Werk, in dem es – auch – um seine Frauen geht. »Du siehst meine kindliche Freude am Bauen, meine männliche Freude«, schreibt der ehemalige Architekt Max Frisch darin. Der Umbau des Tessiner Steinhauses in ein Dichterdomizil zog sich ein Jahr lang hin: »Die Treppe zum Beispiel, bleibt Dir an Ort und Stelle noch unvorstellbar; Du siehst nur das große Loch und stehst ängstlich auf den Brettern, ich halte Dir die Hand.« Der Dichter als Held der Tessiner Welt. »Du richtest unsere Bibliothek ein; ich öffne die vernagelten Kisten. Oft geht es nicht voran, denn Du hast Dich gesetzt und mußt lesen; das ehrt die Bücher.«

Einen seiner bekanntesten Romane, »Der Mensch erscheint im Holozän« (1979), schrieb Frisch im Tessin: Herr Geiser lebt in einem Dorf im Gebirge, es regnet ohne Unterlass, ein Bergrutsch droht. Aber »wenn die Sonne scheint auf seine Dächer aus Granit und wenn es nicht überall tropft oder gurgelt und wenn die Sonnenblumen nicht geknickt sind, ist es ein malerisches Dorf«. – Ein malerisches Dorf ist Berzona geblieben. Steil ziehen sich die Gassen zwischen den Häusern hinauf, nicht eines ist verfallen, alle scheinen bewohnt. Scheinen, denn zu sehen ist meist niemand. Ein Wochenenddorf. An einem rundum renovierten Haus hängt ein Schild: »zu verkaufen«. Obwohl im »Holozän« viel über das Tal erzählt wird, betonte Frisch, der Roman sei nicht autobiografisch. Er kenne im Tal Stock und Stein und auch das Wetter, die Szenerie sei authentisch, nicht aber

Auch heute noch abgeschieden und beschaulich: die Dörfer im Valle Onsernone

die Geschichte. Verständlicherweise wollte Frisch nicht mit Herrn Geiser identifiziert werden, der im Verlauf der kurzen Erzählung alt wird und wundersam.

Frisch kannte aber auch die Hintergründe des Dorfes, in das er sich zurückgezogen hatte; er wusste, warum Häuser günstig zu kaufen waren: »Die einheimische Bevölkerung lebte früher von Strohflechterei, bis auf dem Markt zu Mailand plötzlich die japanischen Körbe und Hüte erschienen; seither ein verarmendes Tal.« Max Frisch starb 1991 in Zürich, seine Asche wurde bei einem Erinnerungsfest seiner Freunde im Tessin in ein Feuer ausgestreut.

Alfred Andersch (1914–1980)

»Beglückende Tage«

Über Golo Manns Zeit in Berzona ist weniger bekannt. Er arbeitete dort an seiner Wallenstein-Biografie, die 1971 erschienen ist. Mann wohnte außerhalb, oberhalb, wie im Dorf auf die Frage nach der Casa Golo Mann erklärt wird. Wer Thomas Mann war, wusste man sogar im hintersten Onsernone-Tal; es heißt, der Sohn habe seine Ruhe haben wollen. In einem Brief schrieb er: »Es gibt hier wahrhaft beglückende Tage. Wenn ich dann vor meinem Hause stehe, das Feuer des Kamins sehe und draußen ein glorreicher Sternenhimmel, dann ist es so schön, daß ich es kaum glauben kann.«

»Das Bergnest heißt Berzona!«

Der Dritte im Bunde war Alfred Andersch – auch wenn die drei Männer keine Freundschaft verband, dafür waren sie schon politisch zu verschieden. Andersch wohnte gegenüber dem Rathaus, über der Wiese. Geboren 1914 in München, zieht er 1958 ins Tessin. Desertiert sei er, schreibt Andersch an Arno Schmidt, für Adenauer-Deutschland habe er nur noch Verachtung und Hass übrig. Er wolle nichts mehr mit Deutschen zu tun haben – schlimm genug, dass er gezwungen sei, in ihrer Sprache schreiben zu müssen.

»Dear Mom«, schreibt Andersch 1957 und berichtet, er habe die ganze Familie ins Auto gepackt, um ins Tessin zu fahren. Er habe im Onsernone-Tal ein Haus gekauft, »mit vier Zimmern, mit Möbeln, Betten, Geschirr und allen Geräten«, mit Garten, Terrasse, 30 000 m^2 Grund, mit Bach und Edelkastanien, und »das ganze Ding« habe 40 000 CHF gekostet. »Das Bergnest heißt Berzona!«, schreibt Andersch weiter, es bestehe aus 20 Häusern, »die Holländern, Deutschen, Schweizern, Engländern und einer baltischen Baronin gehören«, auch ein paar Einheimische gebe es noch,

Frisch, Mann, Andersch
Max Frisch: Montauk. Eine Erzählung, Frankfurt am Main 1975.
Ders.: Der Mensch erscheint im Holozän. Eine Erzählung, Frankfurt am Main 1979.
Golo Mann: Wallenstein. Sein Leben erzählt von Golo Mann, Frankfurt am Main 1971.
Alfred Andersch: Die Rote, Zürich 1960.
Ders.: Efraim, Zürich 1967.
Ders.: Winterspelt, Zürich 1976.
Marcel Korolnik/Annette Korolnik-Andersch: Sansibar ist überall. Alfred Andersch: Seine Welt in Texten, Bildern, Dokumenten, München 2008.

Kulturkompass
Franziska Schläpfer (Hg.): Reise ins Tessin. Kulturkompass fürs Handgepäck, Zürich 2009.

»und die Kirche hat den schönsten Campanile im Tessin«.

Andersch verfasste seine bekanntesten Romane im Tessin: »Die Rote« (1960), »Efraim« (1967), »Winterspelt« (1976). Über Berzona schrieb er: »Man lebt hier doch ziemlich seitab, fast ausschließlich damit befaßt, seinen Garten und seinen Roman vom Unkraut zu säubern.« Außerdem entstand im Tessin sein Reisebuch, »Wanderungen im Norden« (1962), mit Fotografien seiner Frau Gisela. Darin charakterisiert Andersch eine »Schlüsselfigur des Jahrhunderts«: den Touristen. Eine hellsichtige Beurteilung, war doch in den frühen sechziger Jahren noch nicht abzusehen, welche Völkerwanderung anheben sollte. So geht Andersch milde mit dem heute Vielgescholtenen um. Er sei ein »Geschöpf der Literatur, von ihr veranlaßt und gebildet, wegen seiner Flüchtigkeit. Im Hotelzimmer liest er noch einmal, aber die fremde Nacht draußen ist voller Geräusche, und er weiß, dass er genau in diesem Augenblick das Wesentliche versäumt, die Minute der Wahrheit.« Aber Andersch bleibt hoffnungsfroh: Wenn der Tourist nur all das vergisst, dann »geschieht das einzig Wichtige und Wesentliche, das ihm widerfahren kann: er wird von Stimmungen berührt, von Farben, von Gerüchen, von Formen, von der Essenz fremden menschlichen Lebens oder von der Substanz toter Steine. Sein Blick wird für Momente brennend und intensiv.« Der Tourist wird ein »Jäger des Augenblicks«.

Die Anderschs sind auch unterwegs im Kanton, 1973 berichtete der Schriftsteller, sie besuchten das Filmfestival in Locarno. Das sei so schön, weil es im Freien stattfinde, auf der Piazza von Locarno. »Die Filme enden um Mitternacht, und dann ist es noch immer warm, und das Leben ist farbig und südlich.« Alfred Andersch starb 1980; er liegt zusammen mit seiner Frau auf dem winzigen Dorffriedhof von Berzona begraben.

»Jäger des Augenblicks«

Ein Spaziergang durch Berzona, auf den Spuren der großen Schriftsteller, ist nicht ergiebig, wenn man Fakten haben möchte. So bleibt nur das Flanieren, man kann sich vorstellen, hier gingen auch sie umher, hatten vielleicht bei diesem Rosenbusch oder jenem Ausblick ins Tal eine poetische Eingebung. Mit etwas Glück wird der Blick dann »für Momente brennend und intensiv«. Der Tourist wird ein »Jäger des Augenblicks«.

Die Kastanie – Brotbaum der armen Leute

Im Tessin heißen Kastanienbäume nicht castagno, sondern arbur (Baum). Da jeder fünfte Baum im Tessin eine Kastanie ist, wurde dieser wichtige Nahrungslieferant schlichtweg mit dem mundartlichen Wort für Baum benannt.

Obwohl die Kastanie kein heimisches Gewächs ist – der Baum stammt ursprünglich aus dem Kaukasus, die Römer importierten die Pflanze vor 2000 Jahren im Südalpenraum –, war sie jahrhundertelang eine der wichtigsten Nutzpflanzen überhaupt. Denn fast alles konnte verwendet werden: Die Schalen der Früchte wurden verbrannt und das Kastanienholz brennt ebenfalls gut, es ist zudem einfach zu verarbeiten und dank des Tannins, das früher zum Gerben von Tierhäuten verwendet wurde, ein dauerhaftes und gut geeignetes Material für Außenbauten wie Lattenzäune und Lawinenverbauungen. Auch die Zweige taugten noch als Futter für die Ziegen, und schließlich natürlich die Früchte: Nahrung für Mensch wie für Vieh.

Kastanien in allen Varianten: eine aus der Not geborene kulinarische Tradition

Sentiero del castagno – Kastanienweg
Vom Stadtzentrum von Lugano aus ist in etwa 35 Min. Arosio erreicht, dort startet der Kastanienweg. Arosio liegt auf 859 m und ist das höchstgelegene Dorf im Malcantone. Benötigte Wanderzeit: 5–6 Std. ab Arosio. Es ist auch möglich, den Ausflug früher zu beenden oder ab Fescoggia zu starten. Wanderschuhe sind empfehlenswert.
Infos: www.wandersite.ch (mit Angaben zu Gasthäusern und weitern links)
Kastanienfeste, sog. Castagnate, werden im Oktober in vielen Dörfern veranstaltet. Dann werden *marroni* auf den Plätzen in großen Pfannen geröstet, so etwa im Gambarogno und in Ascona.

Kastanien enthalten etwa 7 % Fett und 7 % Eiweiß sowie 20 verschiedene Zuckerarten. Die Früchte wurden geröstet, gedörrt und vielfältig konserviert, z. B. in warmem Wasser eingeweicht, dann in kaltes Wasser gelegt und nach einigen Tagen in Sägespänen gelagert. 150 kg Kastanien rechnete man als Vorrat für einen Esser pro Winter. Somit ist die Esskastanie der Brotbaum des Tessins, und manchmal waren *marroni* am Ende des Winters die einzige Nahrung. Man buk Fladen aus dem Mehl, machte Nudeln oder nahrhafte Suppen daraus.

Jeder durfte pflanzen

Die Edelkastanie wächst in einer Höhe zwischen 200 und 1000 m, wird 25 bis 30 m hoch und kann über 1000 Jahre alt werden. Die Wurzeln reichen tief in die Erde, was die Kastanienwälder, Selven genannt, zu einem guten Lawinenschutz macht. Sie nahmen am Anfang des 20. Jh. noch fast 10000 ha ein. Der Grund und Boden der Selven war Allmende, jeder Bürger der Gemeinde durfte dort Kastanien pflanzen – ein Relikt des sogenannten *jus platandi* der Römer. Die Bäume wurden mit einer Nummer oder einem Kreuz markiert und waren für den jeweiligen Bürger reserviert. Nach St. Martin jedoch, also ab dem 11. November, durften die herumliegenden Kastanien von allen aufgelesen werden.

Edelkastanien können extrem groß werden. Im Tessin und im Mesox läuft ein Projekt zur Katalogisierung der Riesenkastanien. Hauptziel ist die Erstellung eines möglichst kompletten Inventars aller Riesenkastanien, die einen Stammumfang von mehr als 7 m auf Brusthöhe aufweisen. Bislang konnten über 300 Exemplare gefunden werden. Wer vor solch einem Riesenbaum steht, fragt sich, wie alt er sein könnte. Nur die genaue Untersuchung des Baumes ermöglicht eine adäquate Schätzung. In der Regel gibt der Umfang des Stammes nur eine sehr vage Auskunft über das Alter des Baumes. Eine Kastanie mit einem Umfang von 8 m kann zwischen 300 und 700 Jahren alt sein.

Die regionale Verteilung der Riesenkastanien ist nicht zufällig. Die auf der Alpensüdseite durchgeführten Untersuchungen zeigen, dass fast alle dieser kolossalen Bäume in der Nähe von landwirtschaftlichen Gebäuden stehen, oft Maiensässen, die sich auf einer Höhe von 700 bis 970 m befinden. Offensichtlich wurden sie gepflanzt und gut gepflegt, um neben der Weidewirtschaft ein weiteres Einkommen zu haben. Und vielleicht auch, um sich an einem schönen, Schatten spendenden Baum vor der Alm zu erfreuen.

Kartoffeln statt Kastanien

Ende des 19. Jh. kamen mit der Eisenbahn Grundnahrungsmittel billiger ins Land, Kartoffeln z. B., die nun vermehrt angepflanzt wurden. Und nach dem Krieg schien die Kastanie gar auszusterben: Die Rinde der Bäume wurde rot und die Blätter welkten vor der Zeit. Der Kastanienrindenkrebs verringerte 1948 den Bestand auf fast die Hälfte, und man befürchtete das Aussterben der Kastanie auf der Alpensüdseite, wie es mit der amerikanischen Kastanie geschehen war. Doch dank einer besseren Resistenz der europäischen Art gegenüber dem Pilzbefall überlebte sie.

Neue Bedrohung der Kastanie

Im Sommer 2009 tauchte erstmals die aus China stammende Edelkastanien-Gallwespe in einem privaten Garten im Tessin auf. Kurz darauf wurde der Schädling bereits im Luganese und im Mendrisiotto beobachtet. Mittlerweile hat das Schadinsekt sein Befallsgebiet beinahe auf die ganze Südschweiz ausgedehnt.

Der Schädling bildet Knollen, sogenannte Gallen, in den befallenen Bäumen. Die Schäden kommen während des Austriebs zum Vorschein, wenn die Larven ihre Aktivität aufnehmen. Die hervorgerufene Zellenvermehrung führt zur Bildung dieser Gallen auf den Knospen, Blättern und Blütenständen. Die Gallen schädigen die Blütenstände und verhindern eine normale Blattentwicklung. Die Gallwespe an sich verursacht kein sofortiges Absterben der Pflanze, schwächt sie aber und macht sie so anfällig für Krankheiten. Der Schädling zählt zu den Quarantäneorganismen, sein Vorkommen muss dem kantonalen Pflanzenschutzdienst gemeldet werden. Nun gilt das Augenmerk den Kastanienbeständen auf der Alpennordseite. Dort wurde die Gallwespe bislang noch nicht entdeckt.

Der Kastanienweg

Große Bestände wachsen noch im Malcantone. Auf dem **Sentiero del castagno,** einem Naturlehrpfad und Wanderweg, wird die Geschichte der Kastanienwälder erklärt: die Einfuhr durch die Römer, ihre Nutzung seit 2000 Jahren, Rezepte und Kastaniennudeln, -mehl, -holz. Der Weg führt von Arosio aus (in der Kirche San Michele ist ein Teil der alten Tür aus Kastanienholz) nach Fescoggia und in einer Schleife zurück. Unter anderem kommt man an einem Dörrofen vorbei. In diesen Dörrhäusern ohne Fenster, den *grà*, wurde vier Wochen lang mit den getrockneten Schalen des Vorjahres geheizt, geräuchert, gedörrt. Die meiste Zeit geht man durch ausgedehnte Kastanienwälder, die ausgeholzt wurden; andere Bäume, die den Kastanien allmählich das Wasser abgruben, wurden gefällt. Der Wanderweg ist gelb markiert und zusätzlich mit dem Symbol einer Kastanie versehen. Am schönsten ist so eine Wanderung im Herbst, wenn der Boden übersät ist mit den igeligen Früchten: Auf die Kastanie als Brotersatz ist heute niemand mehr angewiesen. Viele Orte feiern Kastanienfeste, so Brissago, Ronco sopra Ascona und Ascona (s. S. 163). Bekannt sind die Kastanienröstereien entlang dem Lago Maggiore in Ascona, die Anfang Oktober einen wunderbaren Duft verbreiten. Musik liefern die Bandellas, die volkstümliche Musik spielen.

Viel Merlot und wenig Americano

Tessiner Weine bekommen immer öfter Auszeichnungen bei Degustationen. Fast immer ist der gute Tropfen ein Merlot.

3 Mio. Tessiner Rebstöcke stehen auf insgesamt 1028 ha Weinanbaufläche. Hauptanbaugebiet ist neben der Zone um Locarno das Mendrisiotto, dort, wo das Land in die lombardische Tiefebene ausläuft. Dass sich ausgerechnet das Mendrisiotto gut für Weinanbau eignen müsste, zeigt schon ein Blick über die Grenze: Die Böden der Lombardei und des Piemonts bringen ebenfalls Spitzenweine hervor.

Reblaus und Mehltau

Weinbau war im Tessin in früheren Zeiten kein großer Wirtschaftszweig. Und als gegen Ende des 19. Jh. Schädlinge und Pilzbefall wie Reblaus und Mehltau den Großteil der Weinstöcke zerstörte, wanderten auch noch einige der Tessiner Winzer nach Amerika aus, etwa in die Ortschaft Asti in Kalifornien.

Der Kanton Tessin richtete im Jahr 1902 einen Wanderlehrstuhl für Landwirtschaft ein, der sich auch um die Verbesserung des Weinanbaus kümmern sollte. Ein italienischer Pharmakologe untersuchte im Zuge dessen die Böden und analysierte das Tessiner Rebsortenspektrum. Viele Sorten wurden getestet, und so trafen 1904/05 die ersten aus Bordeaux importierten Merlotstöcke ein. Es sollte die Traube der Wahl werden. Und hundert Jahre später macht der Merlot tatsächlich fast 90 % aller roten Weinstöcke im Tessin aus.

Kleine Parzellen

Zwei Drittel der knapp 4000 Winzer im Tessin besitzen nur kleine Rebparzellen, meist weniger als 2000 m^2. Nur 145 Winzer verfügen jeweils über mehr als 1 ha Rebfläche. 3,8 Mio. l Wein werden jährlich in den 176 Weinbaugemeinden des Kantons hergestellt. Einer der größten Produzenten ist die Cantina sociale in Mendrisio mit rund 660000 Flaschen im Jahr.

Merlot wird auf knapp 900 ha angebaut. Die nächstverbreitete Traube ist Pinot Nero mit rund 15 ha, den man gerne in etwas höheren Lagen findet, auf über 450 m etwa, dort wird der Merlot nicht mehr ganz so gut wie in tieferen Gegenden. Weißwein spielt kaum eine Rolle im Tessin, er macht nur etwa 7 % der Rebfläche aus; Chardonnay, der verbreitetste, umfasst 36 ha. Ein heller Wein ist der weiße Merlot, aus roten Trauben gekeltert.

Americano, Uhudler, Fragola

Eine Besonderheit sind die Amerikanerreben, im Tessin Americano genannt. Es sind nicht veredelte, aus Amerika importierte Weinstöcke. Sie werden fast ausschließlich zur Grappa-Produktion verwendet. Doch seit einigen Jahren entdeckt man die etwas streng schmeckende Traube auch wieder als Grundlage für Weine. In Österreich kennt man die auch, dort heißen sie Uhudler, und in Italien Fragola.

Spitzen-Merlots

Der Merlot del Ticino hat in den vergangenen Jahren eine hohe Qualität erreicht. Es gibt eine kleine Menge »Crus« und einige »Riserva Speciale«. Die Merlots mit dem Qualitätszeichen VITI, das vom Kanton vergeben wird, müssen mindestens ein Jahr gekeltert und bei einer Degustation als erstklassig klassifiziert werden.

Neben dem traditionellen Keltern wird auch zunehmend das Barrique-Verfahren praktiziert. Der Wein wird, wie beim klassischen Bordeaux, in kleinen frischen Eichenholzfässern gelagert. Exportiert wird kaum, wenngleich die Weine bei Blinddegustationen Medaillen einheimsen konnten.

Rund um die Traube
Die Winzergenossenschaft **Cantina sociale di Mendrisio**, www.cantinamendrisio.ch, ist die zweitgrößte Kellerei des Kantons, etwa 360 der über 550 Genossenschaftsmitglieder geben jährlich je 10000 Doppelzentner Trauben ab.
Kurse für Weinbau im Kantonalen Landwirtschaftlichen Institut von Mezzana: www.mezzana.ch.
Im Mendrisiotto führen **Wanderwege durch Weinanbaugebiete.** Sie widmen sich den Anbaumethoden, den Böden und den Trauben. Ausführliche Informationen dazu gibt es bei den Fremdenverkehrsämtern. Im Internet kann man auch die GPS-Daten für die Touren finden: www.mendrisiottotourism.ch.
Das Tourismusbüro in Mendrisio veranstaltet Sa 10–18 Uhr geführte **Besichtigungen und Weindegustationen** in Weinkellern. Anmeldungen bis Fr 11 Uhr, 15 CHF p. P., Tel. 091 641 30 50. Bei der Anmeldung erfährt man den Namen des jeweiligen Weinkellers, der die Besichtigung organisiert.

Einfach »grottengut«

Die geniale Wortfindung »grottengut« stammt von niemand geringerem als Wolfram Siebeck. Sogar er, der Zeitungskolumnist und Gourmetpapst, schwärmte von den Grotti des Luganese, von den Lokalen als solchen und der authentischen Küche: keine Haute Cuisine, sondern erdverbundene Tafelfreuden.

Kein Wunder, was hier auf den Tisch kommt, ist frisch, und wenn nicht, dann gehört es alt. Wie etwa lange abgehangene Würste oder auf der Alp gereifter Käse. Solcherart sind die Speisen, die auf grauem Granit ausgebreitet werden. Wohlschmeckend sind sie, aber nicht das Wichtigste.

In vino veritas, und die Wahrheit ist: Ohne Wein gäbe es die Grotti nicht, und wer ins Grotto geht, wird Wein trinken.

Die Wandlung des Weinkellers

Ursprünglich war das Grotto ein Weinkeller, manchmal ein Gewölbe, kühl und halb unter der Erde, zum Lagern und Reifen von Wein geeignet. Viele Grotti befinden sich in Höhlen, die vor langer Zeit durch Erdrutsche entstanden sind, wie einige berühmte Grotti in der gigantischen Bergrutschzone nördlich von Biasca. In diesen Höhlen entweicht ständig ein 4–8° C kalter Luftzug, Sorèl genannt, der sich ausgezeichnet dazu eignet, Vorräte zu kühlen und zu lagern.

Praktischerweise errichtete man vor diesen Höhlen oder Gewölben Granittische und Bänke – dort traf man sich. Zunächst nur mit der Familie, bald mögen Nachbarn dazugekommen sein,

schließlich wurde daraus ein regelrechter Ausschank. Und als schließlich die Fremden kamen, auf der Suche nach dem echten, wahren, einfachen Leben, hieß bald jedes Lokal, das einen groben Steintisch ins Freie stellte, Grotto. Manche sind mittlerweile so groß, dass ganze Busladungen Platz finden, andere immer noch so klein und versteckt, dass mit zwei, drei Familien schon alles voll ist.

Stammtisch und Boccia-Bahn

Beim urtümlichen Grotto darf eines nicht fehlen: die Boccia-Bahn. Während die Frauen (als man sie dann auch an den Tischen Platz nehmen ließ) über Kinder, Küche, Kirche zu plaudern begannen, gingen die Männer der ernsten Arbeit des Spiels nach. Bis heute sind, was das einheimische Publikum angeht, die Männer in der Überzahl. Es ist ihr Freiluftstammtisch, Frauen hingegen kommen meist nur im Familienverbund. Natürlich trank man Wein, schließlich waren die Grotti ja dafür eingerichtet. Gekocht wurde kaum, in vielen Grotti gibt es auch heute nur kalte Platten: *formaggini*, Salami, Mortadella und kräftiges Brot.

Polenta und Puledro

Wenn doch einmal warme Gerichte angeboten werden, dann Rindfleisch mit Polenta. Oder Tessiner Gemüsesuppe, eine, die die armen Auswanderer des 19. Jh. bestimmt nie bekommen haben. Früher war sie wohl mehr heißes Wasser, in dem gerade mal ein

Andrea und der Kupferkessel
Wie man eine **Tessiner Polenta** kocht, verrät Andrea Brosia vom **Antico Grotto Ticino** in Mendrisio: Der Trick der meisten Grotto-Meister ist, dass Buchweizenmehl daruntergemischt wird. Der unnachahmliche Rauchgeschmack ergibt sich allerdings nur, wenn die Polenta stundenlang im Kupferkessel im offenen Kamin vor sich hinköchelt (www.kochmeister.com/r/36118-tessiner-polenta.html).
Antico Grotto Ticino: Via alle Cantine 20, Mendrisio, Tel. 091 646 77 97, www.grottoticino.ch, Mi geschl.
Grotto Morchino: Via Carona 1, Lugano-Pazzallo, Tel. 091 994 60 44, www.morchino.ch, Di–So 10–14 u. 18–24 Uhr, Sa nur am Abend geöffnet, Mo Ruhetag.
Grotto del Cavicc: Via Canvetti, Montagnola, Tel. 091 994 79 95, www.grottocavicc.ch, Juni–Aug. tgl. geöffnet, sonst Di Ruhetag.

paar Rüben oder Süßwurzeln und vielleicht eine Kartoffel geschwommen sind. Heute ist sie so dick, dass der Löffel stecken bleibt und kein Platz mehr für Brot ist, das viele gern hineinbröckeln. Wer es mag, bestellt gar die *busecca*, Minestrone mit Kutteln.

Da dieser Typ von Lokal mittlerweile so beliebt geworden ist, verbirgt sich hinter der Bezeichnung manchmal auch eine Mogelpackung. Mal sitzt man zwar an Granittischen, doch auf der Speisekarte finden sich sogar Nudeln mit Hummer und Champagner – dann kann man nicht mehr von einem ursprünglichen Grotto sprechen. Genauso kann es passieren, dass minderwertige Supermarktwurst auf den Tisch kommt, weil Touristen alles ansteuern, was Grotto heißt. Glücklicherweise bleiben solche Erfahrungen die Ausnahme. Wer sich dagegen wappnen will, sollte einfach danach Ausschau halten, ob Busse oder Fahrräder aus der Nachbarschaft vor dem Grotto stehen.

Oft wird mittlerweile im Freien auch ein Grill aufgebaut, darauf brutzeln dann *costini*, Schweinerippchen. Diese werden vor allem von Kindern gerne gegessen. Gewöhnungsbedürftig ist eine andere Spezialität: *puledro*. Es kommt ebenfalls vom Grill, schmeckt herrlich zart, man darf nur nicht daran denken, dass es sich um Fohlensteak handelt.

Unsere Schatzkammern

Die Grotti seien »unsere Schatzkammern, die kühlen kleinen Weinkeller der Bauern«, so Hermann Hesse. Aber welches war nur jenes berühmte Grotto, von dem der deutsche Literatur-Nobelpreisträger schwärmte: »... im steilen Bergwald auf schmaler Terrasse standen Steinbänke und Tische im Baumdunkel, aus dem Felsenkeller brachte der Wirt den kühlen Wein ...« Ein Lokal in Montagnola behauptet von sich, unser Haus ist »bekannt als das Grotto von Hermann Hesse«. Es gebe Beweise für die zahlreichen Besuche des Schriftstellers. Hesse habe sich »gerne in den Schatten dieser Linden zurückgezogen, um in der angenehmen Kühle der Sommermonate Rotwein zu trinken, mit Zufallsbekanntschaften Boccia zu spielen und natürlich, um zu schreiben«. Klingt überzeugend. Aber noch viel überzeugender wirkt es, wenn der Wirt eines wirklich versteckt liegenden Grotto oberhalb von Lugano davon erzählt, wie einmal zwei Männer deklamierend aus dem Wald kamen. So froh seien sie, habe der eine gesagt, endlich das Grotto entdeckt zu haben, das Hesse in »Klingsors letzter Sommer« beschrieben hat. Der Erfreute war der Direktor des Hesse-Museums, sprach, setzte sich an den Granittisch und bestellte eine Käseplatte. Kopfschüttelnd erzählt der Wirt außerdem, nur zwei der tonnenschweren Granittische seien übrig geblieben! Die anderen wurden tatsächlich geklaut! Und stehen nun vermutlich als Zweitwohnungsesstische in einem Rustico, beleuchtet von Designerlampen.

Ein Glas Landwein?

Dass gerade die Erzählungen des Wirtes so überzeugend klingen, mag zum einen an seiner unverstellten Art liegen, zum anderen an seinen Zuhörern. Die eben, wenn sie bei ihm zu Gast sind, schon ein paar Boccalino getrunken haben. Dann ist die Vorstellung einfach zu schön, Hesse habe genau hier sich eingereiht, »wo freundliche Menschen ein Glas Landwein trinken, ein Stück Brot essen und miteinander plaudern«. Die Wahrheit liegt – auch unter Tage, im dunklen Grotto – in den Ohren des Zuhörers. Wahrscheinlich aber ist es so: Hesse war wie viele Tessin-Reisende nicht nur in einem Grotto Stammgast. Der einheimische Wein schmeckt einfach zu gut: »In kleinen irdenen Tassen, weiß und blau gestreift, steht der rosige Wein: gut, unschuldig, ländlich, zuverlässig, ohne heftige Reize und ohne Tücken.«

Bis heute haben die ursprünglichen Lokale nichts von ihrem Reiz verloren. Hinzu kommt: Im ansonsten nicht billigen Tessin isst und trinkt man an den Granittischen der Grotti ausgesprochen preisgünstig.

Urig und gemütlich sind die Grotti, die an Hängen oder in Felshöhlen angelegt wurden

Unterwegs im Tessin

Einsame Badestellen finden sich in den Tessiner Bergen

Das Beste auf einen Blick

Valle Leventina, Valle di Blenio, Bellinzona

Highlights!

San Nicolao: Christophorus, Schutzheiliger der Reisenden, ist nur eine der Heiligenfiguren, die in der bedeutenden romanischen Kirche San Nicolao in Giornico abgebildet sind. S. 104

Gotthard-Basistunnel – Schaustelle: Im Besucherzentrum in Pollegio kann man sich in einer multimedialen Ausstellung über den Fortgang der Bauarbeiten des zukünftig längsten Tunnels der Welt informieren. S. 105

Die Burgen von Bellinzona: Die drei mächtigen Festungsanlagen Montebello, Castelgrande und Castello di Sasso Corbaro sind heute UNESCO-Weltkulturerbe. S. 121

Auf Entdeckungstour

Mit Maulesel und Motorrad über den Gotthardpass: Während der Gotthardstock immer weiter untertunnelt wird, kann man bei einer Tour über den alten Pass hautnah erleben, wie Reisende früher ins Tessin kamen. S. 94

Adula und Alpenveilchen – eine Wanderung: Bis heute gibt es in der ganzen Schweiz nur einen einzigen Nationalpark. Doch nun stehen die Chancen gut für einen Nationalpark Parc Adula. Eine Wanderung führt abseits ausgetretener Wege durch das zukünftig geschützte Gebiet. S. 114

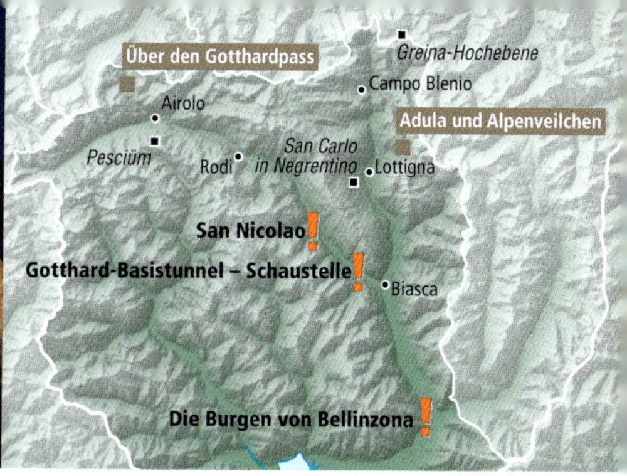

Kultur & Sehenswertes

Museo di Blenio: Lottigna war der Hauptort des Blenio-Tals, davon zeugt noch die Casa dei Landvogti. Wie man damals lebte – und zum Teil heute noch lebt –, zeigt das Museum in Blenio. S. 117

San Carlo in Negrentino: Die Kirche oberhalb von Prugiasco bei Kunsthistorikern wegen ihrer farbenprächtigen Fresken berühmt. S. 118

Zu Fuß unterwegs

Wanderungen ab Pesciüm: Von Airolo geht es mit der Seilbahn nach Pesciüm, wo verschiedene gut ausgeschilderte Touren beginnen. S. 100

Überquerung der Greina: Eine herrliche Zwei-Tages-Wanderung über die weite Hochebene der Greina. Sie liegt auf ca. 2200 m und sollte zur Energiegewinnung geflutet werden – eine Bürgerinitiative konnte das verhindern. S. 112

Genießen & Atmosphäre

Caseificio del Gottardo: Fast wie direkt auf der Alm einkaufen, nur mit einer größeren Auswahl, kann man in der Käserei am Fuße des Gotthards bei Airolo. S. 93

Dazio Grande: Die Piottinio-Schlucht bei Rodi war eine der engsten Stellen des Saumpfades auf den Gotthard. Im ehemaligen Zollhaus kann man ›historisch‹ schlafen und deftig essen. S. 101

Abends & Nachts

Via ai Grotti: Manchmal stehen nur zwei, drei Granittische vor einem Grotto. Gut, wenn man dann mehrere Grotti zur Auswahl hat wie in der Via ai Grotti in Biasca, dann kann der Abend lang werden. S. 107

Valle Leventina

Die Leventina, Livinental, das große Tal unterhalb des Gotthardpasses, folgt dem Fluss, der im 19. Jh. dem Kanton den Namen gab: **Ticino**, auf Deutsch Tessin. In der Leventina fühlt sich der Reisende, als sei er noch mitten in den Alpen. Hoch gelegene Talorte, dunkle Holzhäuser und schroffe Berge sind von einzigartiger wilder Schönheit, lassen aber noch kaum südliches Lebensgefühl aufkommen.

In drei Stufen fällt die Leventina ab Airolo von über 1100 m auf 300 m ab. Heute überwindet die Autobahn diese Stufen, früher wurden sie mühsam auf Säumerwegen bewältigt. Stärker als in anderen Ecken des Kantons spürt man in der Leventina, dass das Tessin für Reisende und Fahrende jahrhundertelang nicht Ziel, sondern bloßes Durchgangsland war. Straßen waren für das an den Ausläufern der Alpen gelegene Tessin von immenser Bedeutung, am wichtigsten die über den **Gotthardpass** (s. Entdeckungstour S. 94). Doch diese Straßen wurden nicht gebaut, um in das Tessin hinein-, sondern um hindurchzufahren: nach Süden in die Lombardei, nach Norden in die Innerschweiz. Für Händler und Kriegsheere waren die Straßen gebaut, nicht für Reisende.

Auf diesen Straßen emigrierten im 19. Jh. halbe Dörfer hinaus in die Welt. Zu den ersten, die ins Tessin regelrecht einreisten, zählten Intellektuelle – später folgten die Reichen. Mit dem voranschreitenden Ausbau des Gotthard-Übergangs stieg seine Bedeutung sprunghaft an und damit auch die Wirtschaftskraft des Tals. Immer wieder kam es zu Kriegen in der Leventina, es ging um Zolleinnahmen, Ernteerträge und den Warentransport über die Alpen – wichtige Pfründe also.

Am **Lukmanierpass** (Lucomagno), gut 20 km östlich des Gotthards gelegen, entspringt der **Brenno.** Auch er fließt ziemlich genau nach Süden, durch das **Valle di Blenio,** bis nach Biasca, wo er in den Ticino mündet. Der weniger steile und enge Lukmanierpass war in früheren Jahrhunderten stärker frequentiert als der schwierige Übergang über den Gotthard.

Leventina, Blenio-Tal und Riviera haben sich zu dem **Wirtschaftsverband Tre Valli** zusammengeschlossen, die Region mündet in der Kantonshaupt-

Infobox

Reisekarte: ▶ D–F 3/4

Infos

Fremdenverkehrsamt Leventina: im Bahnhof von Airolo, Tel. 091 869 15 33, Mo–Fr 8–18, Sa 8–12 Uhr.

Internet

www.leventinaturismo.ch: offizielle Website für das Tal, gut strukturiert.

Anreise

Wer durch die Leventina auf der Autobahn nur durchfährt, verpasst das meiste, etwa den Blick auf die eleganten Autobahnbrücken. Gerade hier empfehlen sich Nebenstraßen. Wer nicht mit dem Auto kommt, sollte aufmerksam aus dem Zugfenster blicken: Es gibt sowohl vor als auch nach dem Gotthard Kehrtunnel, in denen der Zug quasi im Kreis fährt – so ist nach einer längeren Zeit im Tunnel am Zugfenster dieselbe Kirche erneut zu sehen.

stadt **Bellinzona.** Die drei ambrosianischen Täler bilden auch historisch eine sinnvolle Gemeinschaft, denn Sant' Ambrogio, Bischof von Mailand, hatte die südlichen Alpentäler im 4. Jh. christianisiert. Kirchenrechtlich sind die drei Schweizer Täler bis heute Mailand unterstellt. So wird hier in der Messe der ambrosianische Ritus gepflegt, der sich vom römisch-katholischen vor allem darin unterscheidet, dass die Immersionstaufe vollzogen, d. h. der Täufling ganz untergetaucht wird.

Airolo ▸ C 2

Airolo (ca. 1500 Einw.), gleich der erste Ort im Tal, ist mit 95 km² die weitläufigste Gemeinde des Tessins. Zu Beginn des 19. Jh. war der Flecken – nach Lugano – zweitgrößter Ort des Kantons und als letzter Talort vor dem Pass sehr bedeutend. Der Bürgermeister von Airolo war als Einziger befugt, zu entscheiden, ob der Pass im Winter begangen werden durfte. Wenn er ihn nach Beurteilung der Wetterlage freigab, begann der Aufstieg nach einem festgesetzten Ritual: Beim Schlag der Kirchturmuhr versammelten sich morgens um 9 Uhr auf dem Hauptplatz diejenigen, die den Pass besteigen wollten.

Die Häuser in Airolo wurden nicht wie weiter südlich aus Granit gebaut, sondern aus Holz. 1877 zerstörte eine Feuersbrunst nahezu alle Holzbauten. Lawinenunglücke suchten den Ort in den Jahren 1898, 1923 und 1951 heim. Das Gebirgsdorf wurde zu einem Ort am Weg degradiert, in dem sich Reisende heute, da in Tagesetappen weit größere Distanzen zurückgelegt werden, nicht lange aufhalten. Für Wanderer und für Skifahrer aber ist der für Tessiner Verhältnisse hoch gelegene Ort ein guter Ausgangspunkt.

Mein Tipp

Alles Käse

Das große, moderne Gebäude des **Caseificio del Gottardo** beherbergt sowohl eine Schaukäserei mit Laden und ein Museum als auch ein Restaurant. Hier bekommt man sämtliche Käsesorten des oberen Tessins, selbst die besonders raren wie Gottardo und Tremola.

Im Restaurant wird natürlich ebenfalls Käse serviert, aber es gibt auch feine Tessiner Küche, wie die leckere gegrillte Tessiner Schweinswurst. Dazu eine breite Auswahl an offenen lokalen Weinen.

Caseificio del Gottardo: an der Ausfahrtstraße Richtung Nufenenpass bei Airolo, Tel. Restaurant 091 869 11 80, Tel. Büro 091 869 17 37, www.cdga.ch, tgl. 7–24, Küche Mo–Fr 11.30–14 und 18.30–22, Sa, So 11.30–22 Uhr, Hauptgang ca. 21–36 CHF.

Das wenig idyllische Airolo wird dominiert vom großen **Bahnhof.** Dort erinnert ein Bronzerelief des Tessiner Bildhauers Vincenzo Vela von 1882 an die 177 Opfer des Gotthardtunnelbaus, »der finsteren heroischen Anstrengung des unbekannten Arbeiters« gewidmet. Der romanische Glockenturm der Kirche **SS. Nazaro e Celso** aus dem 12. Jh. hat Lawinen und Brände überdauert. Weitere kunsthistorische Schätze sucht man hier jedoch vergeblich.

Museum Fort Airolo

Führungen Anfang Juni bis Ende Okt. Sa 14–17 Uhr, zu anderen Terminen auf Anfrage unter Tel. 091 868 17 70 od. www.fort.ch ▷ S. 98

Auf Entdeckungstour: Mit Maulesel und Motorrad über den Gotthardpass

Eine Reise in die Vergangheit des Reisens: Während sich durch die Basis des Gotthardstocks der längste Eisenbahntunnel der Welt fräst, führt diese Tour obendrüber, über den alten Pass. So kann man hautnah erleben, wie Reisende früher ins Tessin kamen.

Reisekarte: ▶ B 1/2

Zeit: Fahrtzeit etwa 2 Std. (zzgl. Stopps)

Planung: Die alte Straße über den Gotthardpass ist, je nach Schneelage, etwa von Mitte Mai bis Ende Oktober geöffnet.

Infos: www.alptransit.ch

Wer im Kanton Uri nach Süden fährt, sieht es deutlich: Der Gotthardstock ist das Herz der Alpen. Mächtig baut er sich hinter Hospental auf. Hier entspringen Rhône, Reuss, Rhein und Ticino und fließen in alle vier Himmelsrichtungen. Zugleich ist er aber auch das große Hindernis auf dem Weg von Nord nach Süd – oder vice versa. Schon die Römer zogen wohl über den Gotthard, wenngleich nur als Händler – als Heerstraße wurde diese Route nicht genutzt. Die Passstraße verbindet Göschenen und Airolo und ist 27 km lang.

Der Ziegenbock auf der Brücke

Wer aus Uri anreist, muss aufpassen, um nicht aus Versehen in den Tunnel hineinzufahren. Das ist seit 1980 die Hauptverkehrsader. Besonders schwierig war das Wegstück auf Urner Seite. Bei der Erschließung der Schöllenen-Schlucht bei Andermatt um 1200 soll der Legende nach beim Brückenbau der Teufel geholfen haben – unter der Bedingung, dass ihm die erste Seele gehöre, die die ›Teufelsbrücke‹ überquert. Die Urner wussten sich zu helfen: Sie jagten einen Ziegenbock hinüber.

In Hospental zweigt der Tunnel ab. In Kehren windet sich die alte Gotthardstraße hinauf, während am Hang unter Lawinengalerien die moderne Straße verschwindet. Überraschend viel Verkehr ist auf der alten Straße, jedenfalls an schönen Sommertagen. Überrascht davon sind wohl auch die Radfahrer, die sich hinaufkurbeln. Schnell sind die Sportler auf ihren Rennrädern, mühsam tretend aber die Radwanderer mit Gepäcktaschen: bei 12 % Steigung kein Wunder.

Immer komfortabler

Der Übergang über den Pass wurde stets verbessert und komfortabler ausgebaut. 1830 war die Fahrstraße über den Gotthard fertig, doch 1872 begannen die Bauarbeiten zur **Gotthardbahn,** der erste Tunnel wurde gegraben. Der leitende Ingenieur Louis Favre starb 1879 an einem Herzinfarkt im Tunnel, und insgesamt mussten 177 Todesfälle verzeichnet werden. Vor allem Italiener arbeiteten im Tunnel – nachdem die Tessiner jahrhundertelang selbst Gastarbeiter in Italien gewesen waren. 1882 war der 15 km lange Eisenbahntunnel durchstoßen, und eine neue Zeitrechnung begann. 1967 war die neue Panoramastraße über den Gotthard fertig. Zwei Jahre später entwickelte sich Airolo zum Verkehrsknotenpunkt. Übers südwestlich von Airolo gelegene Bedretto-Tal gelangte man nun mit dem Auto auf den Nufenenpass, der mit 2480 m der höchste auf Schweizer Gebiet ist.

Die Passhöhe zeigt sich als weite Ebene, sie liegt auf 2109 m. Die Baumgrenze ist längst überwunden, grauschrundige Felsen kehren ihre breiten Rücken der Sonne zu. Autos, Motorräder, Radfahrer, alle biegen auf den großen Parkplatz am See ein. Ein Verkaufsstand bietet »Bibite, Boissons, Getränke«, ein anderer allerlei Souvenirramsch an. Dahinter verschwinden beinahe die historischen Gebäude.

Die **Kapelle** und eine **Sust** auf der Passhöhe wurden erstmals in einem Friedensvertrag von 1331 erwähnt. Der Mailänder Erzbischof Galdinus soll die Kapelle im Jahre 1230 dem Heiligen Godehardus geweiht haben, dem Namensgeber des Passes. Das erste Hospiz ist längst abgebrannt, auch das zweite wurde 1799 bei Kämpfen zwischen Franzosen und Russen zerstört. Der jetzige Bau, die **Alte Sust**, stammt von 1833. Bei Restaurierungsarbeiten der Hospiz-Kapelle stellte sich heraus, dass unter der Apsis sehr alte, möglicherweise karolingische Grundmauern standen (**Ospizio San Gottardo:** Tel. 091 869 12 35, www.passosangottardo.ch/de/, Juni–Okt., DZ 110 CHF).

Eine etwas andere Umnutzung verwirklichte die Fondazione La Claustra in dem ehemaligen Artilleriefort **San Carlo** auf dem Gotthardpass. Anfang der 1990er-Jahre entwickelte hier der Künstler und Soziologe Jean Odermatt das Konzept eines tief im Herzen des Berges gelegenen, nachmodernen Klosters, in dem heute ein Seminar-und Individualhotel betrieben wird (**La Claustra:** Tel. 091 880 50 55,

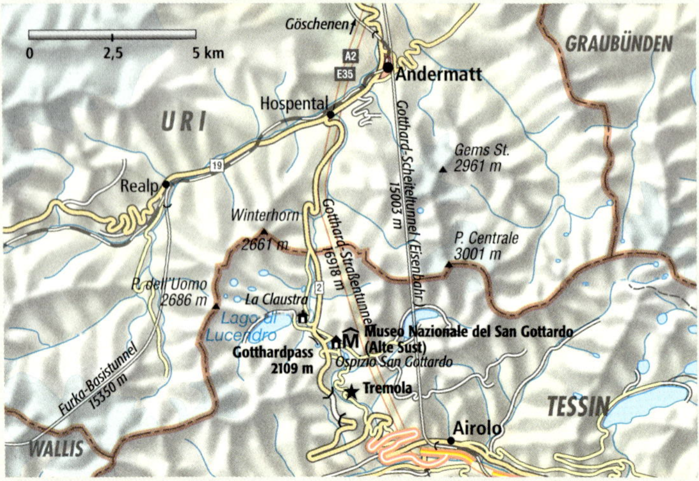

www.schau-mal.com/la_claustra_-_felsenhotel.html, DZ/F 245 CHF pro Pers., mit Restaurant).

Auf der Tremola ins Tal

Bester Einstieg in die Historie des Tessins ist der Besuch des Museums auf der Passhöhe. Das **Museo Nazionale del San Gottardo** in der Alten Sust zeigt anschaulich die Geschichte des Passes (Tel. 091 869 15 25 oder 091 866 16 16, Juni–Okt. tgl. 9–18 Uhr, www.inrete.ch und www.leventinaturismo.ch).

Direkt vor dem Museumsgebäude führt eine gepflasterte Straße bergab, Richtung Tessin. Es ist die **Tremola**, der berühmteste Straßenabschnitt. Er ist nicht ausgeschildert, die meisten Autofahrer nehmen die neuere Passstraße, aber Motorradfahrer und Fahrradfahrer wissen Bescheid und biegen hier ab. Autofahrer zögern eher – und das nicht ohne Grund! Auf Kopfsteinpflaster aus grauem Granit, mit einer Mittellinie aus rotem Ziegel, windet sich die Straße in aufsehenerregenden Serpentinen an den Hang geschmiegt zu Tal. Dort zeigt sich wie in Jahresringen aus Straßen die Geschichte des Passes: 1830 war die überall 5 m breite Fahrstraße über den Gotthard fertig und wurde ständig verbessert und ausgebaut, die regelmäßige Gotthard-Post konnte loslegen. Die Postkutsche beförderte Mitte des 19. Jh. bereits 14 000 Reisende jährlich. Als 1882 der Eisenbahntunnel eröffnet wurde, stellte sie ihren Betrieb allerdings ein. Heute fährt eine **historische Reisekutsche,** ein Fünfspänner, von Juni bis Mitte Sept. von Andermatt bis Airolo (Tel. 0418 88 00 05, www.gotthardpost.ch, mit Museumsbesuch, Mittagessen und Apéros 680 CHF p. P.).

Im Juli 1902 fuhr erstmals ein Auto über den Gotthard, am Steuer saß der deutsche Dichter Otto Julius Bierbaum. Und ab 1922 verkehrte im Sommer der Postbus regelmäßig. Bereits in den 1930er-Jahren herrschte auf der Passhöhe reger Betrieb, das Automobil machte Furore.

Auch nach dem Zweiten Weltkrieg ging der Ausbau der Passstraße weiter:

Auf Tessiner Seite wurden die Serpentinen der Tremola-Schlucht durch eine Neutrassierung umgangen. Seit Fertigstellung des Autobahntunnels im Jahr 1980 hat der Verkehr über den Pass merklich abgenommen, sodass man die Fahrt seitdem wirklich genießen kann.

Untendurch statt obendrüber

Zu dem Gitternetz an Straßen und Tunneln kommt nun eine weitere Koordinate hinzu: der Basistunnel. So steht man auf diesem löchrigen Berg und hat das Gefühl, unter einem wird überall gebuddelt und gebohrt. Denn brachte in früheren Jahrhunderten der Transport von Gütern und Menschen dem Tal Wohlstand, so scheint heute die Belastung zu überwiegen.

1980 wurde der Straßentunnel eröffnet. Jährlich rollen heute rund sechs Mio. Fahrzeuge hindurch, fast neunmal so viele wie im ersten Jahr. Abhilfe wird der **Gotthard-Basistunnel** bringen, der im Dezember 2016 betriebsbereit sein soll (s. S. 105). Mit zwei Röhren von je 57 km Länge entsteht der längste Eisenbahntunnel der Welt. Zwei Luftschächte, die aussehen wie moderne Kapellen von Mario Botta geplant, kleben auf der Fahrt hinunter an der Talseite – einzige sichtbare Zeichen der Untertunnelung. In Airolo angekommen, hat man nach den Kurven das Gefühl, nun wirklich unten zu sein. Der Eindruck täuscht – hier beginnt die Leventina, die weitere 1200 m abfällt, bis zum Ufer des Lago Maggiore.

Einer unterirdischen Kapelle gleich gibt sich der Gotthard-Basistunnel

Das Fort liegt oberhalb Airolos, auffällig wie ein gigantischer Schildkrötenpanzer. Erbaut Mitte der 1880er-Jahre galt es bis zum Ersten Weltkrieg als die modernste Festung Europas; das Fort sollte die Gotthard-Eisenbahnlinie und die Straße in der Leventina schützen. Das Museum dokumentiert den Bau der Festung und die Ausstattung.

Übernachten

Renoviert – **Hotel Forni:** Via Stazione, Tel. 091 869 12 70, www.forni.ch, DZ 150–200 CHF. Das Forni (mit Restaurant, s. u.) wurde elegant renoviert, ist aber immer noch beliebt bei Wanderern und Radfahrern. Da es an der Durchfahrtstraße liegt, sollte man Zimmer nach hinten verlangen.

Balkone – **Hotel Alpina:** Tel. 091 873 32 32, www.hotel-alpina.net, www.alpina-airolo.ch, DZ 145–160 CHF. Das ebenfalls renovierte Hotel verfügt auch über Seminarräume, es liegt etwas oberhalb der Hauptstraße, von den Balkonen hat man einen weiten Blick ins Tal.

Für Gruppen – **Alloggio Girasole:** Viale Stazione, Tel. 079 543 29 04, www.alloggiogirasole.ch, p. P. 47,40 CHF im DZ mit Frühstück, für Gruppen günstiger. Eine ideale Unterkunft für kleine Gruppen und Familien. Insgesamt 50 Plätze, davon fünf Zimmer mit 4–7 Betten, ein Zimmer mit 20 Betten. Duschen und Toiletten auf jeder Etage. Es gibt auch eine Küche für Selbstversorger.

Essen & Trinken

Überraschend komponiert – **Ristorante Forni:** im Hotel Forni, s. o., tgl. 11.30–14 und 18.30–21.30 Uhr. Überraschend gute Küche, zubereitet von Simone Ciaranfi, der auch mal mit Außergewöhnlichem wie Fischstrudel mit Fenchel und Mandarinen überrascht, abgeschmeckt mit einem Hauch Eukalyptus. Im Winter wird Wild serviert. Hauptgerichte ab 25 CHF.

Auf dem Sonnendeck – **Ristorante Pesciüm:** auf 2250 m gelegen, erreichbar mit der San-Gottardo-Seilbahn, Tel. 091 880 52 10, pescium@sangottardosud.ch, geöffnet bei Seilbahnbetrieb. Tagesmenü ab 17 CHF, für Nichtskifahrer gibt es für 19,99 CHF zum Tagesteller ein Glas Merlot und die Hin- und Rückfahrt gratis! Mit großer Sonnenterrasse.

Für Reisende aus dem Norden ist Airolo die erste Ortschaft auf Tessiner Boden

Einkaufen

Brot und mehr – **La Butea du pan:** Viale Stazione, Tel. 091 86 91 27. Unscheinbare Bäckerei, die gute hausgemachte Panettone und Brot anbietet, außerdem Käse und Wurst, ideale Verpflegungsstation für Wanderer.

Aktiv

Fahrradverleih – **Rent a Bike:** am Bahnhof, Tel. 091 869 14 39, www.rent-a-bike.ch.

Wanderungen – Beim **Fremdenverkehrsamt** gibt es die Broschüre »Wege der Vergangenheit« mit **Wandervorschlägen** zu Kulturgütern. In Airolo beginnt der beliebteste Wanderweg des Tessins, die **Strada Alta** (s. S. 103), die in drei Tagesetappen nach Biasca führt.

Infos

Fremdenverkehrsamt Leventina: im Bahnhof, Tel. 091 869 15 33, Mo–Fr 8–18, Sa 8–12 Uhr, www.leventinaturismo.ch, www.airolo.ch.

Verkehr

Bahn: In Airolo halten nicht alle Fernzüge, doch zahlreiche Nahverkehrszüge. Es empfiehlt sich, bis nach Biasca oder Bellinzona zu fahren, und dann zurück in einem langsameren Zug.

Bus: Verbindungen über den Gotthard, ins Bedretto-Tal und nach Bellinzona.

Wanderungen ab Pesciüm

Seilbahn von Airolo: http://airolo.ch/it/funivie, Ende Juni–Anfang Okt. 8–12, 13–17 Uhr alle 30 Min., im Winter häufiger, hin und zurück 20 CHF, einfach 15 CHF

Die Seilbahn von Airolo befördert Gäste nach Pesciüm (1745 m ü. M.), der Mittelstation der Bergbahn. Von hier eröffnen sich zahlreiche Wandermöglichkeiten, so etwa die ca. 4,5 km lange Rundwanderung auf dem **Sentiero del mirtillo** (Heidelbeerweg). Der Weg heißt natürlich so, weil er durch zahlreiche Heidelbeerbüsche führt. Im Spätsommer eine Freude, vor allem auch für Kinder. Die Tour, bei der 290 Höhenmeter zu bewältigen sind, ist ausgeschildert und auch für Nordic Walker geeignet.

Weitere etwa 6 km lange Rundtouren gelten als **Mountain-Fitness-Wanderwege.** Einer führt von Pesciüm auf den **Sasso della Boggia,** der andere von Pesciüm nach **Comasné.** Wanderer können auf diesen Parcours ihren Kalorienverbrauch berechnen, ihre Form prüfen und das Verhältnis zwischen Energieaufwand und Ernährung analysieren. Und wer es noch abenteuerlicher mag: Es gibt auch einen **Orienteering-Parcours,** der in Zusammenarbeit mit dem Tessiner Orientierungsläufer Francesco Guglielmetti entstanden ist. Informationen dazu: www.mountainfitness.org/site (Website auf Italienisch).

Piotta ▸ C 2

Die bauliche Attraktion Piottas ist die **Autobahnraststätte.** Damit kommt

Sentiero del mirtillo

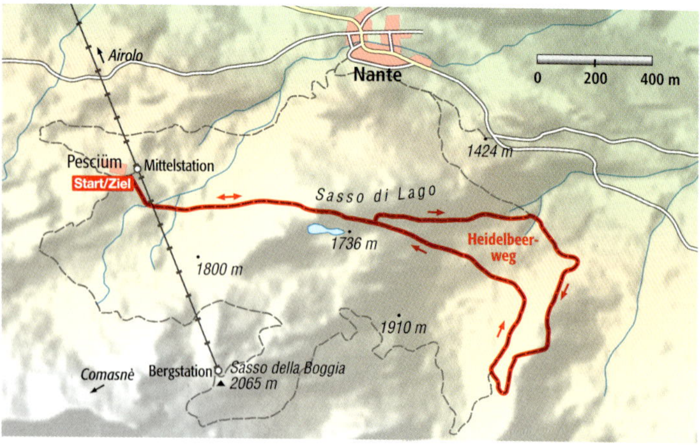

man schon auf den ersten Kilometern im Kanton am Tessiner Architekten **Mario Botta** nicht mehr vorbei. Er entwarf den knallroten Bau, der eher einem Flugzeugflügel ähnelt als einem Rustico; er steht quer in der Landschaft, in jedem Sinne. Am Eingang in die Region wider alle Tessin-Klischees gebaut, hält der Komplex garantiert keine Möglichkeit bereit, Geranienkästen aufzuhängen.

Die steilste **Standseilbahn** der Welt startet in Piotta (www.ritom.ch/home). Sie wurde 1921 erbaut und hat eine maximale Steigung von 88 %! Von der Bergstation auf 1800 m Höhe führt ein leicht ansteigendes Sträßchen (ca. 1 km) bis zum **Stausee**. Bei der Staumauer öffnet sich der **Parco Alpino Piora**, ein Hochplateau mit zahlreichen kleinen und größeren Bergseen. Dieses wunderschöne Naturparadies gehört zum Inventar schützenswerter Landschaften der Schweiz. Einige gut markierte **Rundwanderwege** (ab 2 Std.) führen um die Seen. Eine weitere Möglichkeit ist eine allerdings anstrengendere, steile **Bergab-Wanderung** (1 Std.) nach **Altanca**; von dort gibt es eine Busverbindung zurück nach Piotta.

Übernachten, Essen

Sommersitz – **Berggasthaus Cadagno:** am Lago Cadagno, Tel. 091 868 13 23, mobil 0764 20 43 10, www.capanna-cadagno.ch, DZ mit HP 52 CHF, Gerichte 10–15 CHF, nur im Sommer.
Am Stausee – **Hotelrestaurant Ritóm:** Tel. 091 868 14 24, www.lagoritom.com, DZ rund 90 CHF, Nudeln um 10 CHF, kalte Platten 15 CHF, nur im Sommer geöffnet.

Aktiv

Steil – **Piotta-Ritóm:** www.ritom.ch/home, Mai–Okt. 8.30– 17.20 Uhr, 22 CHF, 1917 erbaut, 1921 für den Publikumsverkehr eröffnet.

Rodi ▸ D 2

Wer auf der Kantonsstraße das Valle Leventina durchfährt, trifft kurz hinter Rodi auf die auffälligste Brücke der Autobahn. Kühn konzipiert vom Tessiner Architekten **Rino Tami** überwindet sie die Stufen der Leventina. Die teilweise atemberaubende, elegant geschwungene Konstruktion wölbt sich zweistelzig auf 180 m hohen Brückenpfeilern über das Ticino-Tal, die Straße verläuft darunter, der alte Saumpfad am anderen Ufer. Die **Piottinio-Schlucht** bei Rodi war eine der engsten Stellen des Saumpfades auf den Gotthard; der Kanton Uri zog hier einst Zoll ein, daher heißt die Stelle bis heute *dazio grande* – großer Zoll.

Übernachten

In der Zollstation – **Dazio Grande:** Rodi-Fiesso, Tel. 091 874 60 60, www.locandadaziogrande.ch, DZ ab 115 CHF. Das ehemalige Zollhaus ist renoviert und wird als Hotel, Museum und Kongresszentrum gleichermaßen genutzt. Im Restaurant werden Spezialitäten aus der Leventina serviert, also eher alpin-deftige Kost wie beispielsweise *pasta e pom*, Nudeln mit Kartoffeln und viel geschmolzenem Käse – eine mächtige Stärkung, gut vor einer Bergtour (20 CHF).

Faido ▸ D/E 3

Faido, der einstige Hauptort des Tales, war eine wichtige Station auf dem Weg zum Gotthardpass. Beim Rundgang findet man nur noch Anklänge an seine einstige Bedeutung: fast verfallene Hotels – deutlich zu groß für ein Gebirgsdorf. Faido galt als Sommerfrische wohlhabender Mailänder Familien, 36 Hotels gab es dort am Anfang des 20. Jh. In dieser Zeit entstand – vom Bahnhof ausgehend, der oberhalb des alten Ortskerns liegt – ein neues Zentrum. Anstelle rustikaler Gotthard-Häuser sieht man hier klassizistische Villen und repräsentative Hotels, heute in marodem Zustand. Im alten Ortskern dagegen steht die bekannte **Casa Selvini di Legno** von 1582, ein etwas düsteres, schwarzes Holzhaus, das noch nichts von italienischer Leichtigkeit hat – ein Haus aus dem Gebirge.

San Andrea

Von der ursprünglich romanischen Pfarrkirche ist noch der Glockenturm erhalten. Das Gotteshaus wurde 1830 neoklassizistisch umgebaut und in den Jahren 1992 bis 1996 von Mattia Pedrini renoviert. Automatisch öffnet sich die gläserne Kirchentür im Halbrund, öffnet den Raum, der licht und hell erscheint. In der neuen, kühlen Atmosphäre kommen die historischen Details wie das schöne Zedernholz der Kirchenbänke besonders gut zur Geltung.

Chironico ▶ E 3

Chironico befindet sich überhöht auf der rechten Talseite. Der Ort ist schon von Weitem gut sichtbar, denn er liegt exponiert auf einem prähistorischen Bergsturz, dessen Felsbrocken noch wild herumliegen. Nach Chironico gelangt man auf einem kurvenreichen Sträßchen von Lavorgo aus. Im Ort sind in der Kapelle **S. Ambrogio** (12. Jh.) Fresken aus dem 14. Jh. zu bestaunen.

Übernachten

Einfach – **Hotel Faido:** Tel. 091 866 15 55, www.hotelfaido.ch, DZ 100–140 CHF. Das einfache Hotel liegt mitten im Ort.

Essen & Trinken

Fisch – **Ristorante La Conca:** Strada Cantonale Vecchia, Chiggiogna, Tel. 091 866 04 57, www.nuovaconca.ch, Tel. 091 866 03 64, Mo–Mi. Das Restaurant liegt etwas versteckt an der Autobahnauffahrt. Für die Leventina untypisch werden viel Fisch und Meeresfrüchte serviert. Ein kleines Menü ab 50 CHF.

Fondue – **Osteria della Posta:** Lavorgo, Tel. 091 865 14 91, Do–Di. In der Nähe des Bahnhofs liegt das renovierte Gasthaus, in dem sich vor allem im Winter gerne Gruppen für Fondue-Abende (25 CHF p. P.) verabreden.

In alten Mauern – **Pizzo Forno:** Chironico, Tel. 091 865 16 26, www.pizzoforno.ch. März–Dez. Mi–Mo 12–14 und 18–21 Uhr. Auch ein einfaches Hotel, DZ 80 CHF ohne Bad, Zuschlag HP 16 CHF p. P. Alte Rezepte in alten Mauern, etwa Pasta aus Kastanienmehl (18 CHF), aber man kann auch Feineres wie Fasanenbrust mit einem Wachtel-Spiegelei wählen. Und zum Nachtisch ein Toblerone-Schoko-Mousse.

Pizza für die Jugend – **Alla Birreria:** Faido, Tel. 091 866 19 53, Di–So. Pizzeria und Osteria nennt sich dieses Lokal, eher etwas für die Dorfjugend, die sich hier bei billiger Pizza (ab 12 CHF) trifft.

Unter Kastanien – **Grotto Pro Bell:** Calonico, Tel. 091 865 16 49, Mai–Okt., Di geschl. Man folgt dem ausgeschilderten Weg von Lavorgo nach Calonico, dann weiter den Schildern nach bis in den Kastanienwald Pro Bell. Über 150

Plätze im Freien mitten im Wald verfügt dieses Grotto. Preiswerte Gerichte, eine kalte Vorspeisenplatte kostet 14 CHF. Es gibt auch drei einfache Zimmer.

Aktiv

Wandern – **Zur Strada alta:** s. Mein Tipp rechts.

Übernachten, Essen

Runterschauen – **Bellavista:** Anzonico, Tel. 091 865 11 10, Mi–Mo 12–14 und 19–21 Uhr, Hauptgericht ab 18 CHF, HP p. P. 70 CHF. Der Gemüsesalat kommt direkt aus dem eigenen Garten, in den der Gast von der Terrasse aus blicken kann. Spezialität des Hauses sind *fitri*, gebratene Käsestücke im Teigmantel. Bei Wanderern sehr beliebt, wie das einfache Haus an der Strada Alta.

Infos

Bahn: Einige der Fernverkehrszüge halten in Faido, außerdem verkehren Regionalzüge.
Bus: Haltestellen beim Bhf und an der Post. Verbindung nach Bellinzona.

Mein Tipp

Auf dem Sonnendeck

In **Lavorgo** fährt man ein aufregendes, gewundenes Sträßchen hoch auf die Sonnenterrasse. Dort ziehen sich einige Dörfer entlang, meist zurückgesetzt, sodass man die Tiefe des Tals gar nicht wahrnimmt. Man hört manchmal den Verkehr rauschen, während es oben ruhig ist wie in abgelegenen Almdörfern. Im Frühjahr und im Herbst trifft man viele Wanderer: Hier führt die berühmte **Wanderstrecke Strada Alta** entlang. Meist wird sie in drei Tagesetappen gemacht: Airolo–Osco (5 Std.), Osco–Anzonico (3,2 Std.), Anzonico–Biasca (5 Std.). Da von nahezu allen Orten, die gestreift werden, auch Wanderwege oder Busverbindungen hinunter ins Tal zu Bahnstationen führen, kann man die Wanderung auch abkürzen oder bei schlechtem Wetter abbrechen. Ohnehin ist es eine eher gemütliche Tour, viele Abschnitte verlaufen auch auf Asphalt. Und in jedem Ort gibt es mindestens eine Osteria, ein Ristorante und auch eine Übernachtungsmöglichkeit. **Zur Strada alta:** www.stradaalta.ch.

Giornico ▸ E 4

In der untersten Talstufe der Leventina liegt Giornico. Tessiner Steinhäuser haben hier endgültig das sogenannte Gotthard-Haus, einen Holz-Stein-Bau, der oberen Dörfer verdrängt. In Giornico besiegten am 28. Dezember 1478 nur wenige hundert Eidgenossen die etwa 10 000 Mann des Mailänder Herzogs Sforza. Dennoch blieb die Leventina kirchlich Mailand zugeordnet und war eines der Zentren der Tre Valli, der drei ambrosianischen Täler. Zwei **romanische Steinbogenbrücken** aus dem 11. Jh. überspannen in Giornico den Ticino. Das Tessin ist berühmt für seine **romanischen Kirchen,** aber vor allem in der Leventina ragen allenthalben Campanile aus rohem Mauerwerk mit eleganten Bogenfenstern über die Dächer der Dörfer. In Giornico ist das gesamte Ensemble wunderschön erhalten geblieben. Das Dorf wird wegen dieser Kunstschätze hauptsächlich von Tagesgästen besucht. Man findet einige hübsche **Grotti**, jedoch kein Hotel.

San Nicolao !

Rivascia
Die Kirche San Nicolao gilt als der bedeutendste romanische Bau von Giornico und sogar des Tessins. Sie wurde im frühen 12. Jh. errichtet, gehörte zu einem im 15. Jh. aufgelösten Benediktinerkloster und ist bis heute nahezu unverändert erhalten. Der streng lombardische Stil der Kirche zeigt sich im ausgewogenen Raum und in sorgfältig konstruierten Wänden. Die Holzdecke stammt von 1575.

In der hohen Apsis gefallen besonders die schönen spätmittelalterlichen Fresken, geschaffen von **Nicolao da Seregno**. Das bezeugt eine Inschrift in winzigen gotischen Buchstaben oberhalb des Fensters, sie gibt die Jahreszahl 1478 und den Autor der Fresken »nicola seregnio de lug. pinsit« an. Die Fragmente an der Nordwand stellen das Letzte Abendmahl, den heiligen Christophorus und zwei Heiligenfiguren dar. An der Altarfront sind die Geburt Jesu, auf der linken Seite des Presbyteriums ein Bischof, rechts die Muttergottes mit Kind und musizierende Engel verbildlicht. In der Apsis ist ein Christus auf blauem Grund zu sehen, mit den Symbolen der Evangelisten. Darunter stehen auf einem roten Pflaster der Bischof San Gottardo und die Heiligen Viktor und Petrus sowie der hl. Nikolaus. Die dreischiffige Krypta ist ebenfalls sehenswert. Der Taufstein wurde zeitweise auch als Dorfbrunnen genutzt.

Neben San Nicolao steht die Pfarrkirche **San Michele,** ebenfalls romanisch, allerdings später dann mehrfach umgestaltet. Überragt werden beide Gotteshäuser von der Kirche **Santa Maria del Castello**. Sie gehörte ursprünglich zu einer Burg, die die Urner bei ihrer südlichen Expansion im Jahr 1518 zerstörten. Die im 12. Jh. erbaute Kirche besitzt eine bemalte Kassettendecke, außerdem sind Fresken aus dem 15. Jh. erhalten.

Museo di Leventina

www.museodileventina.ch, Tel. 091 864 25 22

Glanzlicht romanischer Baukunst im Tessin: San Nicolao birgt eindrucksvolle Bauplastik

In der **Casa Stanga** aus dem 16. Jh., ursprünglich als Herberge gebaut, befindet sich heute das Museo della Valle Leventina. Die Fassade zeigt 50 Wappen von illustren Persönlichkeiten, die hier, auf dem Weg zum Gotthard oder vom Pass kommend, abgestiegen sind. Die Sammlung des Museums umfasst Geräte von Bauern und Älplern sowie Holzformen für Süßgebäck und eine Stube mit Kachelofen.

Museo La Congiunta

Tel. 091 864 22 15, www.lacongiunta.ch, tgl., Schlüssel im Restaurant Giornico an der Durchfahrtsstraße

Im Norden des Dorfes, zwischen dem Ticino und der Bahnlinie, befindet sich das Museum. Der moderne fensterlose Betonbau von Peter Märkli gewann 1995 den **Architekturpreis** »Neues Bauen in den Alpen«. Ausgestellt werden Reliefs und Skulpturen des Züricher Bildhauers Hans Josephsohn.

Essen & Trinken

Keine Bahnhofskneipe – **Ristorante alla Stazione:** in Lavorgo, auf halbem Weg zwischen Faido und Giornico, am Bahnhof, Tel. 091 865 14 08, Di–So. Schlicht-elegant und mit Antiquitäten ausgestattet, hat mit einer Bahnhofswirtschaft nichts zu tun! Monica und Ermanno Crosetti sind berühmt für ihre Küche. Auch Bellinzoneser, die sich das 5-Gänge-Menü (für 95 CHF) schmecken lassen, sieht man hier.

Inselgrotto – **Grotto dei due Ponti:** www.grotto2ponti.ch, Mai–Okt. 11–14.30 und 17–24 Uhr, Mi–Mo. Auf der kleinen Insel im Ticino unterhalb der Kirchen liegt das idyllische Grotto, das über die Bogenbrücken erreicht wird. Die Einrichtung präsentiert sich in modernem Stil, die Küche ist gehoben. Für *crudo nostrano* (einheimischer roher Schinken) bezahlt man 18 CHF.

Ufergrotto – **Grotto dei Pescatori:** Tel. 091 864 19 91, Di–So. Kurz hinter dem Ort, Richtung Norden, versteckt sich dieses hübsche Grotto direkt am Ufer des Ticino. Geräucherte Forelle bekommt man für 16 CHF.

Kirchengrotto – **Grotto Pergola:** bei der Kirche San Nicolao, Tel. 091 864 14 22, www.grottopergola.ch, Di–So. In einem schattigen Garten liegt das alte Grotto, umgeben von Rebhängen, serviert wird lombardisch-Tessiner Küche wie Minestrone (8 CHF) und Alpkäse zu günstigen Preisen.

Einkaufen

Pferdemetzgerei – **Macelleria Donato Mattioli:** Lavorgo, oberhalb der Durchfahrtstraße, Tel. 091 865 11 44, Di–Sa 8–12 und 14–18 Uhr. Dorfmetzgerei mit Spezialitäten. So etwa getrocknetes Pferdefleisch, aber auch für weniger Experimentierfreudige kleine Salami von Hirsch, Rind, aber auch von Wildschwein und Gämse.

Gotthard-Basistunnel – Schaustelle ! ▶ E 4

Infocentro Gottardo Sud SA, Pollegio, Info-Tel. 091 873 05 50, Buchungen Tel. 091 873 05 51, info@infocentro.ch, www.alptransit.ch. Ausstellung Di–So 9–18 Uhr, Eintritt frei, Baustellenführungen Di–Fr 9.30 Uhr, Dauer ca. 3 Std., 12 CHF, erm. 6 CHF, nur mit Reservierung!

Nachdem sich ein regelrechter Baustellentourismus am Gotthard-Basistunnel entwickelt hatte, wurde das Besucherzentrum in **Pollegio** gebaut (s. auch S. 97). Dafür wurde Ausbruchmaterial aus dem Tunnel verwendet. Die Ausstellung zeigt multimedial den Tunnelbau, die neue Gotthardbahn und Themen rund um die Mobilität. Von Dienstag bis Sonntag können jeweils zwei Gruppen zu maximal 24 Personen in das Innere des Gotthardmassivs zur Multifunktionsstelle fahren. Nach der Projektpräsentation im Besucherzentrum Pollegio fährt man auf die Baustelle Faido zu einem didaktischen Parcours.

Den Gedanken, einen Gotthard-Basistunnel zu bauen, gab es schon seit 1947. Anstich für den nun in Bau befindlichen Tunnel war am 4. November 1999. Der Eisenbahntunnel wird mit 57 km der längste Eisenbahntunnel der Welt sein. Mit allen Quer- und Verbindungsstollen werden insgesamt 153,5 km Tunnelstrecke ausgebaut. Es gibt zwei einspurige Tunnelröhren, die rund 40 m auseinanderliegen und etwa alle 325 m durch Querstollen verbunden sind. Zehn Jahre nach dem Anstich wurden beide Röhren durchbrochen.

Biasca ▸ F 4

Biasca liegt im Zentrum der Täler Leventina, Blenio und Riviera. Hier fließen Ticino und Brenno zusammen, und hier kreuzen sich auch die Gotthard- und die Lukmanier-Route. Im Jahr 1512 erschütterte ein gewaltiges Getöse die Talschaft, die **Buzza di Biasca:** Ein gigantischer Felssturz begrub Biasca unter sich, das Wasser des Brenno staute sich zu einem gewaltigen See auf, der nach einiger Zeit den künstlichen Damm erneut niederriss und die gesamte Ebene bis Bellinzona überflutete. Besonders gut sind die Reste dieses historischen Felssturzes zu sehen, wenn man sich vom Valle di Blenio nähert. Seltsam öde ist der Landstrich bis heute, kaum mehr als eine Kiesgrube.

Die wirtschaftliche Bedeutung der Stadt mit ihren 6000 Einwohnern zeigt sich bei einem Blick in die Umgebung: Allenthalben sieht man große **Steinbrüche** rund um die Stadt.

SS. Pietro e Paolo

Salita alle Chiese

Über einen steilen Treppenaufstieg erreicht man die über dem Ort thronende Stiftskirche SS. Pietro e Paolo. Den Schlüssel für die Kirche erhält man in dem Haus beim letzten Treppenaufschwung. Im Innern überrascht die einstige Mutterkirche der drei Täler mit vielfältigen **Wandmalereien** aus mehreren Jahrhunderten, von spätromanischen Fresken im Kreuzgewölbe über Malereien aus der Renaissance in der Apsis und im Chor bis zu einem zwölfteiligen Bilderzyklus an der Südwand über das Leben des hl. Karl Borromäus.

Von der Terrasse des Friedhofs aus hat man einen schönen Blick über Biasca. Gut lässt sich seine Schlüsselposition am Kreuzungspunkt der beiden Passrouten erkennen. Links hinauf geht es zum Gotthard, rechts zum Lukmanier. Unterhalb der Stiftskirche steht die neoromanische Pfarrkirche **San Carlo**. Der etwas protzige Bau entstand Anfang des 20. Jh. auf dem Grundriss eines griechischen Kreuzes.

Via Crucis

Hinter der Kirche SS. Pietro e Paolo führt die Via Crucis bergauf; der Kreuzweg wurde ganz modern restauriert. Vorbei an Mosaiken gelangt man schließlich zur Kapelle **Santa Petronilla,** einem lauschigen Plätzchen, 1638 von den Einwohnern Biascas als Dank zur Befreiung von der Pest gestiftet.

Der Bach **Ri della Froda** tost hier in drei Wasserfällen herunter und wirbelt blau in Gumpen – von Strudeln ausgewaschene ›Badewannen‹ im Fels –, um alsbald noch weiter zu Tal zu stürzen, unter einer mittelalterlichen **Bogenbrücke** hindurch, hinunter in die Talebene von Biasca.

Galerie Casa Cavalier Pellanda

An der Piazza Centrale von Biasca steht die Casa Cavalier Pellanda, ein Herrschaftshaus, im Jahre 1586 erbaut. Es beherbergt heute Galerieräume und ist nur während temporärer Ausstellungen oder bei Konzerten geöffnet (Tel. 091 862 30 31).

Übernachten

Standard – **Al Giardinetto:** Via A. Pini 21, Tel. 091 862 1771, www.algiardinetto.ch, DZ 158–188 CHF. Bestes Hotel der Stadt, familiär geführt, Frühstück im Garten, mit Restaurant.

Essen & Trinken

Grottoparadies – **Via ai Grotti:** Ortsende Richtung Lukmanierpass, ausgeschildert. Es gibt insgesamt rund 150 Grotti in der Via ai Grotti, aber fast alle sind privat; vier sind als Grotto geöffnet, jeweils im Sommer ab nachmittags (s. Lieblingsort S. 108).
Grotto Petronilla: Via ai Grotti 36 a, Tel. 091 862 39 29, das neueste Grotto.
Grotto Pini: Via ai Grotti 34, Tel. 091 862 12 21.
Grotto Del Mulo: Via ai Grotti 38, Tel. 076 490 74 70, ganzjährig.
Grotto Lino: Via ai Grotti 40, Tel. 091 862 45 47, Mai–Okt.
Szenetreff – **Bar Gambrinus:** Piazza Centrale 2, Tel. 091 862 24 54. Rot-schwarze Einrichtung, ein kleiner Platz davor – das Feierabendbier oder der Spritz werden hier getrunken.

Aktiv

Biketouren – **Autolinee Bleniesi**: Tel. 091 862 31 72, www.autolinee.ch; auch Bike-Verleih. Ab Biasca transportieren alle Linienbusse Mountainbikes bis zum Lukmanierpass, danach kann man 43 km nach Biasca abfahren.

Mein Tipp

Weit wandern

Biasca bildet eine Etappe des schönen Wanderwegs **Trekking 700** (www.wandersite.ch/Trekking700.html). 1991, zur 700-Jahr-Feier der Eidgenossenschaft, wurde dieser insgesamt 130 km lange Weg durchmarkiert. Er führt von Misox bis ins Pomat, also von Graubünden bis ins italienische Val Formazza. Die Tagesetappen sind für geübte Bergwanderer gedacht. Übernachtet wird meist auf Hütten, im Tal auch in Pensionen. Man quert praktisch das gesamte Tessin, in stetem Auf und Ab. Insgesamt werden dabei 10 500 Höhenmeter bewältigt. **Biasca** erreicht man in Ost-West-Richtung. Letzte Übernachtungsmöglichkeit vor Biasca ist die **Capanna Cava**. Der Weg führt nach Biasca auf die **Cima Efra**; übernachtet wird in der gleichnamigen Hütte (Infos über **Alpenverein SAC:** Monbijoustr. 61, 3000 Bern 23, Tel. 0313 70 18 18, www.sac-cas.ch).

Infos

Biasca Turismo: Contrada Cavalier Pellanda 4, Tel. 091 862 33 27, www.biascaturismo.ch, Mo–Fr 8.30–12, 14–18, Mai–Okt. Sa 8.30–11.30 Uhr.

Verkehr

Bahn: Nahverkehrszüge der Gotthard-Strecke halten in Biasca.
Bus: Häufige Verbindungen ins Valle di Blenio.

Lieblingsort

O Grotto mio ▶ F 4

Den Abend im Grotto zu verbringen ist Volkssport im Tessin – ich beteilige mich da gerne. Nur sind die kleinen Lokale gar so schnell ziemlich voll! Deshalb gehe ich in die **Via ai Grotti** in Biasca: Wenn bei Lino kein Platz mehr ist, versuche ich es bei Petronilla, oder gehe zu Pini, oder ins Del Mulo. Und dann wieder von vorne ... (s. S. 84)

LINO
815

Valle di Blenio

Das Valle di Blenio schlängelt sich vom Lukmanierpass herab. Durch seinen weiten, nach Süden geöffneten Talboden wirkt es deutlich weniger düster als andere Tessiner Gebirgstäler. Deshalb wird es auch **Valle del Sole,** Sonnental, genannt. Hier steht eine der berühmtesten romanischen Kirchen des Kantons: **San Carlo in Negrentino.** Außerdem ist das Tal ein beliebtes **Wandergebiet.** Der Brenno durchfließt das Valle di Blenio vom Lukmanierpass nach Biasca, dort mündet er in den Ticino. Über dem Pass erhebt das **Rheinwaldhorn** (Adula), mit 3402 m der höchste Berg des Tessins, seinen imposanten Schneegipfel. Die Lukmanierpasshöhe leitet ihren Namen von *lucus magnus*, großer Wald, ab. Vom großen Wald ist in dieser Höhe allerdings nichts mehr zu sehen, wenngleich es ihn zu Zeiten der Römer gegeben haben mag. Dass Römer über diesen Pass zogen, davon zeugen noch lateinisch anmutende Ortsnamen wie Aquila und Ponto Valentino. Im oberen Talabschnitt überziehen das breiter werdende Hochtal Arvenwald-Bestände, hartholzige Zirbelkiefern. Es sind die größten Bestände des Tessins.

Infobox

Reisekarte: ▶ F 2/3

Touristeninformation

Ente Turistico Valle di Blenio: 6718 Olivone, Tel. 091 872 14 87, www.blenio.com, info@bleniotourismo.ch. Mo–Fr 8.30–12 u. 13.30–17.30, Juli– Okt. Mo–Fr 8.30–12.30 u. 14–18, Juli u. Aug. auch Sa 8.30–12.30 u. 14–17 Uhr.

Campra ▶ F 2

Der weite Talboden unterhalb des Lukmanierpasses eignet sich hervorragend zum Wintersport. In Campra etwa befindet sich ein weitläufiges **Skilanglaufgebiet,** dort werden internationale Wettbewerbe ausgetragen. Im Sommer ist Campra ein nur wenig anstrengendes, eher gemütliches **Wanderrevier.**

Übernachten, Essen

Hüttenambiente – **Ristorante und Albergo Centro Ski Nordico Campra:** Via Lucomagno (an der Passstraße), Tel. 091 872 17 10, www.campra.ch, tgl. geöffnet. Sympathisches Berghütten ambiente mit preiswerten Gerichten.

Ausgezeichnet – **Ökologisches Zentrum Acquacalda:** Centro Pro Natura Lucomagno, Olivone, Tel. 091 872 26 10 od. 076 340 42 40, www.pronatura-lucomagno.ch. Im Hochtal, wenige Kilometer hinter der Lukmanierpasshöhe, bietet das Centro Uomo Natura Ökologie-Kurse an; auch gute Wandertipps und -karten. Das Haus erhielt für die Ausstattung schon 1994 den Schweizer Solarpreis.

Rustico – **www.rustici.ch:** Eine große Auswahl an Rustici im Bleniotal, die für die Ferien vermietet werden, finden sich auf dieser Website.

Olivone ▶ F 2

Weithin sichtbar wird Olivone dominiert von dem pyramidenförmigen **Sosto** (2221 m). Vom Pass herunterkommend die erste größere Ansiedlung liegt Olivone am Zusammenfluss

In Dangio gab es Anfang des letzten Jahrhunderts sogar eine Schokoladenfabrik

der beiden Brenno-Arme und wirkt sehr beschaulich inmitten vieler Obstwiesen.

Neben wenigen Höfen finden sich hier einige Villen, kleine Stadtpaläste, wie man sie im ganzen Valle di Blenio immer wieder sehen kann. Allerdings stammt der relative Reichtum weniger von den Einnahmen aufgrund des Passes. Es sind vielmehr die ersten Zweitwohnungen dieser Region: Heimkehrer haben sich hier ihre Villen gebaut.

Übernachten

Historisch nächtigen – **Olivone e Posta:** Via Lucomagno, Tel. 091 872 13 66 oder -67, www.hotel-olivone.ch, DZ 140 CHF. In dem Hotel stiegen schon die Postkutschenreisende ab.

Familiär – **Arcobaleno:** Olivone, Tel. 091 872 13 62, www.albergo-arcobaleno.ch, DZ/F 140 CHF. Hübsch renoviertes Haus am Fuße des Lukmanierpasses.

Bezaubernd – **Casa Lucomagno:** Olivone, Tel. 091 872 16 03, www.casalucomagno.ch, DZ 120 CHF. Ehemalige Sommerresidenz aus dem 19. Jh., Gästezimmer und Ferienwohnungen, sorgfältig renoviert und original möbliert, Dusche/WC auf dem Gang.

Essen & Trinken

Rustikal, dennoch modern – **Osteria Centrale:** Via alla Chiesa, Tel. 091 872 11 07, www.osteriacentraleolivone.ch, Sept.–Juli Mi, Do geschl., Juli–Aug. tgl. geöffnet. Es gibt auch einige Zimmer zum Übernachten, DZ 90–110 CHF. Ein modernes, gemütliches Restaurant mit preiswerten, lokalen Produkten. Außerdem werden hier auch Lesungen veranstaltet.

Einkaufen

Bio-Käse – **Käserei Töira:** Olivone, kurz vor der Abzweigung zum Lukmanier-

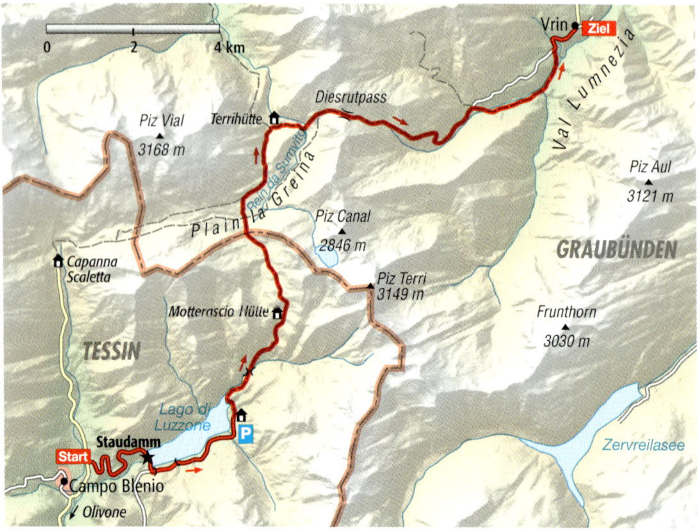

Wanderung über die Greina

pass, Tel. 091 872 11 06, www.caseificiotoira.ch, Mo geschl. Hier kann man auch bei der Produktion zusehen.

Aktiv

Klettern – **Sportkletterroute:** Am Staudamm Luzzone wurde eine Sportkletterroute eingerichtet. Für diese welthöchste, künstliche Kletterwand sind in der 165 m hohen Staumauer mehr als 650 Kunstgriffe und Haken eingebohrt worden. Fünf Seillängen bis zum Schwierigkeitsgrad 7–. Die Route wurde im Jahr 1999 von Tessiner Bergführern konzipiert und ist sehr gut abgesichert. Die Gebühr beträgt 20 CHF (plus Sicherheitshinterlegung von 100 CHF). Den Schlüssel für die Einstiegsleiter erhält man im Restaurant Luzzone (Tel. 091 872 13 55, links oben an der Mauer). Weitere Infos im Kletterführer »Plaisir Süd« von Jürg von Känel, Verlag Filidor, 2011.

Wanderung über die Greina ▶ F 1

Strecke: 28 km; Dauer: 2 Tage; 1650 Höhenmeter; Start: Campo Blenio
Olivone bzw. Campo Blenio ist Ausgangspunkt für eine herrliche Zwei-Tages-Wanderung über die weite Hochebene der Greina. Sie liegt auf ca. 2200 m, misst 30 km^2 und verbindet das Tessin mit Graubünden. Anfangs- und Endpunkt der Tour sind mit öffentlichen Verkehrsmitteln zu erreichen (s. u.).

Von Campo Blenio steigt man in ca. 75 Min. zum Stausee **Luzzone** auf, von dort weiter in 3 Std. auf die Hochebene der **Greina**, wo man auf 2172 m in der modern umgebauten **Motterascio-Hütte** (Tel. 091 872 16 22, www.capannamotterascio.ch/capanna.php?l=t, Hüttenwart 15. Juni–15. Okt.) übernachten kann. Mit Plänen aus den 1950er-Jahren sollte die Hochebene in den 1980ern zur Energiegewinnung genutzt werden. Dort, wo der **Rein da Sumvitg** in wilden Wasserfallsprüngen ins Tal strömt, sollte sich eine weitere Betonmauer durch die Schweizer Alpen ziehen. Doch Naturschützer konnten sich 1986 gegen Stromkonzerne durchsetzen, die Greina wurde im Schweizer Inventar der zu erhaltenden Landschaften als »ausgedehntes, von der Zivilisation unberührtes, weites Hochtal« verzeichnet.

Von der Hochebene wandert man in 45 Min. weiter zur **Terri-Hütte** (2100 m, Tel. 081 943 12 05, www.terrihuette.ch, Hüttenwirtin Doris Trummer erteilt Auskünfte zur Wanderung), wo man mittagessen oder übernachten kann. Von dort geht es dann in 2 Std. zum **Diesrutpass** (2428 m) bzw. über diesen hinweg in ca. 3,5 Std. hinab ins **Val Lumnezia** nach **Vrin**.

So hinreißend die Wanderung ist: Greina bedeutet ›dichter Nebel, der die Berge verhüllt‹ – wer sich also bei solch einem Wetter auf die Hochebene wagt, braucht einen Kompass und guten Orientierungssinn. Ansonsten ist die Tour nicht schwierig – eine entsprechende Ausrüstung allerdings unverzichtbar.

Infos

Ustria Tgamanada: Vrin-San Giusep, Tel. 081 931 17 43, www.vrin.ch.

Verkehr

Bahn/Bus: Von Olivone mit dem Postbus bis nach Campo Blenio (Beginn der Tour). Von Vrin (Ende der Tour) im Val Lumnezia fahren Busse nach Ilanz zum Bahnhof. Von dort fährt man mit dem Zug zurück nach Biasca bzw. weiter mit dem Bus nach Olivone. Oder man fährt mit dem Bus über den Lukmanierpass zurück (ca. 6 Std.).

Von Olivone nach Lottigna

Das Blenio-Tal war besonders stark von Auswanderungswellen betroffen (s. S. 60). Die ersten gab es bereits im 16. Jh., als der Lukmanier nur noch wenig befahren wurde, da der Gotthardpass an Bedeutung zunahm. Die Bewohner des Valle di Blenio zogen u. a. nach Spanien, wo durch die südamerikanischen Kolonien die Schokolade schon bekannt war. Die Tessiner erlernten das Handwerk des *cioccolattiere* und Zuckerbäckers. Sie machten ihre Sache gut und kehrten wohlhabend nach Hause zurück – ein Glück, das allerdings allzu oft nur von kurzer Dauer war.

Das granitene Haus mit dem granitenen Dach – es genügte den Ansprüchen nicht mehr. Man baute fortan stattliche Häuser, und in **Dangio** eine **Schokoladenfabrik,** Cima Norma. Von diesen Zeiten zeugt nicht zuletzt die *preda* im Museum in Lottigna: ein gebogener Stein, geriffelt wie ein Waschbrett, darauf wurden die Kakaobohnen zerstoßen und zermahlen. Der Betrieb der Schokoladenfabrik wurde allerdings vor Jahrzehnten eingestellt. Ab und zu werden heute in der Schokoladenfabrik Cima Norma in Dangio-Torre Ausstellungen gezeigt (dann So 14–19 Uhr oder nach Absprache, Tel. 0795 18 99 79). In Dangio beginnt eine beliebte Wanderstrecke zu den Adula-Hütten (s. Entdeckungstour S. 114).

Wie Dangio liegt auch die Ortschaft **Torre** heute etwas neben der Durchgangsstraße. Im Hochmittelalter war das Dorf Schauplatz einer wichtigen politischen Kundgebung der damaligen Talbewohner: Beim **Schwur von Torre** erklärten sie im Jahre 1182, keine Burgen von Fremdherrschern mehr zu dulden: eine erste eidgenössische Allianz.

Auf Entdeckungstour: Adula und Alpenveilchen – eine Wanderung

Ein Nationalpark ist gut für die touristische Werbung, die Natur bleibt erhalten, seltene Tiere siedeln sich an und man kann sich rühmen, den Enkeln ein Stück schöne Welt erhalten zu haben. Aber bis heute gibt es in der ganzen Schweiz nur einen einzigen Nationalpark. Seit einiger Zeit ist jedoch ein neuer in der Planungsphase, der Nationalpark Parc Adula, ein beliebtes Wandergebiet.

Reisekarte: ▶ F/G 2

Zeit: Man sollte eineinhalb Tage einplanen, um einmal auf einer der Hütten zu übernachten.

Planung: Die Adula-Hütten sind ganzjährig geöffnet, die Hüttenwirte sind aber nur von etwa Mai–Okt. dort.

Infos: www.capannaadula.ch, www.utoe.ch

Adula, zu Deutsch Rheinwaldhorn, bezeichnet einen Gebirgsstock und benennt zugleich den mit 3402 m höchsten Berg des Tessins. Das Gebiet umfasst romanisch-, deutsch- und italienischsprachige Gemeinden. Wird die Schweiz dort einen zweiten Nationalpark ausrufen?

Der Yellowstone-Nationalpark in den Vereinigten Staaten von Amerika, 1872 gegründet, war der erste Nationalpark weltweit. Die Schweiz mit ihrer grandiosen Natur verfügt nur über einen einzigen, den Schweizerischen Nationalpark im Engadin. Der wurde im Jahr 1914 gegründet. Immer wieder gab es Ansätze für Nationalparks. Das Problem ist meist dasselbe: Im Prinzip findet jeder einen Nationalpark toll, jedoch nicht, wenn er vor der eigenen Haustüre entstehen soll.

Das Projekt Parc Adula soll bis zum Jahr 2017 realisiert werden. Das Gebiet ist Grenzgebiet zu Graubünden – und atemberaubend schön. Um das zu erfahren, muss man kein Bergsteiger sein, Wanderer können dem hohen Berg ebenfalls nahekommen, auch wenn das Rheinwaldhorn selbst nur über Gletscher erreicht werden kann.

Weiden werden wieder Wald

Der Aufstieg beginnt in **Dangio** (nicht zu verwechseln mit Dongio!), auf halber Strecke zwischen Acquarossa und Olivone. Gleich zu Beginn sehr steil zieht sich der Steig stetig bergauf, immer Richtung Osten. Durch das Val Soja bis zur Hütte **Adula CAS** geht man durch schattigen Wald. Das war nicht immer so. Die Anwohner früherer Zeiten brauchten Bau- und Feuerholz, vor allem aber rodeten sie für Viehweiden. Erst in den letzten hundert Jahren konnte sich der Wald wieder regenerieren, eroberte Maiensässen und bewirtschaftete Terrassen für sich zurück.

Es blüht auf dem Adula

Wanderführer Willy Gianella kennt hier jedes Pflänzchen. Mal zeigt er auf großen, vielblütrigen blauen Enzian, und auch auf ganz kleinen, fliederfarbenen, dann wieder auf den Gelben, aus dem der Schnaps gewonnen wird. Wilde Alpenveilchen wachsen im Laub. Gelber und blauer Eisenhut stehen in Blüte, immer gut zu sehen – weil sogar die Kühe drumherum fressen, denn die Blume ist äußerst giftig!

Drei Stunden schraubt sich der Weg nun steil und stetig hinauf, insgesamt sind immerhin 1200 Höhenmeter zu überwinden.

Jagd im Park?

Im Dorf **Soj** frühstücken Männer in Jägeroliv. Sie haben eine Lizenz für Hirsch und Murmeltiere, aber heute weder das eine noch das andere aufgespürt. Dürfte im zukünftigen Nationalpark noch gejagt werden? So fragen Anwohner. – Natürlich darf gejagt werden, denn der Wildbestand muss kontrolliert werden. Selbstverständlich wird es weiterhin

Hüttenwirt Laurent war einst Profi-Basketballer

Quoten für Abschüsse geben. Helikopterflüge werden allerdings stark eingeschränkt, ebenso das Beweiden mit Ziegen.

Die Hütten

Schließlich leuchtet in der Sonne die Hauswand der unteren **Adula-Hütte**. Der Wirt Laurent ist ein wilder Typ, groß, grau gefleckter Bart, lange Haare, eine zipflig bunte Stoffmütze (s. Abb. S. 115). Er kommt ursprünglich aus Lugano, war einst Profi-Basketballer, dann jobbte er in einer Bank. Doch schließlich entschied er sich für ein ganz anderes Leben. Heute begeistert ihn die Terrasse der Hütte, von der man einen weiten Teil des Gebietes überblickt, das zum Parc Adula gehören könnte. »Keinerlei Lichtverschmutzung gibt es hier«, schwärmt er, »die Abende sind so schön!«

Es gibt noch eine Adula-Hütte, **Adula UTOE,** eine halbe Stunde weiter oben, da übernachten Bergsteiger, die auf den Gipfel wollen. Der Aufstieg erfolgt durch eine karger werdende Bergflanke. Die Wanderer begrüßt ein junger Mann, der überhaupt nicht aussieht wie ein Schweizer. Er heißt Jangbu Sherpa und kommt aus Nepal. Schon den dritten Sommer verbringt er im Tessin. Zuhause in Kathmandu arbeitet er als Wanderführer. Hier ist er wohl weit und breit der einzige Nepalesi? »Aber nein«, lacht er, fast auf jeder Tessiner Hütte arbeite einer aus Nepal. An freien Tagen würden sie sich gegenseitig besuchen. Die Wanderer genießen abends die Abgeschiedenheit und Ruhe der Berghütte, Jangbu Sherpa aber verzieht sich mit dem Handy und spricht in seiner Heimatsprache mit den Kollegen ein paar Berge weiter.

Anders zurück

Am nächsten Morgen hüllt sich der Adula in dicke Wolken, dazu regnet es – absolut kein Gipfelwetter. Der Bergführer rät dringend davon ab, weiterzugehen, also steigen wir ab. Der Weg zurück führt zunächst wieder bis zur unteren Adula-Hütte, dann jedoch nicht steil hinunter nach Dangio, sondern knieschonend in einem weiten Bogen zum **Luzzone-Stausee**. Von dort geht es mit dem Bus zurück zum Ausgangspunkt nach Dangio.

Lottigna ▸ F 3

Die **Casa dei Landvogti**, auch **Palazzo del Pretorio** genannt, bezeugt, dass Lottigna einst Hauptort des Tals war. Am ehemaligen Vogtei- und Gerichtsgebäude, das etwa im Jahre 1500 erbaut wurde, ist die Fassade mit den leider etwas verblassten Wappen der ehemaligen Landvögte des Blenio-Tals bemalt. An der Außenwand hängt eine Eisenkette, eine Art Pranger, die von harten Zeiten und Strafen zeugt. Heute zeigt das **Museo di Blenio** (www.museodiblenio.vallediblenio.ch, Tel. 091 871 19 77, Ostern–Ende Okt. Di–So 14–17.30 Uhr) in der Casa dei Landvogti über drei Stockwerke verteilt bäuerliche, handwerkliche und kirchliche Relikte des Tallebens.

Acquarossa ▸ F 3

Ein Stück weiter talabwärts liegt Acquarossa, seit 2004 auch der Name einiger fusionierter Gemeinden: eben der Kurort Acquarossa, Castro, Corzoneso, Dongio, Largario, Leontica, Lottigna, Marolta, Ponto Valentino und Prugiasco. Die **Thermen** von Acquarossa, benannt nach der rostroten Farbe des eisenhaltigen Wassers, wurden im späten 19. Jh. von einem Emigranten errichtet, sind aber seit 1971 nicht mehr in Betrieb. Die schöne Anlage, von einem reizvollen Park umgeben, ist in Privatbesitz und kann nicht besichtigt werden. Es wurden verschiedene Anläufe zur Renovierung unternommen. Das neueste Projekt umfasst nun ein Luxus-Kinderhotel-Resort mit 140 Familien-Appartements. Geführt werden soll es von der österreichischen Gruppe Family Resorts. Ein Thermalbad wird das Acquarossa Terme Family Grand Hotel Resort nicht mehr sein. Informationen über den Fortgang der Bauarbeiten erhält man unter www.acquarossaterme.com.

Prugiasco ▸ F 3

Wenngleich die Hauptstraße durch das Tal heute auf der orografisch linken Seite verläuft, sollte man einen Abstecher auf die andere Talseite machen. Auf sonnigen Matten liegen die Weiler Ponto Valentino, Leontica und Prugiasco. In Prugiasco steht auf einer Alpe hoch über dem Ort, die berühmteste Kirche des Tessins, **San Carlo in Negrentino.** Da die Kirche für ältere Menschen oder Gehbehinderte kaum zu erreichen war, erleichtert heute eine elegante moderne Fußgängerbrücke den Zugang zur Kirche. Die **Passarella** beginnt unterhalb eines großen Parkplatzes bei Leontica.

San Carlo in Negrentino ▸ F 3

Die Kirche (s. Lieblingsort S. 118) entstand im 11. Jh. und war ursprünglich Sant'Ambrogio geweiht, dem Bischof aus Mailand, der die südlichen Alpentäler christianisierte. Später wurde sie seinem Nachfolger auf dem kirchlichen Herrscherstuhl in Mailand, dem 1610 heiliggesprochenen Carlo Borromeo, gewidmet. Der einschiffige Bau wurde nach ein oder zwei Jahrhunderten erweitert, wobei er eine zweite Apsis erhielt, die das äußere Erscheinungsbild der Kirche so markant macht. Bei Kunsthistorikern berühmt ist sie wegen der reichen, farbenprächtigen **Fresken** im Innern. Der Maler der frühen Fresken ist nicht bekannt, die späteren stammen vermutlich von Antonio da Tradate (1455–1526). Er schuf an der den Apsiden gegenüberliegenden Wand den hl. Ambrosius zu Pferde.

Lieblingsort

Einsam und schön ▶ F 3

Schon die Lage des Kirchleins **San Carlo in Negrentino**, fern von jedem Dorf, ist wunderschön. Als Antonio da Tradate im frühen 16. Jh. die Kirchenwände ausmalte, konnten die wenigsten der Gläubigen lesen, und so schuf ihnen der Maler ein Bilderbuch an Geschichten, in die ich mich immer wieder versenke. So die Szenen aus dem Leben Marias oder des hl. Ambrosius zu Pferde. Den Schlüssel für die Kirche – unbedingt besorgen! – bekommt man in einigen Restaurants in Leontica und Prugiasco (s. S. 117).

Bellinzona

Infobox

Reisekarte: ▶ G 6

Infos

Bellinzona Turismo: Municipio (im Palazzo Civico), Piazza Nosetto, Tel. 091 825 21 31, info@bellinzonaturismo.ch, www.bellinzonaturismo.ch, veranstaltet auch Stadtführungen.

Bellinzona ist die Hauptstadt des Kantons Tessin, das geschäftige Tor zum Süden und Hauptort in zentraler Lage. Seine mittelalterliche Befestigungsbaukunst prägt die Stadtanlage. Beim Bummeln unter Lauben erschließt sich das lombardische Ortsbild. Sehenswert für Architekturfreunde sind das modern erneuerte Castelgrande und das konservativ renovierte Teatro Sociale.

Im Jahr 2000 adelte die UNESCO die Bausubstanz, allem voran die drei mächtigen Burgen und die Stadtmauer: Bellinzona wurde aufgenommen in die Liste der Weltkulturgüter. Und da es seit einigen Jahren endlich eine Fußgängerzone gibt, kann man unbeschwert durch die verwinkelten Gassen spazieren. Die Häuser der Altstadt schmiegen sich in den engen Raum zwischen den Burghügeln von Montebello und Castelgrande, der Verkehr wird heute um den Ort herumgeleitet.

Stadtgeschichte

In der Jungsteinzeit reichte der Lago Maggiore noch weiter in den Norden, da die Magadino-Ebene noch nicht durch Schwemmmaterial aufgefüllt war. Die Römer entdeckten schnell die strategisch günstige Lage der Stadt am Fuß der Alpen: Sie bauten eine Befestigung gegen die ›Barbaren‹ aus dem Norden. An dem Engpass vereinigen sich die drei wichtigen Handelswege über die Alpen: St. Gotthard, San Bernardino und Lukmanier. Der Ort war also ideal geeignet als Bollwerk gegen Norden – oder, als er in Schweizer Hände fiel, gegen südliche Herrscher. Bis zum Beginn des 13. Jh. gehörte Bellinzona zum Herrschaftsgebiet der Bischöfe von Como. Die Stadt wurde mit einer Ringmauer befestigt, von der noch Reste zu sehen sind. Doch 1340 kassierten die Mailänder den Wachtposten an den

Alpenpässen und bauten Bellinzona zur Festung aus. Die Wehranlagen sind bis heute als Beispiel mittelalterlicher Befestigungsbaukunst erhalten. Mit der verbindenden Schutzmauer zwischen Castelgrande und Castello di Montebello entstand im 15. Jh. eine Talsperre, die die Eidgenossen abhalten sollte, südlich zu expandieren. 1500 wurde die Stadt von den Schweizern, gegen die sie so massiv befestigt worden war, erobert. Sie nannten sie Bellenz und richteten auf den Burgen – nun in Schwyz, Uri und Unterwalden umbenannt – Vogteien ein. Ab 1803 wechselte sich Bellinzona alle sechs Jahre mit Lugano und Locarno in der Rolle der Kantonshauptstadt ab. Seit 1881 ist Bellinzona alleinige Hauptstadt des Kantons. Heute leben hier rund 17700 Menschen, mit den umliegenden Pendlerorten zusammen sind es 25000.

Burgen von Bellinzona !

Die drei mächtigen Burgen Bellinzonas Montebello, Castelgrande und Castello di Sasso Corbaro riegelten das Tal ab gegen Feinde aus allen Richtungen. **Castelgrande** ist heute einfach zu erstürmen – ein Aufzug mitten im Berg bringt Besucher hinauf auf die mittelalterliche Burg. Über die alten Mauern hinweg hat man einen wunderbaren Ausblick auf die Berge und die Stadt. Das **Castello di Montebello** ist der ehemalige Sitz des Schwyzer Landvogts und beherbergt das Archäologische sowie das Städtische Museum.

Lombardische Festungsarchitektur par excellence: Castello di Montebello

Das **Castello di Sasso Corbaro** wurde 1479 innerhalb nur eines halben Jahres erbaut, da die Mailänder nach der Schlacht von Giornico befürchteten, die Stadt könne bergseitig umgangen werden.

Castelgrande 1

Den Rundgang durch Bellinzona, die Stadt der Türme, muss man ganz oben beginnen, denn eine Befestigungsanlage wie Castelgrande gibt es wohl kein zweites Mal. Das liegt zum einen an der alten Bausubstanz, aber auch daran, was bei der Restaurierung und Modernisierung in den Jahren 1982 bis 1992 daraus entstand.

1198 wurde urkundlich ein erster Turm auf dem Felsen **San Michele** erwähnt, der etwa 50 m über der Stadt liegt. Die heute erhaltenen ältesten Teile der Anlage, **Torre nera** und **Torre bianca,** stammen aus dem 13. Jh. Der Rest der weit verzweigten Festungsanlage, die von einer mächtigen Ringmauer umschlossen ist, wurde größtenteils in der zweiten Hälfte des 15. Jh. von den Mailänder Herzögen Sforza errichtet.

Blickt man von der Stadt oder von den umliegenden Hügeln aus auf die Burg, so ist die Anmutung des alten Gemäuers vollständig erhalten. Dennoch haben die umfassenden Restaurierungsarbeiten des Tessiner Architekten Aurelio Galfetti die Burg komplett verändert. Wegweisend ist der Zugang: Ein nüchterner, schlichter Betonschacht führt ins Felseninnere, der wiederum Licht durch einen Schacht im Burghof erhält. Und in die beiden Türme ließ Galfetti Metalltreppen einbauen. Die gesamte Restaurierung trägt keinerlei historisierende Züge, und so bekommen die wehrhaften, unverputzten Mauern durch die zeitgenössischen Details ein gleichwertiges Gegengewicht. Im grünen Innenhof, der über den Aufzug direkt erreichbar ist, kann man bei einer Tasse Cappuccino die alte wie neue Architektur auf sich wirken lassen. Und von der Terrasse des Schlossrestaurants hat man einen unvergleichlichen Blick über Turrita, die turmreiche Stadt. Nach zehn Jahren Pause ist die große Oper in das Castelgrande zurückgekehrt. Mitte Juli findet wieder jährlich die Open-Air-Opernwoche statt, **Castelgrande Opera Bellinzona** (www.operabellinzona.com) genannt.

Museo di Castelgrande

Tel. 091 825 81 45, www.bellinzonaturismo.ch/de/burgen/castelgrande.aspx, Nov.–März tgl. 11–16, April–Okt. tgl. 10–18 Uhr, Erw. 5 CHF, Kinder 2 CHF

Im komplett restaurierten Südflügel der Burganlage wurden gleich zwei Museen eingerichtet, das **Museo Storico Archeologico** und das **Museo Storico Artistico.** In ersterem wird die Geschichte Bellinzonas und ihrer Burgen dokumentiert, im Kunsthistorischen Museum sind u. a. die sehr sehenswerten 280 kleinen Temperabilder ausgestellt, die erst vor einigen Jahren in einer Villa im Stadtviertel Nosetto entdeckt wurden. Bei den Bildern aus der Zeit der Renaissance handelt es sich um mythologische Figuren, historische Persönlichkeiten und allegorische Darstellungen.

Stadtmauer

Im Westen des Castelgrande zieht sich die **Murata,** ein im 15. Jh. errichteter Mauerwall, bergab. Da der Arm des Lago Maggiore einstmals bis hierher reichte, konnte an der Stadtmauer, am Ufer des Ticino, sogar ein Schiffshafen betrieben werden. Im Osten verband der Schutzwall das Castelgrande mit dem Castello di Montebello und reichte von dort weiter zum Castello di Sasso Corbaro. Bei einem Bummel durch die Stadt stößt man immer wieder auf Reste dieser mächtigen Stadtmauer mit den auffälligen Schwalbenschwanz-Zinnen.

Castello di Montebello 2

www.bellinzonaturismo.ch/de/burgen/montebello.aspx

Im Gegensatz zum modernisierten Castelgrande sieht das Castello di Montebello noch immer aus wie eine richtige Ritterburg. Der ehemalige Sitz des Schwyzer Landvogts beherbergt heute ebenfalls zwei Museen: das **Museo Archeològico** (Archäologisches Museum) und das **Museo Civico** (Städtisches Museum, Tel. 091 825 13 42, März–Nov. tgl. 10–18 Uhr). Sie wurden in den 1970er-Jahren im innersten Turm eingerichtet.

Die massiven Rundtürme aber und die zinnenbekrönte Ringmauer scheinen aus den Tagen der Burgfräulein und Minnesänger unverändert in unsere Zeit hinübergerettet worden zu sein – ein perfekter Abenteuerspielplatz für Kinder. Das Burginnere wurde vor einigen Jahren in Teilen renoviert und instandgesetzt, die ehemals gefährlichen Wehrgänge sind seitdem mit sicheren Geländern versehen.

Castello di Sasso Corbaro 3

www.bellinzonaturismo.ch/de/burgen/sasso-corbaro.aspx

Die dritte Burg ist das 230 m über dem Tal thronende Castello di Sasso Corbaro. 1479 innerhalb nur eines halben Jahres wurde die streng quadratisch gegliederte Anlage errichtet, da die Mailänder nach der Schlacht von Giornico 1478 befürchteten, die Stadt könne bergseitig umgangen werden. In der Schlacht von Giornico fiel die Leventina, das Tal des Ticino von Airolo bis Biasca, endgültig den Urnern zu. Im integrierten **Museo di Castello di Sasso Corbaro** werden temporäre Ausstellungen zu verschiedenen Themen veranstaltet (Tel. 091 825 59 06, März–Nov. tgl. 10–18 Uhr). Im Innenhof des Castello wartet die **Osteria Sasso Corbaro** 6 auf die Besucher. Man sitzt auf Granitbänken und unter Weinlaub.

Altstadt

Die Altstadt ruht geradezu behaglich wie in einer Muschel zwischen zwei Burghügeln. Dort lässt es sich wunderbar über die netten Plätze bummeln und durch die Laubengänge streifen, die Bellinzona ihren lombardischen Charakter verleihen. Auf der kleinen **Piazza Collegiata** findet der umtriebige **Wochenmarkt** statt; hier stehen auch die Tische eines netten Straßencafés mit Blick auf die Kollegiatskirche **SS. Pietro e Stefano** 4 mit prächtiger Spätrenaissancefassade aus Marmor. Die Kirche gilt als einer der bedeutendsten Sakralbauten dieser Epoche im Tessin. Bemerkenswert in der Kirche ist ein großes Weihwasserbecken aus weißem Marmor, ein ehemaliger Brunnen aus dem 15. Jh. Von den Treppen am Kirchenportal hat man einen schönen Blick auf die Bauten mit ihren Rokoko-Fassaden aus dem 18. Jh. rund um den Platz.

Der **Municipio** 5, das Rathaus an der **Piazza Nosetto,** schmückt sich mit einem Türmchen und mit Lauben. Allerdings ist das gesamte Gebäude nicht so alt, wie es den Anschein geben möchte: Der Palazzo Civico wurde 1924 im Stil der Renaissance errichtet, alte Gebäudeteile aus dem 15. Jh. wurden mitverwendet.

Teatro Sociale 6

Piazza Governo 11, www.teatrosociale.ch

Bellinzona

Sehenswert

1 Castelgrande
2 Castello di Montebello
3 Castello di Sasso Corbaro
4 SS. Pietro e Stefano
5 Municipio
6 Teatro Sociale
7 San Biagio
8 Civica Galleria d'Arte
9 Santa Maria delle Grazie
10 Posta Centrale
11 Palazzo Telecom

Übernachten

1 Hotel Unione
2 Hotel Internazionale
3 Ostello Montebello

Essen & Trinken

1 Ristorante Lounge Bar Porta Ticinese
2 Trattoria Cantinin dal Gatt
3 Bar Ristorante Zanzibar
4 Locanda Orico
5 Grottino Ticinese
6 Osteria Sasso Corbaro
7 Bar 700

Einkaufen

1 BioCasa
2 Di Varese
3 Enoteca Castello
4 Resi Gourmet

Aktiv

1 Centro Sportivo
2 Bagno pubblico comunale
3 Rent a Bike AG

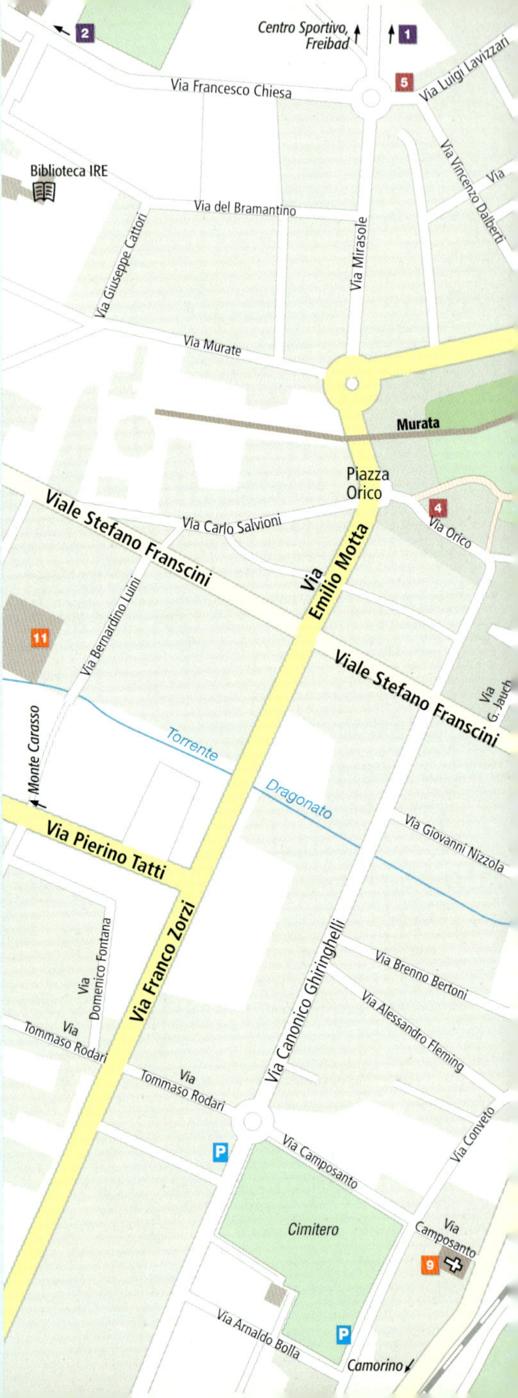

Monte Carasso

Ein kleiner Ausflug jenseits der Stadtmauern führt nach Monte Carasso zum ehemaligen Augustinerkloster. Der Architekt **Luigi Snozzi** wurde 1978 von der Gemeinde beauftragt, Pläne zu entwerfen, wie eine **Grundschule** in der mittelalterlichen Klosteranlage untergebracht werden könnte. Aus der Restaurierung des Klosters wurde eine komplette Neuorientierung des gesamten Areals. Snozzi hat hier ein regelrechtes Meisterwerk vollbracht, gut nachvollziehbar an den Schautafeln, die um die Anlage herum aufgestellt wurden und Fotos vom ursprünglichen Zustand zeigen. Das Kloster war nahezu vollkommen zugebaut und gänzlich heruntergekommen, im Hof standen Ställe und Gerümpel. Heute strahlt die Anlage, zurückgeführt auf die ursprüngliche Bauform, die nur noch zu erahnen war, in klaren Formen und reinem Weiß. Der Schulhof wurde zum neuen Ortsmittelpunkt. Unweit des Geländes hat Kollege **Mario Botta** ein mehrstöckiges **Wohnhaus** gebaut: Den Hof überspannt eine lichte Konstruktion, die stark an das Dach der Autobahnraststätte (s. S. 100) in der Leventina erinnert. Allerdings ist das Wohngebäude für den kleinen Vorort etwas überdimensioniert.

Übernachten

Ganz ordentlich – **Hotel Unione** 1: Via Generale G. Guisan 1, Tel. 091 825 55 77, www.hotel-unione.ch, DZ 220–260 CHF. Dieses Hotel ist ganz ordentlich, es liegt zentral, dafür aber auch nicht ganz ruhig.

Endlich renoviert – **Hotel Internazionale** 2: Viale stazione 35, Tel. 091 825 43 33, www.hotel-internazionale.ch, DZ ab 200 CHF. Das traditionsreiche Hotel direkt am Bahnhof ist endlich renoviert. Es hat einen kleinen, aber feinen Spa-Bereich und somit gibt es endlich in Bellinzona ein angenehmes Hotel.

Jugendherberge – **Ostello Montebello** 3: Via Nocca 4, Tel. 091 825 15 22, www.youthhostel.ch/bellinzona. Nur 10 Min. vom Bahnhof entfernt und in einem großen alten Palazzo untergebracht, wohnt man hier idyllischer als in den Stadthotels, es gibt auch Einzel- und Doppelzimmer.

Essen & Trinken

Chillen – **Ristorante Lounge Bar Porta Ticinese** 1: Via Codeborgo 12, Tel. 091 825 51 19, www.portaticinese.ch, Mo– Mi 7–20, Do 7–22, Fr 7–1, Sa 8.30–1, So 16–20 Uhr, Hauptgerichte 15 od. 16 CHF. In entspannter Atmosphäre werden kleinere Speisen und hausgemachte Gnocchi serviert.

Edel-urig – **Trattoria Cantinin dal Gatt** 2: Vicolo al Sasso 4, Tel. 091 825 27 71, www.cantinindalgatt.ch, Di–Fr 9–24, Sa 7.30–24, So 9–17 Uhr. Die steile Altstadtgasse hinauf stehen die Gäste manchmal mit dem Aperitif auf einen Platz wartend davor auf den Treppen. Es gibt mittags einen günstigen Business-Lunch.

Vegetarisch – **Bar Ristorante Zanzibar:** 3: Via Lugano 11, Tel. 091 825 96 07, Mo–Fr nur mittags. Das Lokal liegt etwas außerhalb der Altstadt, man sitzt auf einer Terrasse unter Bäumen und isst vegetarisch-indische Küche.

Kühl speisen – **Locanda Orico** 4: Via Orico 13, Tel. 091 825 15 18, www.locandaorico.ch, Di–Sa 11.30–14 und 19–24 Uhr. Edles Ambiente, an heißen Sommertagen angenehm kühl. Ein 5-Gänge-Menü (u. a. Entenleber mit 20 Jahre altem Portwein glasiert) 110 CHF.

Grotto stadtnah – **Grottino Ticinese** 5: Via Luigi Lavizzari 1, Tel. 091 826 39 64, tgl. 11.30–14 und 17.30–23 Uhr, nur im Winter So geschl. Am Stadtrand, aber zu Fuß noch gut zu erreichen, umgibt dieses alte Lokal ein kleiner Park. Dario Joppini kocht einfach, aber unglaublich lecker, beliebt sind seine Gnocchi (12 CHF) und das Vitello Tonnato (26 CHF).

Burgherrenküche – **Osteria Sasso Corbaro** 6: Castello di Sasso Corbaro, Tel. 091 825 55 32, www.osteriasassocorbaro.com, Di–So 12–14 und 19–21 Uhr. Wer den langen Weg zu der höchstgelegenen Burg Bellinzonas zu Fuß zurückgelegt hat, hat sich die Einkehr bei Athos Luzzi verdient. Im Innenhof des Schlosses sitzt man unter Weinranken und genießt Urtessiner Küche: Pasta mit Steinpilzen oder Lachs ca. 18 CHF, sog. Dezember-Menü 118 CHF.

Café

Ruhige Ecke – **Bar 700** 7: Piazzetta della Valle, Tel. 091 826 48 30. Etwas versteckt liegt diese kleine Bar, direkt beim Eingang zum Lift des Castelgrande. Hier kann man beim Plätschern eines modernen Springbrunnens seinen Cappuccino trinken.

Einkaufen

Bio – **BioCasa** 1: Piazza Nosetto 6, Tel. 091 826 29 84. Eine Mischung aus Reformhaus und Bio-Laden. Auch mit Weinen aus dem Tessin.

Schuhe – **Di Varese** 2: Piazza Collegiata 9. Die 1899 gegründete Schuhfabrik aus Varese, in Italien unweit des Lago Maggiore gelegen, fertigt sowohl ganz edles Schuhwerk als auch Schuhe für den Alltag an.

Wein – **Enoteca Castello** 3: Piazza de Sole 17, Tel. 091 825 24 02. In der reich sortierten Weinhandlung unterhalb des Castelgrande werden fast alle Tessiner Weine geführt.

Leckeres – **Resi Gourmet** 4: Viale Stazione 23. Delikatessenladen mit riesiger Käsetheke – hier findet man jeden Käse aus dem Tessin.

Aktiv

Freizeitzentrum – **Centro Sportivo** 1: Via Brunari, am Ufer des Ticino, Tel. 091 821 41 40. Mo–Fr 8–12 und 13–18 Uhr, www.csb.bellinzona.ch. Großes Schwimmbad, Eislaufhalle, Solarium und Freibad.

Freibad – **Bagno pubblico comunale** 2: Via Mirasole, Tel. 091 825 73 34, Mitte Mai bis Ende Sept. tgl. 10–18.30, Juli/Aug. bis 19.30 Uhr. Großzügige moderne Anlage, erbaut vom Architekten Aurelio Galfetti, der auch das Castelgrande renoviert hat. Diverse Sprungtürme, 5- und 10-Meter-Bretter und ein Olympia-Schwimmbecken erfreuen trainierte Schwimmer.

Fahrradverleih – **Rent a Bike AG** 3: am Bahnhof, Tel. 051 227 62 44, www.rent-a-bike.ch, tgl. 7.30–18.45 Uhr.

Weinstraße – **Le Strade del Vino:** Autoroute vom Bellinzonese in die oberen Tessiner Täler. Auf dem Weg liegen Rebberge, Weinproduzenten und Kellereien. Viele Weinberge im Tessin werden von Familienbetrieben geführt. Die vorgeschlagene Tour beginnt bei der Kellerei **La Minerva** in Camorino (▶ F/G 7), der ersten im Tessin, die biologischen Wein kelterte. Einen ausführlicher Prospekt erhält man beim Fremdenverkehrsamt, weitere Infos: **www.ticinowine.ch**. Sehr gute Website zum Thema Tessiner Weine: www.hausgemachtes.ch/tessinerweine.htm.

Spaziergänge – **www.bellinzonaturismo.ch/de/sport-und-freizeit/kulturelle-spaziergaenge.aspx:** Das Tourismusamt (s. S. 120) hat verschiedene Spazierrouten eingerichtet, besonders schön ist die Tour ›Das Herz der Stadt der Türme‹.

Mein Tipp

Samstagsmarkt
Auf der Piazza Nosetto und in den Arkadengassen von Bellinzona wird jeden Samstag ab acht Uhr Markt abgehalten. Und keinesfalls ein italienischer Ramschmarkt, sondern ein richtiger, üppiger Wochenmarkt mit Produkten aus der Umgebung. Obst und Gemüse, Wurst und Käse, vieles auch aus biologischem Anbau, Tessiner Brote, Blumen und etwas Handwerk und Kunsthandwerk. Der Markt ist allerdings nichts für Langschläfer, denn pünktlich um zwölf wird wieder abgebaut!

Infos & Termine

Verkehr

Bahn: Bellinzona liegt an der Hauptverkehrsachse über den Gotthard nach Italien, sämtliche Züge halten hier. Regelmäßige Verbindungen mit Nahverkehrszügen nach Luino, Locarno und Lugano.

Bus: Die zentrale Bushaltestelle für die innerstädtischen Busse befindet sich am Bahnhof. Fahrpläne: www.autopostale.ch.

Termine

Rabadan: www.rabadan.ch. Die Fastnacht in Bellinzona dauert eine ganze Woche (s. S. 35).

Das Beste auf einen Blick

Locarno und Ascona

Highlight!

Ascona: Sogar ein deutsches Auto wurde in den 1960er-Jahren, dem Goldenen Zeitalter Asconas, nach diesem Ort benannt. Prominente kamen damals – und kommen heute wieder. Und alle nehmen sie Platz mit Seeblick, bei einem Eis oder einem Aperitif, blicken auf den See, der ungestört und flirrend an die Uferpromenade plätschert. Mal schlägt ein neues Lokal Wellen, mal nur ein Tretboot. Mehr passiert hier nicht. Und das ist gut so. S. 150

Auf Entdeckungstour

Ginkgos und Kamelien – Locarnos Seepromenade: Raus aus den Altstadtgassen von Locarno – und zum ›Luftwandeln‹ an den See. Man geht im Schatten jahrhundertealter Bäume, blickt auf gerade entschlüpfende Kamelienblüten, und je nach Saison auf Tulpen, Rosen oder Astern. S. 140

Der dritte Weg – auf den Monte Verità: Nichts als ein schöner grüner Hügel oberhalb Asconas – und doch frühe Pilgerstätte der Pazifisten und Anarchisten, lebensreformerische Künstlerkolonie, der Nabel der Alternativbewegung in den ersten Jahrzehnten des 20. Jh. Monte Verità – ein Spaziergang und ein Erlebnis. S. 158

Kultur & Sehenswertes

Santa Madonna Assunta: 150 m über Locarno thront die Wallfahrtskirche. 1480 erschien dem Franziskanermönch Bartolomeo d'Ivrea auf dem Hügel die Muttergottes. Aus einer ersten Kapelle wurde ein ganzer Heiliger Berg, ein Sacro Monte. S. 138

Libreria della Rondine: In Asconas traditionsreichem Buchantiquariat findet sich Lektüre für jede Urlaubsminute – und tatsächlich jedes sonst vergriffene Buch über das Tessin. S. 152

Zu Fuß unterwegs

Sentiero collina alta: Oberhalb von Locarno geht es auf einem luftigen Weg mit schönem Blick auf den Lago Maggiore nach Contra. S. 143

Wanderung nach Brissago: Auf der Strecke ab Ancona quert man eine Schlucht über eine Steilbogenbrücke. Zurück kann man mit dem Schiff fahren. S. 161

Genießen & Atmosphäre

Molekular-Küche: Im Ecco in Ascona wird nicht nur gekocht, sondern Geschmack homöopatisch hochkonzentriert gereicht, ganz wie beim katalanischen Vorbild Adrià. S. 162

Herbst- und Kastanienfest: An den ersten Oktober-Samstagen bauen große Maroniröstereien am Ufer von Ascona ihre Pfannen auf. S. 163

Abends & Nachts

Ascona Nights: Nachtschwämer treffen sich in der Sea Lounge der »Seven«-Kette am Jachthafen. S. 162

Locarno

Städtisches Leben und südliches Flair vereinen sich in Locarno. In dem lebhaften Städtchen am Lago Maggiore treffen sich im August Touristen und Tessiner beim **Filmfestival** und das ganze Jahr über zum Flanieren auf der Piazza Grande, um südländisches Leben in den Arkadencafés zu genießen. In den Kirchen sind wunderbare Fresken und eine Krypta zu bewundern – und am Lido das Wellengeplätscher.

Locarno hat sich ein feines Plätzchen ausgesucht: Am Nordufer des Lago Maggiore streckt die Stadt die Zehen ins Wasser, räkelt sich steile Hänge hinauf, um den Kopf zwischen Bergspitzen und Wolken zu lüften. Der alte Ortskern liegt unten am See. Die Häuser mit Aussicht entstanden später, vor allem nach dem Zweiten Weltkrieg. Locarno gibt sich mit seinen 15 000 Einwohnern städtisch, auch in Hinsicht auf den Autoverkehr. Doch stärker ist der Eindruck, den die Pflanzenvielfalt hinterlässt: Palmen und Kamelien, Pinien und Kastanien, eine Mischung von alpiner und subtropischer Flora.

Urlauber zieht das milde Mittelmeerklima an, wenngleich manchmal im Frühjahr das Genua-Tief schwer über der Region hängt. 2200 Sonnenstunden im Jahr soll der Himmel über Locarno aber statistisch hergeben.

Infobox

Reisekarte: ▶ D/E 7

Infos

Ente Turistico Lago Maggiore: Largo Zorzi 1, 6600 Locarno, Tel. 0848 091 091, info@ascona-locarno.com, www.ascona-locarno.com.

Anreise

Locarno ist ein kleiner Verkehrsknotenpunkt. Der Nahverkehrszug von Bellinzona bringt auch die Weitgereisten ans Ferienziel. Mit der Centovallibahn, einer Schmalspurbahn, kommt man weiter ins zerklüftete Quertal oder auch bis nach Italien, nach Domodossola. An der Schiffsanlegestelle beginnen Rundfahrten, und hier fahren auch Boote zu den Inseln ab. Vom Busbahnhof schließlich gelangt man in die Täler am Nordende des Sees.

Stadtgeschichte

Locarnos Name soll sich von der keltischen Bezeichnung für den Fluss Maggia ableiten: Leukera, die Weiße. Nachdem Kaiser Friedrich I. Barbarossa 1186 der Stadt die **Reichsfreiheit** zugestanden hatte, wurde Locarno reich. Die Lage am Ausgang wichtiger Alpenpässe sorgte für Einnahmen durch den Wegezoll, das Marktrecht für Marktgebühren. Im Jahre 1512 blockierte der katastrophale **Bergsturz** in Biasca die alten Handelswege über Lukmanier- und Gotthardpass, wodurch die wirtschaftliche Bedeutung Locarnos allmählich schwand. Die **Gegenreformation** vertrieb schließlich die Protestanten und 1554 mussten reformierte Locarner die Stadt verlassen. Es waren ausgerechnet die 55 Familien, die **Seidenhandel** betrieben hatten, der damit zum Erliegen kam – und nun in der Deutschschweiz aufblühte: Die Vertriebenen zogen nach Zürich. In dieser Zeit des Niedergangs wütete zudem noch die **Pest** im Tessin; 1577 hatte Locarno 3000 Tote zu beklagen.

Von 1803 bis 1878 wechselte sich Locarno alle sechs Jahre mit Lugano und Bellinzona in der Rolle der Kantonshauptstadt ab.

Im 19. Jh. entvölkerte sich das Tessin: In großen **Auswanderungswellen** wurden die Südschweizer nach Übersee verschifft (s. S. 60). Doch um 1900 wendete sich das Blatt: Der **Tourismus** brachte zunächst Gäste, später sogar wieder Bewohner nach Locarno. Weltbekannt wurde die Stadt, als 1925 die Außenminister von Großbritannien, Frankreich und Deutschland die **Locarno-Verträge** aushandelten. Diese ermöglichten Deutschland den erneuten Beitritt in den Völkerbund.

Altstadt

Piazza Grande 1

Den Stadtrundgang beginnt man am besten auf Locarnos Piazza Grande, die ihren Namen durchaus zu Recht trägt, ist sie doch die größte Piazza des Tessins. Dabei handelt es sich von der Anlage her ursprünglich nicht um einen Platz, sondern um die Hafenmole: Hier hörte Locarno ursprünglich auf, denn hier begann der See. Doch die Maggia schleppt bis heute Geröll und Erde in den Lago Maggiore – der See verlandet, Ascona und Locarno wachsen.

Waren also ursprünglich die Straßenzüge der Altstadt, die hier bergab führen, zum See ausgerichtet, münden sie nun auf dem großzügigen Platz, der meist hoffnungslos zugeparkt ist.

Am schönsten beginnt die Stadterkundung im Sitzen, in einem der zahlreichen Straßencafés unter den Arkaden. Trotz der alten Anlage des Platzes stammen die meisten Häuser aus dem 19. Jh., überragt werden sie von der **Torre di Comune** aus dem 14. Jh. Beim **Donnerstagsmarkt** auf der Piazza kann man an den Marktständen vorbeischlendern. Hauptsächlich lokale Produkte werden hier angeboten. Südlich der Piazza Grande schließt sich der Stadtgarten und die **Giardini Pioda** 2 an, in dem der 1909 errichtete Kursaal steht, heute das **Casino**.

Castell Visconteo/Museo Civico 3

Via Bartolomeo Rusca 5, www.locarno.ch, Tel. 091 756 31 70, Museum: April–Okt. Di–Do 10–12 und 14–17 Uhr, Erw. 8 CHF, Kinder 5 CHF

Der historische Stadtkern Locarnos entstand im 16./17. Jh., zu sehen sind hier vorwiegend ehemalige Adelssitze. Unweit der Piazza Grande wacht das Castello Visconteo, auch Castello Rusca genannt. Ursprünglich war es der westliche Außenposten des Ortes, heute wirkt es geradezu an den Rand gedrängt durch einen riesigen Kreisverkehr. Das Castello Visconteo, Refugium der Mailänder Herrscherfamilie, wurde 1497 vom Grafen Giovanni Rusca in Auftrag gegeben. Im Garten erinnern die Reste der damaligen schlosseigenen Hafenanlage daran, dass hier früher der Ort ans Wasser stieß. Ein ruhiges Plätzchen ist der arkadengeschmückte Innenhof, ein schönes Stück Renaissance inmitten der trutzigen Mauern. Später war die Burg der Sitz der Landvögte.

In den oberen Stockwerken des Castello befinden sich die Ausstellungsräume des Museo Civico. Besonders hübsch ist die Sammlung erstaunlich zierlicher – und erstaunlich gut erhaltener – römischer Glasobjekte, die in der Region gefunden wurden. Außerdem belegen Funde aus der Bronzezeit anschaulich die frühe Besiedlung des klimatisch so günstigen Gebiets.

Für an neuerer Geschichte Interessierte lohnt im Museo Civico der Besuch des Locarno-Pakt-Saals, der den Fortgang der Völkerbund-Verhandlungen von 1925 aufzeigt.

San Francesco 4

Via Domenico Galli

Als im 16. Jh. Teile des Castello abgetragen wurden, benutzte man die Mauersteine zum Bau von San Francesco, der Kirche der deutschsprachigen Katholiken von Locarno. Sie liegt nur wenige Straßenzüge vom Castello entfernt; der heutige Bau stammt von 1538. Bereits ein Jahr nach der Heiligsprechung Franz von Assisis wurde in Locarno ein Franziskanerkloster errichtet, laut einer Steintafel im Kreuzgang von Antonius von Padua gegründet. Bezeugt ist die Weihfeier im Jahr 1316. 1480 wurde die Anlage ausgebaut, 1538 nochmals erweitert. Doch 1848 wurden die Mönche vertrieben. Das Kloster, das zeitweilig Sitz der alternierenden Kantonsregierung war, beherbergt heute die Kantonalsschule.

Sant'Antonio Abate 5

Vicolo Collegiata 5

Weiter bergauf erreicht man die Kirche Sant'Antonio Abate, die mit ihrer imposanten Fassade beeindruckt. Ein erster Kirchenbau an dieser Stelle stammt aus dem 14. Jh. 1664 beschloss die Bürgerkorporation Locarnos unter Führung des Freiherrn Giovanni Antonio Marchacci, dessen Standbild den Platz davor ziert, ihre Kirche zu vergrößern. 1682 wurden Chor und Seitenkapellen eingesegnet, bald darauf die Gebeine des hl. Gregorius aus Rom herbeigeschafft und hier beigesetzt. Die reichen Bürgerfamilien wetteiferten in der Ausschmückung des neuen Gotteshauses. Die Ende des 17. Jh. gegründete Kornhändlergilde gab bei Giuseppe Antonio Felice Orelli den bildermächtigen Altar mit der illusionistischen, riesigen Kreuzabnahme in Auftrag. »Der Reformation keine Chance« – das Motto, das den Ausbau von Madonna del Sasso dominierte, regierte auch hier. 1863 brach ein Teil des Gotteshauses unter Schneemassen zusammen, das Dach, der Chor und die Fassade mussten erneuert werden.

Pinacoteca Comunale Casa Rusca 6

Piazza S. Antonio, Tel. 091 7 56 31 85, nur bei Ausstellungen geöffnet

In der Casa Rusca mit ihrem zierlichen dreigeschossigen Arkadenhof lohnt ein Blick in das Gebäude. Heute befindet sich in dem ehemaligen Wohnhaus der Patrizierfamilie Rusca, einem der schönsten Paläste Locarnos aus dem 17. Jh., die städtische Gemäldegale-

rie mit wechselnden Ausstellungen. Der Kern des Museumsbestandes geht unter anderem auf die Sammlung von Hans und Marguerite Arp zurück.

Santa Maria Assunta 7

Via Cittadella 7

Cristoforo Orelli aus wohlhabendem Locarneser Adel gab 1631 den Auftrag zum Bau einer weiteren Kirche. Wieder sollte den bilderfeindlichen Reformatoren schiere farbenprächtige ›Augenfülle‹ entgegengesetzt werden. In Santa Maria Assunta zeigt sich das sowohl an der Fassade als auch an der Deckengestaltung: Die überreichen manieristischen Stukkaturen umrahmen Fresken mit Darstellungen des Marienlebens. In einer Seitenkapelle links vom Altar befinden sich die Reliquien des hl. Germanus in einem Holzsarkophag. Bescheidenheit ist eine Zier – eine reich verzierte Fassade aber auch. So finden sich außen an der Kirche sowohl das Wappen der Orelli als auch eine übergroße Christophorus-Figur. Wie praktisch, dass der beliebte Heilige zugleich Namenspatron des Kirchenstifters Cristoforo Orelli ist.

Palmen, See und schneebedeckte Berge – die Uferpromenade Locarnos bietet fast alles

Bellinzona, Lugano
Via Patocchi
Funivia Orselina-Cardada
Galleria stradale
Via al Parco
Via Caselle
MADONNA
MONTI DELLA TRINITÀ
Via Consiglio
Orselina
Via Santuario
Orselina CIT
Madonna del Sasso
DEL SASSO
Via dei Fiori
Via Zoppi
S. BIAGIO
Galleria Fart
Via del Tiglio
Piazzale d. Trinità
SS. Trinità
Ch. ev. riform.
Via alla Basilica
Monastero carmelitane
S. Maria Annunz.
Belvedere
Via ai' Monti d. Trinità
A13
Via al Sasso
Funicolare Locarno–Madonna del Sasso
Via delle Palme
Via Sempione
Centovalli
S. Rocco
Teatro Paravento
Locarno FLMS
Via Vallemaggia
Piazza S. Antonio
Via Borghese
Via Cappuccini
Istit. S. Caterina
Via d. Monache
Via Ramogna
Viale F. Balli
Com. evang. pentec.
Via Cittadella
V. Marcacci
Via Torretta
V. Panigari
Via S. Antonio
Piazza Grande
Largo Zorzi
Via Domenico Galli
Via Castelrotto
Giardini Avv. Rusca
Giardini Pioda
Via Alberto Franzoni
Via
Via S. Francesco
V. d. Motta
F. Rusca
Casino / Teatro di Loc.
ROVEDO
Piazzale Cinque Vie
Via Trevani
Via Antonio Ciseri
Via B. Varenna
Via della Pace
Via
Via della Posta
Via Rinaldo Simen
Via Bernardino Luini
Via Franc. Ant. Bustelli
Via Rovedo
Rotonda Piazza Castello
Via Giovanni Antonio Orelli
Via Pietro Romerio
Piazza G. Pedrazzini
Via Giuseppe Cattori
Via Bramantino
Via S. Jorio
Via Stefano Franscini
Via al Saleggi
Via Dottor Giovanni Varesi
Via S. Balestra
Via alla Morettina
Via Francesco Ballerini
Via Angelo Nessi
Bosco Isolino
Via Angelo Baroffio
Via alla Peschiera
Ascona, Brissago
Via Luigi Lavizzari
Via E. Pestalozzi
Campo sportivo
0
150
300 m

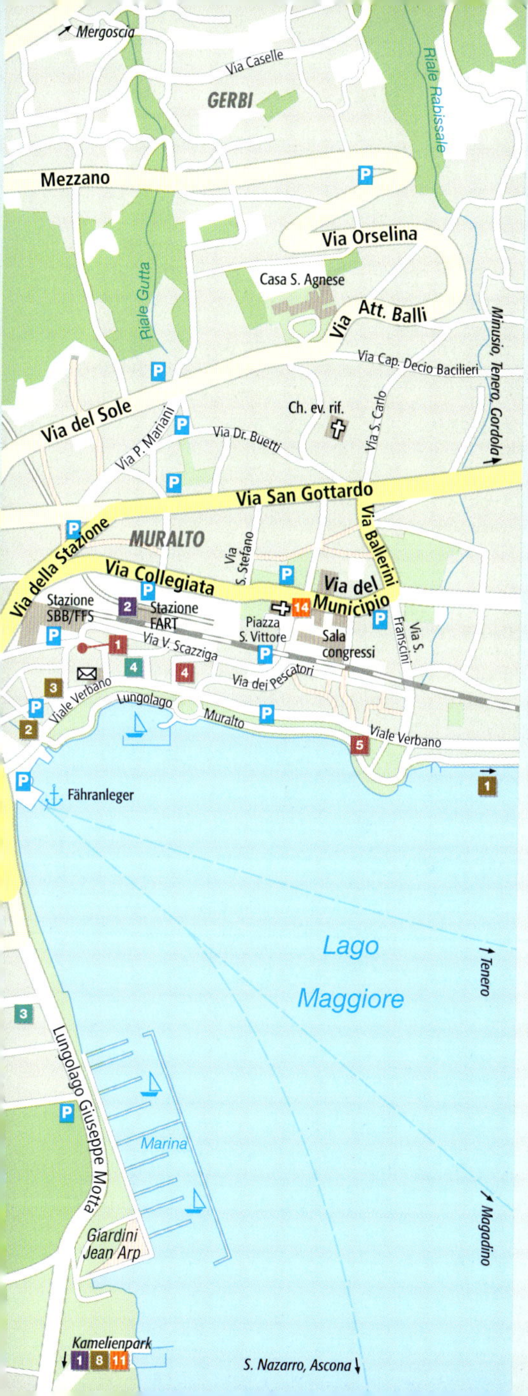

Locarno

Sehenswert
1 Piazza Grande
2 Giardini Pioda
3 Castello Visconteo/ Museo Civico
4 San Francesco
5 Sant'Antonio Abate
6 Pinacoteca Comunale Casa Rusca
7 Santa Maria Assunta
8 Palazzo Bellorio
9 Santa Maria in Selva
10 Santa Madonna Assunta
11 Falconeria
12 Cardada
13 Grand Hotel Locarno
14 San Vittore

Übernachten
1 Giardino Lago
2 Millennium Garni
3 Geranio au Lac
4 Albergo Cittadella
5 Hotel Vecchia Locarno
6 Bar del Pozzo
7 Ostello Palagiovani
8 Delta Camping

Essen & Trinken
1 Ristorante Muralto
2 Cantina Canetti
3 Borghese
4 Al Torchio
5 DiVino

Aktiv
1 Lido di Locarno
2 Rent a Bike
3 Projekt E-Bike

Abends & Nachts
1 Grand Casinò
2 Bar Sport
3 Bar Lungolago
4 La Bussola

Via S. Antonio

Sicher wird man nach den Besichtigungen gerne durch die Gassen der Altstadt schlendern. Steil abwärts führen sie immer wieder auf die Piazza Grande. Eine der schönsten Gassen ist die Via S. Antonio. Besonders verlockend sind die Auslagen teurer Antiquitätengeschäfte. Mit Antiquitäten hat sich Locarno einen guten Namen gemacht, nicht zuletzt mit dem jährlich im September stattfindenden, dreitägigen **Antiquitätenmarkt.**

Betritt man den Laden von Timothy Bellerio im **Palazzo Bellorio** 8 (Via S. Antonio 11, Tel. 091 751 57 94, www.bellerio-antichita.ch, Mo–Fr 9–12 und 14–18.30 sowie Sa bis 17 Uhr), hat man nicht nur Gelegenheit, seine exquisiten Antiquitäten zu bewundern, man bekommt gleichzeitig die Möglichkeit, einen Palazzo aus dem 16. Jh. von innen in Augenschein zu nehmen. Und dies sollte man unbedingt nutzen, denn die meisten Palazzi sind der Öffentlichkeit nicht zugänglich. Timothy Bellerio ist ein Spross der Rusca-Familie; bereits seit Jahrhunderten ist der Palazzo in Privatbesitz.

Außerhalb der Altstadt

Santa Maria in Selva 9

Via Vallemaggia

Das Tessin war reich an kunstvollen, manchmal prachtvollen Kirchen, nicht alle konnten jedoch erhalten werden. Nur noch eine Ruine ist Santa Maria in Selva, Richtung Vallemaggia gelegen. Ende des 19. Jh. wurde das Gotteshaus bei der Vergrößerung des Friedhofs bis auf Chor und Campanile abgerissen. Die Reste machen den Verlust nur noch deutlicher: Im 14. Jh. entstanden, war die Kirche überreich mit Fresken ausgestattet. Übrig geblieben sind in dem jetzt als Friedhofskirche genutzten Bau eine **Schutzmantelmadonna** des unbekannten Maestro di Santa Maria in Selva und weitere gotische **Fresken** im sogenannten Internationalen Stil, die die Wände komplett bedecken. Auf dem angrenzenden Friedhof liegt der elsässische Künstler Hans (Jean) Arp begraben (1886–1966).

Santa Madonna Assunta 10

Via Santuario 2, Orselina Tel. 091 743 62 65, www.madonnadelsasso.org, tgl. 6.30–18.30 Uhr

Am Stadtrand erhebt sich 150 m über Locarno die Wallfahrtskirche Santa Madonna Assunta, auch **Madonna del Sasso,** Felsenmadonna, genannt (s. S. 70). Stilecht wird man zu Fuß hinaufpilgern (30–45 Min.), oder aber man nimmt die Seilbahn nach Orselina (6 Min. Fahrzeit). 1480 erschien dem Franziskanermönch Bartolomeo d'Ivrea der Legende dort auf dem Hügel die Muttergottes und errichtete eine Kapelle in der damals abgeschiedenen Bergwelt. Heute muss man sich fast wundern, dass der Kreuzweg noch ungehindert durch Villen und Hotelanlagen hindurchführt. Die kleine Kapelle wurde später erweitert, der Hügel zum **Sacro Monte** – ein Bilderberg als Bollwerk gegen die Kargheit der Reformation, barockes Gegengift zur Gegenreformation.

Die lebensgroßen **Terracotta-Figuren**, heute im unteren Teil der Kirchenanlage hinter Gittern und kaum beachtet, säumten einst den Stationenweg. Die vielen Votivtafeln zeigen – meist recht naiv gemalte – Unglücksfälle, aus denen die Stifter der Bilder unbeschadet oder zumindest doch lebend hervorgingen: »G. R.« steht darauf – *grazie ricevuta*, Gnade erhalten. Zu den Kirchenschätzen gehören die holzgeschnitzte **Pietà** eines unbekannten Meisters aus dem 15. Jh., die

»Flucht nach Ägypten«, ein Hauptwerk Bramantinos von 1520, sowie die »Madonna mit dem Distelfink«, eine Kopie Romaninos nach einem Gnadenbild aus dem 15. Jh.

Die Kloster- und Kirchenanlage wurde Anfang der 1980er-Jahre von dem renommierten Tessiner Architekten **Luigi Snozzi** renoviert. 2011/2012 wurden Innenraum und Fassade erneut restauriert. Seit Kurzem ist die Anlage wieder der Öffentlichkeit zugänglich.

Uferpromenade

Schönster Anziehungspunkt Locarnos bleibt der See. Schlendert man Richtung Minusio, ist es lebhaft; die Cafés und Restaurants an der Straße laden zum Zwischenstopp ein, zum Eis oder Aperitif. Wer Schatten sucht, kann diesen unter einer ganz erlesenen Auswahl von Bäumen finden: Wie in einem botanischen Garten wachsen hier Sumpfzypressen, Zwergpalmen, Korkeichen und Eukalyptus, Blutbuchen und Dattelpalmen.

In **Muralto,** gleich anschließend an die Schiffsanlegestelle, reiht sich ein Hotel ans andere. Am Ufer steht ein auffälliges Denkmal, ein deklamierender Herr, Giuseppe Cattori, Literat und Rechtsanwalt aus Locarno.

Der **Debarcadero** von Locarno, die Schiffslände, ist der einzig übriggebliebene Teil der ursprünglichen Seepromenade, die Ende des 19. Jh. geschaffen wurde. Hier finden sich noch Jugendstilstraßenlampen aus Gusseisen und kunstvoll verarbeitete Eisengeländer. Auf der Seepromenade Richtung Süden kann man beim Flanieren Plastiken des deutsch-französischen Malers, Bildhauers und Lyrikers **Hans (Jean) Arp** bewundern (s. Entdeckungstour S. 140).

Lido di Locarno 1

Via Respini 11, Tel. 091 759 90 00, www.lidolocarno.ch, tgl. 8.30 (Do ab 6.30)–21 Uhr, im Winter auf 4 Std. beschränkter Aufenthalt, Erw. 13 CHF, Kinder 7 CHF

Nicht zu übersehen ist das neue Hallen- und Freibad Lido di Locarno. Reichlich ausgestattet mit Thermalbädern, unterschiedlichen Schwimmbecken, riesiger Panoramascheibe und Spielbecken gilt sie als die modernste Badeanstalt im Tessin. Besonders die abenteuerlichen Wasserrutschen waren gleich nach der Eröffnung sehr beliebt. Es gibt sogar einen Looping, ein grüner Tunnel heißt Verzasca-Rutsche, eine andere führt durch ein blickdichtes schwarzes Loch. Direkt neben dem Lido gibt es einen freien Strand. Am schönsten ist es weiter südlich, beim Maggia-Delta.

Falconeria 11

Via delle scuole 12, Tel. 091 751 95 86, www.falconeria.ch, Mitte März–Ende Okt. Flugvorführungen ca. 45 Min., Di–So 10–12 und 14–16.30 Uhr, Erw. 20 CHF, Kinder 15 CHF

Ein kleiner Umweg führt zur Falknerei. In einem Park werden Falken, Adler und Eulen im freien Flug vorgestellt. Tägliche Flugvorführungen mit Greifvögeln und Spanisches Dressurreiten.

Planetenweg

Gesamte Streckenlänge 6 km

An der Maggia entlang führt der sogenannte Planetenweg. Der Lehrparcours wurde vom astronomischen Verein des Kantons Tessin eingerichtet und zeigt das Sonnensystem im Maßstab 1 : 1 000 000 000 (1 mm der Astrovia entspricht 1000 km in der Realität). Der Weg führt bis nach **Tegna** an der **Centovallibahn**, zu Fuß etwa zwei Stunden, man kann aber auch gut mit dem Rad fahren (etwa 45 Min.). Am Beginn des Weges, bei der ▷ S. 142

Auf Entdeckungstour: Gingkos und Kamelien – Locarnos Seepromenade

Seit Jahrtausenden schwemmt die Maggia Gestein und Schotter in den Lago Maggiore und hat ein breites Delta aufgeschüttet. Darauf breiten sich Locarno und Ascona aus. Und Platz für eine lange Seepromenade, wo es sich wunderbar flanieren, unter uralten Bäumen verweilen, Kunst und Natur betrachten und Musik lauschen lässt, war auch noch.

Planung: Giardini Jean Arp frei zugänglich; Kamelienpark tgl. 9–17 Uhr, Eintritt frei.

Schönster Anziehungspunkt Locarnos ist und bleibt der See. Die Seepromenade entstand wie die anderen Grünanlagen der Stadt nach dem Aufschütten des alten Hafens kurz nach der vorigen Jahrhundertwende. Am **Debarcadero**, der Schiffslände, teilt sich die Promenade in zwei Hälften mit unterschiedlicher Bepflanzung. Man spaziert nach Osten in Richtung Minusio unter mediterranen und subtropischen Pflanzen, einige Arten wachsen im Tessin nur an dieser Uferpromenade und auf den Brissago-Inseln. Aus China und Japan stammen Kamelien, Magnolien, Zierbananen und Bitterorangen; aus dem Mittelmeerraum Oleander und Myrte, und aus Australien kamen einige Eukalyptussorten. Als lebendes Fossil kann man einige

Exemplare des Ginkgos bewundern; schon vor 290 Mio. Jahren wuchsen verwandte Arten dieses Laubbaumes. Besonders schön ist er im Herbst mit seiner leuchtend gelben Laubfärbung. Hübsch sind auch die mediterran anmutenden schirmförmigen Kronen der Strandkiefern und die Zypressen. Zwischen den Bäumen werden die Blumenbeete mehrmals im Jahr neu bepflanzt, je nach Saison mit Tulpen, Sommerblumen und Dahlien.

An der Schiffsanlegestelle macht die Promenade dann einen Knick Richtung Süden, hier stehen noch hundertjährige Platanen, gepflanzt zu der Zeit, als mit der Gotthard-Eisenbahn zum ersten Mal Touristen in größeren Scharen ins Tessin kamen. Außerdem kann man hier japanische Palmen, St.-Peters-Palmen und Chilepalmen entdecken.

Bäume und Boote

Es folgt an der Promenade Giuseppe Motta der neue **Bootshafen**, 2002 nach den Plänen der Landschaftsarchitektin Francesca Kamber fertiggestellt. Mit 372 Anlegeplätzen für Segel- und Motorboote ist er der größte Hafen des Tessins und mit Baukosten von 12 Mio. CHF auch der teuerste. 61 000 m^3 Material wurden dafür aus dem See herausgebaggert. Mit dem Neubau des Jachthafens wurden auch die **Giardini Jean Arp,** in den 1960er-Jahren angelegt, umstrukturiert. Jean Arp, 1886 in Straßburg geboren, Mitbegründer des Dadaismus und früher Documenta-Teilnehmer, vermachte zahlreiche seiner Werke der Stadt Locarno. Arp starb 1966 in Basel, wurde aber in Locarno beerdigt. Am Rand einer Doppelreihe von Steineichen erstreckt sich eine große Rasenfläche mit neun seiner Skulpturen. Zu sehen ist etwa die Bronzeplastik »Torso des Riesen« aus dem Jahr 1957 sowie einige der letzten Arbeiten des Künstlers.

Kamelienpark

In Locarno hat die Schweizerische Kameliengesellschaft ihren Sitz, unter ihrer Mithilfe wurde 2002 im Maggia-Schwemmdelta, hinter dem Lido, der **Kamelienpark** angelegt, auf 5000 m^2 wachsen heute etwa 520 verschiedene Arten. Vor über 100 Jahren wurden die ersten der aus Japan stammenden Bäume im Tessin eingeführt, einige alte Exemplare kann man an anderer Stelle in Locarno sehen, etwa in den **Giardini Pioda** 2 . Beste Monate, um die Kamelien in voller Blüte zu erleben, sind März und April.

Viale al Lido, erklärt eine Tafel den Weg und die Himmelskörper. Die Planetenmodelle wurden aus Plexiglas, Marmor und Stahl konstruiert. Am Anfang steht die Sonne, nach eineinhalb Kilometern folgt der Saturn, dort wird der Fluss überquert, man geht dann immer auf dieser Flussseite weiter aufwärts, auf der orografisch rechten Seite also. In Tegna steht beim Kirchturm als letztes Modell Pluto.

Cardada 12

Cardada Impianti Turistici SA, Tel. 091 735 30 30, www.cardada.ch

Schon die Seilbahnfahrt auf die Cardada (s. Lieblingsort S. 144) ist immer ein Erlebnis. Erst kommt man mit der alten Standseilbahn vom Bahnhof in den Stadtteil **Madonna del Sasso.** Eine weitere bringt Wanderer höher hinauf, von Madonna del Sasso auf die Cardada (1676 m). Diese Seilbahn wurde 1999 eröffnet, erbaut nach Plänen des Tessiner Architekten **Mario Botta.** Die Talstation entwarf Botta in Form einer Laterne, die Bergstation Cardada in Form eines Radarschirms. Das Projekt war umstritten, denn die ursprüngliche Talstation von Peppo Brivio aus den 1950er-Jahren galt als wichtiges Zeugnis der Tessiner Architektur der Nachkriegszeit. Dennoch freut man sich seitdem in Locarno, »auch etwas von Botta« zu haben. Passend dazu entwarf Landschaftsarchitekt Paolo Bürgi auf dem Berg den Aussichtspunkt, ein geologisches Observatorium sowie einen Spielparcours.

Trotz all der Attraktivitäten verirrt sich kaum eine Seele in die Berge – während sich unten in den hübschen Altstadtgassen die Menschen drängen und schieben. Wer einsam wandern möchte, dem sei das Tessin ans Herz gelegt. Im Winter haben die Locarneser auf der Cardada ihr privates, kleines **Skigebiet.**

Mein Tipp

Zum Dableiben

Wer sich am liebsten gar nicht mehr wegbewegen möchte vom Maggia-Schwemmdelta, der Seepromenade und dem weiten Blick über den See, der logiert am besten im **Camping Delta.** Der 50 Jahre alte Campingplatz liegt direkt am Ufer des Sees in einem großen Park. Wer gerade keinen Wohnwagen dabei hat, kann vor Ort auch einen mieten.

Camping Delta 8: Via Respini 7, Tel. 091 751 60 81, www.campingdelta.com.

Muralto

Fährt man Richtung Bahnhof, verlässt man Locarno und kommt nach Muralto, die Ortschaft ist jedoch völlig mit Locarno zusammengewachsen.

Stefan George, deutscher Lyriker des Symbolismus, der 1933 vor den Nationalsozialisten in die Schweiz floh, starb am 4. Dezember 1933 in Muralto und liegt auf dem Friedhof des angrenzenden Minusio begraben. Oberhalb des Bahnhofs startet die **Centovallibahn;** die ersten Stationen bedient sie unterirdisch, ganz wie eine großstädtische U-Bahn.

Grand Hotel Locarno 13

Gleich am Bahnhof findet sich auch das Grand Hotel Locarno. Es wurde zeitgleich mit der Gotthardbahn gebaut. Das riesige, rosafarbene Hotel, in einem schönen Park gelegen, atmete lange den Charme vergangener Tage. Schon seit Längerem ist es geschlossen, es heißt, dass es für 83 Millionen CHF

Spaziergang auf dem Sentiero collina alta

renoviert werden soll, aber die weitere Zukunft des Hauses ist unsicher. Hier trafen sich einst die Teilnehmer der Locarno-Konferenz und die Stars und Sternchen während des Filmfestivals. Phänomenal ist der über drei Stockwerke tief baumelnde Kronleuchter aus buntem Muranoglas. Die Zimmer sind riesig, mit Möbeln von Marcel Breuer, Le Corbusier oder Wilhelm Wagenfeld – wegweisende Designer aus den frühen Jahrzehnten des 20. Jh. – eingerichtet.

San Vittore 14

Via della Stazione

Kurz hinter der Stazione FART steht von Verkehr umtost der schlichte Bau San Vittore, vermutlich bereits im 4. Jh. gegründet. Die romanische Kirche war jahrhundertelang das religiöse Zentrum des Locarnese, als Pfarrkirche auch zuständig für die Talgemeinden. 1816, nach der Gründung der Freien Republik Tessin, gingen die kirchlichen und Kapitelrechte an Sant'Antonio Abate. Die betörend schöne **Hallenkrypta** wird von zierlichen Säulen mit unterschiedlich geschmückten Kapitellen anmutig getragen.

Spaziergang auf dem Sentiero collina alta

Strecke: ca. 6 km; Dauer: 3 Std.; Start: Bergstation der Seilbahn in Orselina

Der Sentiero collina alta führt oberhalb von Locarno nach Contra und ist durch eine gelbe Raute markiert. Die Strecke verläuft mit schönem Blick auf den See und die Bucht von Locarno an zahlreichen Einkehrmöglichkeiten vorbei. Von der **Bergstation in Orselina** geht es einen halben Kilometer zur Kirche Santa Trinità von **Locarno Monti.** Von hier steigt man auf einer Treppe zur **Via Patocchi** hinauf und zweigt bald auf der linken Seite in den Wald nach Orselina ab. Dem Fussgängerweg folgend erreicht man etwas oberhalb eine Stelle, an der sich der Weg mit dem Saumpfad verzweigt. Rechts abbiegend geht es flach weiter bis zur Försterstraße von **Brione s/Minusio.** Nach einem Stückchen steigt man zur Kapelle **La Capela Rota** ab. Danach beginnt die Straße, die Brione mit der **Val Resa** verbindet und von welcher aus der Weg in Kürze

Lieblingsort

Tiefe Blicke von der Cardada

▶ D 6

Tief Luft holen, und dann tief blicken. – Der Aussichtssteg aus Stahl und Titan auf der **Cardada** 12 ist eine Herausforderung für Menschen mit Höhenangst. Man geht hinaus in den luftleeren Raum, schwebt auf dem Steg über den Baumwipfeln, über dem Tal und über dem weit entfernten Centovalli. Ein atemberaubendes 180-Grad-Panorama ist die Belohnung (s. auch S. 142).

nach **Contra** führt. Etwas tiefer, mehr durch bebaute Straßen, führt der **Sentiero collina bassa.**

Übernachten

Die Auswahl an Hotels in Locarno ist groß, sogar Zimmer mit Seeblick findet man zu bezahlbaren Preisen.

Am See – **Giardino Lago** **1**: Via alla Riva 83a, Minusio, Tel. 091 786 95 95, www.giardino-lago.ch, DZ ab 300 CHF. Die Lage ist genial, nur ein Radweg trennt das Hotel vom See, und es liegt in Minusio, weg vom Trubel, aber nah genug zu Fuß zur Piazza Grande – und Leihräder gibt es auch. Designhotel, junges Ambiente, großartige Lounge-Terrasse.

Jazzhotel – **Millennium Garni** **2**: Via Dogana Nuova 2, Tel. 091 759 67 67, www.millennium-hotel.ch, DZ ab 139 CHF, in der Hochsaison ab 200 CHF. Das kleine Hotel, früher das alte Zollhaus von Locarno, liegt an der Schiffsanlegestelle. Es nennt sich auch The Jazz Hotel, die Zimmer tragen Namen wie Duke Ellington und Charlie Parker; die Räume sind mit Postern oder Schallplattenhüllen dekoriert.

Seeblick – **Geranio au Lac** **3**: Viale Verbano 13, Muralto, Tel 091 735 80 00, www.hotelgeranio.ch, DZ ab 190 CHF (Nebensaison ab 150 CHF). Ein typisches, schon fast wieder schickes Hotel aus den Nachkriegsjahren, ordentlich renoviert. Viele Zimmer mit Seeblick, sehenswert ist die Wendeltreppe im Design der 1960er-Jahre.

In der Altstadt – **Albergo Cittadella** **4**: Via Cittadella 18, Tel. 091 751 58 85, www.cittadella.ch, DZ ab 130 CHF. Klein und gediegen, rostrot gestrichen und nicht zu übersehen. Auch Restaurant.

Palazzo – **Hotel Vecchia Locarno** **5**: Via Motta 10, Tel. 091 751 65 02, www.vecchia-locarno.ch, DZ ab 90 CHF. In dem Palazzo aus dem 17. Jh. versteckt sich ein schöner Innenhof.

Einfach – **Bar del Pozzo** **6**: Piazza S. Antonio, Tel. 091 751 50 88. www.barpozzo.com, DZ ab 50 CHF. Im Haus der Bar, in der sich junges Publikum trifft, werden einfache Zimmer vermietet, Dusche auf dem Gang.

Jugendherberge – **Ostello Palagiovani** **7**: Via B. Varenna 18, Tel. 091 756 15 00, locarno@youthhostel.ch, www.youthhostel.ch/locarno. Die Jugendherberge befindet sich im Palagiovani (Jugendpalast). Hier residiert auch der Lokalsender Radio Fiume Ticino sowie eine Musikschule. Die Jugendherberge bietet Platz für 200 Gäste. Einige Familienzimmer haben eine Einbauküche.

Camping – Die meisten **Campingplätze** (bis auf Delta Camping) befinden sich in Tenero, in der Nordost-Ecke des Lago Maggiore.

Mein Tipp – **Delta Camping** **8**: s. S. 142

in Tenero ▶ E 7

Miralago: Via Roncaccio, Tel. 091 745 12 55, www.camping-miralago.ch. Ganzjährig geöffnet, mit Restaurant.

Campofelice: Via alle Brere 7, Tel. 091 745 14 17, info@campofelice.ch, www.campofelice.ch. Luxus-Camping mit 400 m Sandstrand, Minigolf, Pavillon mit Großbildschirm.

Essen & Trinken

Fisch – **Ristorante Cittadella**: in der Albergo Cittadella **4**, s. Übernachten, Di–So 8–14 und 17.30–24 Uhr. In gediegenem Ambiente wird in der Altstadt hervorragende Fischküche serviert. Spaghetti mit Hummer für 30 CHF Im 1. Stock speist man gehoben, im Erdgeschoss ist die Karte etwas einfacher.

Er- und gehoben – **Ristorante Muralto** **1**: Piazza Stazione 8, Tel. 091 735

30 60, www.hotelmuralto.ch, mittags und 19–24 Uhr. Von der Terrasse blickt man wunderbar über den See. Das gehobene Vier-Gänge-Menü (70 CHF) lockt mit Vorspeisen, Vollkornpfannkuchen gefüllt mit Gemüsecurry, Seezunge und Mousse oder Eis.

Originell – **Cantina Canetti** **2**: Piazza Grande, Tel. 091 751 07 97, Mo–Sa 11–19 Uhr. Ein schummriges, verrauchtes, gemütliches Lokal, ein Einheimischen-Treff! Es gibt viele offene Weine, italienische kommunistische Zeitungen und kleine Speisen, wie Tortellini für 10 CHF oder Tessiner Salami mit Brot für 5.40 CHF.

Kleine Stube – **Borghese** **3**: Via Borghese 20, Tel. 091 751 04 98, Mo–Fr mittags und 17.30–24 Uhr. Eine kleine Stube, ein kleiner Hof, doch die kleine Küche bringt Gutes auf den Tisch, im Winter auch Fondue und Raclette. Hauptgerichte ab 20 CHF.

Riesenpizza – **Al Torchio** **4**: Viale Verbano 15, Muralto, Tel. 091 743 43 77, tgl. mittags und ab 18 Uhr. Die Tische im Freien sind beliebt – und schnell zu klein, wenn die Pizza für zwei serviert wird, von der vier Leute satt werden.

Mein Tipp – **DiVino** **5**: s. rechts

Einkaufen

an der Piazza Grande 1

Gebäck vom Feinsten – **Al Porto:** Piazza Grande 26, www.alporto.ch (Filiale: Piazza Stazione 6). Panetteria, Pasticceria, Confiserie. Die Konditorei aus Locarno expandiert laufend, was der Qualität ihrer Produkte, die alle in Locarno hergestellt werden, keinen Abbruch tut.

Wein und mehr – **In Vino Veritas:** Piazza Grande 20 a, Tel. 091 7 51 61 22. Die Weinhandlung bietet eine breite Auswahl an Tessiner und italienischen Weinen, außerdem Bücher und schöne Weingläser.

Mein Tipp

Göttlich – der Wein

An der Seepromenade von Locarno-Muralto mangelt es tatsächlich nicht an Lokalen, aber viele sind zugegebenermaßen etwas bieder. Nicht jedoch das **DiVino** – der Name birgt ein Wortspiel aus »göttlich« und »Wein«. Hier ist die Musik um einiges lauter und das Publikum deutlich jünger als in den anderen Locations – gut isst man hier aber trotzdem. Es wird beispielsweise Pizza mit Büffelmozzarella oder mit Crevetten, Speck und Rucola geboten. **DiVino** **5**: Lungolago Muralto, Viale Verbano 13, Tel. 091 759 11 22, www.divino-ti.ch, tgl. 11–24 Uhr.

Marktfrisch – **Donnerstagsmarkt:** Auf der Piazza Grande, jeden Do 7.30–13 Uhr. Angeboten werden hauptsächlich lokale Produkte.

Gebrauchtes – **Flohmarkt:** April–Okt. 8–13 Uhr jeden 2. Sa rund um die Piazza Grande bzw. in der ganzen Altstadt.

in Tenero ▶ E 7

Weinführung – **Matasci Vini:** Via Verbano 6 (nahe beim Bahnhof gelegen), Tenero, Tel. 091 7 35 60 11, www.matasci-vini.ch, Mo–Fr 8–12 und 13.30–18.30, Sa 8–17 Uhr, Führung durch den Weinkeller Mitte April–Mitte Sept. Di 16 Uhr, Eintritt frei. Die Winzer Matasci haben ihren Sitz seit 1921 in Tenero. Der Familienbetrieb veranstaltet Weinproben und Führungen durchs hauseigene Weinmuseum, Mario Matasci widmet sich darüber hinaus der Kunst (s. S. 82). Die Merlots von Matasci gewinnen immer wieder Preise auf Weinmessen.

Mein Tipp

Volkstriathlon Locarno

Der Mini-Tri von Locarno ist ein Volkstriathlon im besten Sinne. Zahlreiche Tessiner und Ausländer nehmen teil – die anderen stehen am Straßenrand und feuern ihre Landsleute und die anderen Sportler an. Am ersten Samstag im September wird der Volkstriathlon veranstaltet: 500 m Schwimmen im Lago Maggiore, 20 km Radfahren Richtung Maggiatal, 5 km Laufen. Nicht nur ein sportlicher Wettbewerb, sondern auch ein touristisches Vergnügen. Einzelstart alle 10 Sek. am Lido von Locarno: Alle 10 Sek. sprintet ein Mensch mit rosafarbener Badekappe in den See. Das Ende ist der Planetenweg (s. S. 139), eigentlich ein beschaulicher Spazierweg an der Maggia entlang, da geht es 5 km Richtung Ascona und wieder zurück. **Info zum Triathlon:** Sekretariat Tel. 078 668 80 81, info@3locarno.ch, www.3locarno.ch, Associazione Triathlon di Locarno, Postfach 319, 6604 Locarno.

Aktiv

Baden – **Lido di Locarno** 1 s. S. 139. Hochmodernes Hallen- und Freibad.

Fahrradverleih – **Rent a Bike** 2: am Bahnhof, Tel. 051 221 52 33, www.rent-a-bike.ch. 33 CHF/Tag, Rückgabe am selben Bahnhof, sonst 40 CHF, halber Tag 25 CHF. Außerdem bei **Sport Belotti:** Via Cittadella 22, Tel. 091 751 66 02, www.belottisport.ch.

Elektro-Bike – Das Fremdenverkehrsamt hat ein groß angelegtes **Projekt E-Bike** 3 gestartet, verliehen werden 20 Räder. Für längere Ausflüge in der Umgebung gibt es Akku-Wechselstationen. Alle Informationen dazu unter www.maggiore.ch/e-bike und beim Fremdenverkehrsamt. Außerdem im Angebot: Geführte Segway-Touren. Ausflüge mit dem unkippbaren Elektroroller, www.maggiore.ch/segway.

in Tenero oder Gordola ▶ E 7
Wassersport – **Bagno pubblico Tenero:** Tel. 079 685 58 17, www.watersports.ch. Wakeboard und Wasserski.

Abends & Nachts

Das Nightlife in Locarno ist nicht besonders ausgeprägt. Man trifft sich am liebsten in einer Bar auf einen Drink oder ein Glas Wein.
Glück im Spiel – **Grand Casinò** 1: Largo Zorzi 1, Tel. 091 756 30 30, www.casinolocarno.ch, tgl. 12–3, Fr u. Sa bis 4 Uhr. Schon im Jahr 1909 wurde im Tessin das Glücksspiel offiziell erlaubt, und auch bald ein erstes Casino gebaut. Das neue in Locarno öffnete 2003. Außer 150 Slotmachines wird bei Roulette, Black Jack und Poker das Glück herausgefordert.
Absacker – **Bar Sport** 2: Via della Posta, Tel. 091 751 29 31. Unkomplizierter Ort für den späten Drink.
Für Nachtschwärmer – **Bar Lungolago** 3: Via Bramantino 1, Tel. 091 751 52 46, www.lungolago.ch. In dieser Bar wird es erst gegen Mitternacht richtig voll.
Leise Töne – **La Bussola** 4: Muralto, Viale Verbano, Tel. 079 613 80 67, Do–Sa 22–4, So u. Mo bis 3 Uhr, Di u. Mi Ruhetage. Pianobar und Jazzclub, für ruhigere Abende.

Infos & Termine

Verkehr

Flugplatz: Aeroporto Cantonale di Locarno, Piano di Magadino, Tel. 091 735 15 60, www.aeroclublocarno.ch. Fluginformation: Tel. 091 816 17 31.
Bahn: Locarno ist Endstation der Nahverkehrszüge von Bellinzona; dort Anbindung an den Intercity. Außerdem gelangt man von Locarno mit der Centovallibahn bis Domodossola (I): FART, Locarno, via Franzoni 1, Tel. 091 756 04 00, www.centovalli.ch.
Bus: Vom Busbahnhof, am Bahnhof in Muralto, fahren Busse in die Täler am Nordende des Sees sowie nach Ascona und Brissago.
Mietwagen: Hertz (Muralto), Piazza Stazione, Tel. 091 743 50 50.
Schiff: Von der zentralen Anlegestelle, in der Nähe des Bahnhofs, verkehren in der Hauptsaison Linienschiffe auf dem Lago Maggiore (Navigazione Lago Maggiore, Locarno, Tel. 091 751 61 40, www.navigazionelaghi.it).

Termine

Internationales Filmfestival: Das Festival Internazionale del Film in Locarno wurde 1946 gegründet und ist nach Venedig das älteste Filmfestival Europas. Die Riesenlandwand, die auf der Piazza Grande aufgespannt wird, ist einzigartig. Während des Festivals sind Hotelzimmer Mangelware (früh buchen!). Der internationale Wettbewerb findet jährlich im August statt, der beste Film erhält den Goldenen Leoparden, *il pardo*, so benannt nach dem Wappentier Locarnos. Infos unter Tel. 091 756 21 21, www.pardo.ch.

Riazzino ▶ E/F 7

300 m hinter der Post in **Tenero** (▶ E 7) von der Kantonsstraße nach Bellinzona in Richtung Berge abbiegend, gelangt man zum kleinen Ort Riazzino, in dessen ländlichem Teil die Kunstsammlung im Matasci-Deposito einen Besuch lohnt.

Sammlung Matasci

www.matasci-vini.ch, Tel. 078 601 60 24, So 14–17 Uhr, nur nach telefonischer Vereinbarung
Der Winzer Mario Matasci (s. Einkaufen) sammelt seit 40 Jahren moderne

Kunst und präsentiert diese in dem zweistöckigen Gebäude auf 300 m². Im Blickfeld stehen Künstler der norditalienischen und Tessiner Region, aber auch die deutsche Schweiz und Deutschland mit Käthe Kollwitz, Otto Dix, Varlin, Louis Soutter, Marianne von Werefkin sind vertreten.

Mergoscia ▸ E 6

Das Bergdorf Mergoscia bildet den geografischen Mittelpunkt des Tessins, und die Fahrt dahin lohnt sich wegen der grandiosen Aussicht, die der Beifahrer bereits auf der kurvenreichen Straße über **Contra** genießen kann, die sich auf gewagten Steinbogenbrücken über tief eingeschnittene Täler windet. Der Ort liegt hoch über dem Stausee von Vogorno, der Ortsteil **Rivapiana** besteht noch aus einem recht intakten geschlossenen Ortskern mit engen Gassen, steilen Treppen und granitgedeckten Steinhäusern.

Essen & Trinken

Einkehr – **Osteria della Posta Mergoscia:** Tel. 091 7 45 15 09, Di u. Mi geschl. Auf der Terrasse sammeln sich am späten Nachmittag die Wanderer und essen Almkäse mit Brot (6 CHF), während sie auf den Bus zurück nach Locarno warten.

Ascona !

Intellektuelle Prominenz, Hautevolee und Halbseidene treffen sich in dem einstigen Fischerdorf Ascona seit 100 Jahren. Sie wallfahren auf den Monte Verità und schwärmen vom diskreten Charme längst vergangener Tage. Aber zum Flanieren an die ganzjährig nebelfreie romantische Uferpromenade Asconas kommen nicht nur Urlauber aus dem Ausland, auch Tessiner aus benachbarten Orten genießen den charmanten Ort. In den autofreien Altstadtgassen mit den zahlreichen Galerien und Boutiquen lässt es sich wunderbar bummeln und shoppen, und der See verleitet allenthalben zum Dolcefarniente: Man lässt den Blick über die Kuppen eines riesigen Eisbechers auf den Lago Maggiore schweifen, beobachtet, wie sich der blaue Himmel wie eine Samtdecke über den gleißenden See spannt, und streckt wohlig die Füße dabei aus.

Infobox

Reisekarte: ▸ D 7

Infos

Verkehrsverein Ascona: Via B. Papio 5, 6612 Ascona, Tel. 091 7 91 00 91, www.ascona-locarno.com, www.ascona.ch.

Stadtgeschichte

Asconas Geschichte unterscheidet sich nur wenig von der Locarnos, dem größeren und bedeutenderen Nachbarort. Ein **prähistorischer Urnenfriedhof,** 1952 ausgegraben, belegt eine erste Besiedlung in der Bronzezeit, ca. 800 v. Chr. Um 1900 wurde der Fischerort am Verbano, wie der Lago Maggiore auch heißt, von Intellektuellen und Großstädtern überschwemmt. Deren Via Crucis führte auf den frühen Grünen Hügel, den **Monte Verità** (s. S. 156). Es folgten Schriftsteller wie Hermann Hesse, Franziska zu Reventlow, Maler wie Alexej von Jawlensky und Marianne von Werefkin, Politiker wie Lenin oder der Komponist Ruggiero Leoncavallo.

Nach dem Zweiten Weltkrieg setzte sich diese Entwicklung fort. Ascona war in den 1960er-Jahren als **Ferienort** so beliebt, dass gar ein deutsches Autofabrikat danach benannt wurde: der Opel Ascona. Nicht nur Touristen kamen und blieben für einige Tage oder Wochen. Ein regelrechter Bauboom begann, ließ das Dorf die Hänge hinaufwachsen und schuf Häuser für Langzeitgäste. Heute zählt Ascona rund 5300 Einwohner.

Uferpromenade

Platanen säumen den Uferstreifen, dahinter wartet ein Lokal neben dem anderen auf Gäste. Elf berühmte Männer saßen hier im Sommer 2008: Die deutschen Fußballer hatten ihr Quartier während der EM in Ascona – davon zeugen noch die Fußabdrücke der deutschen Elf, die auf Messingtafeln verewigt an der Promenade prangen. Man kann sich ein Tretboot mieten oder mit einem Eis auf eines der rot gestrichenen Bänkchen setzen, oder in der schicken neuen Lounge-Bar unter riesigen hellen Sonnenschirmen klirrkalten Weißwein trinken. Und bei alledem vor allem immer wieder aufs Wasser sehen, auf den glitzernden See.

Altstadt

SS. Pietro e Paolo 1

Piazza San Pietro

Zwei Kirchtürme – die achteckige Laterne von SS. Pietro e Paolo sowie der kegelförmige Turmaufsatz von Santa Maria della Misericorida (s. S. 153) – prägen das Ortsbild von Ascona. An Stelle der Pfarrkirche SS. Pietro e Paolo soll bereits im frühen Mittelalter eine St. Peter geweihte Kirche errichtet worden sein. Der Vorgängerbau wurde in der Renaissance umgebaut, davon blieb nach neuerlichen Arbeiten von 1860 fast nur der Glockenturm.

In der dreischiffigen Säulenbasilika finden sich im südlichen Seitenschiff Fresken aus dem 15. Jh. Das Altarbild »Krönung der Maria« stammt von Giovanni Serodine (1600–30). Zwei weitere Bilder des Asconer Malers hängen neben dem Haupteingang. An der Holzkanzel erinnert eine Inschrift an die Predigt von Carlo Borromeo anlässlich der Gründung des Collegio Papio.

Casa Serodine 2

Piazza San Pietro

Gegenüber der Kirche erhebt sich die auffällige Casa Serodine, das Wohnhaus der gleichnamigen Künstlerfamilie. Der Bruder des Malers Giovanni Serodine, Giovanni Battista Serodine, schuf 1620 die Stukkaturen der Barockfassade. Über einem floralen Fries fallen die Figurengruppen auf: Adam und Eva, die Vertreibung aus dem Paradies, Madonna mit Jesus und Engeln sowie als weiterer Fries die Geschichte von David und Bathseba.

Jahrzehntelang befand sich in der Casa Serodine das legendäre Antiquitätengeschäft von Wladimir Rosenbaum (1894–1984). Der jüdische Staranwalt setzte sich in den 1930er-Jahren in Zürich für Franco-Gegner ein, woraufhin ihm sein Anwaltspatent aberkannt wurde. Nahezu mittellos kam er ins Tessin, kaufte einem alten Mann einen verbeulten Kupferkessel für einen Franken ab, polierte ihn, wie er in seinen Erinne-

Ascona

Sehenswert
- 1 SS. Pietro e Paolo
- 2 Casa Serodine
- 3 Palazzo Papio
- 4 Santa Maria della Misericordia
- 5 Museo Comunale d'Arte Moderna
- 6 Monte Verità
- 7 Madonna della Fontana
- 8 Museo Castello San Materno
- 9 Teatro San Materno
- 10 Museum Ignaz und Mischa Epper

Übernachten
- 1 Hotel Giardino mit Restaurant Ecco!
- 2 Casa Berno
- 3 La Meridiana
- 4 Hotel Tamaro

Essen & Trinken
- 1 Seven, Sea Lounge
- 2 Borromeo
- 3 Caffe Piazetta
- 4 Osteria Nostrana
- 5 Grotto Baldoria

Einkaufen
- 1 Delea
- 2 Cattaneo

Aktiv
- 1 Grande Lido
- 2 Bike Chiandussi

Abends & Nachts
- 1 Tucan Lounge

rungen erzählt, und verkaufte ihn für fünf Franken weiter. Damit begann seine zweite Karriere. Die Geschäfte gingen gut, schließlich zog er in der Casa Serodine ein. Später bezog Rosenbaum mit seiner glamourösen Frau Aline Valangin die Villa La Barca im Valle Onsernone. Das aufregende Leben der beiden, umgeben von berühmten Literaten und Malern, ist nachzulesen in Peter Kambers Biografie »Geschichte zweier Leben. Wladimir Rosenbaum, Aline Valangin« (Zürich 2000). Gute Chancen, dieses Buch zu finden gibt es gleich eine Türe weiter, in der Libreria delle Rondine.

Libreria della Rondine

Piazza San Pietro 6, Tel. 091 791 22 80, www.libreriadellarondine.ch, Di 10–17, Do u. Fr 14–18, Sa 12–16 Uhr, Mo, Mi und So geschl.

1951 gründete der holländische Pianist und Holocaustüberlebende Leo Kok die Libreria della Rondine. Das Antiquariat in der **Casa Serodine** 2 war über Jahrzehnte Treffpunkt von Literaturfreunden, und eine Fundgrube an Tessin-Literatur. Hier fand sich immer noch ein angestaubtes Exemplar einer längst vergriffenen Ausgabe. Doch 2007 starb die letzte Besitzerin, die Bücher gelangten als Konkursmasse zur Versteigerung. Asconas Kirchengemeinde kaufte 12 000 Bände auf, fast alle auf Deutsch. Die ehemalige Asconeser Kulturchefin Paola Cerutti gründete daraufhin eine Arbeitsgruppe zur Weiterführung des Antiquariats. Ihr ging und geht es auch weiterhin um eine Zusammenarbeit mit der zweisprachig geführten Gemeindebibliothek und der Stiftung Monte Verità sowie der Gemeindebibliothek in Bellinzona und der interkulturellen Bibliothek der italienischen Schweiz. Die gesammelten Bemühungen waren erfolgreich, nun ist die traditionsreiche Libreria wieder zum kulturellen Treffpunkt geworden. Es werden Lesungen veranstaltet, Künstler eingeladen. Und jeder Besucher kann wieder das tun, was man einst bei Leo Kok konnte: Reingehen, schmökern und mit Bücherschätzen nach Hause gehen.

Palazzo Papio 3

Beim Zurückschlendern zur Seepromenade führt der Weg am **Municipio,** dem Rathaus, vorbei, im ehemaligen

Palazzo Papio. Bartolomeo Papio war als junger Mann Anfang des 16. Jh. nach Rom ausgewandert, machte sein Glück und kehrte wohlhabend nach Ascona zurück. Hier baute er sich standesgemäß den Stadtpalast – heute in kräftigem Rot gestrichen.

Santa Maria della Misericordia 4

Via delle Cappelle 1

In seinem Testament verfügte Bartolomeo Papio, mit seinem Vermögen solle eine Schule eingerichtet werden. Als Testamentsvollstrecker fungierte Carlo Borromeo (1538–84). Der Neffe

Lieblingsort

Wahrheit, Zen und Omm
Man muss kein Zen-Suchender sein, und auch nicht an magische Orte glauben, um sich auf dem **Monte Verità** 6 wohl zu fühlen. Ich gehe immer wieder gerne hinauf auf den grünen Hügel bei Ascona, spaziere an den Licht- und Lufthütten vorbei, schaue mir das klar gestaltete Bauhaus-Hotel an und genieße einfach die schöne Atmosphäre des Wahrheitsberges. Zu den Künstlern, die auf dem Monte Verità heimisch waren, gehörte der deutsch-französische Bildhauer Hans/Jean Arp. Seine glänzende Plastik »Goldflammendes Rad« (1962) erinnert an ihn.

von Papst Pius IV. wurde bereits mit 21 Jahren Kardinal und bald darauf Erzbischof von Mailand. Seinen Ehrgeiz, seine Intelligenz und seine ganze Macht investierte er verbissen in die Gegenreformation, auch im Locarnese. Er bestimmte, das **Collegio Papio** solle an die Kirche Santa Maria della Misericordia angebaut werden. Nur wenige Tage nach der Eröffnung des Collegio, am 3. November 1584, starb Carlo Borromeo an der Pest.

In der Kirche (um 1400) fällt am Choreingang die **Schutzmantelmadonna** (1519) auf, eine Arbeit von Antonio de Lagaia, und im Chor **spätgotische Fresken** aus dem 15. und 16. Jh., u. a. von Antonio da Tradate. Im schönen Renaissancehof des Collegio mit zweistöckigen lombardischen Arkaden sind bis heute Gymnasiasten zu Hause.

Museo Comunale d'Arte Moderna 5

Via Borgo 34, Tel. 091 759 81 40, www.museoascona.ch, März–Dez. Di–Sa 10–12, 15–18, So 10.30–12.30 Uhr

Aus der Familie Pancaldi gingen viele Künstler hervor, Stukkateure und Scagliolisten, also Hersteller von kunstvollen Marmorimitaten, aber auch bekannte Politiker wie Francesco Pancaldi, ein Minister der Cisalpinischen Republik. Im Palazzo Pancaldi in der Via Borgo ist heute das Museo Comunale d'Arte Moderna untergebracht, das auch die Stiftung Marianne von Werefkin (1860–1938) und die Stiftung Richard Seewald (1896–1976) beherbergt – viel Kunst der Klassischen Moderne und zeitgenössische Kunst.

Außerhalb der Altstadt

Monte Verità 6

Centro Monte Verità, Via Collina 84, Tel. 091 785 40 40, www.monteverita.org, info@monteverita.org (Museum wegen Renovierung voraussichtlich noch bis 2016 geschlossen)

Nichts weiter als ein schöner grüner Hügel oberhalb Asconas war zunächst das, was in den ersten Jahrzehnten des 20. Jh. zum vielbeschworenen Monte Verità wurde: Heimat einer lebensreformerischen Künstlerkolonie (s. Entdeckungstour S. 158). Hier wurde das grüne Pflänzchen der Alternativbewegung erstmal gepflanzt und gehegt von Pazifisten und Anarchisten, Theosophen und Anthroposophen, Vegetariern und – Alkoholikern auf der Suche nach Heilung. Es entstanden Lufthütten, ein Bauhaus-Hotel und einige Luftschlösser. Vieles ist noch zu sehen und neu hinzu kam ein Zen-Tee-Garten (s. Lieblingsort S. 154).

Madonna della Fontana 7

Via Madonna della Fontana

Anschließend an den Ausflug auf den Monte Verità bietet sich ein Besuch der im Wald gelegenen **Wallfahrtskapelle** Madonna della Fontana an. Der Legende nach habe ein stummes Hirtenmädchen 1428 während einer großen Dürrezeit an dieser Stelle so inbrünstig gebetet, dass schließlich Wasser floss – und das Mädchen wieder sprechen konnte. Eine Kapelle wurde gebaut. 1617 wurde mit dem Bau einer turmlosen Kirche begonnen, die jedoch erst 100 Jahre später fertig wurde.

Museo Castello San Materno 8

Via Losone 10, http://museoascona.ch/it/mcsm, Tel. 091 759 81 60, Di–Sa 10–12, 15–18, So 10.30–12.30 Uhr

Vom einstigen Castello San Materno blieb nur ein Teil der gleichnamigen Kapelle erhalten, in dieser ist ein Fresko, eine Majestas Domini aus dem 12. Jh., sehenswert. Der belgische Fabrikant Paul Bachrach kaufte die Burgruine um 1900 und baute sie zum Wohnhaus um.

Verweile doch, hier ist's so schön: Asconas Promenade lockt zum Dolcefarniente

Im Kapellenzimmer soll seine Tochter Charlotte Bara gewohnt haben; die Schülerin Rudolf von Labans machte sich als Ausdruckstänzerin einen Namen. Nach umfassender Renovierung zeigt das Museum nun moderne Kunst aus der Sammlung Fondazione per la cultura Kurt e Barbara Alten.

Teatro San Materno 9

Via Losone 3, www.teatrosanmaterno.ch, Tel. 091 792 30 37

Rudolf von Laban ließ 1928 direkt gegenüber einen schlicht-eleganten Bau errichten, das **Teatro San Materno.** Die Architektur Carl Weidemeyers folgt den strengen Linien des Bauhausstils. Das Flachdach erregte die Gemüter. 1928 hatte die lokale Baubehörde Giebeldächer zur Norm erklärt. ›Nordische Importe‹ wie Flachdächer waren verboten. Weidemeyers renommierter Kollege Walter Gropius lobte in einem Brief ausdrücklich das Vorhaben. Schließlich konnte Weidemeyer seine Pläne durchsetzen. Das kleine Theater galt als kultureller Mittelpunkt Asconas, hier gastierte Erika Manns Kabarett Pfeffermühle mit Therese Giehse, Else Lasker-Schüler las aus ihren Werken, sogar der Architekt selbst trat als Kabarettist auf.

Jahrzehntelang drohte das Teatro fast zu verfallen, wurde aber schließlich für 4,2 Mio. CHF umfassend renoviert und im Jahr 2009 neu eröffnet.

Museum Ignaz und Mischa Epper 10

Via Albarelle 14, Tel. 091 7 91 19 42, www.museo-epper.ch, März–Juli u. Sept.–Okt. Di–Fr 10–12 u. 15–18, Sa u. So 15–18, Juli–Aug. Di–Fr 10–12 u. 20–22, So 20–22 Uhr

Kunst des 20. Jh. mit dem Schwerpunkt Expressionismus ▷ S. 161

Auf Entdeckungstour:
Der Dritte Weg – auf den Monte Verità

Um 1900 wurde der Fischerort Ascona von Intellektuellen und zumeist Großstädtern überschwemmt. Sie pilgerten auf den Monte Verità 6 , einem Zentrum alternativer Lebensformen. Hier fanden Vegetarier, Nudisten, Intellektuelle, Tänzerinnen und Gärtner in neuen Lebensmodellen zusammen. Ein Hotel im Bauhausstil entstand ganz nebenbei auch und ist heute noch in Betrieb.

Zeit: Rundgang etwa 3 Std. Wer zu Fuß auf den Berg geht, muss 1 Std. mehr je Wegstrecke einplanen.

Infos: Centro Monte Verità, www.monteverita.org, Tel. 091 785 40 40.

Geführte Besichtigungen: »Experimente des Lebens und der Kunst«, Rundgang durch den Park 1 Std., 10 CHF. »Spaziergang zu den Orten der Kraft«, Tour zu magischen Felsen, heiligen Bäumen und Aussichtspunkten, ca. 3 Std., 25 CHF.

Casa del Tè Monte Verità: Tel. 091 785 40 40, April–Okt. Mi–So 13.30–18.30, Nov.–März Fr–So 13.30–18 Uhr; Japanische Teezeremonie April–Okt. jeden Di 17.30, Nov.–März jeden 1. und 3. Sa 10.30 Uhr, 38 CHF

Bereits beim Aufstieg vom See kann man die üppige Vegetation genießen.

Aufgrund des milden Seeklimas blüht und grünt es das ganze Jahr über. Eine Frischluft-Entdeckertour, auch deshalb, weil das Museum auf dem Monte Verità noch eine Weile wegen Umbaus geschlossen bleibt (Wiedereröffnung voraussichtlich im Laufe von 2016). Das macht aber nichts, schließlich war es den Gründern der einstigen »vegetabilischen Kolonie« auch darum gegangen: ein Leben an der frischen Luft.

Die Alternative zu Kommunismus und Kapitalismus, den Dritten Weg, suchten zu Beginn des 20. Jh. auf einem Hügel über Ascona Anarchisten, Naturapostel und frühgereifte Grüne. Der belgische Industrielle Henri Oedenkoven und die Münchner Pianistin Ida Hofmann kauften 1900 für 150 000 CHF den Hügel Monescia und tauften ihn Monte Verità, Berg der Wahrheit. Gesunde Ernährung, Leben im Freien, Freikörperkultur als Hygienetherapie, freie Liebe und Emanzipation der Frau, weite Kleider statt Korsett: Diese und andere Grundsätze sollten die Grundpfeiler des Lebens auf dem Berg sein. Adolf Grohmann verfasste 1904 »Die Vegetarier-Ansiedelung in Ascona und die so genannten Naturmenschen im Tessin«, die erste Veröffentlichung über den Monte Verità. Er lobte den Berg und seine Bewohner sowie die nachsichtigen Bürger und Behörden Asconas. Grobkörnige alte Fotos vom »Berg der Wahrheit« zeigen z. B. einen nicht mehr jungen Mann mit langem grauem Haar – nackt mit einem Spaten bei der Gartenarbeit, Frauen in Wallegewändern oder nackt beim Reigen.

Licht-Lufthütten

Heute geht es gesitteter zu, man spaziert vom **Russenhaus** zur **Casa Selma** und zwischen Holzhütten mit Schrebergartencharme. Die einstigen Licht-Lufthütten sollten die Luft frei zirkulieren lassen, unter hohen Bäumen stehen sie heute, eine friedliche Atmosphäre. 70 000 m² misst der Park. Man kann einfach so herumstreifen, oder dem ausgeschilderten »Cammino dei Diritti« folgen. Der Weg wurde 2008 angelegt, zum Jubiläum »60 Jahre Allgemeine Erklärung der Menschenrechte«. Er führt von Schild zu Schild mit Aufschriften wie »Alle Menschen sind gleich und frei«, »Recht auf Freiheit, Eigentum und Sicherheit der Person« – alle Artikel der Erklärung auf Italienisch, Englisch und Deutsch. Ohne philosophischen Überbau kann man auf dem Monte keinen Schritt gehen …

»Salatorium«

Von literarischen Nachtcafés in die Licht- und Lufthütten über dem Lago Maggiore war 1905 auch Erich Mühsam aus Berlin angereist. Aber Ascona gefiel dem Anarchisten und Kabarettisten nicht. Vegetabilismus ohne revolutionär-sozialistische Basis reiche nicht aus für eine kommunistische Siedlung, spottete er, zumal bei Mitwirkung weiblicher Kräfte. Mühsam taufte die ganze Veranstaltung »Salatorium«, von früh bis spät habe er Äpfel, Pflaumen, Erd- und Kokosnüsse kauen müssen. Schauderhaft sei es gewesen, also ging er ins Dorf hinunter, setzte sich in eine Osteria, ließ sich ein Beefsteak geben und trank einen halben Liter Wein dazu.

Durch Mühsams Vermittlung kam die Münchner Autorin Franziska zu Reventlow. In ihrem vergnüglichen Roman »Der Geldkomplex« nistet sich die Protagonistin im Sanatorium ein, nimmt aber Reißaus, will ins Dorf hinuntergehen und Wein trinken. – Die Reventlow starb im Tessin nach einer

Operation. Mühsam ging zurück nach Deutschland. 1933 wurde er von der SA verhaftet und 1934 im KZ Oranienburg ermordet.

Das Bauhaus-Hotel

Da waren auf dem Berg über Ascona längst andere Gäste eingezogen. Die Gründer hatten sich zerstritten, die einen wollten Ideologie, Kommunismus, theoretische Gebilde, die anderen stellten fest, dass auch Salat und Obst irgendwie gepflanzt, gepflegt und finanziert werden müssen. Gründer Henri Oedenkoven, Verfechter der wilden Ehe, hatte geheiratet – allerdings nicht seine Gefährtin Hofmann, sondern eine jüngere Frau, mit der er nach Brasilien zog. Ida Hofmann folgte. Den Hügel mit allem drum und dran kaufte Eduard Freiherr von der Heydt, Kunstsammler, Baron und, wie sich viel später herausstellte, NSDAP-Mitglied und Finanzier der Nazis. Von der Heydt ließ 1928 auf dem Hügel neben all den Holzhütten ein Steinhaus bauen, ein großartiges, astreines Bauhaus-Hotel, entworfen von Emil Fahrenkamp. Von der Heydt brachte Teile seiner Kunstsammlung nach Ascona. Im Hotel sind heute noch viele Stücke zu sehen. Man kann in den Gängen umhergehen, noch schöner ist es natürlich, hier zu übernachten. Die Zimmer sind einfach und klar möbliert (**Hotel Monte Verità:** EZ/F 140 CHF, DZ/F 180 CHF).

1956 vermachte der Baron den Monte Verità dem Kanton Tessin; aus der »vegetabilen individualistischen Kooperative vom Monte Verità« wurde ein Seminarzentrum. Heydt hatte einen Pool ausbaggern lassen, der mittlerweile als Konzertarena fungiert, die historischen Tennisplätze im Wald wurden original restauriert.

Der Zen-Garten

Neu auf den Hügel kam 2006 eine japanische Teeplantage – allerdings eine Bonsai-Version: 1000 Teepflanzen, die schon eine Ernte Grüntee hergaben. Eines der Gebäude wurde zu einem japanischen Teehaus umgebaut, und einen kleinen Zen-Garten, durch den sich eine genau geführte Weganlage zieht, gibt es auch. Auf dem Monte Verità begleitet den heutigen Besucher die Theorie auf Schritt und Tritt – Zen in der Kunst des Spazierengehens.

findet man hier. Das Museum im ehemaligen Atelier des gleichfalls künstlerisch wirkenden Ehepaars befindet sich am Seeufer östlich der Piazza G. Motta.

Losone

Ascona bietet moderne Architektur von hoher Qualität, so im Ortsteil Losone. Dort baute **Mario Botta** in der Via Ubrio ein **Einfamilienhaus** auf rundem Grundriss in für Botta klassisch zweifarbiger Fassadengestaltung.

Ungewöhnlich sind auch die Gebäude des öffentlichen Strandbads, **Bagno pubblico,** 1988 von Livio Vacchini entworfen. Derselbe baute 1975 zusammen mit Aurelio Galfetti (dem Erneuerer des Castelgrande in Bellinzona) die Mittelschule in Losone.

Wanderung nach Brissago

Strecke: 10 km; Dauer: ca. 3 Std.; 380 Höhenmeter; Start: Ascona Piazza Motta

Von Ascona führt eine wunderschöne leichte Wanderung nach Brissago. Los geht es am Ufer in Ascona, an der **Piazza Motta,** die man über die **Via Borgo** in nordwestlicher Richtung verlässt. Jetzt muss man nach einem gelben Wanderschild zum Monte Veritá Ausschau halten. Dem Schild folgt man aufwärts bis zur **Via Collina,** dann links bis zum **Parco Parsifal.** An der bald folgenden Straßenkreuzung bei einem Kiosk schließt sich der asphaltierte **Sentiero Romano** an, auf dem man nach **Ronco** gelangt. Am Ortsende geht es weiter links in die Via Barcone, so in den Bacheinschnitt des **Valle di Crodolo.** Man wandert nun bis **Porta** und erreicht dort über die

Wanderung nach Brissago

Via Sacro Monte eine grüne **Schlucht.** Über eine **Steilbogenbrücke** gelangt man zur Kirche **Santa Maria Addolorata.** Von dort folgt man dem **Kreuzweg** entlang der Straße. Hinter einer Rechtskurve beginnt der markierte Spazierweg nach **Brissago** (s. S. 170). Von dort nimmt man den Bus oder das Schiff zurück.

Übernachten

Edle Oase – **Hotel Giardino** **1**: Via Segnale 10, Tel. 0800 333 313, www.giardino.ch, DZ ab 420 CHF. Eines der besten Hotels im Tessin, modern geführt, klimaneutral, der Garten ist so groß wie zwei Fußballfelder. Wer doch mal raus möchte, nimmt sich einfach eines der kostenlosen Fahrräder. Teuer, aber seinen Preis wert, und der Service ist unschlagbar dezent und gut.

Privatterrassen – **Casa Berno** **2**: Via Gottardo Madonna 15, Tel. 091 791 32 32, www.casaberno.ch, DZ ab 340 CHF. Das Haus liegt am Hang zwischen Ascona und Ronco, jedes Zimmer hat eine kleine Terrasse mit Seeblick.

Mein Tipp

Molekular-Küche
Das Ecco! ist kein günstiger Tipp, es gehört sogar zu den teuersten Restaurants im Tessin – aber wenn man es sich leisten kann, für ein 5-Gänge-Menü 142 CHF auszugeben, ist es einen Besuch wert. Molekularküche lautet das Stichwort, dafür erhielt der damals 29-jährige deutsche Koch Rolf Fliegauf 2010 seinen zweiten Michelin-Stern, als jüngster Sterne-Koch der Schweiz. Das Spezielle: Fliegauf gleicht – wie sein großes Vorbild Ferran Adrià – eher einem Chemielaboranten als einem Koch, Geschmack wird hochkonzentriert und in homöopathisch kleinen Portionen gereicht (aber keine Angst, man wird auch satt!) – und jeder Gang explodiert geradezu auf der Zunge. Sei es Entenleber mit grünem Apfel und Eukalyptus, Lachs auf Alge oder Schokolade/Birne/Rosmarin. (Traditioneller, aber auch ausgezeichnet – 16 Gault Millau Punkte – isst man im zweiten Giardino-Restaurant **Aphrodite.**)
Ecco! im Hotel Giardino **1**: Via Segnale 10, Tischresevierung unter Tel. 091 785 88 88.

Zweimal wöchentlich spielt zum Dinner ein Pianist.

Design – **La Meridiana** **3**: Piazza G. Motta 61, Tel. 091 786 90 90, www.garni-la-meridiana.ch, DZ ab 220 CHF. Elegantes Design-Hotel in einem historischen Tessinerhaus, und das auch noch mit Seeblick von allen Zimmern. Leseraum, Fitnessraum; Leihräder.

An der Promenade – **Hotel Tamaro** **4**: Piazza G. Motta 35, Tel. 091 785 48 48, www.hotel-tamaro.ch, DZ ab 180 CHF. An der Seepromenade gelegen, Zimmer gediegen möbliert, herrlicher Blick von der Terrasse.

Essen & Trinken

Rundum stylish – **Seven** **1**: Seepromenade, Via Moscia 2, Tel. 091 780 77 88, www.seven-ascona.ch, tgl. 11–1 Uhr. Mittlerweile bespielt die Crew vom Seven, allen voran der Berliner Kopf Stefan Breuer, drei ultramoderne Locations in Ascona. Viel edles Holz und edle Gläser und im »Stammhaus« tgl. 7 x 7 kulinarische Verführungen, sieben Tagesgerichte, sieben Gerichte aus dem Garten, sieben aus dem Wasser usw. Die **Seven Lounge** liegt direkt am Wasser, nirgends sonst kann man bei einem kühlen Weißwein so gut chillen, und in der Fußgängerzone all das auf asiatisch im **Seven Asia.** Hinzu kam nun auch ein Club (www.clubseventy7.ch) in der Via Moscia 2, sowie das Lokal La Combüsa (Tel. 079 501 68 69, www.lacambusa.ch) in der Via Contrada Fontanelle 3.

Unter Gewölben – **Borromeo** **2**: Via Collegio 16, Tel. 091 791 92 81, http://borromeoascona.blogspot.de, Di–So 12–14 und 18.30–22 Uhr. Man sitzt gemütlich unter Gewölben in mehreren kleinen Räumen hintereinander. Eine Spezialität des Hauses: Carpaccio vom Hirsch mit Steinpilzen (19 CHF).

Pizzareich – **Caffe Piazetta** **3**: Via Borgo 30, Tel. 091 791 15 44, Di–So mittags. Auf einem kleinen Platz in der Fußgängerzone speist man hier vor allem Pizza: 35 Arten ab 14 CHF.

Am See – **Osteria Nostrana** **4**: Piazza G. Motta 16, Tel. 091 791 51 58, www.ristoranti-ff.ch/nostrana.htm, tgl. 9–24 Uhr. Das beliebteste – und günstigste – Lokal an der Seepromenade. Pizza ab 16 CHF.

Urig – **Grotto Baldoria** **5**: Via S. Omobono 9, Tel. 091 791 32 98, www.

grottobaldoria.ch, 12–15 und 19–23 Uhr. Bestellt wird hier nicht, gegessen wird, was auf den Tisch kommt. Satt wälzt man sich am Ende hinaus und hat für ein mehrgängiges Essen mit Getränken nur 35 CHF bezahlt.

Einkaufen

Kreativ – **Kunsthandwerksmarkt** in der Altstadt, Mi 9–16 Uhr.
Wein – **Delea** 1: Ascona-Losone, Via Zandone 11, Tel. 091 791 0817, www.delea.ch. Angelo Delea verkauft seine Weine sowie die sanften Grappe, die er in einer alten Destillerie von 1932 brennt.
Frisches – **Cattaneo** 2: Via Borgo. Bekannt ist der hübsch bemalte Obst- und Gemüseladen. Reiche Auswahl.

Aktiv

Baden – **Grande Lido Ascona** 1: Via Lido 81, Tel. 091 791 12 73, 091 791 71 30, www.lidoascona.com. Mai–Sept., Eintritt frei. Das Freibad hat eine 98 m lange Wasserrutsche sowie einen gepflegten Strand. Es liegt im Grünen neben Golf- und Tennisplatz.
Organisierte Touren – **Ascona Tours:** Treffpunkt nach Vereinbarung, Tel. 091 791 77 77, www.ascona-tours.ch. Ernesto Stauffer organisiert mit Kleinbussen tgl. Ausflüge, z. B. Mo ins Vallemaggia, Mi zum Markt in Luino (60 CHF) und Do zu Swissminiatur.
Wandern – **Luca Goldhorn:** Treffpunkt nach Vereinbarung, Tel. 0798 61 44 57, luca.goldhorn@bluewin.ch. Geführte Wanderungen in die Umgebung, etwa nach Intragna, zum Lukmanier, im Maggia-Tal oder auch auf der Cardada.
Fahrradverleih – **Bike Chiandussi** 2: Via Circonvallazione 14, Tel. 091 780 55 42. Große Auswahl, nicht nur an Trekkingrädern, auch an Mountainbikes und Rennrädern.

Abends & Nachts

Nachtschwämer promenieren an der autofreien **Piazza G. Motta**, die Schönen und die Schwarzgekleideten treffen sich in der **Sea Lounge** 1 der »Seven«-Kette, am Jachthafen.
Beliebt – **Tucan Lounge** 1: Carrà dei Nasi 8, in den Altstadtgassen ein beliebter Treffpunkt bis 1 Uhr.

Infos & Termine

Verkehr

Bus: Vor der Post tagsüber alle 15 Min. nach Locarno, abends alle 30 Min.
Taxi: Centrale Taxi Tel. 091 791 89 89, Ascona Taxi Tel. 091 791 77 77 oder www.ecotaxi.ch.
Schiffe: Zentrale Anlegestelle an der Piazza Motta; in der Hauptsaison Linienschiffe auf dem Lago Maggiore. **Navigazione Lago Maggiore:** Tel. 091 791 00 91 oder 800 551 801 (innerhalb Italiens 8.30–18 Uhr), www.navigazionelaghi.it.
Mietwagen: Avis, nahe der Bushaltestelle Ponte Maggia der Buslinien 1, 7, und 314. Tel. 091 752 33 19.

Termine

Jazz Ascona: www.jazzascona.ch. Ende Juni/Anf. Juli, zehntägige Konzertreihe, die Happy-Music-Reihe hat freien Eintritt, die Abendkonzerte kosten 20 CHF. Karten beim Fremdenverkehrsamt.
Großes Seefeuerwerk: zum Nationalfeiertag am 1. Aug.
Musikfestwochen: www.settimane-musicali.ch, Aug.–Okt., klassische Konzerte in den Kirchen Asconas. Infos/Tickets beim Fremdenverkehrsamt.
Herbst- und Kastanienfest: 1. und 2. Sa im Okt. Große Maroniröstereien am Ufer, wo 2000 kg Maroni geröstet werden. Außerdem: Volksmusik und Kunsthandwerk.

Das Beste auf einen Blick

Asconeser Ufer und Gambarogno

Highlight!

Isole di Brissago: Zu den touristischen Hauptattraktionen der Region zählen zu Recht die Isole di Brissago mit dem Botanischen Garten des Kantons. S. 172

Auf Entdeckungstour

Zwischen Wasser und Land – Naturschutz im Feuchtgebiet: Ein Sumpfgebiet als Sehenswürdigkeit ist die Bolle di Magadino. In dem Naturschutzgebiet am Nordende des Lago Maggiore gedeihen 90 Algenarten, 20 verschiedene Moose und Flechten und noch viel mehr – und das gefällt vor allem Vögeln, die hier nisten oder durchreisen, 200 Vogelarten wurden gezählt. S. 176

Kultur & Sehenswertes

Casa Ciseri: In Ronco sopra Ascona malte Antonio Ciseri die Sala dei Promessi Sposi mit Fresken zu Episoden aus dem gleichnamigen Roman Alessandro Manzonis aus. S. 166

Kirchplatz Ronco sopra Ascona: Der schönste Kirchplatz im Tessin – oder auch der Welt ... S. 168

Museum Leoncavallo: Ab 1903 lebte der neapolitanische Opernkomponist Ruggiero Leoncavallo im Palazzo Branca-Baccalà in Brissago. S. 171

Aktiv unterwegs

Sentiero della Grusna: Der Weg führt von Ronco zum alten Ortsteil Fontana Martina. S. 167

Strandbad Lido Brissago: Highlight des Strandbades ist die 75 m lange Wasserrutsche. S. 174

Genießen & Atmosphäre

Lungolago: Den Lungolago von Brissago säumen Skulpturen des Bad Homburger Künstlers Rolf Kröger. S. 170

Mirto al Lago: Das kleine Hotel in Brissago überrascht mit einem Pool auf der Dachterrasse. S. 173

Indemini: 17 km zieht sich die Straße vom See bis in das Dorf hinauf, insgesamt über 300 Serpentinen. S. 180

Botanischer Garten Gambarogno: Auf einer Fläche von 17 000 m^2 ist nahezu die gesamte Artenvielfalt des Lago Maggiore versammelt, darunter allein 950 Arten von Kamelien. S. 182

Markt in Luino: Jeden Mittwoch wird der beliebte Markt abgehalten. S. 183

Abends & Nachts

Die Abende verbringt man am Asconeser Ufer am schönsten bei einem **Spaziergang am See**.

Asconeser Ufer

Die beiden Orte Ronco und Brissago, südlich von Ascona, nahe an der Grenze zu Italien, betören durch ihre herrlichen Seeblicke. Man muss nur rasch weg von der vielbefahrenen Durchfahrtsstraße, dann findet man ruhige Gassen, stille Winkel. Geradezu obligatorisch ist der Ausflug zum Botanischen Garten des Kantons, der sich auf der größeren der beiden Isole di Brissago befindet. In Porta lohnt ein weiteres Beispiel moderner Architektur, die Dorfkapelle von 1997.

Ronco sopra Ascona

▶ D 7

Südlich von Ascona sind es nur wenige Kilometer bis zur italienischen Grenze. Ronco – der Name bedeutet Weinberg – wurde vom Bauerndorf zum Künstlerdorf. Hier wohnten u. a. Erich Maria Remarque und der Maler Richard Seewald. Beide sind auf dem Friedhof von Ronco begraben, außerdem Max Emden, der einstige Besitzer der Brissago-Inseln. Heute ist in Ronco eher die Schickeria vertreten – mit Zweitwohnsitzen. Vom Ruf des Künstlerdorfes zehrt der Ort aber noch immer. Im Zentrum, das man nur zu Fuß durchstreifen kann, haben sich Galerien niedergelassen. Schön ist dieses Auf und Ab auf alten Pflastersteinen, und immer wieder der ›Lichtblick‹ auf den See.

Infobox

Infos

Ente Turistico Lago Maggiore: Sportello di Brissago, Via Leoncavallo 25, Brissago, Tel. 091 791 00 91, info@ascona-locarno.com, www.ascona-locarno.ch, www.maggiore.ch. Ende März–Ende Okt. Mo–Fr 8–12 u. 14–18, Sa 8–12, Juli–Aug. auch Fei 8–12 u. 14–18, Ende Okt.–Mitte März Di–Fr 13.30–17, Sa 9–12 Uhr. Zuständig für das Ufer zwischen Ascona und der italienischen Grenze.

Anreise

Seit die Autostrada 13 ausgebaut wurde, kann man, von Bellinzona kommend, unter Locarno und Ascona praktisch durchfahren und ist so schnell in Brissago und den Nachbarorten.

San Martino

In Ronco sopra Ascona lohnt die Kirche, und vor allem der Kirchplatz einen kurzen Aufenthalt (s. Lieblingsort S. 168). Die Kirche selbst, San Martino, wurde im 17. Jh. barockisiert und im 19. Jh. mit einer klassizistischen Fassade versehen – noch zu sehen sind jedoch im Inneren die spätgotischen Fresken von Antonio da Tradate. Oberhalb steht die schlichte Barockkapelle **Santa Maria delle Grazie,** hübsch ist ihre toskanische Vorhalle.

Casa Ciseri

Neben der Kirche San Martino, Di, Do, Fr 10–12 und 14–17 Uhr

Die Casa Ciseri ist das Geburtshaus von Antonio Ciseri, dem Maler und späteren Professor und Leiter der Kunstakademie in Florenz. Das Haus wurde im 19. Jh. vom Architekten Francesco Meschini erbaut; Meschini war ebenfalls an der Konstruktion der Tremola, der Gotthardpassstraße, beteiligt.

Durch einen quadratischen Innenhof kommt man in die **Sala dei Pro-**

messi Sposi des Patrizierhauses – ausgemalt mit Fresken, die Episoden aus dem gleichnamigen Roman Manzonis aufgreifen, dem Klassiker der italienischen Literatur schlechthin. Die Casa Ciseri befindet sich noch im Besitz der Familie. Die beiden Säle im Westflügel werden als Galerie, Kulturzentrum und Verkaufsort für kunsthandwerkliche Produkte, die im sozialtherapeutischen Institut La Motta in Brissago hergestellt werden, genutzt.

Porto di Ronco

Zum Hafen von Ronco sopra Ascona ist es nicht weit – nur etwa 800 Stufen bergab. Porto Ronco ist jedoch nicht viel mehr als eine Schiffsanlegestelle, diese aber bietet die kürzeste und schnellste Verbindung zu den Isole di Brissago (s. S. 172).

Übernachten

Im Kloster – **Albergo Ronco:** Piazza della Madonna, Tel. 091 791 52 65, www.hotel-ronco.ch, DZ ab 160 CHF. Hotel hinter ehemaligen Klostermauern, mit schönem Seeblick.
Mit Lift zum Strand – **Pension Eden Giardino:** Via Ronco 150, Tel. 091 791 66 61, www.eden-giardino.ch, DZ ab 130 CHF. Von den Zimmern hat man einen wunderschönen Blick. Trotz der erhöhten Lage besitzt die Pension einen Privatstrand, der mit dem Lift erreicht werden kann.
FeWo – **Casa Maddalena:** Tel. 091 791 90 52 oder 079 627 85 38. Rustikale Ferienwohnung für bis zu fünf Personen mit schöner Sicht auf den See.

Essen & Trinken

Edel auf der Terrasse – **Della Posta:** im Dorfkern, Tel. 091 791 84 70, www.ristorantedellaposta.ch, im Winter Mi–So ab 11.30, warme Küche 11.30–14 u. 18.30–21 Uhr. Auf der hübschen Terrasse wird edle Küche serviert, z. B. Pasta mit Meeresfrüchten für 28 CHF.
Einfach – **Pizzeria del centro:** Via Livurcio 4, Tel. 091 791 42 61, Di geschl., ab 11 CHF. Einfache Küche, vor allem Pizza.

Aktiv

Spaziergang mit Ausblicken – Der **Sentiero della Grusna** führt zum alten Ortsteil Fontana Martina; er zweigt, ausgeschildert, am südlichen Ortsausgang beim Mühlbach am Ende der Via Ciseri ab. Man geht nur gut eine halbe Stunde, mit schönen Ausblicken auf den See.

Infos

Informationsbüro: an der Durchfahrtsstraße, Tel. 091 791 46 50 oder 091 791 00 91 (Brissago).

Verkehr

Bus: Regelmäßiger Busverkehr.
Schiff: Regelmäßiger Schiffsverkehr. Ein kleines Boot fährt mehrmals tgl. zu den Isole di Brissago (s. S. 172).

Fontana Martina ▸ D 7

Genauso schön gelegen wie Ronco, zog Fontana Martina seinerseits Künstler an. Fritz Jordi, Buchdrucker aus Bern, wollte hier ein südliches Worpswede ins Leben rufen und kaufte im Jahre 1923 den bereits verlassenen Ort. Um Jordi bei seinem Unternehmen zu unterstützen, reiste Heinrich Vogeler, der Jugendstilkünstler aus Norddeutschland, in den 1920er-Jahren an den Lago Maggiore. Zusammen brachten sie eine Zeitschrift heraus, benannt nach Fontana Martina. Ab 1930 po-

Lieblingsort

Kirche mit Seesicht ▶ D 7
Des schönsten Kirchplatzes im Tessin – oder auch der Welt – rühmt sich **Ronco sopra Ascona** (s. S. 166). Das ist ja bekanntlich Ansichtssache, aber ich mag diesen Platz sehr. Gerne setze ich mich für ein Weilchen auf eine der Bänke, unter den alten Kastanienbäumen. Vom Kirchplatz des 335 m hoch gelegenen Dorfes sieht man traumhaft auf den See mit den Brissago-Inseln, hinüber zum Gambarogno am anderen Ufer und auf das Schwemmdelta der Maggia, auf dem sich Ascona ausbreitet.

litisierte sich das Klima zusehends, und Fontana Martina wurde kurzzeitig Heimat für viele Verfolgte des Faschismus.

Brissago ▶ D 7

Der Ortskern von Brissago liegt auf einem der beiden Deltas, die die Bergbäche, **Torrenti del Sacro Monte** und **di Ponte**, im Lauf von Jahrtausenden aufgeschwemmt haben. Brissago lag früher ausgesprochen isoliert und war nur über den See zu erreichen. Die Fußgängerrampe, der oleandergesäumte **Muro degli Ottevi,** auch Rampa genannt, war der einzige Durchgang. Im Jahre 1863 schließlich wurde die Seestraße von Ascona nach Brissago und der Grenze weiter ausgebaut und unterhalb der Rampa eine schmale Gasse durchgezogen.

Doch der nach dem Zweiten Weltkrieg stetig wachsende grenzüberschreitende Verkehr führte 1965 zur Verbreiterung, der die seeseitige Häuserzeile zum Opfer fiel. Diese Hauptstraße zum nahen Zoll beim Val Mara führt mitten durch den Borgo und teilt diesen in seine berg- sowie seine seeseitige Hälfte. Mit der neuen Straße kamen die Touristen, und rund um Brissago wurde geradezu frenetisch Altes abgerissen und Neues gebaut.

Leider war das Neue oft banal, doch auch namhafte moderne Architekten wie Snozzi und Galfetti waren am Werk. So musste zwar das nach einem Brand zur Ruine verkommene Grand-Hôtel von 1907 abgerissen werden, in dem schon Thomas Mann, Ernest Hemingway, Hermann Hesse, Erich Kästner und Vladimir Nabokov logiert hatten. Heute steht an dessen Stelle die zehngeschossige **Villa Bianca** des Architekten Aurelio Galfetti, ein luxuriöses Apartmenthaus mit eigenem Bootshafen und beachtenswerter Architektur, vergleichbar Livio Vacchinis grün-gläserner, 1999 errichteter **Casa BancaStato** am südlichen Ortsende. Der Durchgangs- und Schwerverkehr von und nach Italien bleibt Brissagos Hauptproblem. Pläne, zur Entlastung einen Tunnel wie in Locarno und Ascona zu bauen, wurden bislang nicht verwirklicht.

Mein Tipp

Cafés mit Kunst

Am **Lungolago** säumen Steinskulpturen des Bad Homburger Künstlers Rolf Kröger die Promenade. Hier ist meist viel weniger Betrieb als an der Promenade von Ascona, zudem gibt es Cafétische direkt am Wasser, und der Blick auf den See ist ja immer (gleich) schön. Der großzügige Bootshafen wurde 1995 fertiggestellt.

SS. Pietro e Paolo

Recht hübsch über dem Hafen liegt die Pfarrkirche SS. Pietro e Paolo. Sie wurde, ebenso wie Madonna di Ponte, von den einheimischen Architekten Beretta – Vater und Sohn – im 16./17. Jh. erbaut. Die Renovierung 1961 durch Luigi Snozzi, ebenfalls ein Tessiner Architekt, brachte ihre Renaissanceschönheit wieder zur Geltung, die durch barocke Einbauten geschmälert worden war. Den zentralen Altar schuf der aus dem Blenio-Tal kommende Bildhauer Giovanni Genucchi aus einem 90 Zentner schweren Granitblock.

Brissagos Kirchen wurden bemerkenswert restauriert; antreibender

Geist hierfür war Don Annibale Berla, jahrzehntelang (1946–2000) zuerst Vikar, dann Ortspriester Brissagos. Besonders schön ist auch hier der Kirchplatz mitsamt den über 400-jährigen Zypressen.

Palazzo Branca-Baccalà

Via Pioda 5, Tel. 091 793 02 42, www.leoncavallo.ch, März–Okt. Mi–Sa 10–12 und 16–18 Uhr, 5 CHF

Am Seeufer steht der Palazzo Branca-Baccalà. Seit der letzten Außenrenovierung durch den Architekten Livio Vacchini präsentiert sich der Palast wieder als Aushängeschild herrschaftlichen Barocks der Region. Schön ist auch der gepflasterte Platz mit dem eleganten Sodbrunnen. Im Haus untergebracht ist das **Museum Ruggero Leoncavallo.** Es enthält Andenken und Dokumente, die an den neapolitanischen Opernkomponisten (1857–1919) und Ehrenbürger von Brissago erinnern.

Außerhalb von Brissago

Madonna di Ponte

Die Kirche **Madonna di Ponte** steht im Ortsteil Ponte, südlich von Brissago, direkt am See und gilt als das beste Beispiel lombardischer Architektur in der Schweiz. Auch sie wurde renoviert, dabei erhielt der prunkvolle barocke bisherige Hauptaltar einen neuen Platz in einer eigens für ihn erstellten westlichen Seitenkapelle. Im Kirchhof befindet sich das Grab von **Ruggiero Leoncavallo** (1857–1919). Der italienische Komponist, der mit seiner Oper »I pagliacci« (Der Bajazzo) weltberühmt wurde, lebte einige Jahre in Brissago. Dort ist ihm ein Museum gewidmet (s. o.). Seine sterblichen Überreste wurden 1989 von Florenz an den Lago Maggiore überführt.

Fabbrica Tabacchi di Brissago

Via Leoncavallo 55, Tel. 091 786 81 32, www.centrodannemann.com, Besichtigung April–Okt. Mo–Fr 10–17 Uhr, außerhalb dieser Zeiten auf Anfrage

Berühmt ist Brissago auch für seine 1847 gegründete Fabbrica Tabacchi di Brissago, die älteste Manufaktur im Kanton Tessin, die bis heute Brissagos herstellt, beliebte Zigarillos, die auch zu literarischen Ehren kamen, so beim Schweizer Autor Friedrich Glauser: »Umständlich setzte Studer den Strohhalm in Brand, den er aus der Brissago gezogen hatte …«. Lombardische Emigranten wollten damit das österreichische Tabakmonopol durchbrechen. Durch die ungünstige Lage des Ortes war die Tabakproduktion im großen Stil nicht konkurrenzfähig, konnte sich aber bis heute behaupten.

Seit 1999 wird die Fabrik als **Centro Dannemann** mit Auditorium auch für kulturelle Veranstaltungen genutzt. Die Fabrik kann besichtigt werden.

Val del Sacro Monte

Das Val del Sacro Monte ist ein überaus stimmiges Gesamtkunstwerk von Natur und Architektur, nur wenige Gehminuten oberhalb von Brissago. Zur barocken Kirche, ebenfalls von Luigi Snozzi renoviert, führt die **Gradinata del Calvario** durch die Via Gerusalemme, ein traditioneller **Kreuzweg** aus der Zeit der Gegenreformation. Von der **Verkündigungskapelle** aus steigt die Via Crucis, mitsamt der **Geißelungskapelle** über 14 Stationen. Sie wurde 1999 von dem Kapuzinerpater Fra Roberto Pasotti aus dem Konvent zu Bigorio oberhalb von Tesserete mit Malereien ausgeschmückt. Die barocke Wallfahrtskirche **Madonna Addolorata** steht auf einem quer ins

Tal ragenden Felsen. In der Kalvarienberg-Kapelle befinden sich restaurierte Holzkruzifixe aus dem 18. Jh.

Porta

Im bergseitigen Dorf Porta steht eine der wenigen, gänzlich neuen Kirchen (1997/98) der Region. Sozusagen als Abschiedsgeschenk orderte sie der scheidende Pfarrherr Berla. Der Neubau aus Beton und Granit des Architekten Raffaele Cavadini ist ein schlichter Kubus, der sich gut ins Ambiente des Dorfes einfügt.

Die **Elektrizitätszentrale** Verbano der Maggia-Kraftwerke, die im **Val di Crodolo** ganz in den Berg hineingebaut wurde, wird auf der Seestraße Richtung Porto Ronco erreicht. Die Anlage kann besichtigt werden. Auskunft erteilt das Fremdenverkehrsamt in Brissago.

Isole di Brissago !

Zu den touristischen Hauptattraktionen der Region zählen die Isole di Brissago (s. S. 66), auf denen seit 1949 der **Botanische Garten** des Kantons liegt. Zuvor war eine Gräfin mit rätselhafter Vergangenheit die Besitzerin gewesen. Nach ihrem Bankrott kaufte der Hamburger Kaufmann Max Emden, der u. a. das KaDeWe in Berlin betrieb, die Insel und baute eine neoklassizistische Villa darauf.

Im Jahr 1949 erwarben schließlich der Kanton, der Schweizer Heimatschutz und der Naturschutzbund gemeinsam die Brissago Inseln mitsamt der Villa. Die ist heute ein Konferenzzentrum mit Restaurant. Immer noch umgeben von einem wunderschönen Garten und Park, in dem rund 1700 verschiedene Pflanzenarten vom Mittelmeerraum, den Subtropen Asiens, Südafrikas, Amerikas und Ozeaniens wachsen. Die Inseln sind etwa 1 km von Porto di Ronco entfernt und von dort gut mit Shuttle-Booten zu erreichen.

Übernachten

Mit Pool – **Brenscino:** außerhalb des Ortes, Via Sacro Monte 21, Tel. 091 786 81 11, www.brenscino.ch, DZ ab 250 CHF. Etwas erhöht beim Sacro

Monte und bereits im Jahr 1913 eröffnet, als Familienhotel geeignet und mit ordentlichem Pool ausgestattet.

Mit Seeblick – **Mirto al Lago:** Viale Lungolago 2, Tel. 091 793 13 28, www.hotel-mirto.ch, DZ ab 185 CHF. Nicht nur der Blick auf den nahen See gefällt hier, die Überraschung ist der kleine Pool auf der Dachterrasse.

Rustikal-Schick – **Nevedone16:** Nevedone 16, Tel. 091 780 92 52, www.ordinedisordine.ch, DZ ab 120 CHF. Ein interessantes Konzept: Zum B&B in schick renoviertem Rustico gehört ein Laden mit Innendekoration – man kann also die Einrichtung kaufen.

Essen & Trinken

Tessiner Küche – **Osteria Al Giardinetto:** Muro degli Ottevi 10, Tel. 091 793 31 21, Do–Di ab 18 Uhr, www.al-giardinetto.ch. Das Lokal, geführt von Rolf und Petra Heiniger, ist mitten im Ortskern gelegen, an der erhöhten alten Gasse, und bietet raffiniert ver-

Eine neoklassizistische Pracht schuf sich der Hamburger Kaufmann Max Emden auf den Brissago-Inseln

feinerte Tessiner Küche. In Merlot geschmorte Kalbsbäckchen 39 CHF.

Im Schloss – **Ristorante Isole di Brissago:** Isole di Brissago, Tel. 091 785 40 44, www.isolebrissago.ch, Mitte Juli–Mitte Aug. auch abends geöffnet. Gehobene Tessiner Küche. Das Restaurant ist auch spezialisiert darauf, Hochzeiten und Bankette auszurichten.

Panoramisch – **Osteria Grotto Borei:** Brissago-Piodina, Via Ghiridone, Tel. 091 793 01 95, www.osteriaborei.ch, Fr–Mi. »Panoramablick« steht auf der Visitenkarte, und das ist maßlos untertrieben: Schlicht unschlagbar – der weite Weg (30 Min. Autofahrt Richtung Mergugno) lohnt sich, auch für das gebratene Zicklein (28 CHF).

Viel Fisch – **Osteria Boato:** Viale Lungolago, Tel. 091 780 99 22, www.osteriaboato.ch, tgl. 10.30–23 Uhr, Okt.– März geschl. Auf Fischgerichte hat sich dieses Lokal an der Uferpromenade spezialisiert, kein Wunder: Die Boatos sind Fischer. Spezialität ist Fisch »al sale«, in der Salzkruste (28 CHF). Modernes Haus, moderne Küche, sehr beliebt.

Am See – **Gabietta:** Via Gabbietta 6, Tel. 091 793 17 60, www.ristorantegabietta.ch. Hier wird Schwyzerdütsch gekocht, z. B. Fischknusperli und Huhn im Körbli. Hauptgerichte ab 25 CHF.

Aktiv

Rutschspaß – **Strandbad Lido Brissago:** www.brissago-lido.ch. Das Highlight des Strandbades ist die 75 m lange Wasserrutsche, außerdem gibt es Sprungtürme und eine Boccia-Bahn. Eintritt 4 CHF.

Übern Berg und übern See – **Lago-Maggiore-Express:** www.lagomaggioreexpress.com, eine Tagesrundreise mit Schiff und Bahn, die auch nach Brissago kommt. Die Fahrt führt mit der Centovallibahn durchs Tessin und weiter durch Gebiete in Italien, zurück geht es auf dem Lago Maggiore mit dem Schiff. Erw. 48 CHF, Kinder bis 12 Jahre 24 CHF.

Infos & Termine

Ente Turistico Lago Maggiore: s. Infobox S. 166.

Verkehr

Bus: Linienverkehr nach Ascona und Locarno.

Schiff: In Brissago legen die Linienschiffe des Lago Maggiore an, im Schweizer Becken etwa einmal stündlich ins Gambarogno (Ranzo) oder nach Ascona und Locarno; zu italienischen Orten etwa alle zwei Stunden; Sonderfahrten mittwochs zum Markt nach Luino. Von Porto Ronco aus fährt ein kleines Boot mehrmals tgl. zu den Isole di Brissago.

Termine

Leoncavallo-Festival: www.ottaviopalmieri.ch, Chiesa Madonna del Ponte, Tel. 091 791 00 91. Jährliches Musikfestival im Sommer (genaue Zeiten s. Website) zu Ehren des neapolitanischen Komponisten Ruggiero Leoncavallo (1857–1919), der Anfang des 20. Jh. nach Brissago zog und sich 1903 eine Villa erbauen ließ. Das Festival Leoncavallo unter der Leitung des Brissagheser Tenors Ottavio Palmieri erinnert an die Verdienste des Musikers.

Traversato a Nuoto del Lago: Am 1. Aug. werden die 3,8 km von Brissago nach Dirinella schwimmend überquert. Teilnehmen kann jeder gute Schwimmer über 14 Jahre. Treffpunkt um 7.30 Uhr bei der Schule von Brissago. Anmeldungen beim Verkehrsverein Maggiore in Brissago oder telefonisch unter Tel. 091 791 00 91.

Gambarogno

Das Gambarogno ist der ruhigere Uferabschnitt am Lago Maggiore, hier warten keine Luxushotels, sondern Familienpensionen auf Urlauber. Wilde Täler ziehen sich bis zum See herunter, Wälder laden zum Wandern ein, und das **Naturschutzgebiet** im letzten Sumpfgebiet der Region kann per Boot erforscht werden. Ein Ausflug in das italienische Luino lohnt sich vor allem am Mittwoch, dem Markttag.

Die **Riviera del Gambarogno** zieht sich am Nordostufer des Lago Maggiore entlang – bis zur italienischen Grenze. Sie ist benannt nach dem 1734 m hohen **Monte Gambarogno.** 200 km Wanderwege erschließen die Region, die weniger lieblich erscheint als das Asconeser Ufer; sie ist eher ein Familienurlaubsgebiet. Zum Gambarogno gehören die Bolle di Magadino, ein Naturschutzgebiet im Sumpf des Ticino-Deltas (s. Entdeckungstour S. 176).

Die Ansiedlungen des Gambarogno können schlicht in zwei Kategorien eingeteilt werden: Bergdörfer und Seedörfer. Letztere liegen zumeist auf Schuttkegeln der Gebirgsbäche. Sie sind zum Wasser hin ausgerichtet, ihre Bewohner lebten einst vom Seetransportwesen, der Fischerei und der Landwirtschaft. Die Bergdörfer hingegen finden sich auf den eiszeitlichen Terrassen etwas oberhalb des Sees. Hinzu kommen nur im Sommer bewohnte Alpdörfer – *monti* genannt – , erbaut auf Lichtungen in den Kastanienwäldern und noch einmal etliche Höhenmeter weiter oben. Die Dörfer waren bekannt für in der Gegend unübliche Strohdächer. Heute vermischen sich die Unterschiede immer mehr. Der Bauboom der 1960er-Jahre hat beide Ortsformen deutlich vergrößert und manches nivelliert.

Magadino ▸ E 7

Die erste Begegnung mit dem Gambarogno vermittelt einen ganz falschen Eindruck. Magadino, der Ort am Ostende des Lago Maggiore, wartet mit einigen stattlichen Gebäuden auf. Sie entstanden alle im 19. Jh., in einer kurzen Blütezeit, als Magadino die wichtige Umsteigestation vom Dampfschiff auf die Postkutschen war und somit den Knotenpunkt der Nord-Süd-Verbindung von der lombardischen Tiefebene bis über den Gotthardpass darstellte. So fuhr von hier aus das erste Dampfschiff überhaupt auf dem See, 1826, die Verbano. Mit der Eröffnung der Eisenbahnlinie im Jahr 1882 welkte das kurz aufgeblühte Magadino wieder dahin und hat heute 1400 Einwohner.

Erhalten geblieben sind einige repräsentative Profanbauten sowie die prächtige, klassizistische Kirche **San Carlo** aus dem Jahr 1846. Sie wurde auf einer Terrasse ober- ▷ S. 179

Infobox

Infos

Gambarogno Turismo: Vira, Via Cantonale, Tel. 091 795 18 66, gambarogno@etlm.ch, www.gambarognoturismo.ch. Das Fremdenverkehrsamt für das Ascona gegenüberliegende Ufer.

Anreise

Von Bellinzona aus fährt man auf der Kantonsstraße Richtung Luino (Italien). Parallel dazu fährt auch die Bahn.

Auf Entdeckungstour: Zwischen Wasser und Land – Naturschutz im Feuchtgebiet

Die Bolle di Magadino, das Mündungsgebiet von Ticino und Verzasca am Lago Maggiore, sind eine Auenlandschaft von hohem Wert. Nun sind die Bagger angerückt – zur weiteren Renaturierung.

Reisekarte: ▶ E 7

Zeit: Rundgang ca. 4–5 Std.

Planung: Verkehrsverein Gambarogno, Tel. 091 795 18 66, www.bolledimagadino.com und www.gambarognoturismo.ch. Führung durch das Naturschutzgebiet können unter Tel. 078 639 07 49 gebucht werden. Die Touren dauern zwei Stunden und werden auf Italienisch, Deutsch und Französisch durchgeführt.

Die Bolle di Magadino sind ein Übergangsbereich von Wasser und Land. Das Mündungsgebiet der Flüsse Ticino und Verzasca am Lago Maggiore ist der Rest einer Naturlandschaft, die einst die gesamte Magadino-Ebene ausmachte. Entstanden ist es durch Schwemmmaterial, auf dem sich Tier- und Pflanzenarten ansiedelten. Nach der Kultivierung der Ticino-Ebene konnten sich einzigartige Biotope entwickeln: Hier wachsen Riedgräser, Wasserpflanzen, Auenwälder aus Pappeln, Erlen und Weiden, und über 200

Vogelarten, darunter Fischreiher und Flussregenpfeifer, haben hier eine Heimat gefunden. Hinzu kommen die Zugvögel, die im Frühjahr und Herbst in den Bolle zwischenlanden.

2011 ging der sogenannte Gewässerpreis an die Stiftung »Bolle di Magadino« für die Renaturierung der Ticino-Mündung und an den Kanton Tessin für seine Förderung von Fluss-Renaturierungen. Mit dieser Auszeichnung würdigen Pro Natura und andere Verbände diese Leistungen in einem international bedeutenden und für die Schweiz einzigartigen Feuchtgebiet.

Zwei Wege

Die Bolle di Magadino können auf zwei getrennten Naturlehrpfaden besichtigt werden, der eine führt von Norden her, in der Nähe von Tenero bei der letzten Brücke über die Verzasca, der südliche startet in Magadino. Der nördliche und der südliche Weg sind nicht miteinander verbunden; es gibt bislang keine Brücke über den Ticino. Zweisprachige Informationstafeln (italienisch und deutsch) erklären Pflanzen und Tiere des Gebiets.

Die gigantische Flutwelle

Wer von Magadino startet, geht am Ufer entlang Richtung Osten, am Hafen vorbei, bis etwa 500 m nach der Kirche ein Pfad auf einem Damm ins Gebiet führt, links und rechts Bäume, Altholz liegt im Wasser, Äste, ganze Stämme. Links sieht man ein paar größere Inseln mit Bewuchs, rechts stehendes Wasser, gebildet von einem dünnen Nebenarm des Ticino – beliebt, nicht nur bei Stechmücken. Bald kommen rechter Hand Felder. Im Mittelalter war das ganze Gebiet zwischen Lago Maggiore und Bellinzona sehr fruchtbar. Doch die **Buzza di Biasca,** der katastrophale Bergsturz von 1515, verwüstete die Region; eine gigantische Flutwelle schwemmte die Erde hinweg. Bis Ende des 19. Jh. lag die Magadino-Ebene als Sumpfgebiet brach, die Malaria lehrte die Bewohner der umliegenden Dörfer das Fürchten. Wegen Überschwemmungen war die Ebene kaum bewohnt. Dann wurde beim Bau der Eisenbahnlinie der Flusslauf des Ticino begradigt und 1918 mit der Melioration begonnen: Entwässerungskanäle wurden gezogen, Landwirtschaftsstraßen gebaut.

Der Pfad stößt nach dichtem Buschwerk auf einen breiten Weg, der von rechts heranführt. Noch einmal 100 m gerade aus, bis man auf den Ticino stößt. Genau hier gegenüber baggerte ein Kies- und Betonwerk seit den 1960er-Jahren im Ticino und fuhr das Material auf LKWs weg, Jahr für Jahr, mitten im Naturschutzgebiet.

Kleefarn statt Kieswerk

Das Werk wurde 2006 stillgelegt. Um die Arbeitsplätze zu erhalten, wurde es in Cadenazzo neu gegründet und verarbeitet dort seitdem Aushubmaterial aus Italien. Die Bagger, die danach anrückten, waren finanziert vom Kanton Tessin, dem Bund und Naturschutzorganisationen. Sie sorgten unter anderem dafür, dass nun der Kleine Rohrkolben und der vierblättrige Kleefarn wieder wachsen können.

Die gegenüberliegende, rechtsseitige Flussverbauung wird aufgebrochen und verbreitert. Der schnurgerade Damm, der den Ticino einst in seinem Bett hielt und so das Gebiet vor Hochwasser schützte, wurde aufgelöst. Ein neuer Damm entsteht, er zieht sich in Wellenlinien weiter entfernt vom Flussbett entlang. Der Schutz vor

Hochwasser bleibt so gewährleistet, aber Ticino-Delta kann nun immerhin 150 m breit werden; es waren zuvor nur 50 m. Im Fluss selbst werden Sandinselchen entstehen, aber die wird der Ticino selbst gestalten: Der Fluss wird sie immer wieder neu ablagern und abtragen.

Die Wege durch den Naturpark dürfen nicht verlassen werden, meist ist das eh nicht möglich, da die Umgebung sumpfig wird. Am Fluss entlang kann man noch wenige hundert Meter links zum See gehen. Am vordersten Aussichtspunkt hat man einen guten Blick auf den Fortgang der Umstrukturierungen.

Gewollte Überschwemmungen

Mit dem Umbau können weite Flächen im Delta immer wieder überschwemmt werden, eine wichtige Voraussetzung für viele der seltenen Pflanzenarten, die hier ein geeignetes Klima finden. Der Kleefarn etwa galt in der Schweiz bereits als ausgestorben, um so größer ist die Freude, dass er in der Bolle di Magadino wächst. Kleefarn (Marsilea quadrifolia) ist eine ausdauernde Wasserpflanze mit oberirdisch kriechenden Sprossen. Die vierteiligen, kleeblattartigen Blätter schwimmen auf der Wasseroberfläche. Kleefarn kommt in lockeren Gruppen im flachen, bis 40 cm tiefen Wasser und auf trockengefallenem Schlamm vor. Die Fondazione Bolle di Magadino startete mit dem Parco botanico del Cantone Ticino auf der Brissago-Insel sofort ein Erhaltungsprojekt. Seither gedeiht die Art auch im Botanischen Garten.

Darüber hinaus nisten und leben im Mündungsgebiet Hunderte von Zugvögel, Sumpfvögel, Reiher und es gedeihen 90 Algenarten, 20 Briophyten (Moose und Flechten), 16 Pterophyten (Farne und Schachtelhalme), 430 Spermatophyten (Monokotyle und Dikothyle) und 387 Pilzarten.

Auf Bohlenwegen

Aber nicht nur die Natur, auch die Besucher der Bolle di Magadino werden von den Neuerungen profitieren. Es wird ein **Besucherzentrum** in Magadino gebaut. Die Wanderungen und Spaziergänge in die Auenlandschaft sollen erweitert werden, zu Bohlenwegen im Feuchtgebiet kommen Stege im See; auf diese Art entsteht zugleich eine Fußgängerverbindung zwischen Locarno und Magadino, weit ab von den Straßen.

Dieser vordere Uferabschnitt gehört zum **Schutzgebiet A** mit dem höchsten Status, dort wird es keine Landwirtschaft, keinen Fischfang und natürlich auch kein Kieswerk mehr geben; in **Zone B und C**, die sich landeinwärts anschließen, werden weiterhin Felder und vereinzelte Häuser bestehen bleiben. In Zone C liegt sogar der kleine Flugplatz, dessen Zukunft ungewiss ist. Zurück geht man entweder denselben Weg, oder etwa 100 m weg vom Flussufer auf einem geraden Weg immer Richtung Osten.

halb der Bahnlinie von Giacomo Moraglia erbaut (der auch das Teatro Sociale in Bellinzona entwarf). Die **Fresken** in der Kirche schuf Richard Seewald (1889–1976). Die berühmte **Orgel**, 1951 von der Mascioni-Familie erbaut, hat 2300 Pfeifen und 40 Register. Seit den 1960er-Jahren wird hier das internationale **Orgelmusik-Festival** veranstaltet.

Übernachten

Bäuerlich – **Agriturismo Tenuta nuova Vorame:** Quartino, Tel. 091 795 22 13, DZ 150 CHF. Ferien auf dem Bauernhof nahe dem Naturschutzgebiet.

Aktiv

Baden – In jedem der Seeorte des Gambarogno gibt es einen kleinen, freien **Kiesstrand.**

Infos & Termine

Verkehr

Bahn: Die Bahnlinie Bellinzona–Luino führt am Ufer des Sees entlang.
Schiff: In allen Seeorten verkehren in der Hauptsaison Linienschiffe.

Termine

Festival internazionale di musica organistica Magadino: Juli, in der Pfarrkirche San Carlo, www.organ-festival.ch. Gespielt wird auf der historischen Mascioni-Orgel, Schwerpunkt der Musik liegt auf Werken von Johann Sebastian Bach.

Vira ▸ E 7

Vira war das historische Zentrum des Gambarogno. Hier wurden **römische Gräber** gefunden – eines der wenigen Zeugnisse früher Besiedlung auf dieser Seeseite. Das gesamte Gambarogno war im Mittelalter eine große, von Locarno abhängige Bürgergemeinde, eine sogenannte Vicinanza. 1487 gewährte der Locarneser Graf Giovanni Rusca der Region die Autonomie. Heute zählt Vira 600 Einwohner. Im Ort fallen an einigen Häusern die **modernen Fresken** auf, die 1970 von der Scuola dell'Affresco ausgeführt wurden.

Bereits im 8. Jh. wurde auf einer aufgeschütteten Plattform der erste Kirchenbau errichtet, heute erhebt sich dort die im 17. Jh. erneuerte Pfarrkirche **San Pietro.** Vor den Chorstufen steht der Renaissancetaufstein von 1589, im linken Nebenaltar ruhen die Gebeine des Märtyrers Cosimus. Vom Kirchplatz kann man hinunterlinsen auf den Strand von Vira – und hat einen fantastischen Blick aufs Locarnese. Ins Auge

Mein Tipp

Frischer Fisch und mehr in Vira
Obwohl nur ein kleiner Ort, kann man in Vira gut einkaufen, dank der Familie Branca. Die **Metzgerei** von Nicolino Branca wurde für ihre regionalen Fleischereiprodukte mehrfach ausgezeichnet. Gleich nebenan, neben einer Garage, gibt es Fisch vom Onkel, die **Pescheria** Walter Branca. Dafür muss mal allerdings so früh aufstehen wie die Nachbarinnen, denn ab 8 Uhr ist der Fang des Tages meistens schon verkauft. Selbstgeräucherten Lachs und marinierte Fische gibt es aber auch dann noch.
Macelleria Nicolino Branca, Pescheria Walter Branca: Via Cantonale, Vira, www.branca.ch.

fällt die mächtige Betonwand des 220 m hohen Staudamms am Eingang zum Verzasca-Tal.

Übernachten

Mit Aussicht – **Bellavista:** Tel. 091 795 11 15, www.hotelbellavista.ch, DZ ab 240 CHF. Das Haus bietet von seiner erhöhten Lage aus einen schönen Blick.
Dableiben – **Viralago:** Tel. 091 780 43 20, www.viralago.ch, DZ 160–220 CHF. Vor allem an Langzeiturlauber, die im milden Tessin-Klima überwintern wollen, richtet sich dieses Hotel, das auch einen Privatstrand hat. Auch spezielle Seniorenangebote.
Panoramalage – **Casa Vignascia:** Tel. 091 795 10 20, www.casavignascia.com, DZ 128–148 CHF. Kleine, einfachere Familienpension unmittelbar am See.
Camping – **Camping Bellavista:** Tel. 091 795 14 77, www.campingbellavista.ch. Kleiner Zeltplatz nahe am See, v. a. von jungen Leuten frequentiert.

Essen & Trinken

Edel – **Ristorante da Rodolfo:** Familie Ratti, Tel. 091 795 15 82, Di–So mittags und ab 18 Uhr. Bei Rodolfo wird die gehobenste Küche dieser Lago-Seite geboten. Schön sitzt man unter einer Pergola direkt am See. Kaninchenbraten, fangfrischer Fisch um 30 CHF.

Von Vira nach Indemini

Während oberhalb der Seeorte Locarno und Ascona kein Fleckchen Erde mehr unbebaut scheint – was gerade hier vom gegenüberliegenden Ufer aus gut zu sehen ist –, bietet das Gambarogno noch eine wildere Landschaft. Dichter Wald überzieht die steilen Hänge bis in die Gipfellagen, Wanderungen auf den ausgeschilderten Wanderwegen kann man schön im Schatten unternehmen. Und die Fahrt nach Indemini hinterlässt den Eindruck, durch gänzlich unbesiedeltes Land gefahren zu sein.

Über 17 km zieht sich die Straße vom See über den Pass **Alpe di Neggia** (1395 m) bis in das Dorf an der Grenze zu Italien hinauf, eine enge Straße mit schier unendlich vielen Serpentinen – es sind insgesamt fast 300. Sie wurde während des Ersten Weltkriegs gebaut, davor lag das Dorf noch weiter ab von der Welt. Um 1800 überlegte die Helvetische Regierung sogar, den Ort im Tausch mit Campione am Luganer See der Cisalpinischen Republik zu übereignen.

Findet sich mal eine Ausweichstelle an der Straße, sollte man anhalten und den Blick zurück nicht scheuen. Wunderbar sieht man am anderen Ufer die beiden Städte Ascona und Locarno auf dem Schwemmdelta der Maggia, mächtig verschließt der Staudamm des Val Verzasca das Tal, und sanft breiten sich die Bolle di Magadino im Delta des Ticino aus.

Indemini ▸ E 8

Indemini ist ein außerordentlich fein herausgeputztes Dorf mit gut erhaltenen *portigh*, kleine Dorfplätze mit über- und ineinander verschachtelten Loggien und Gängen. Über 400 Einwohner zählte man Mitte des 19. Jh., jetzt sind es noch etwa 40, davon die Hälfte Deutschschweizer. Aufgrund der Landflucht musste 1969 die Schule schließen, doch vor einigen Jahren hat sich der Ort wieder belebt: Es gibt

Winkel zum Entdecken: Indemini bietet vielerlei pittoreske Anblicke

eine neue Schule und ein schickes, knallgelbes Gemeindehaus. In dem alten Schulgebäude, dem **Ostello la Genziana,** kann man übernachten (s. Übernachten unten).

Berühmt ist Indemini für seine propere **Bauernarchitektur**: auffällig sauber gemauerte, vielstöckige Häuser mit recht alpin anmutenden Holzbalkonen. Hübsch ist auch die erhöht stehende Pfarrkirche **San Bartolomeo,** um 1500 errichtet und 1959 erneuert. Sie hat einen frei stehenden Campanile. Im Winter ist die Straße zum See manchmal nicht befahrbar, vor allem wegen der hochgelegenen **Alpe.** Daher wurde 1968 eine Straße zur italienischen Seeseite eröffnet.

Übernachten

Matratzenlager – **Ostello la Genziana:** Indemini, Tel. 091 795 15 98 oder Tel. 091 795 12 22, www.indemini.ch, 30 CHF p. P. Matratzenlager im ehemaligen Schulgebäude.

Einfach – **Ritrovo di Neggia:** Neggia, Tel. 091 795 19 97, DZ 80 CHF. Einfache Unterkunft auf der Passhöhe zwischen See und Indemini.

Essen & Trinken

Rustikal – **Ristorante Terrazza Martini:** josy.stoffel@gmx.ch, Tel. 091 795 14 67, Anfang April bis Anfang Nov. sowie über Weihnachten/Neujahr tgl. durchgehend warme Küche. Von der Terrasse schweift der Blick übers Hinterland des Gambarogno, serviert werden eher einfache Gerichte.

San Nazzaro ▸ E 7

Im am Seeufer gelegenen Ort **San Nazzaro** findet sich ein Beispiel gelungener moderner Architektur: Luigi Snozzi baute 1978 ein zweiflügeliges Gemeindehaus mit Schule in seiner klaren Formensprache.

Botanischer Garten Gambarogno

Tel. 091 795 18 66, www.parcobotanico.ch, ganztägig geöffnet

Auf der Hügelterrasse zwischen Piazzogna und Vairano lohnt der Botanische Garten Gambarogno einen Besuch. Der Züchter Otto Eisenhut hat auf der Fläche von 17 000 m^2 nahezu die gesamte Artenvielfalt des Lago Maggiore versammelt, darunter allein 950 Arten der im Frühjahr so schön und voll blühenden Kamelien, 200 Arten von Magnolien und Azaleen.

Der Botanische Garten profitiert von der besonderen Lage des Gambarogno: Im Winter liegt die Gegend komplett im Schatten. Dadurch sind die Temperaturunterschiede klein, und heikle Pflanzen werden nicht durch warme Sonnenstrahlen zu verfrühter Blüte angeregt, die Nachtfröste wieder vernichten würden. Seit 2000 wird der Park von der Stiftung Parco botanico del Gambarogno geführt. Die beste Zeit für einen Besuch ist der April, da beginnt die Kamelienblüte.

Gerra und Sant'Abbondio ▸ D 7

In **Gerra,** dem nächsten Ort an der Uferstraße, gibt es einige nette Restaurants. Wiederum in Hanglage liegt **Sant'Abbondio,** das sich um die Kirche **SS. Abbondio e Andrea** gruppiert. 1852 erneuert, ist diese zwar kunsthistorisch von geringer Bedeutung, ihre wunderbare Lage entschädigt aber allemal. Eine grasbewachsene Terrasse vor der Kirche lädt ein zur Rast und zum langen Schauen auf den See.

Übernachten

Kosmisch schlafen – **Albergo Sass da Grüm:** San Nazzaro, Tel. 091 785 21 71, www.sassdagruem.ch, DZ ab 180 CHF. Ein ›Ort der Kraft‹ – angeboten werden irdische und kosmische Bestrahlungen, Massage und vegetarische Bioküche.

Essen & Trinken

Fisch – **Ristorante al Pescatore:** Gerra, Tel. 091 794 21 23, Di–So mittags und ab 18 Uhr. Das Restaurant hat sich auf gute Fischküche spezialisiert. Gemischte Fischplatte 28 CHF.
Unter Reben – **Ristorante al Portico:** Via Cantonale 34, Gerra, Tel. 091 794 22 12, www.alportico.ch, Mi u. So 11– 23, Do–Sa 17.30–23 Uhr. Auf der recht großen Terrasse sitzt man unter Weinreben. Eine Spezialität sind die Felchen-Filets in Bierteig für 21 CHF.

Caviano ▸ D 8

Caviano zieht sich von der Straße hangaufwärts, es ist eines der hübschen Bergdörfer. Das Auto muss am Ortseingang abgestellt werden. Ein kurzer Spaziergang führt unter Bögen und durch Tunnel steile Gassen hinauf und kreuz und quer. 400 m höher liegt **Monti di Caviano,** auch bekannt als **Cento Campi**. Hundert Felder sind es nicht gerade, doch ist es eine stattliche Rodung, die man nach einer Stunde Aufstieg auf gepflasterten, recht steilen Alppfaden erreicht. Hier liegen eine Hand voll Häuser; eines wurde restauriert und ist ganzjährig bewohnt. Aber man sollte sich keine Illusionen machen: Trotz des mühsamen Anstiegs und der Tatsache, dass der Ort mit dem Auto nicht erreichbar ist, wurden auch hier die Rustici in Zweitwohnsitze der Städter umgewandelt. Doch das tut der Schönheit und Ruhe des Fleckens keinen Abbruch. Auf einem Bänkchen unter einem riesigen Kastanienbaum kann man gemütlich rasten und den Blick zum gegenüberliegenden Seeufer schweifen lassen.

Übernachten

Auf der Hütte – **Rifugio Alpetto:** Monti di Caviano, Tel. 091 794 13 43 oder 091 794 14 20 (Herr Zanini) oder über die Touristinfo (Tel. 091 795 18 66), Mai–Okt., www.capanneti.ch/huts/main.jsp?id_language=2&id_hut=47. Unbewirtschaftete Alphütte.

Essen & Trinken

Deftig – **Osteria del Sole:** Tel. 091 794 14 12, Di–So mittags und ab 18 Uhr. Kleine Karte, die eine feine Auswahl an Fleischgerichten verspricht. Gerühmt wird das Lammfilet.

Luino ▸ D 9

Die Reise ins italienische Grenzstädtchen (8 km von der Grenze) Luino lässt kaum ein Besucher des Lago Maggiore aus. Hier wird mittwochs von 8–16 Uhr ein viel besuchter **Markt** abgehalten. (Es empfiehlt sich, an diesem Tag nicht mit dem Auto zu fahren; besser nimmt man Schiff, Bus oder Bahn.)

Sehenswert sind außerdem Luinos Kirche **Madonna del Carmine** aus dem 15. Jh. mit Fresken aus der Schule von Bernardino Luini sowie die im 17. Jh. erneuerte Kapelle **San Pietro.**

Infos

I.A.T. (Ufficio Informazioni e di Accoglienza Turistica): Via Piero Chiara 1, Tel. 0332 53 00 19.

Hoch über dem Ostufer des Lago Maggiore schmiegt sich das Dorf Sant'Abbondio an die Hänge des Gambarogno

Das Beste auf einen Blick

Vallemaggia, Val Verzasca, Centovalli

Highlights!

Mogno: Im April 1986 fegte eine Lawine die Kirche San Giovanni Battista des kleinen Weilers hinweg. Der spektakuläre Neubau stammt vom Tessiner Stararchitekten Mario Botta. S. 197

Val Bavona: Das wohl wildeste, ursprünglichste Tal im Tessin: Lediglich der Hauptort Cavergno ist ganzjährig bewohnt. S. 202

Corippo: Der Ort im Verzasca-Tal steht komplett unter Denkmalschutz. Die übereinandergeschachtelten Bruchsteinhäuser sind so steil an den Hang gebaut, dass sich die Stockwerke z. T. über mehrere Gassen stapeln. S. 206

Auf Entdeckungstour

Auf den Spuren der Walser – in Bosco Gurin: Das hoch gelegene Dorf wird nach einer kurvenreichen Fahrt vom Lago Maggiore aus erreicht, besiedelt wurde es aber von Norden, über den Alpenkamm. S. 198

Über Berg und Tal – mit der Centovallibahn nach Italien: 1923 wurde die Eisenbahn mit der spektakulären Strecke in Betrieb genommen: Zwischen Locarno und Domodossola legt sie 1100 m Höhenunterschied zurück, fährt über 83 Brücken und durch 31 Tunnels. Eine Eisenbahnfahrt durch die Geschichte und entlang der ›Hundert Täler‹. S. 214

Kultur & Sehenswertes

Santa Maria delle Grazie in Campagna: Außerhalb von Maggia steht isoliert die kleine Kirche mit Renaissancefresken. S. 191

Santa Maria Assunta: In Brione Verzasca versteckt sich in der Pfarrkirche ein Freskenzyklus aus dem 14. Jh. im Stil Giottos. S. 209

Zu Fuß unterwegs

Spaziergang nach Boschetto: Von Cevio führt der Sentiero di Petra zum unter Denkmalschutz stehenden Dorf Boschetto. S. 192

Wanderung ins Val di Prato: Im Frühsommer ist die Tour besonders schön, da mehrere Wasserfälle zu Tal rauschen. S. 197

Vom Monte di Comino nach Costa: Die Wanderstrecke führt stetig bergab und endet in Costa, wo man in einem Grottino einkehren kann. S. 218

Genießen & Atmosphäre

Antica Osteria Dazio: In Fusio schlafen Reisende in einem alten Berghaus, das mit modernen, hellen Möbeln ausgestattet ist. Einige alten Tische sind mit Holzintarsien geschmückt, die vor Ort gefertigt wurden. S. 202

Ristorante La Froda: In Foroglio im Val Bavona wird ›guter Käse‹ serviert – und dazu rauscht der Wasserfall. S. 203

Palazzo Gamboni: Übernachten in einem Palazzo im Onsernone-Tal – von der Suite blickt man über Dächer zum Kirchturm Comolognos, die Zimmer im alten Teil sind mit Antiquitäten möbliert. S. 223

Abends & Nachts

In den Bergdörfern kehrt nach dem abendlichen Restaurantbesuch Ruhe ein, außer im August, wenn beim **Vallemaggia Magic Blues** in fast allen Talorten und bis hinauf nach Bosco Gurin Konzerte stattfinden. S. 193

Vallemaggia

Wie die Finger einer nicht ganz vollständigen Hand strecken sich vier Täler in die Alpen, ›Vallemaggia‹ genannt: das Val Rovana, geteilt in Valle di Campo und Valle di Bosco, das Val Bavona, das Valle di Peccia und das Val Lavizzara. ›Leukera‹ (Tal der ›Weißen‹) muss das Vallemaggia früher geheißen haben, so nämlich nannten die Gallokelten die Maggia, den weiß sprudelnden Gebirgsbach. Von dieser ursprünglichen Bezeichnung leitet sich noch der Ortsname Locarno ab. Das Vallemaggia durchläuft 3000 Höhenmeter vom höchsten Gipfel, dem **Basodino** mit 3272 m, bis zum Talausgang bei **Ponte Brolla,** das auf 254 m liegt. Es bedeckt mit 568 km² ein Fünftel des Tessins, die fruchtbare Ebene im unteren Drittel wurde schon früh kultiviert.

Große Aufregung verursachte in den vergangenen Jahren die Idee, einen Nationalpark Locarnese im Vallemaggia einzurichten. Das Projekt betrifft 13 Gemeinden in den vier Regionen Centovalli, Bavona-, Rovana- und Onsernone-Tal. Mit 121 km² entfällt ein gutes Drittel des möglichen Parks auf das Bavona-Tal, einen Seitenast des Maggia-Tals. Wald, Fels, Bergseen, Alpweiden, aber auch ganze Dörfchen wie das berühmte Bosco Gurin befinden sich in dem Gebiet. Das Bundesamt für Umwelt BAFU hat das Gesuch des Kantons zur Errichtung des Nationalparks gutgeheißen. Für den Aufbau erhält der Kanton bis 2015 jährlich über eine halbe Million Franken. Bis dahin kann der »Parco nazionale del Locarnese« das Kandidaturlabel verwenden.

Infobox

Reisekarte: ▶ B–D 3–7

Touristeninformation

Vallemaggia Turismo: Maggia, Tel. 091 753 18 85, www.vallemaggia.ch.

Anreise

Bus: Die FART-Busse fahren mehrmals ab Locarno und halten in allen Orten.

Wandern

700 km Wanderwege erschließen das Vallemaggia. Auch der Fernwanderweg Genua–Hamburg führt hier auf der Strecke Ponte Brolla–Bignasco–Robièi–Cristallina hindurch (www.wandersite.ch/E1.html).

Geschichte

Die beschaulichen Momente im Leben der Tessiner in diesen Tälern waren rar; wo heute Urlauber die wildromantische Natur bewundern, fristeten sie ein karges Dasein. Die beste Jahreszeit von allen war der Herbst, die Arbeit des Sommers war vollbracht, die Speicher und Scheunen waren leidlich voll, aber alle fürchteten den Winter. Landflucht und Auswanderungswellen prägen die Geschichte und das Geschick der Dörfer. Um 1700 zählte man im Tal 10 000 Einwohner. 1868 verödete eine Hochwasserkatastrophe den unteren Talabschnitt zwischen Cevio und Giumaglio. In diesem Kiesbett mäandert der Fluss heute über den weiten Talboden, durch die 1950 erbauten Maggia-Kraftwerke zu einem Rinnsal verkümmert. Im 19. Jh. wurde die wirtschaftliche Lage der Talbewohner immer schlechter und

Wer durchs Maggia-Tal wandert, stößt häufig auf verlassene Häuser

die Informationsmöglichkeiten besser, d. h. man erfuhr auch, dass das Leben anderswo nicht ganz so unerbittlich war. Vor allem die Nachrichten von Goldfunden in Nordamerika und Australien ließen das Fernweh wachsen. Mitte des 19. Jh. verließ ein Drittel der männlichen Bevölkerung das Vallemaggia. 1950 lebten hier noch 4500 Menschen. Seit einigen Jahrzehnten wächst die Bevölkerung wieder; allerdings nur in den unteren Talgemeinden, die mittlerweile zum städtischen Einzugsgebiet von Locarno und Ascona zählen. Als Urlaubsregion ist das Vallemaggia begehrt. Es zählt fast eine halbe Million Übernachtungen jährlich, die Tagestouristen nicht mitgerechnet.

Unteres Maggia-Tal

▶ C/D 4–7

Auf den 25 km zwischen **Ponte Brolla** und **Bignasco** steigt das Tal nur um 200 m an, eine Strecke, die sich auch sehr gut für eine **Tour mit dem Rad** eignet. Zumal der Radweg immer besser ausgebaut wird. Ganz überraschend öffnet sich hinter dem Engpass von Ponte Brolla die weite Ebene. Beim Durchlass ragen die steilen Wände, eng zusammengerückt, in den Himmel. Wenn man morgens hineinfährt, packen an den Parkplätzen an der Straße unterschiedliche Sportler ihr Equipment aus: Angler in grünen Gummihosen werkeln mit Ruten und

Sentieri di Pietra
Das Projekt **Vallemaggia Pietra Viva** (www.pietraviva.ch) wurde vom gesamten Gemeindeverband initiiert und dreht sich rund um den Stein als ursprünglichsten Teil der Landschaft und der Kultur. In vielen Dörfern wurden noch bestehende, häufig von Mauern gesäumte Steinwege aufgespürt, als Kulturlehrpfade ausgeschildert und auf Karten verzeichnet. Die dazu passenden und mit kulturgeschichtlichen Hinweisen versehenen Wanderkarten »Sentieri di Pietra« sind gratis bei Vallemaggia Turismo in Maggia (s. S. 188) erhältlich. Zudem werden Führungen angeboten, etwa zum Marmor von Peccia, zu Kirchen und zu terrassierten Hängen (www.guidevallemaggia.ch).

Kisten, Kletterer hängen sich mit großem Eisengeklimper ihre Ausrüstung um – bald wird man sie in den senkrechten Wänden bewundern können. Doch bevor man den Engpass durchfährt, sollte man das Auto abstellen und unterhalb von Ponte Brolla einen kurzen Spaziergang zur Maggia unternehmen. Hier schäumt sie wild – und weiß – durch die ausgewaschenen Gletschermühlen.

In den unteren Dörfern des Vallemaggia ist die positive Bevölkerungsstatistik offensichtlich: In den zwölf Gemeinden von **Avegno** bis **Cavergno** leben 80 % der Bewohner des Maggia-Tals. Neubauten und Wohnviertel umgürten die alten Ortskerne. Ein Zeichen gesunder wirtschaftlicher Lage, fürs Auge allerdings weniger malerisch als die traditionellen, aber nahezu ausgestorbenen Tessiner Dörfer, und so wird dieser Teil des Tals weniger von Urlaubern besucht. Sehenswert ist und bleibt die Natur, hier vor allem die angeschwemmte Zone zwischen Avegno und Bignasco, die großteils unter Naturschutz steht.

Übernachten, Essen

Jugendstil – **Villa d'Epoca:** Ronchini, Tel. 091 756 50 00, www.villaepoca.ch, DZ ab 145 CHF, kleines Menü ab 45 CHF. Die renovierte Jugendstilvilla liegt im unteren Talabschnitt des Vallemaggia. Individuell und trotzdem modern gestaltete Zimmer, einige mit Balkon und kostenlosem WLAN. In der angeschlossenen Osteria wird gehobene Küche angeboten.

Alternative zur Jugendherberge – **Os-tello Baracca Backpacker:** Aurigeno, Tel. 07 92 07 15 54, www.baracca-backpacker.ch, April–Mitte Okt., Zweibettzimmer 75 CHF, Mehrbettzimmer (auch für Familen) 31 CHF/Pers. und Nacht. Alpines Haus mit Bergpanorama, nur fünf Gehminuten vom Ortskern entfernt, mit Campingplatz.

Camping unter Bäumen – **Piccolo Paradiso:** Avegno, Tel. 091 796 15 22 oder 079 212 87 76, www.camping-piccoloparadiso.ch, März–Nov., Zelt 14–20 CHF, Erw. 11 CHF/Kinder 6 CHF Schöner Platz (45 000 m^2) an der Maggia mit Sandstrand am Fluss, Restaurant, Spielplatz, Laden.

Elegant – **Ristorante Centovalli:** Ponte Brolla, Tel. 091 796 14 44, www.ristorante-centovalli.ch, Mi–So 11.30–14.30 und ab 18 Uhr. In jedem Gastro-Führer der Schweiz aufgeführt, trotzdem bezahlbar. Leckeres Essen, z. B. Risotto mit Gorgonzola und Pilzen (23 CHF) oder Rinderfilet (35 CHF). Auch Zimmer im Angebot (DZ 190 CHF).

Klettererttreff – **Ristorante Al Castagneto:** Ponte Brolla, Via ai Grotti, Tel. 091 796 14 19, DZ ab 110 CHF. Die preiswerten Zimmer sind vor allem bei Sportkletterern beliebt.

Einsame Spitze – **Grotto ai Ronchini:** Via Cantonale, Aurigeno, Tel./Fax 091 753 22 25, tgl. ab Mittag. Direkt an der Durchfahrtsstraße gelegen, meilenweit kein anderes Haus in Sicht. Gekocht wird deftig, so auch Fohlensteak (24 CHF).
Treff für Einheimische – **Grotto al Bosco:** Avegno, Tel. 091 796 20 23, Mi–Mo ab Mitag. Dieses Grotto liegt direkt neben dem Mai Morire, ist aber kleiner und charmanter. Beliebt ist hier die gemischte Käseplatte (14 CHF).
Für Gruppen – **Antico Grotto Mai Morire:** Avegno, Tel. 091 796 15 37, tgl. ab Mittag, Minestrone 8 CHF. Der riesige Parkplatz verrät es schon: Hier finden viele Besucher Platz. Beim x-ten Glas Wein kann man sich dann schon wünschen: *Mai morire!* – Stirb nie!

Maggia ▸ D 6

Das Dorf Maggia liegt inmitten von Weinbergen. Wer zu Fuß herumspaziert, kann hübsche Holzbalkone und schattige Lauben entdecken, wenngleich neuere Wohnhäuser dominieren. Beschaulich ist die **Piazza** mit dem **Dorfbrunnen.** Bei Wanderungen und Spaziergängen im Tal fallen die vielen **Bildstöcke** auf, die an den Wegen zwischen den Dörfern errichtet wurden. Sie sind zumeist farbig und dekorativ bemalt, viele von Giovanni Antonio Vanoni (1810–86), einem Künstler aus Aurigeno. Vanoni schuf auch viele Gnadenbilder, so genannte Exvotos.

Santa Maria delle Grazie in Campagna

Mai–Okt. Di, Mi, Fr, Sa 14–16 Uhr (ansonsten Schlüssel bei Isabella Cattaneo, Tel. 091 753 22 10)
Die Kirche steht isoliert auf dem Land – *in campagna* – kurz vor Maggia, das Innere schmücken Renaissancefresken (1525–28). In der Kirche ist eine Sammlung von 24 Werken von Giovanni Antonio Vanonis Gnadenbildern ausgestellt.

Someo ▸ C 5

Someo schmückt sich mit einem ›Palastviertel‹, wie die südliche Ortsstraße genannt wird, an der einige hübsche Emigrantenhäuser stehen. Die Rückkehrer wollten wohl nicht mehr in den Granithäusern ihrer Kindheit wohnen. Sie bauten sich repräsentative Stadthäuser – ein eigenartiger Gegensatz zu den bäuerlichen Bauten auf der anderen Seite des Dorfbachs. Kurz hinter dem Ortsausgang passiert man in Richtung Norden den Wasserfall **Cascata del Soladino,** der 100 m zu Tal stürzt.

Mein Tipp

Pension Bilderbuch-Tessin ▸ C 6
Alexa Thio, die Besitzerin der Pension Serafina, trägt den Frühstücks-Cappuccino in den Garten, wo man unter Weintrauben und auf Steinbänken sitzt – das ist Tessin aus dem Bilderbuch. Es ist ganz ruhig, denn Lodano liegt westlich der Maggia und in angenehmer Entfernung zur Hauptverkehrsstraße auf der anderen Seite. Der italienische Einfluss sorgt für guten Kaffee und die alpine Nähe für die massiven Granittische. Alexa hat das Tessinerhaus (1837) von ihrem Ex-Mann übernommen und darin die schnuckelige Pension eingerichtet – mit schweren Holzmöbeln, aber modern anzuschauen.
Ca' Serafina: Lodano, Tel. 091 756 50 60, www.caserafina.ch, DZ ab 170 CHF.

Cevio ▸ C 5

Cevio liegt in einer Talmulde im hinteren Vallemaggia. Bereits um das Jahr 1000 wurden in Maggia und im noch weiter oben gelegenen Sornico die ersten Talkirchen gegründet. Die *vicinanze,* denen alle Haushaltsvorstände angehörten, bildeten eine erste Form demokratischer Selbstverwaltung. Cevio hat 1000 Einwohner und wirkt trotz der abgelegenen Lage kaum bäuerlich, es finden sich in der Ortsmitte um den weitläufigen Platz einige stattliche Häuser, denn jahrhundertelang residierten hier die Landvögte, von ihrer Herkunft erzählen die Wappenfresken am Gemeindehaus. 1803 kam das Tal zum Kanton Tessin. Einige weitere stattliche Häuser gehörten der Familie Franzoni, die so etwas wie eine zweite Macht im Tal darstellte. Die Franzoni waren eine einflussreiche Familie in der *comunità,* dem Rat der Einheimischen, der das Recht hatte, die Arbeit der Landvögte zu kontrollieren. Oberhalb des Ortes wurden nach einem historischen Felssturz zahlreiche Grotti in die Felshöhlungen eingebaut. Am Museum beginnt der **Weg der Grotti,** er dauert etwa 45 Minuten und führt durch den historischen Felssturz und an diesen großteils verlassenen Grotti vorbei. Nahe der Brücke über die Rovana steht die Wallfahrtskirche Madonna del Ponte (1615) mit auffälliger Vorhalle.

Mein Tipp

Artis – Kunsthandwerk und Käse
In der Ortsmitte von Cevio führt die ›Associazione Artigiani di Vallemaggia‹ den hübschen Laden »artis«. In der Vereinigung der Kunsthandwerker des Vallemaggia haben sich rund 40 Töpfer, Weber, Korbflechter und Wollverarbeitende zusammengeschlossen. Im Verkaufsraum wird die Ware angeboten. Es handelt sich weniger um bäuerliche Traditionskunst als um moderne, hochwertige, aber nicht ganz billige Einzelstücke. Außerdem gibt es Ketten, Gläser und eine Tür weiter lokale Spezialitäten: Käse aus allen Tälern, Rotwein aus der Americana-Traube, Mehl aus Kastanien – eine Fundgrube!
Associazione Artigiani di Vallemaggia: www.artisvallemaggia.ch, Tel. 091 754 18 16, Mo–Fr 9–12, 14–18, Sa bis 17 Uhr.

Museo di Vallemaggia

Cevio Vecchio, Tel. 091 754 13 40 (Kustos) oder 091 754 23 68 (Verwaltung), www.museovalmaggia.ch, Di–So 13.30–17 Uhr, Erw. 6 CHF, Kinder 3 CHF
In zwei der ehemaligen Franzoni-Häusern ist das Talmuseum untergebracht. Es ist außergewöhnlich gut sortiert und eingerichtet. In den beiden Palazzi aus dem 16. Jh. zeigt es die Ausstellung »Mensch und Natur in einem südalpinen Tal«. Dazu kommen interessante, wissenschaftlich fundierte Wechselausstellungen (z. B. Fassadenmalerei, Specksteinverarbeitung oder Ziegenhaltung).

Spaziergang von Cevio nach Boschetto

Strecke: einfach 2 km; Dauer: 30 Min.; Start: Hauptplatz in Cevio
Ein kurzer Spaziergang führt von Cevio zum Dorf Boschetto am rechten Ufer der Maggia. Der Weiler gehört zur Gemeinde Cevio und hat sich viel historische Architektur bewahrt. Der Dorfkern steht unter Denkmalschutz. Charakteristisch sind die *carásc,* Gneis-Monolithe, die die Weinlauben

stützen. Der Weg ist als Teil des **Sentiero di Pietra** (s. S. 190) ausgeschildert und führt stets durch den Ort hindurch, denn hier ist der Weg das Ziel: Unterwegs fällt immer wieder die historische Architektur auf, eine Abfolge von Ställen, Heuschuppen, Trocknern für die Kastanien, Mühlen, Weinpressen. Eindrucksvoll am Ende des Wegs ist die Lage Boschettos: Das Dorf liegt auf einer Schutthalde, die durch einen wahrscheinlich während der letzten Eiszeit erfolgten kolossalen Erdrutsch entstanden ist.

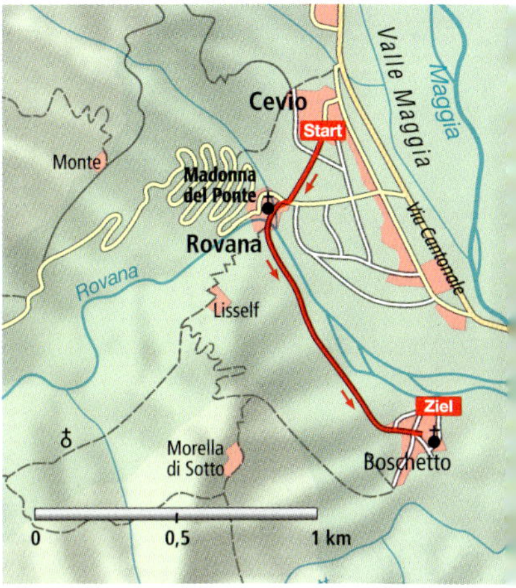

Spaziergang von Cevio nach Boschetto

Übernachten, Essen

Kleinod – **Pensione Boschetto:** in Boschetto, südlich von Cevio, Tel. 091 754 21 64, mobil 079 234 96 10, www.pensioneboschetto.ch, DZ 160 CHF. Mix aus rustikaler Einfachheit und gediegenem Komfort, wie etwa ein Badezimmer aus Peccia-Marmor.

Ferien auf dem Bauernhof – **Agriturismo La Stalla:** Familie Eva und Karl Frei, Tel. 091 754 20 20, www.lastalla.ch, DZ ab 110 CHF. Zwei Schritte vom Ortszentrum von Cevio, modernes Gebäude, einfache, modern-hell möblierte Zimmer. Wolle, Käse, Joghurt vom Schaf, auch Kurse für die Herstellung von Decken aus Schafswolle.

Sehr schlicht – **Albergo Basodino:** Tel. 091 754 11 01, DZ ab 106 CHF. Kleiner Palazzo in der Dorfmitte Cevios, von den Balkonen schöne Sicht. Mit einfachem Restaurant.

Schlicht – **Ristorante della Posta:** Tel. 091 754 18 96, www.dellaposta-cevio.ch, DZ 100 CHF. Einfaches, teilweise renoviertes Hotel in der Ortsmitte Cevios. Preisgünstige Küche (Mai–Okt. tgl. 7–24 Uhr, Nov.–April Di–So).

Lokalkolorit – **Osteria Castello:** Via Cantonale 4, Cevio, Tel. 091 754 16 45, 11.30–14.30 und ab 18 Uhr, Mittagsmenü ab 18 CHF. Unter Weinlaub sitzen hier in der Mittagspause auf der Terrasse Lehrer, Büroangestellte und Bauarbeiter. Der Service ist fix, das Essen ordentlich.

Einkaufen

Gemischtes – **Punto Verde:** an der Straße nach Bignasco, www.puntoverdebignasco.ch, im Sommer tgl. 10–13 und 14–16.30 Uhr. Waren aus dem Tal wie Keramik und Filzarbeiten, aber auch Wein und Antiquitäten.

Termine

Vallemaggia Magic Blues: Ende Juli/ Anfang Aug., Tel. 091 753 18 85, www.magicblues.ch. »The smallest Big Blues Festival in Switzerland« findet an sieben Abenden mit 28 Konzerten in fast allen Talorten bis hinauf nach Bosco Gurin statt. Viele Konzerte sind umsonst und im Freien – in Grotti, auf Plätzen. Zum Rahmenprogramm gehören Radtouren und Backstage-Besuche. Alle Infos auf der Website.

Val Rovana ▸ B/C 5

In Cevio zweigt eines der großen Nebentäler des Vallemaggia ab, das Val Rovana. Auch dieses Tal war von massenhafter Auswanderung gezeichnet. Im Jahr 1850 lebten hier noch über 1500 Menschen, seit heute sind es nur noch 250. In **Collinasca** gabelt sich das Tal in das Valle di Campo und das Valle di Bosco.

Valle di Campo und Valle di Bosco ▸ B 5

In **Campo,** im gleichnamigen Tal, trifft man auf ein trauriges Kuriosum: die ›wandernde Kirche‹. Durch Rodungen und Eingriffe in den Wasserhaushalt hat sich die Kirche **San Bernardo** zwischen 1892 und 2000 um 27 m seitlich verschoben und steht zugleich rund 6 m tiefer – ebenso wie andere Gebäude der noch verbliebenen gut 50 Einwohner. Der Grund ist eine schiefe Felsplatte, auf der alles liegt bzw. rutscht. Bedeckt ist der Fels mit einer 200 m dicken Schicht aus Erde und Gestein. Bei starkem Regen sickert das Wasser durch bis auf den Fels – und alles gerät ins Rutschen.

So seelenruhig wie andere Städte unter dem Vulkan leben, nahmen die Bewohner all die Jahrhunderte ihr Leben auf dem abschüssigen Plateau hin. Doch vor einigen Jahren malten Wissenschaftler ein Szenario aus, das für einen Katastrophenfilm herhalten könnte: Angenommen, ganz Campo rutschte in die Rovana, dann sammelten sich in einem Stausee Millionen Kubikmeter von Geröll, Wasser und Schlamm, der Damm bräche und brauste durch das Vallemaggia bis hinunter nach Locarno. 80 Mio. Franken stellte die Kantonsregierung daraufhin zur Verfügung, es wurden Umleitungsmauern im Wald oberhalb des Dorfes gebaut, die das Wasser wegleiten sollen, und senkrechte Bohrungen dienen als Drainagen. Bleibt zu hoffen, dass all dies nicht gebraucht wird und es nicht irgendwann zu einem der katastrophalen Bergrutsche kommt, die schon seit prähistorischen Zeiten die alpinen Südtäler immer wieder heimgesucht haben.

Fährt man die enge gewundene Straße hinein ins Tal, wundert man sich nicht, dass aus dieser Region ein bedeutender Straßenbauer stammte: Fes-

Kühles Bad im Gebirgsbach Maggia

tungsbaumeister Pietro Morettini wurde in Cerentino geboren. Er baute im Jahr 1708 das sogenannte Urner Loch, einen Durchbruch, mit dem die Schöllenenschlucht auf der Nordseite des Gotthards überwunden werden konnte.

Aktiv

Wanderreise – **Hauser Exkursionen:** Tel. 089 23 50 06-0, www.hauser-exkursionen.de, 595 €/7 Tage. Trekkingtour vom Gotthard-Südportal auf meist einsamen Pfaden nach Intragna im Centovalli.

Klettern – Fantastische natürliche Felswände warten auf Kletterer im Maggiatal. Am Eingang zum Maggiatal (in Ponte Brolla), wie auch in Brontallo, im Bavonatal oder in Bosco Gurin, können Klettersportler sich austoben. Detailierte Routenbeschreibungen in: Jürg von Känel, Plaisir süd (www.fildor.ch).

Infos

Bus: Die FART-Busse verkehren zwischen Locarno und Bignasco. Dort muss man umsteigen in den Postbus.

Bosco Gurin ▸ B 5

Siehe Entdeckungstour S. 198

Übernachten, Essen

Rustikal – **Hotel Walser:** am Ortseingang, Tel. 091 759 02 02, www.hotel-boscogurin.ch, DZ/F ab 140 CHF. Die Zimmer sind modern und im Restaurant gibt es einen alten, großen Kamin. In der **Jugendherberge** nebenan gibt es billige Betten.

Aktiv

Skifahren – Aus den ersten kleinen Skiliften in den 1960er-Jahren ist mit dem Bau einer **Sesselbahn** auf die **Grossalp** (2400 m) und weiteren neuen Anlagen ein weitläufiges Skigebiet entstanden, 30 km Abfahrtspiste. Snowpark, Kinderlift mit dazugehöriger Piste, Schlittenbahn, eine Langlaufloipe und eine Strecke für Winter Nordic Walking. Infos zum Skigebiet unter www.bosco-gurin.ch/de/bollettino-neve und bei Bosco Gurin Turismo s. u.

Infos

Bosco Gurin Turismo: Tel. 091 759 02 03, info@bosco-gurin.ch, www.bosco-gurin.ch/de

Val Lavizzara ▸ C 3/4

Mit fast 200 km² ist das Val Lavizzara, wie das Vallemaggia nördlich von Cevio heißt, zwar die ausgedehnteste Gemeinde des Tessins, gehört aber mit nicht einmal 600 Einwohnern zu den am wenigsten bevölkerten. Der Name Lavizzara stammt von den *laveggi* aus ›Lavezstein‹, den aus Speckstein gedrehten, feuerfesten Kochtöpfen. Diese weiche Gesteinsart, die sogar mit dem Fingernagel eingekratzt werden kann, eignete sich gut zur Herstellung von Töpfen. Im ganzen nördlichen Tessin fand man früher Geschirr aus diesem Stein auf den Märkten; er wurde bei Peccia gebrochen.

Infos

Bus: Die FART-Busse verkehren zwischen Locarno und Bignasco. Dort muss man umsteigen in den Postbus.

Peccia ▸ C 3/4

In Peccia im Lavizzara-Tal wurde bis vor einigen Jahren Marmor von hoher Qualität gebrochen, vor allem weißer Marmor. Diesen verwendete auch Mario Botta beim Bau der Kirche San Giovanni Battista in Mogno (s. S. 197). Entlang der Straße verläuft eine Skulpturenausstellung, der **Sentiero delle Sculture.** Beim Marmorbruch sieht man das in Platten geschnittene Rohmaterial. Manche Mamorplatten sind von transparenter Zartheit – kristallenes Weiß, von rötlichen oder schwarzen Adern durchzogen. Nebenan wird in der 1984 von Alex Naef gegründeten Bildhauerschule damit gearbeitet.

Übernachten, Essen

Einfach – **Ristorante Medici:** Tel. 091 755 15 02, ristorante.medici@bluewin.ch, mittags und ab 18.30 Uhr, DZ ab 130 CHF, gemischte Käseplatte ab 18 CHF. Am Skulpturenwanderweg liegt dieser Familienbetrieb, Restaurant, Internet-Café. Einfache Küche.
Baden und schlemmen – **Grotto Pozzasc:** unterhalb der Bildhauerschule, Tel. 091 755 16 04, www.grotto.pozzasc.ch, ab 11 Uhr, Mo Ruhetag. Im Kamin gebackene Polenta wird mit

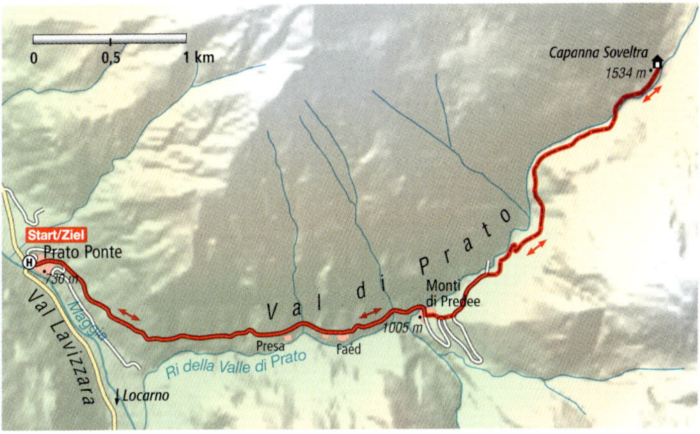

Wanderung ins Val di Prato

Alpkäse serviert (12 CHF). Herrlich ist die Badestelle direkt neben dem Grotto (ehemals Mühle), Fische springen im glasklaren, kalten Wasser des Torrente Valle Peccia.

Aktiv & Kreativ

Mit Hammer und Meißel – **Bildhauerschule Peccia:** Tel. 091 755 13 04, www.scultura.ch, 6 Tage 800 CHF. Kurse in Bildhauerei, Zeichnen, Metallgießen, Aktmodellieren u. a. Im Hof sind Exponate der Bildhauer ausgestellt.

Wanderung ins Val di Prato ▸ C/D 4

Strecke: gut 9 km; Dauer: 3–4 Std.; 800 Höhenmeter; Start: Prato Ponte (mit dem Bus erreichbar)

In das Val Lavizzara mündet bei Prato das Val di Prato ein. Eine schöne, aber wegen der vielen Höhenmeter etwas anstrengende Wanderung führt von Prato Ponte (730 m), mit dem Bus erreichbar, über Monti di Predee (1005 m) zur Hütte Capanna Soveltra (1534 m). Der Weg zur Hütte ist rot-weiß markiert und folgt dem immer enger werdenden **Talboden.** Schließlich geht es durch eine **Schlucht,** in der man überrraschend einfach an der rechten Seite immer weiter aufwärts steigt.

Der Weg ist gut gangbar und verläuft bis **Monti** auf einer Forststraße, danach ist er wieder Wanderweg. Im regenreichen Frühsommer eröffnen sich immer wieder fantastische Ausblicke auf Wasserfälle. Gutes Schuhwerk ist unabdingbar! Es müssen Bäche gequert werden. Der Rückweg erfolgt auf der gleichen Strecke zurück.

Mogno ! ▸ C 3

Im April 1986 fegte eine Lawine die Kirche des kleinen Weilers Mogno hinweg. Nur gut, dass dort im Winter niemand lebt, so kam keiner zu Schaden. Ohne Kirche sollte Mogno aber auch nicht bleiben, deshalb hat das winzige Dorf die berühmteste Kir- ▷ S. 201

Auf Entdeckungstour:
Auf den Spuren der Walser – in Bosco Gurin

Schon für den heutigen Reisenden, der vom See hoch in die Berge fährt, liegt Bosco Gurin weit abgelegen. Doch zur Zeit, als die Besiedelung des Walserdorfes begann, war der Weg noch viel beschwerlicher – übers Gebirge, von Norden kommend.

Reisekarte: ▶ B 5

Planung: Die Straßen sind ganzjährig befahrbar; **Museum Walserhaus,** Raffaele Sartori, Tel. 091 754 18 19, www.walserhaus.ch, Ostern–Okt. Di–Sa 10–11.30, 13.30–17, So u. Fei 13.30–17 Uhr, Erw. 5 CHF, Kinder 1 CHF.

Von Locarno führt die Via Cantonale in nördlicher Richtung an der Maggia entlang, vorbei an romanischen Kirchtürmen, durch Dörfer aus Steinhäusern, nach Cevio, wo sich das Tal öffnet. Weiter geht es nach Westen, durch das Valle di Bosco. Die Straße schraubt sich hinauf, zum Walserdorf Bosco Gurin, auf 1506 m die höchstgelegene Gemeinde des Tessins – und dazu der einzige deutschsprachige Ort. Der Grund: Das Dorf wurde nicht vom See aus, sondern über die Alpen besiedelt, von Walsern, die aus dem Goms kamen. Sie brachten ihre Sprache und ihren Baustil mit, das sieht und hört man bis heute.

Holz auf Stein

Die Kantonsstraße endet vor dem Hotel Walser, Autos müssen außerhalb parken. Beim Gang durch die Gassen fallen auf den weißen Fassaden Gravuren auf, sogenannte Sgraffiti. Viele von ihnen schuf Hans Anton Tomamichel, in Bosco Gurin geboren und aufgewachsen (1899–1984). 100 Häuser sowie etwa ebenso viele Scheunen und Ställe bilden das Dorf. Doch nicht nur die Fassaden der Häuser, auch ihre Bauweise ist auffällig: Die Holzbauten sitzen auf Steinsockeln.

Roden statt Frondienst

Hochinteressant ist die Geschichte der Walser, weil sie exemplarisch erzählt, wie sich die Menschen neue Siedlungsgebiete erschlosssen. Im 9. Jh. gingen die Gletscher zurück, Hochtäler wurden grün, Pässe begehbar. Die Alemannen zogen tief hinein in den Alpenraum: eine Reise in das Herz der vormaligen Finsternis, zu den Tälern im Innersten, rund um den Gotthardstock. Im Goms, dem oberen Rhône-Tal, entstand der erste wichtige, bäuerliche Siedlungsraum im Hochgebirge. Das Leben war mühselig, die Erträge des Hochgebirges waren mager. Das Walsermuseum am Nordrand des Dorfes ist in einem 1386 erbauten Wohnhaus untergebracht, es ist eines der ältesten erhaltenen Bauernhäuser der Schweiz. Im dazugehörigen Stadel widmet sich eine Ausstellung von alten Arbeitsgeräten den mühsamen Anbaumethoden dieser frühen Jahre.

Schwerter zu Pflugscharen

In Höhen, in denen ganzjährige Besiedlung Hybris war, rodeten im 13. Jh. Walser den Bergwald, pflanzten Obstbäume und weideten Vieh. Die Walserkolonisation begann von Goms aus, per Luftlinie halb so weit entfernt von Bosco Gurin wie der Lago Maggiore. Die Walser, so nannte man die Bewohner des Vallis Poenia, zogen immer weiter in noch unbestellte Täler. Der Ertrag war dürftig, doch dafür erfuhren die Kolonisten etwas für das Spätmittelalter Unerhörtes: persönliche Freiheit. Schwerter zu Pflugscharen – die Bibelparaphrase könnte ein Walsermotto sein, denn sie verrichteten weder Fron- noch Frontdienste. Sie genossen die freie Wahl des Wohnorts, Freiheit der Eheschließung, bezahlten fast keine Steuern und erhielten Land in Erbleihe. Wie die Dörfler lebten, zeigt anschaulich die Einrichtung im Museum mit originalen Möbeln und Gerätschaften. Wie dürftig die Ernährung war, macht der Museumsgarten mit alten Kulturpflanzen, die auf dieser Höhe wuchsen, deutlich.

Zehn mutige Familien

Guriner Furggu (Furka) heißt der Übergang zum Val Rovana. Dort oben gibt es heute einen Skilift – für die Pomatter Walser war es das Tor zum Himmel. Halbnomaden brachten im Frühling ihr Vieh über die Furka auf die Maiensäss, die Sommerweiden, und holten es im Herbst zurück. Auf den Weiden bauten sie sich erst einen Unterstand, dann eine festere *torba* mit den typischen Maussteinen auf den Tragesäulen, die das Eindringen von Nagern verhinderten. In Bosco Gurin finden sich noch 15 solche Getreidespeicher. Da das Erbe ›ganz und unteilbar‹ weitergegeben werden musste, weil die kargen Hochweiden parzelliert nicht genug abgaben, um eine Familie zu ernähren, zogen die Zweitgeborenen und die anderen Söhne weiter, wurden Siedler wie schon ihre Vorväter. So gründeten 1244 zehn Familien aus dem Pomatt das Dorf Gurin. Sie machten aus den

Sommerweiden Almgrund für die ganze, wenngleich kurze Saison und aus der *torba* ein schweres Walserhaus.

Fliegende Seelen

Wie hart das Leben da oben in den Bergen war, zeigt auch der sogenannte Seelabalgga im Museum: Lag jemand im Sterben, wurde dieses Schiebefenster in den Walserhäusern geöffnet, damit seine Seele in den Himmel fliegen konnte. Mitten im Dorf thront die Kirche, weiß verputzt sieht auch sie ganz anders aus als die romanischen Campanile in den anderen Tessiner Tälern. Sie wurde 1253 geweiht. Neben der Kirche liegt der Friedhof, die Gräber tragen ausschließlich Holzkreuze. Von Tomamichel stammt die Sonnenuhr auf dem Glockenturm.

»... wänn mu anandra liapa tüat«

Bis heute hat sich die Walsergemeinde ihre Andersartigkeit bewahrt. Deutsche Sinnsprüche stehen an den Hauswänden. Das Gurinerdeutsch – Gurijnartitsch – sei ein mittelalterliches Alemannisch, sagt man. »Sie schwatzen in einer Sprache, die Dante zum Erröten und Goethe zum Weinen bringen würde«, schrieb ein Sprachforscher um 1900. An einer Guriner Hauswand liest sich das so: »D's Naeschtschi – Chlys, abar groaßas gnüag, wänn mu anandra liapa tüat« (»Das Nest – klein, aber groß genug, wenn man sich liebt«). Zu Hause sprechen die Guriner ihr Walserdeutsch und nicht etwa einen der Tessiner Dialekte oder gar Italienisch. Aber wie lange noch? Die sieben Kinder von Bosco Gurin gehen in Cevio in die Schule, da die Primarschule in Gurin aufgelöst wurde. Der Unterricht in Cevio ist auf Italienisch.

Mit dem Skilift zu alten Pfaden

Tourismus ist für Bosco Gurin auf absehbare Zeit die einzige Alternative, welche die Abwanderung stoppen kann. So wurden die Skilifte modernisiert, die just zu dem Übergang hinaufführen, über den das Dorf besiedelt wurde. So kann man, ganz ohne Anstrengung, hinauffahren zur Guriner Furka, über die vor über 700 Jahren mutige Siedler nach Süden kamen, um ein Dorf zu gründen.

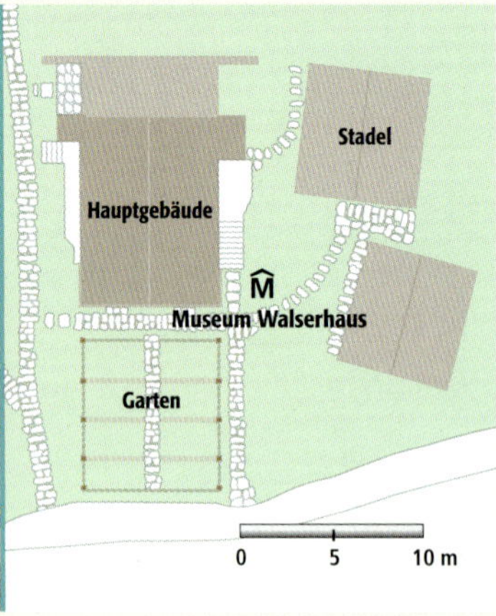

Licht und doch mächtig – San Giovanni Battista von Mario Botta

che des Tessins: **San Giovanni Battista** (9–19 Uhr) erbaut nach Plänen von **Mario Botta.** Der oben abgeschrägte Kubus reckt seine dicke, wehrhafte Seite dem Berg entgegen, als wolle er sagen: Mit mir nicht! Der kleine massive Bau ist grau-weiß gestreift – Botta verwendete den strahlenden Marmor von Peccia und Granit aus dem Tal. Die Dachschräge lässt erstaunlich viel Licht in den Kapellenraum, die Apsis ist traditionell und ultramodern zugleich. Zwei Kirchenbänke genügen für die Kirchgänger, die wohl nicht die einzigen Besucher sind: Ein Aushang weist ›Kunstinteressierte‹ darauf hin, dass sie sich hier auch wie in einem Gotteshaus zu benehmen haben – keine Hunde mitbringen, nicht essen und rauchen sollen!

Fusio ▸ C 3

An der linken Bergflanke klebend ist Fusio mit seinen 500 Einwohnern auf 1280 m der letzte Ort im Tal. Die alte Mühle, genannt Stampfe, wurde historisch getreu restauriert. In der Ortsmitte gibt es ein schönes Terrassenlokal für müde Wanderer und serpentinengeschädigte Autotouristen. Die Straße führt jedoch noch weiter und ist unverständlicherweise bis zum Lago del Naret für den Autoverkehr zugelassen. In weiteren Serpentinen fährt man hinauf, aus dem (häufigen!) Nebel taucht düster die Staumauer des **Lago del Sambuco** auf. Eine kleine Straße führt am See entlang: Von rechts poltern Steinblöcke herab, links geht's unbefestigt hinunter zum See.

Hinter Fusio beginnt ein weitläufiges **Wandergebiet,** im kleinen Lebensmittelladen im Ort kann man Wanderkarten kaufen, besser ist es aber, sich schon in Locarno einzudecken.

Stampfe und Mühle »Pesta«

An der Straße von Mogno kommend, nicht regelmäßig geöffnet (Infos über www.apav.ch/de/Kontakt.htm)
Die Pesta, die alte Stampfe und Mühle von Fusio, ist wieder in Betrieb. Sie wurde von der Vereinigung zum Schutz des künstlerischen und architektonischen Erbes im Maggia-Tal (APAV) nach Plänen aus dem Jahr 1895 restauriert und stampft wieder wie früher Hanf und Gerste. Im Tessin gab es einst über vierzig Stampfen; heute sind schweiz-weit nur noch vier erhalten.

Übernachten, Essen

Altes Berghaus – **Antica Osteria Dazio:** Fusio, Tel. 091 755 11 62, www.osteria dazio.ch, März–Nov. tgl. 10–22 Uhr, je nach Wetter, DZ ab 170 CHF, Matratzenlager 60 CHF (nur mit Schlafsack). Das alte Berghaus wurde mit modernen, hellen Möbeln ausgestattet, aber auch viele der alten mit Holzintarsien geschmückten blieben erhalten. Der Großvater des Vorbesitzers verbrachte den Sommer auf der Alp, im Winter fertigte er diese Arbeiten an. Zimmer Nr. 5 und 6 sind besonders schön, wenige Zimmer, deshalb auf jeden Fall reservieren! Mit Restaurant.

Einkaufen

Alpkäse – Im Val Lavizzara kann man bei einigen **Sennereien** den Käse direkt kaufen, so etwa auf der **Alpe Vacarisc** (Tel. 079 448 90 43, im Sommer geöffnet), oberhalb von Fusio. Man lässt das Auto in Fusio stehen und geht eine gute halbe Stunde zu Fuß den Weg Richtung Mognola-See bis zum Ortsteil Vacarisc.

Val Bavona ! ▶ B/C 3/4

Das Val Bavona ist wohl das wildeste, ursprünglichste Tal im Tessin. Es zweigt in **Bignasco,** etwa in der Mitte des Maggia-Tals, nach Nordwesten ab. Lediglich der Hauptort **Cavergno** – das Wort bedeutet *casa d'inverno,* ›Winterhaus‹ – ist ganzjährig bewohnt. Das Tal ist, abgesehen von Cavergno und San Carlo am Talende, nicht elektrifiziert, obgleich in San Carlo drei Kraftwerke und drei Stauseen Strom erzeugen. Im Abstand von etwa 1 km reihen sich im Val Bavona die Orte aneinander. Insgesamt sind es zwölf *terre,* wie die Dörfer hier genannt werden. Erst im April ziehen die Bewohner wieder ins Tal.

Das harte Leben hier hat der Tessiner Schriftsteller Plinio Martini, der im Bavona-Tal aufgewachsen ist, eindringlich beschrieben. Er erinnert sich in seinem Roman »Nicht Anfang und nicht Ende« daran, dass zu Beginn des 20. Jh. in Cavergno alljährlich drei oder vier Männer auswanderten. Je höher man in den Tälern hinaufstieg, desto mehr verfallene Häuser konnte man sehen.

Wer je das Tessin im Mai besucht hat, wundert sich nicht über die katastrophalen Bergstürze, die die Täler immer wieder heimsuchten. Sintflutartige Wolkenbrüche gehen dann tagelang nieder. Gut vorstellbar, wie diese Wassermassen unterirdisch am Fels nagen, ein Gleitbett bereiten zwischen dem Granit-Untergrund und Mergel, Erde und anderem Rollsplit. Wenn das alles ins Rutschen kommt – dann sieht es so aus wie heute im Val Bavona. Haushohe Brocken liegen auf dem Talboden verteilt; haushoch im Wortsinn, denn nachdem wieder einmal alles in Schutt lag, bauten sich die Bewohner des Tals die nächste Bleibe an und unter die Felsbrocken. Diese spezielle Art von Behausung wird hier *splui* genannt.

Fontana ▶ B 4

»Jesus Maria + 1594 + hier war einmal gutes Land«, meißelte jemand in einen Felsen, als 1594 wieder einmal alles durch einen Bergsturz verwüstet worden war. Der Stein liegt direkt an der Straße, in der Kurve oberhalb des Grotto am Ortsausgang von Fontana. Nur etwa ein Zehntel dieses Seitentals der Maggia ist annähernd ›gutes Land‹. Das Bavona-Tal ist ein eiszeitliches Trogtal in U-Form wie aus dem Bilderbuch der Geologie: Nahezu senkrecht ragen Granitwände Hunderte von Metern in die Höhe. Das bisschen Talgrund, das bleibt, machte sich der Mensch untertan – oder versuchte es zumindest. Bis zum 16. Jh. war das Bavona-Tal noch ganzjährig bewohnt, doch allmählich wurden die Orte verlassen und nur zu Weidezeiten bezogen. Heute logieren hier Zweitwohnungsbesitzer, die gerade das Wildromantische fasziniert. Energie liefern Solarzellen, Gas, kleine Wasserturbinen – und Kerzen. Ein schönes Naturschauspiel bietet der **Wasserfall** bei **Foroglio,** vor allem, wenn es heftig geregnet hat.

Wandern im Val Bavona

Am schönsten lässt sich das urtümliche Tal bei einer Wanderung erleben, schon bei einer zweistündigen, fast ebenen Tour am Talboden bekommt man einen Eindruck von den mächtigen Felsbrocken, die verstreut zu sehen sind, an viele sind sogar Rustici angebaut. Tipp für eine kleine Wanderung: Mit Bus von Locarno (oder dem Auto) nach Sonlerto. Von dort auf der linken Talseite auf ausgeschilderten Pfaden talauswärts nach Foroglio zum berühmten Wasserfall. Beim dortigen **Ristorante La Froda** wartet eine Stärkung mit Tessiner Spezialitäten. Zurück mit dem Bus, der beim Grotto hält, entweder zum Autoparkplatz oder nach Locarno. Da nicht allzu viele Busse fahren, sollte man sich den Fahrplan vorher genau anschauen.

Essen & Trinken

Vom Grill – **Grotto di Baloi:** Fontana, Tel. 091 754 13 87, www.grottobaloi.ch, Mai–Ende Okt. tgl. 10–22 Uhr. Urs Habermacher, der zuletzt ein Lokal in Someo hatte, hat das Sommer-Grotto übernommen, mit Reben gedeckte Pergola und kleiner Gastraum mit Bar. Wildwasser-Badestrand hinter der Pergola, eigener Forellenteich. Da es keinen Strom gibt, wird auf Holzfeuer und Gas gekocht, abends mit Kerzenlicht. Es wird ein ›Energiezuschlag‹ von 1 CHF pro Gedeck erhoben.

Blickreich – **Ristorante La Froda:** Foroglio, etwa in der Mitte des Tales, Tel. 091 754 11 81, mobil 079 230 94 79, www.lafroda.ch/de, April–Ende Okt. tgl. 12–21 Uhr, Brasato mit Polenta 28 CHF. Mit Kamin, Steinbänken und Blick auf den Wasserfall, die Cascata Calnègia, eröffnet schon 1928. Gekocht wird Slow Food, ausgezeichnet als *Locale del buon formaggio* (›Lokal des guten Käses‹).

San Carlo und Robièi

▶ B 3

Am Talende liegt das kleine Dorf **San Carlo,** es behauptet von sich, das kleinste Postamt Europas zu haben.

Sonnige Rast im Val Bavona

Jedenfalls ist es wirklich winzig und in einem Rustico untergebracht. Außerdem sehenswert ist die Kirche San Carlo mit Fresken aus dem Jahr 1523.

Am leichtesten kommt man in die wilde Bergwelt hinauf, wenn man die Seilbahn von San Carlo, dem letzten Ort im Tal, nach **Robièi** benutzt. Die Bahn wurde gebaut, um die Kraftwerksanlagen auf dem Hochplateau zu errichten. Entsprechend ist der erste Eindruck an der Bergstation enttäuschend: Man sieht eine mit Straßen, Mauern, Masten verbaute Hochgebirgslandschaft. Doch die Stauseen sind ein beliebtes Angelrevier, und wenn man die geteerten Wege verlässt, dringt man schnell ein in die raue Gebirgswelt.

Übernachten, Essen

Mit Kanten – **Albergo Robièi:** Robièi, Tel. 091 756 50 20, www.robiei.ch, Juni–Okt., DZ 95, mit Dusche 128 CHF. Achteckiges Berghotel, das in den 1960er-Jahren für die Arbeiter der Elektrizitätswerke erbaut wurde. Für Familien geeignet. Im zugehörigen Restaurant gibt es Tessiner Spezialitäten.

Urig – **Ristorante Basodino:** San Carlo, Tel. 091 755 11 92, Mai–Okt., DZ 100 CHF, Küche Mi–Mo ab 11 Uhr, gemischte Tessiner Platte 16 CHF. Von der Terrasse aus wundervoller Blick ins Tal, auch Zimmervermietung. Einfache Küche.

Infos

Verkehr

Bus: FART-Busse zwischen Locarno und Bignasco, dort umsteigen in Postbus.

Seilbahn: San Carlo–Robièi, San Carlo, Talstation, Tel. 091 756 65 46, Bergstation, Tel. 091 756 65 46, www.robiei.ch; einfache Fahrt 19 CHF.

Val Verzasca

Das Val Verzasca, ein wild-schönes Gebirgstal, in das sich die Verzasca ihr Bett gegraben hat und nördlich des Lago Maggiore liegt, zählt zu den bekanntesten Tessiner Tälern. Im Sommer sind die Uferfelsen beliebte, aber wegen des reißenden Wassers gefährliche Badeplätze. Im Herbst kann man am Fluss entlang Wanderungen unternehmen. Im Tal des grünen Wassers – *verde acqua* – schäumt smaragdfarbenes Wasser in weißem Kiesbett. In der Farbe des Wassers liege die ganze Anziehungskraft der Verzasca, schrieb im 19. Jh. ein Maler, nie habe ein Künstler so ein bewundernswertes Grün gemalt. Spektakuläre Bauten säumen den Fluss, sei es der riesige Staudamm oder die geschwungene Brücke bei Lavertezzo.

Geschichte

Zu Fuß und auf Saumpfaden – bis zum Ende des 19. Jh. war das noch die einzige Möglichkeit, das 30 km lange Tal zu erreichen. Die Straße wurde erst 1870 gebaut. Die meisten Bewohner zogen im Winter hinaus in die Seeregion, und erst wenn die Maiensässen, im Tessin *monti* genannt, wieder mit Vieh bestückt werden konnten, kehrten auch die Menschen zurück. Außer von der Landwirtschaft lebte das Tal von der Leinenweberei.

Auch das heute bei Urlaubern so beliebte Verzasca-Tal wurde im 19. Jh. durch Auswanderungswellen entvölkert. Zumeist gingen zuerst die Männer, arbeiteten saisonweise, etwa als Kaminkehrer in der Lombardei, während die Frauen Schwerarbeit verrichteten: auf Feldern und Weiden, an Webstuhl und Herd, nur unterbrochen vom alljährlichen Wochenbett.

La Selvatica ▶ E 6

Das Erste, was man vom Verzasca-Tal wahrnimmt, ist La Selvatica: die gigantische Staumauer des Wasserkraftwerks. Die Betonmauer ist 380 m lang, 220 m hoch und damit eine der höchsten in Europa, erbaut Anfang der 1960er-Jahre. In den Fluten des aufgestauten Wassers verschwand das wilde Tal der Verzasca – sowie der Ort Pioda. Man kann vom Parkplatz neben dem Fremdenverkehrsamt auf der Mauer spazieren gehen, schwindelerregende Tiefblicke garantiert! Wem das nicht reicht: Ein Unternehmen bietet Bun-

Infobox

Reisekarte: ▶ D/E 4–6

Infos

Verkehrsverein Tenero e Val Verzasca: Via Ai Giardini, Tenero, Tel. 091 745 16 61, www.tenero-tourism.ch, info@tenero-tourism.ch, www.verzasca-tourism.ch, Mo–Fr 8–12 und 14–18, Juli–Aug Sa 9–12 und 13.30–17.30, Juni und Sept. Sa 9–12 Uhr, Infopoint beim Staudamm Tel. 091 730 92 50, April–Okt. tgl. 9.30–18.30, Juli/Aug. bis 19 Uhr.

Anreise

Mehrmals täglich fährt der Postbus von Locarno nach Sonogno, er hält in jedem Dorf. Das eigene Auto parken kann man meist nur auf bezahlten Parkplätzen (etwa bei der Ponte dei Salti), günstiger ist also eine Fahrt mit dem Bus, zumal man dann auch ein Stück an der Verzasca wandern kann, ohne zurück zum Auto zu müssen.

gee-Jumping auf den Luft-Spuren von James Bond alias Pierce Brosnan an (s. u. und S. 32). Dieser stürzte sich für den Film »Golden Eye« ebenfalls hier hinunter. Nach einigen Tunnels sieht man schließlich den 7 km langen Stausee **Lago di Vogorno.** Nach viel Regen ist das ein schöner Anblick, trostlos ist es bei Niedrigwasser. Das Elektrizitätswerk gehört der Stadt Lugano und dem Kanton; es produziert jährlich ca. 235 Mio. kW Strom. Die landschaftlich schöne Straße führt von Ort zu Ort, eine Kette von Tessiner Bilderbuchdörfern. Das schöne Äußere verdanken sie ihrer Abgeschiedenheit: Das Val Verzasca war nämlich sogar für den Bauboom des 20. Jh. zu abgelegen. So sieht man intakte Rustici, granitgraue Wände mit weiß gekalkten Fensteröffnungen, schwere Steindächer – und all das übereinandergeschachtelt.

Übernachten

Gute Lage – **Camping Campofelice:** Tenero, Tel. 091 745 14 17, www.campofelice.ch, Mitte März–Okt., Preise je nach Standort 39–90 CHF/2 Pers. inkl. Zelt, Wohnwagen oder -mobil. Der Campingplatz liegt an der Verzascamündung am Lago Maggiore, komfortabel, mit Surfschule und Schiffsverbindung nach Locarno.

Aktiv

Bungee-Jumping – **Trekking Team:** Casa Rosina, Tegna, Tel. 091 780 78 00, mobil 079 600 70 07, www.trekking.ch, s. auch S. 32. Der Veranstalter bietet auch Canyoning-Touren an.

Vogorno ▸ E 6

Der Haupt- und Gerichtsort des Tals war Vogorno, der erste Ort, den man nach der Tunnelreihe erreicht. Die erste Kirche des Tals, **San Bartolomeo,** wurde hier im 13. Jh. errichtet. Einige Fresken aus dieser Zeit sind noch erhalten. Der Ortsteil **Berzona** stellt sich heute als ein hübsches Feriendorf dar, integriert in eine Ansammlung von Rustici. Man hat schöne Ausblicke auf den See, dessen Wasser in der Sonne intensiv smaragdgrün leuchtet. Die Farbe rührt von ausgewaschenen Serizitgneisen her.

Übernachten

Für Familien – **Rustici della Verzasca:** Reka Feriendorf, Tel. 031 329 66 99, www.reka.ch, nur wochenweise, ab 336 CHF/7 Nächte. Ein ganzes Dorf mit alten Rustici wurde in eine Ferienwohnungsanlage umgewandelt.

Aktiv

Canyoning – **Canyoningontours:** Tel. Tel. 0041 79 269 36 36 od. 0043 664 390 00 90 (der Veranstalter sitzt in Kitzbühel), www.canyoningontours.ch. Touren in kleinen Gruppen, z. B. im Val Corippo: 4 Std. inkl. Verleih der Ausrüstung (Neoprenanzüge, Helme, Klettergurte) 140 CHF. Auf dem Programm stehen auch Seekajak- und Kanufahrten auf dem Lago Maggiore.

Corippo ! ▸ E 6

Corippo steht komplett unter Denkmalschutz. Früher war das Gebirgsdorf, auf 565 m gelegen, für seine Leinenweberei bekannt. Aber wegen der von den Verkehrsknotenpunkten weit entfernten Lage des Ortes waren die Produkte nicht konkurrenzfähig. Ganze Familien wurden so zur Auswanderung gezwungen. Was blieb, ist das intakte historische Ortsbild ei-

Ideale Kulisse für einen Mittelalter-Film: Corippo

nes Haufendorfes. Auffällig sind die gekalkten Fensterumrahmungen der Bruchsteinhäuser. Für diese Besonderheit gibt es zwei mögliche Erklärungen. Die eine ist, dass das Weiß Mäuse, Ungeziefer und Geister abhalten sollte, die andere, dass auf diese Weise das Licht reflektiert und es so in den düsteren Stuben etwas heller wurde.

Die Häuser sind so steil an den Hang gebaut, dass das untere Stockwerk mit der Rauchküche oftmals von einer Gasse, der erste Stock mit der Kammer von der höher am Hang gelegenen Gasse zu erreichen war. Architektonisch auffallend sind zudem die Steinplatten, die in die Wände als Treppen mit eingebaut wurden. Die Kirche des Ortes, **Santa Maria del Carmine,** wurde Anfang des 18. Jh. von Auswanderern gestiftet. 1975 wurde Corippo unter Denkmalschutz gestellt, doch der Ort ist beinahe eine Geisterstadt, seltsam leblos: Um 1850 lebten hier 300 Menschen, um 1900 waren es noch 200, nun sind es noch 22. Corippo zählt zu den Schweizer Orten mit dem größten Bevölkerungsschwund. Die Häuser wurden gerettet. Da es aber praktisch keine Arbeit im Tal gibt, wurden sie zu Zweitwohnungen umfunktioniert.

So viel optische Idylle ist eine ideale Filmkulisse und so wählte der schweizerisch-ungarische Regisseur Mihály Györik für seinen 2009 gedrehten Familien-Mystery-Film »Das Tal« Corippo als mittelalterlichen Schauplatz. Das Auto muss man draußen vor dem Ort stehen lassen, im Sommer am besten gleich unten an der Brücke über die Verzasca. Denn die wenigen Parkplätze sind schnell belegt – so wie die Gassen und Gässchen sich zur Hauptsaison schnell füllen.

Übernachten, Essen

Die Eine – **Osteria Corippo:** Tel. 091 745 18 71, www.corippo.ch, März–

Okt. Mi–Mo ab 10 Uhr, zwei Zimmer zu vermieten, Ü/F 40 CHF. Der Wirt aus Bellinzona versucht in einem Ort, in dem es lange nichts gab, die alte Osteria zum Leben zu erwecken. Hausgemachte Gnocchi (12 CHF) und die üblichen Tessiner Teller.

Lavertezzo ▶ E 6

Die berühmteste Brücke des Tales ist der **Ponte dei Salti** hinter Lavertezzo (s. Lieblingsort S. 210). Sie ist nicht zu verfehlen, da eigens für diese Attraktion ein großer Parkplatz an der Straße eingerichtet wurde. Wie so viele steinalte Brücken wird sie oft als Römerbrücke bezeichnet. Sie wurde jedoch im Mittelalter aufeinandergeschichtet. In zwei eleganten Bögen schwingt sie sich – 1906 und 1958 nach Zerstörungen im 19. Jh. neu erbaut – über das grüne Wasser der ›wilden‹ Verzasca. Diese ist hier tatsächlich so wild, dass das Baden verboten ist! Man sollte sich daran halten, auch wenn die Felsen bei schönem Wetter nur so wimmeln von Badenden. Fast jedes Jahr ertrinkt jemand in den unberechenbaren unsichtbaren Strudeln der Verzasca.

Den ganzen Fluss entlang windet sich der **Sentierone,** ein einfacher, breiter Wanderweg, 20 km lang, meist nahe am Fluss, und die nächste Bushaltestelle ist nie weit entfernt. Da es in jedem Ort Postautostationen gibt, kann er in beliebig lange Etappen eingeteilt werden, wie etwa von Frasco bis Sonogno (1,45 Std.) oder weiter unten im Tal von Gordola nach Vogorno (3,20 Std.) Der Weg ist meist leicht zu bewältigen und ziemlich eben.

Mein Tipp

Kunst und Natur im Einklang – auf Objektsuche an der Verzasca
▶ D 5–E 6

»Wanderweg für die Kunst« nennt sich der Abschnitt des Talwanderwegs Sentierone, der an der Verzasca entlang von Lavertezzo nach Brione führt. 21 Künstler haben am Ufer des Flusses dauerhaft 32 Werke hinterlassen, mal abstrakt, mal figürlich, und auch das durch Verwitterung sich verändernde Material wurde in die Konzeption mit einbezogen. Der deutsche Bildhauer Josef Briechle hat eine bunte Säule in den Wald gestellt, der Italiener Piero Capra lässt zarte Figuren aus Stein und Metall auf einer Lichtung stehen, eine Engländerin montierte Stahlblech auf Felsen, ein Maler aus Locarno bemalte Steine im Flussbett. Der Weg selbst ist recht eben und die Wanderung leicht. Sie lässt sich beliebig unterbrechen und es führen viele Brücken auf die andere Seite des Flusses, wo die Straße und der Bus erreicht werden. Immer wieder fällt der Blick auf das grüne Wasser der Verzasca, dann wieder schiebt sich ein Kunstobjekt ins Blickfeld. Immer schon gab es im Val Verzasca Kunst am Wegesrand, wenngleich sie sich in früheren Jahrhunderten in Bildstöcken erschöpfte. Informationsblätter zum 4,5 km langen Kunstparcours gibt es beim Fremdenverkehrsamt in Tenero und im Infopoint des Staudamms (beide Infobox S. 205).

Übernachten, Essen

Grüner Blick – **Hotel Vittoria:** Tel. 091 746 15 81, www.osteriavittoria.ch, April–Okt. tgl. 8–21 Uhr, März/April Fr–Mi, DZ 120–140 CHF, Risotto ab 11 CHF. Von den Balkonen des ehemaligen Gutshofs nahe dem Ponte dei Salti hat man eine gute Sicht ins Tal. Gutes Restaurant.

Brione Verzasca ▸ D 5

Geht man den Kunstwanderweg (s. S. 208) bis nach Brione Verzasca, kommt man zum Kleinod des Tals, den Fresken in der Pfarrkirche **Santa Maria Assunta.** Erstaunlicherweise gelang es den armen Dorfbewohnern im 14. Jh., einen zwar unbekannten, aber bedeutenden Maler in ihre Dorfkirche zu holen. Im Stil Giottos malte er einen Christuszyklus, von dem einige Teile noch relativ gut erhalten sind. Ursprünglich nannte die Kirche noch eine weitere Kostbarkeit ihr Eigen: einen Schnitzaltar von Mathias Müller aus Lindau. Der Altar von 1502 steht heute im Schweizerischen Landesmuseum in Zürich. Am Kirchturm weist eine Tafel darauf hin, dass die Kirchturmuhr 1748 von Kalifornien-Auswanderern gestiftet wurde.

Neben der Kirche fällt eine quadratische kleine Burg mit vier Türmen auf, die nicht so alt ist, wie sie aussieht. Das **Castello Marcacci** ist keine mittelalterliche Festung – für so einen Bau hätte es mitten in dem abgelegenen Tal wohl auch keinen Grund gegeben –, sondern der im 17. Jh. erbaute Sommersitz der Familie Marcacci aus Locarno.

Übernachten, Essen

Frische Fische – **Ai Piee:** zwischen Brione Verzasca und Lavertezzo, Tel. 091 746 15 44, www.piee.ch, DZ 110–160 CHF, Forelle blau, Müllerin Art oder gefüllt 29,50 CHF. Frische Forellen aus der Verzasca werden hier serviert. Wer möchte, kann auch übernachten.

Für zwischendurch – **La Sosta:** Tel. 079 444 19 66, Mitte März–Ende Okt., DZ/F 100 CHF, www.verzascatal.ch. Sandwiches und Toasts für die Terrasse, außerdem Postkarten, Souvenirs und Kunsthandwerk – und übernachten kann man auch.

Sonogno ▸ D 4

Sonogno bedeutet das ›letzte Dorf im Tal‹. Diese Ortsbezeichnung war jahrhundertelang gleichbedeutend mit Weltabgeschiedenheit; heute zeigt der große Parkplatz vor dem Ort (denn mit dem Auto kann man nicht hineinfahren), dass die Zeiten sich geändert haben. Zumal Sonogno wirklich ein zwar durchrenoviertes, dennoch sehr hübsches Tessiner Dorf mit geschlossenem Ortsbild geblieben ist. Hier kehrt in den Sommermonaten und vor allem am Wochenende Leben ein, im Winter ist das Dorf nahezu verwaist. Um das Dorfleben zu fördern, wird die Initiative ›Pro Verzasca‹ tätig vorangetrieben, die bereits 1933 gegründet wurde. Der **Dorfladen** verkauft Produkte aus dem Tal: mit Pflanzenfarben gefärbte Wolle, Wollprodukte, Töpferwaren und Holzartikel. Außerdem gibt es seit einigen Jahren wieder eine Backstube und eine kleine Käserei.

Museo di Val Verzasca

Tel. 091 746 17 77, www.museovalverzasca.ch, Mai–Okt tgl. 13–17 Uhr, Eintritt Erw. 5 CHF, Kinder 1 CHF

Bei einem Besuch im Museo di Val Verzasca in der **Casa Genardini** am Ortseingang kann man sich davon überzeugen,

Lieblingsort

Natur und Kultur im Einklang – an der Verzasca ▶ E 5

Immer wenn ich ins Val Verzasca fahre, mache ich diesen kurzen Spaziergang: von der Straße über die Bogenbrücke und dann auf den Felsen am Bach entlang. Die bunten Steine, weiß, braun, rot, schwarz, gelb und sandfarben geädert, sind eingebettet ins Grün der Umgebung. Der Bach gurgelt laut, ich höre das Getöse der vielen Menschen nicht, die sich mit mir am Schauspiel freuen, dazu die Pfarrkirche von Lavertezzo, die durch den **Ponte dei Salti** lugt (s. auch S. 208). Dieses harmonische Zusammenspiel von Natur und Kultur ist alles andere als ein Geheimtipp, aber immer wieder schön.

Schönes Mitbringsel aus dem Val Verzasca: pflanzengefärbte Wolle

dass sich an diesen handwerklichen und bäuerlichen Tätigkeiten im Laufe der Jahrhunderte gar nicht so viel verändert hat. Ausgestellt sind eine rekonstruierte Küche, Gerätschaften zur Milchverarbeitung und der traditionellen Hanfproduktion, und alles ist untergebracht in einem alten Bauernhaus.

Ethnografischer Spaziergang

In **Frasco,** einem Dorf vor Sonogno, gibt es einen 2 km langen Rundweg unter dem Motto Wasser und Feuer: Das Wasser, das Mühlsteine und Turbinen in Drehung versetzt, symbolisiert dabei die für die verschiedenen Tätigkeiten des Menschen unerlässliche Antriebskraft, das Feuer die lebenswichtige Wärme- und Energiequelle. Die Runde beginnt an der Kirche San Bernardo, führt u. a. auf einer Hängebrücke über die Verzasca zu Wolfsfallen, einem Brotofen, einer Mühle und Kalkbrennereien. Ein Faltblatt zum Spazierweg gibt es beim Fremdenverkehrsamt in Tenero (s. S. 205).

Übernachten, Essen

Unter Einheimischen – **Pension Alpino:** Sonogno, Tel. 091 746 11 63, DZ ab 84 CHF (Dusche auf dem Flur). Wer das Tal erleben möchte, wenn die Tagesbesucher abgefahren sind, nächtigt bei den Schwestern Perrozi. Kleines Hotel, auf Wanderer eingestellt, in dem man auch essen kann (Minestrone 8 CHF). Direkt daneben gibt es eine **Bäckerei,** in der man Gebäck holen kann. Auf den Steinbänken der Pension bestellt man den Caffè dazu.

Wie beim Großvater – **Grotto Redorta:** Sonogno, Tel. 091 746 13 34, www.grottoredorta.ch, Mi–Mo ab 11 Uhr. Das Grotto liegt mitten im Ort, viele Plätze im Freien, drinnen Kaminfeuer, Tessiner Spezialitäten wie Käseplatten mit Formaggella und Formaggino ab 6,50 CHF Die Enoteca (Tel. 091 746 19 39, www.enotecaredorta.ch) hat der Wirt in Erinnerung an den Großvater eröffnet, der genau so ein Lokal in Kalifornien besaß, wie ein altes Foto an der Fassade verrät. Hübsch hellrot gestrichen ist das Haus, mit einladenden Holzbalkonen.

Traditionell – **Grotto Efra:** beim Wasserfall della Froda, Tel. 091 746 11 73, Mi–Mo ab 11 Uhr. Außerhalb, ganz hinten im Tal gelegenes Grotto mit traditioneller Speisekarte: Außer Minestrone (8 CHF) gibt es keine warmen Gerichte.

Centovalli

Seinen Namen – Centovalli (›hundert Täler‹) – trägt das Tal zu Recht: ›Hunderte‹ von Seitentälern führen hinunter zum Bett der Melezza, die sich tief unten durch das Haupttal schlängelt. Das Centovalli verläuft nicht in Nord-Süd-Richtung wie die anderen großen Täler des Tessins, es zieht sich von Ost nach West bis ins italienische Piemont. Von den geschlossenen Tälern der Maggia und der Verzasca unterscheidet es sich außerdem durch seine Vergangenheit: Es war ein Durchgangstal über die schweizerisch-italienische Grenze hinweg – wenngleich der Weg einst ungleich beschwerlicher war, als er es heute ist. Vor dem Bau von Eisenbahn und Kantonalsstraße führten Saumpfad und Mulattiere (mit Steinplatten befestigte Maultierwege) über Golino – der Ort war damals Eingang zum Tal. Eine durchgängige Straße wurde erst Ende des 19. Jh. gebaut. 1889 begann man mit dem Straßenbau von **Intragna** nach **Camedo,** 1907 wurde als Schlussstein die Straßenbrücke über den Grenzfluss **Rio Ribelasca** bei Camedo eingeweiht. Kleinere, oberhalb der Durchgangsstrecke liegende Orte wurden erst später angebunden.

Die Orte im Centovalli, bei denen im folgenden Text nichts anderes verzeichnet ist, sind Stationen der **Centovallibahn,** die sie mit Locarno verbindet (s. Entdeckungstour S. 214).

Verscio ▸ D 7

Noch vor dem eigentlichen Beginn des Centovalli lohnt das Dorf Verscio einen kurzen Halt. Verscio liegt inmitten fruchtbarer Felder, sehenswert ist die barocke Pfarrkirche **San Fedele** (1748) und ihr mittelalterlicher Chor, der heute eine Seitenkapelle bildet. Diese schmücken Fresken des 12., 15. und 16. Jh., einige stammen von Antonio da Tradate. Besuchenswert ist außerdem die **Casa Leoni** aus dem 17. Jh., wo das **Teatro Dimitri** untergebracht ist.

Teatro Dimitri

Tel. 091 796 25 44, www.teatrodimitri.ch, März–Okt., Vorverkauf: Tel. 091 796 15 44, Scuola Teatro Dimitri: Tel. 091 796 24 14, www.teatrodimitri.ch/scuola

Dimitri ist wahrscheinlich der berühmteste Clown und Artist der Schweiz. Im kleinen Verscio gründete er 1971 ein Theater, vier Jahre später die Scuola Teatro Dimitri und 2002 ein Museum. Theater, Artistenschule ▷ S. 217

Infobox

Reisekarte: ▸ B–D 6/7

Infos

Centovalli Info: im Rathaus, Intragna, Tel. 091 780 75 00, www.centovalli.net, für Centovalli und Onsernonetal. Allgemeine Infos beim Ente Turistico Lago Maggiore in Locarno (s. S. 166).

Verkehr

Neben der Centovallibahn (s. S. 214) verbinden auch Busse von Locarno die Orte im Centovalli. Ins Valle Onsernone kommt man ebenfalls mit den Bussen der FART. Infos: Ferrovie Autolinee Regionali Ticinesi, FART, Via Domenico Galli 9, Locarno, Tel. 091 756 04 00, www.centovalli.ch, fart@centovalli.ch.

Auf Entdeckungstour: Über Berg und Tal – mit der Centovallibahn nach Italien

Die Centovallibahn ist zwar eine Schmalspurbahn und zuckelt mit höchstens 60 Stundenkilometern durch die Gegend, dennoch stellt sie eine schnelle Verbindung zwischen dem Tessin und dem Wallis, und natürlich Locarno und dem italienischen Domodossola dar.

Reisekarte: ▶ A–E 6/7

Zeit: Fahrtzeit von Locarno bis Domodossola 1,45 Std. Tipp: unterwegs aussteigen und mit einem späteren Zug weiterfahren.

Infos/Preise: Ferrovie Autolinee Regionali Ticinesi (FART), Via Domenico Galli 9, Locarno, Tel. 091 756 04 00, www.centovalli.ch; Tageskarte 35 CHF bis Domodossola, mit der man beliebig oft in beide Richtungen fahren kann, einfache Fahrt nach Camedo (ital. Grenze) 10,40 CHF.

Francesco Balli trug einen mächtigen Schnauzer – *baffi* auf Italienisch – im Gesicht. Ob Signor Balli *con i baffi* wohl aufgeregt war, als er 1898 an den Bundesrat den formellen Antrag für die Konzession einer Eisenbahnlinie stellte? Der Bürgermeister von Locarno hatte einen klaren und großen Plan: Ein paar Jahre zuvor, 1882, war die erste Dampflokomotive durch den Gotthardtunnel gefahren. Nun sollte seine Zuglinie Locarno mit Italien und in einem zweiten Schritt mit der Gotthardbahn verbinden! Und Locarno sollte der Knotenpunkt des neuen Fortbewegungsmittels sein. Ganz sicher gab es ein großes Fest in der Stadt, als 1923 die Eisenbahn in Betrieb genommen wurde, lange genug hatte es ja gedauert.

Höhen und Tiefen

Warum, das verstehen auch heutige Reisende sofort. Die Strecke von Locarno nach Westen geht nicht etwa gemütlich am Seeufer entlang, sondern über Berg und Tal. Im Wortsinn bewältigt die Bahn 1100 m Höhenunterschied, fährt über 83 Brücken und durch 31 Tunnels.

Die Baugeschichte war voller Hindernisse: Es dauerte. Zwischenzeitlich hatte Balli schon die Standseilbahn von Locarno nach Madonna del Sasso durchgesetzt und eröffnet. Erst 1913 begannen die Bauarbeiten an der Centovallibahn, nach dem Konkurs der Geld gebenden Bank – so etwas gab es auch damals schon – war aber gleich wieder Schluss. Die nächsten Schwellen wurden 1914 verlegt, dann kam der Krieg. Erst 1921 war wieder Geld im Säckel für das Projekt. Am 27. März 1923 trafen sich die Schweizer und Italiener mit ihren Schienen im piemontesischen Santa Maria Maggiore. 51,25 km Schienen hatten sie da verlegt.

Lasst Graffiti sprechen

Heute beginnt die Fahrt mit der Bahn oberhalb des Bahnhofs von **Locarno-Muralto;** die ersten Stationen bedient sie unterirdisch, ganz wie eine großstädtische U-Bahn. An den Wänden gab es sogar Graffiti, so etwas hatte man im Tessin zuvor kaum gesehen. Die Übeltäter wurden gefasst – und bekamen den Auftrag, die ganze unterirdische Station in großem Stil auszumalen.

Ursprünglich fuhr die Bahn zwischen dem Bahnhof Locarno und San Antonio oberirdisch als Straßenbahn über die Piazza Grande in Locarno. Ab 1937 wurde die Linie um die Innenstadt herum in das Maggia-Delta verlegt, 1990 der Tunnel zwischen Bahnhof Locarno und San Martino eröffnet. Spätestens ab **Ponte Brolla** sind die Ausblicke aus dem Zugfenster fantastisch, die Landschaft wird wilder, dramatischer. Entspannt kann man aus Tunnels raus-, über Brücken hinweg- und an Schluchten entlangfahren – was auf der Straße inmitten von Motorradgruppen oder bei entgegenkommenden und zu überholenden Radfahrern anstrengend sein kann.

Hundert Täler Einsamkeit

Spektakulär ist die Fahrt auf **Intragna** zu. Mit 65,75 m hat Intragna den höchsten Campanile des Kantons – der aber ganz locker unter die 1915 gebaute Isornobrücke am Ortseingang passt, denn sie misst 82 m. Hinter Intragna beginnt das eigentliche Centovalli mit unzähligen Tälern, von denen viele verlassen sind, »hundert Täler Einsamkeit«, wie ein Tessin-Kenner so treffend schrieb. Seit Juni 2009 ist Intragna keine eigenständige Gemeinde mehr, der Ort schloss sich nämlich mit Borgnone und Palagnedra zur neuen Gemeinde Centovalli zusammen.

Palast der Kaminkehrer

Die Centovallina, wie die Bahn liebevoll genannt wird, verkehrt häufig in beide Richtungen, man kann aussteigen und wenigstens eines der ›hundert Täler‹ besuchen oder eine längere Wanderung unternehmen. Bei **Palagnedra** schließlich ist die Melezza, die so oft ganz unten im Tal den Blicken entschwindet, zu einem 4 km langen See aufgestaut. Umrahmt von dunkelgrünen Wäldern geht es die restlichen Kilometer auf die Grenze zu. Wer in **Camedo** aussteigt, kann einen Spaziergang den Berg hinauf zum Weiler **Lionza** unternehmen (2 km). Man geht einfach die kaum befahrene alte Serpentinenstraße entlang. (Kürzer, aber sehr viel steiler führt ein ausgeschilderter Pfad vom Bahnhof Palagnedra nach Lionza.) Dort steht ein auffälliges großes Gebäude, der **Palazzo Tondù.** Lange stand er leer, nun soll ein Hotel daraus werden. Interessant ist seine Geschichte: Im 17. Jh. arbeitete ein Mann aus Lionza, Andrea Tondù, mit seinen beiden Söhnen in Italien als Kaminkehrer, eine durchaus übliche Beschäftigung der Männer und Jungen aus dem Centovalli. Als der Vater bei einem Arbeitsunfall starb, nahm ein wohlhabender Italiener die Söhne bei sich auf. Sie erhielten eine Ausbildung, kehrten aber immer wieder nach Lionza zurück – und bauten dort jenen Palazzo.

Qual der Wahl

Das Ende der Reise ist vertraut: Auch in **Domodossola** fährt der Zug, der hier nun Vigezzina heißt, unter die Erde zur Endstation. Nun kann man einfach sitzen bleiben und wieder zurückfahren, genau richtig für Bahnenthusiasten. Oder aber man erkundet in einer Rundreise mit Zug und Schiff die ganze Region. Wer diese Variante wählt, sollte ein Ticket des Lago-Maggiore-Express lösen. Damit geht es weiter mit der Bahn nach **Stresa** und von dort mit dem Schiff über den See zurück nach **Locarno** (www.lagomaggioreexpress.com, Tagesrundreise mit Schiff und Bahn, Ticket 48 CHF, Kinder bis 12 Jahren 24 CHF).

Auch die Freiluftvariante ist nicht zu verachten: in Camedo aussteigen, ein Velo mieten und locker zurückrollen nach Locarno – mit einem kurzen Gegenanstieg, in einem der ›hundert Täler‹.

und Museum logieren in einem bunten Häuserkarree aus drei Jahrhunderten. Dimitri tritt selbst auf, führt Regie und hat auch Gastspiele im Programm.

Essen & Trinken

Wildes Grotto – **Cavalli:** Ai Mulin 6, unterhalb des Bahnhofs, Tel. 091 796 12 74, www.grottocavalli.ch, Di ab 17, Mi–So ab 11.30 Uhr, Hauptgerichte ab 18 CHF. In diesem 100 Jahre alten Grotto werden im Herbst Wildgerichte zu moderaten Preisen serviert.

Risotto-Ristorante – **Melezza:** Cavigliano, westlich von Verscio, Tel. 091 796 22 49, Mo–Sa 12–14 und 18.30–21 Uhr. Im sogenannten Pedemonte, dem Eingang ins Centovalli, liegt Cavigliano. Das Lokal befindet sich an der Abzweigung ins Onsernone-Tal. Katharina und René Unternährer bewirten freundlich mit Tessiner Küche. Spezialität ist der Risotto alla Melezza mit Steinpilzen und einem speziellen Rotwein der Region (17 CHF).

Intragna ▸ D 7

Der Hauptort des Centovalli, das 900 Einwohner zählende Intragna, hockt wie eine Glucke weithin sichtbar auf einem Felssporn am Zusammenfluss von Isorno und Melezza. Als ob es mit dieser überragenden Lage – die heute noch betont wird durch das 70 m hohe **Eisenbahnviadukt** (s. Entdeckungstour S. 214) – nicht genug wäre, schmückt sich die Kirche **San Gottardo** auch noch mit dem höchsten Kirchturm des Tessins: 65 m misst der Campanile.

Heimatmuseum

Museo delle Centovalli e del Pedemonte, Tel. 091 796 25 77, www.museocentovalli.ch, Ostern–Okt. Di–So 14–18 Uhr

Hinter der Kirche ist in der Casa Maggetti, einem Patrizierhaus aus dem 17. Jh., das **Museo delle Centovalli e del Pedemonte** untergebracht. Das hübsche Heimatmuseum beherbergt eine historisch-ethnografische Ausstellung. Zu sehen sind neben vielen Möbelstücken und Alltagsgegenständen unter anderem eine Nussölpresse und ein Brennkolben für Grappa.

Übernachten, Essen

Gediegen – **Hotel Antico Ristorante:** Tel. 091 796 11 07, www.hotelantico.ch, DZ ab 120 CHF. Das alte Haus liegt mitten im Ort. Die 26 Zimmer haben teilweise Balkon, zum Haus gehört eine große Terrasse.

Mit Pool – **Ristorante Intragna Garni:** Tel. 091 796 10 77, www.garni-intragna.ch, DZ ab 130 CHF. Kleine Familienpension mit hübschem Pool im Garten.

Mit Fresken – **Cà Vegia:** Golino, Tel. 091 796 12 67, www.hotel-cavegia.ch, DZ ab 140 CHF. In dem Tessiner Patrizierhaus aus dem 17. Jh. schläft man unter Fresken.

Gehobene Küchenkunst – **Ristorante Stazione:** Tel. 091 796 12 12, www.daagnese.ch, tgl. 11–14 und 17–21 Uhr, DZ ab 170 CHF o. F., Menü ab 65 CHF. Gehobene, fantasievolle und vielfach ausgezeichnete Tessiner Küche von Agnese Broggini. Oberstes Gebot ist die Frische der Zutaten. Mit Zimmervermietung.

Verdasio ▸ C 7

Nach Verdasio führt erst seit 1963 eine (besonders steile) Teerstraße. Verdasio wirkt denn noch immer geschlossen und ein bisschen trotzig-trutzig. In

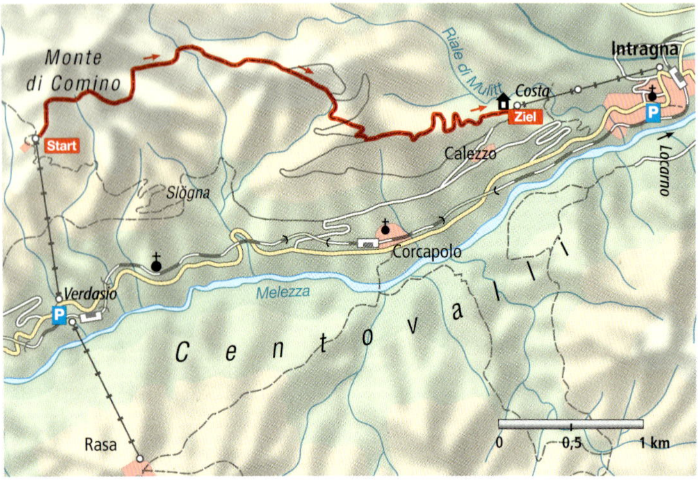

Wanderung vom Monte di Comino nach Costa

der Ortsmitte stößt man überrascht auf ein zerfallendes herrschaftliches Gebäude, die **Casa Tosetti** aus dem 17. Jh. – und es wird einem bewusst, wie herausgeputzt und durchrenoviert das ganze Tessin im Grunde ist, seit die temporäre Einwanderungswelle den Kanton in den 1960er-Jahren überrollte. Die Gegenbewegung, die Entvölkerung, traf auch das Centovalli, genau wie alle anderen abgelegenen Täler und Dörfer. Sehenswert ist auch die spätbarocke Pfarrkirche **SS. Giacomo e Cristoforo.**

Wandern vom Monte di Comino nach Costa ▸ C/D 7

Strecke: 5 km; Dauer: 2 Std.; abwärts 350 Höhenmeter; Start: Bergstation der Seilbahn

Man fährt am besten von Locarno mit Bahn oder Bus nach Verdasio und von dort mit der Seilbahn auf den nördlich von Verdasio gelegenen **Monte di Comino** (1138 m). Eine einfache und gut ausgeschilderte leichte Wanderung leitet vom Gipfel bergab nach **Costa,** man geht gemächlich etwa 2 Std. In Costa kehren Wanderer gerne im **Grottino Costa** (s. u.) ein. Mario Giudici bekocht die Gäste dieses netten Grottos gleich bei der Seilbahnstation. Mit der kleinen Seilbahn fährt man von Costa nach Intragna, von dort wieder mit Bus oder Bahn zurück nach Locarno.

Mühlenpark von Lionza ▸ C 7

Der Park liegt zu Beginn des **Sentiero del Mercato,** westlich von Verdasio zwischen Borgnone und Lionza. (Dieser Marktpfad war früher eine wichtige Verbindung zwischen dem Locarnese, den Centovalli, dem Valle Vigezzo und dem Simplon.) Zu sehen sind interessante Zeugnisse des ländlichen Lebens wie die Reste einiger

Mühlen und einer Hammerschmiede, ein Brotbackofen und ein Waschtrog (ausgeschildert ab Borgnone, ca. 1 Std., schattiger Weg).

Essen & Trinken

Urig – **Grottino Costa:** Tel. 091 796 25 10, März–Okt. Di–So ab mittags. Mario Giudici bekocht die Gäste dieses netten Grottos gleich bei der Seilbahnstation. Kleines Menü aus Tessiner Platte, Risotto mit Luganighe und Kaffee 29 CHF.

Infos

Seilbahn: In Verdasio starten zwei Seilbahnen, eine nach Rasa, eine auf den Monte di Comino (Tel. 091 798 13 93, www.comino.ch).

Rasa ▸C 7

Am einfachsten kann man einen Blick in das Haupttal des Centovalli werfen – der Fluss Melezza entzieht sich meist weit unten den Blicken –, wenn man kurz hinter Intragna einen alten Saumpfad hinuntersteigt, der (bis heute) der Zugang nach Rasa ist, mit dem Auto kommt man nicht hin. Wieder einmal geht man über eine sogenannte römische Steinbrücke. Der schön geschwungene, einbogige **Ponte Romano** wurde im 16. Jh. gebaut. Auf der Brücke steht ein Bildstock, in dem St. Nepomuk, der Brückenheilige, geehrt wird. Die andere Möglichkeit, Rasa zu erreichen, ist die kühne **Seilbahn,** die seit 1958 fährt und von der nördlichen zur südlichen Talseite führt. Das Dorf thront weithin sichtbar auf einem Bergrücken, wie ein Ausstellungsstück in einer Vitrine, das von allen Seiten bewundert werden möchte. Das war nicht immer so.

Das alte Rasa, heute Terra Vecchia (s. S. 220), versteckte sich in einer schattigen Senke. Die fruchtbare Erde auf dem Bergrücken wagte man nicht an Häuser zu verschwenden. Die Män-

Nur zu Fuß kommt man über den Ponte Romano nach Rasa

ner von Terra Vecchia waren schwere Schlepperei gewohnt, für jeden Hausbau mussten Steine und Granitplatten kilometerweit herangetragen werden. Diese Muskelkraft machten sie schließlich zu Geld, verdingten sich als Gastarbeiter im reicheren Ausland, in Italien, und schufteten als Lastenschlepper im Hafen von Livorno. Mit dem Geld im Säckel kehrten sie heim, und mit den Jahren beschlossen diejenigen Bewohner, die nicht ohnehin längst ausgewandert waren, umzuziehen. Um 1670 begannen die Dorfbewohner, die Senke zu verlassen, wo im Winter die Sonne wochenlang nicht schien, und bauten oberhalb, im Licht, das neue Rasa. Diesem bescheidenen Reichtum verdankt Rasa sein harmonisches, großzügigeres Ortsbild. Denn die Häuser drängen sich nicht mehr aneinander, sind nicht ineinander verschachtelt gebaut wie sonst.

Die meisten Häuser sind heute schmuck restauriert, auch wenn nicht viele Menschen dauerhaft in Rasa wohnen. Auch dieses Dorf war schließlich nahezu menschenleer geworden – und es lange geblieben, denn auch ein Rustico sollte doch bitteschön, einfacher Lebensstil hin oder her, mit dem Auto erreichbar sein. Dass Rasa heute wieder Bewohner anzieht, geht ursprünglich auf die Initiative einer Bibelgesellschaft zurück, die vor mehr als 30 Jahren damit begann, einige der Häuser zu renovieren. In einer Art Jugendherberge können Wanderer übernachten (s. Übernachten rechts). Marktwege werden die alten Pfade genannt, an denen heute Wanderwegweiser stehen – zwar wurden hier durchaus Waren transportiert, möglicherweise auch zu Märkten, aber es waren Schmugglerpfade. Salz wurde nach Italien geschafft, Kaffee in die Schweiz.

Terra Vecchia ▸ C 7

Terra Vecchia ist noch als verschachteltes Tessiner Dorf zu erkennen. Dass aus weiteren Ruinen Häuser wurden, ist einem Therapieprojekt mit ehemals Drogensüchtigen zu verdanken, von ihnen wurde das Dorf in der Senke renoviert. Lange verstellten tonnenschwere Paletten mit Granitplatten den Zugang zum Dorf. Ganz offensichtlich wird heute im Tessin das Baumaterial nicht mehr auf dem Rücken heraufgeschleppt. In der reichen Schweiz übernehmen in unwegsamen Gegenden Helikopter die Aufgabe von Lastwagen. Frisch renoviert erstrahlt auch wieder die schlichte **Kirche** von Terra Vecchia, an der Kirchhofmauer hängt eine Tafel: »Es ist Ziel der Stiftung Terra Vecchia, Menschen in ihrer Sinnfindung zu unterstützen, dabei Sichtbares zu bauen und unsichtbare Fundamente für eine sinnvolle Existenz zu legen.«

Auf ein weiteres komplett renoviertes Dorf stoßen Wanderer eine Wegstunde weiter, wenn sie durstig die Osteria Bordei anstreben. Das Dorf **Bordei** wurde von derselben Stiftung praktisch runderneuert.

Übernachten, Essen

Runderneuert – **Osteria Bordei:** Palagnedra-Bordei, 091 780 80 05, www.bordei.ch, Ostern–Mitte Okt. Di–So, DZ 140 CHF, Osso Bucco 28 CHF. Auch die Osteria wurde stilgerecht renoviert. Der älteste Teil des Gebäudes stammt aus dem 16. Jh.

Christlich – **Campo Rasa:** Rasa, Tel. 091 798 13 91, www.camporasa.ch, DZ ab 62 CHF pro Person u. Nacht (mit Frühstück). Christliches Kurs- und Ferienzentrum in drei Tessiner Palazzi. Auf Luxus wurde verzichtet. Die Räume sind schlicht und behaglich eingerichtet; Es gibt ein Lesezimmer, eine Bibliothek und eine Cafeteria mit offenem Kamin.

Einfach – **Grotto Ghiridone:** Rasa, Tel. 091 798 13 31, April–Okt. tgl. 9–18 Uhr, Käseplatte ab 6 CHF. Einfache Speisen wie Tessiner kalte Platten, Landwein.

Infos

Seilbahn: Von Verdasio aus ist Rasa mit der Seilbahn erreichbar.

Palagnedra ▸ C 7

Rasa blieb autofrei, das auf der Nachbarhöhe gelegene Palagnedra ist dagegen, am Staudamm vorbei, mit dem Fahrzeug zu erreichen. In der Pfarrkirche **San Michele** haben sich spätgotische Fresken erhalten; vermutlich stammen sie von Antonio da Tradate, der auch in Ronco und Verscio Kirchen ausmalte. Auffällig sind die vielen herrschaftlich anmutenden Häuser, die von heimgekehrten Arbeitsemigranten erbaut wurden.

Übernachten

Jugendherberge – **Ostello Palagnedra:** Tel. 091 780 74 40, mobil 07 92 28 04 42, www.palagnedra.ch, 23 CHF pro Person und Tag zzgl. Kosten für die Reinigung. Sehr schön gelegene Jugendherberge mit 30 Betten, für Wanderer optimal, ein Minibus fungiert als Taxi.

Infos

Bahn/Bus: Mit der Centovallibahn oder dem Bus nach Verdasio. Von dort weiter mit dem Bus (nur wenige Verbindungen tgl.).

Valle Onsernone

▸ B–D 6/7

Das Valle Onsernone zweigt hinter Verscio nach Nordwesten ab und ist eines der ursprünglichsten Täler des Tessins geblieben.

Infos

Infopoint Valle Onsernone: In Auressio gibt es am Ortseingang einen Infopoint fürs ganze Tal, geführt in Eigeninitiative von einer Deutschen. Dabei ein kleiner Laden mit Souvenirs wie Stroharbeiten, auch Getränke und Eis, Mi–Fr. 8.30–13, 14.30–18, Sa/So 9–13, 14.30–17 Uhr, Tel. 091 797 10 00.

Bus: Postbus bis nach Spruga, jedoch nicht häufig. Er hält unterwegs in allen Orten entlang der Strecke.

Loco ▸ C 6

Loco ist der Hauptort des Valle Onsernone. Die Kirche **San Remigio** aus dem 13. Jh. wurde 1506 erneuert. Das Dorf lebte von Strohflechterei, doch Billigimporte am Anfang des 20. Jh. brachten das Handwerk zum Erliegen. Ende des 19. Jh. waren fast 30 Mühlen im Onsernone-Tal in Betrieb; eine davon hat der Museumsverein restaurieren lassen. Dort wird *farina bóna* gemahlen, eine Spezialität, gewonnen aus gerösteten Maiskörnern, die man in der **Mühle** (www.aimulini.com, April–Okt. Do 14–17, Sa/So 10–12 und 14–17 Uhr) und im Museum kaufen kann. Die Mühle steht links an der Straße, zwischen Loco und Berzona.

Museo Onsernonese

Tel. 091 797 10 70, mob. 079 800 33 84 s. Link unter www.onsernone.ch,

So malerisch begrüßt einen der Morgen im Hotel Palazzo Gamboni in Comologno

April–Juni, Mi, Do, Sa, So 14–17, Juli–Okt. Mi–So 14–17 Uhr, Eintritt 5 CHF/3 CHF
Im Museo Onsernone in der **Casa Degiorgi** widmet sich ein ganzes Stockwerk der Strohindustrie, die außergewöhnlich viel Geld ins Tal brachte. Außerdem zeigt es Trachten und Alltagsgegenstände des Tales und eine Sammlung von Votivtafeln. Immer wieder gibt es Einzelausstellungen, etwa über die Schriftsteller, die im Tal lebten.

Zwischen Loco und Russo ▸ C 6

Berzona, Rückzugsort der Schriftsteller Max Frisch und Alfred Andersch (s. S. 75), liegt abgeschieden und etwas erhöht von der Durchgangsstraße. Die Kirche San Defendente wurde 1564 erbaut. In **Mosogno** ist die Pfarrkirche San Bernardo aus dem 16. Jh. sehenswert, vor allem wegen des Marmoraltars und einiger bedeutender Silberarbeiten aus dem 18. Jh. Bei **Russo,** das bestimmt wird von einigen schönen Palazzi, zweigt das **Val di Vergeletto** ab, ein nahezu unberührtes, wildes Gebirgstal. Die barocke Kirche von Vergeletto und eine hübsche **Steinbogenbrücke** können bei einer Wanderung erkundet werden. Wer noch längere Touren mag, geht in einer **Tagestour** (ca. 8 Std.) von Vergeletto weiter über den Passo della Cavegna nach Cimalmotto im Valle di Campo, einem Seitental des Vallemaggia.

Comologno ▸ B 6

Das weltabgelegene Comologno hatte in den 1930er-Jahren den Ruf, revolutionär zu sein. Ein Palazzo, genannt die ›Barca‹, wurde zum antifaschistischen Zufluchtsort. Dort lebten Aline Valangin, Enkelin des Friedensnobelpreisträgers Élie Ducommun, und ihr Mann, der Rechtsanwalt und Freund der Emigranten, Wladimir Rosenbaum. Der jüdisch-litauische Kunsthändler betrieb in Ascona in der Casa Serodine, gleich neben der Libreria della Rondine, ein renommiertes Antiquariat, nachdem ihm sein Anwaltspatent aus politischen Gründen aberkannt worden war. Zahlreiche Künstler verkehrten bei den Rosenbaums, zuerst in Ascona, später in Comologno. Während der Nazizeit gewährte das Ehepaar Verfolgten Schutz.

Essen & Trinken

Gute Ergänzung zum Hotel – **Osteria Al Palazign:** Tel. 091 797 20 68, www.palazzogamboni.ch, April–Okt. tgl. Küche ab 11 Uhr, Tessiner Platte mit Wurst und Käse ab 11 CHF. Aus der Dorfkneipe wurde das Restaurant Palazign, es gibt keine Karte, die Gerichte stehen auf der Schiefertafel. Geboten werden typische Menüs aus der Region. Der Wirt Marco Ramonda stammt aus einer alteingesessenen Tessiner Familie und er ist seit Langem befreundet mit dem Magnum-Fotografen René Burri – und von diesem hängt dann auch eines der berühmten und von Burri signierten Che-Guevara-Porträts im Gastraum. Schöne Terrasse mit Granittischen.

Spruga ▸ B 6

Von Spruga, dem letzten Dorf im Valle Onsernone, führt eine halbstündige, einfache Wanderung zu den Resten des Thermalbades **Bagni di Craveggia** oder Bagni di Spruga, wie es die Schweizer meist nennen. Es liegt an der grünen Grenze zu Italien und man sollte den Personalausweis mit sich führen. Das Kurbad wurde im Winter 1951 von Lawinen komplett vernichtet, der Badebetrieb im 30 °C warmen Wasser hörte auf. Das Wasser des Isorno, in den auch die Thermalquellen münden, wollte eine italienische Firma aus Domodossola für ein Wasserkraftwerk nutzen. Das hätte bedeutet, dass nur noch ein kleines Restrinnsal durch das Onsernone-Tal geflossen wäre – ein mit den Plänen für einen Nationalpark (s. S. 55) nicht zu vereinbarendes Vorhaben. Da sich aber das Wasserkraftwerk auf italienischem Boden befunden hätte, hätten die Tessiner wenig dagegen ausrichten können. Zur Freude der Tessiner wurde das Projekt aber fallengelassen.

Mein Tipp

Übernachten im Palazzo

Als reich gewordene Tessiner Emigranten aus dem Ausland zurückkehrten, bauten sie sich in der alten neuen Heimat vornehme Palazzi (Abb. links). In solch einem Palazzo in Comologno eröffnete vor einigen Jahren ein kleines charmantes Hotel. Der Palazzo Gamboni hat fünf Zimmer, von der Suite blickt man über die Dächer zum Kirchturm. Die Zimmer im alten Teil sind mit Antiquitäten möbliert, im Anbau gibt es Whirlpool und Sauna. Im gleichen Gebäude finden sich auch eine traditionelle Weberei sowie eine Strohwerkstatt. Strohhüte waren früher eine wichtige Einnahmequelle im Tal. Die Produkte werden im Hotel verkauft. **Palazzo Gamboni:** Tel. 091 780 60 09, www.palazzogamboni.ch, April–Okt., DZ 180–286 CHF, Halbpension in der Osteria Al Palazign nebenan zusätzlich 42 CHF pro Person.

Das Beste auf einen Blick

Lugano, Lago di Lugano, Malcantone

Highlight!

Gandria: Das hübsche Dorf liegt kurz vor der Grenze zu Italien. Seinen ganzen Charme zeigt es aber vor allem von der Seeseite. Dort krallen sich die Häuser am Ufer fest und steigen nach oben. Die Terrassen wenden sich zum See hin und hinter allem ragt der Wald auf. S. 248

Auf Entdeckungstour

Modernes Bauen in Lugano: Botta, aber nicht nur. Der Tessiner Stararchitekt hat in Lugano viel gebaut, aber andere moderne Architekten waren vor und nach ihm ebenfalls tätig. S. 236

Klingsors Palazzo – Hermann Hesse in Montagnola: 43 Jahre lebte Hesse in Montagnola, er wurde Schweizer laut Pass und Tessiner im Herzen. Wunderbare Aquarelle und Erzählungen wie »Klingsors letzter Sommer« entstanden in seiner Künstlerklause über dem Lago di Lugano. S. 256

Kultur & Sehenswertes

Santa Maria degli Angioli: In dieser Kirche in Lugano lädt ein riesiges ›Bilderbuch‹, die Lettnerwand von Bernardino Luini, zur Betrachtung ein. S. 228

Museo delle Culture: In Lugano kann man sehen, was die Kubisten inspirierte: Kunst aus Afrika. S. 233

Zu Fuß unterwegs

Auf der Seepromenade nach Paradiso: Hier spazieren Einheimische am See entlang. S. 235

Vom Monte Brè zum See hinunter: Ein Teil der Strecke verläuft an Olivenhainen vorbei. S. 247

Vom Monte Lema zum Monte Tamaro: Die Tour zwischen den beiden Gipfeln ist äußerst beliebt. S. 260

Um den Monte Caslano: Immer am Seeufer entlang umrundet man den Berg von Caslano. S. 266

Genießen & Atmosphäre

Antico Ristorante Caprino: Idyllischer kann man ein Grotto nicht erreichen – Gäste werden in Lugano mit einem kleinen Boot abgeholt. S. 240

Gelato Italiano -9°: In einer der besten Eisdielen des Tessins, in Lugano, gibt es so köstliche Sorten wie die ›Schweizer Schokoladen-Verführung‹. S. 241

Santa Maria Iseo-Cimo: Eine Oase mit Fernblick ist der kleine Platz vor der Kirche Santa Maria Iseo-Cimo im Malcantone. S. 265

Abends & Nachts

Al Lido: Nach dem Baden den Sundowner am Luganer See einnehmen und weil es so schön ist, auch das Abendessen, den Schlummertrunk … S. 242

Etnic: Coole Location in Lugano, afrikanischer Jazz, afrikanisches Essen, internationales Publikum. S. 242

Lugano

Elegant und geschäftig residiert die Stadt am nach ihr benannten Lago di Lugano. Die größte Stadt des Tessins prunkt sowohl mit moderner Architektur als auch mit einem prachtvollen Dom. In den Straßencafés und an der Seepromenade treffen sich Einheimische, Geschäftsleute und Urlauber gleichermaßen, genießen Schlemmereien, Schaufensterbummel und die Schätze der Museen.

Stadtgeschichte

Eingerahmt von den beiden Zuckerhüten Monte Brè und Monte San Salvatore und von nicht zu überbietender landschaftlicher Schönheit, war der Flecken schon in vorrömischer Zeit besiedelt. Auch wenn die frühen Bewohner kein Auge für den ästhetischen Wert gehabt haben dürften, blieben sie. Die erste urkundliche Erwähnung findet sich 724 als ›Leguano‹. 1512 rückten die Eidgenossen nach Süden vor und besetzten den Ort. Lugano leistete den Treueschwur und wurde Vogtei. Napoleon störte den jahrhundertelangen Frieden: Er gründete in Oberitalien die Cisalpinische Republik. Der Ruf ›liberi e svizzeri‹ ging durch die Region, forderte Unabhängigkeit innerhalb einer schweizerischen Republik. Napoleon entwarf die Helvetische Republik. 1803 schließlich wurde der autonome Kanton Tessin ins Leben gerufen, bis 1878 wechselten sich Bellinzona, Locarno und Lugano alle sechs Jahre als Hauptstadt ab.

Wirtschaftlich bedeutend war Lugano schon in früheren Zeiten – als letzter großer Ort vor Italien, das über Ponte Tresa erreicht wurde. Mit dem Bau des Melide-Damms über den See im 19. Jh. nahm diese Bedeutung noch zu. Mit der Gotthardbahn (eröffnet 1882) wurde der Weg für den wirtschaftlichen Aufschwung endgültig geebnet. Der Güter- und Personenverkehr stieg an, und auch Touristen konnten nun zahlreich und einfacher über die Alpen in den Süden schwärmen.

Infobox

Reisekarte: ▶ F 9

Infos

Verkehrsverein Lugano: Riva Albertolli, Palazzo Civico, Tel. 091 866 66 00, www.luganoturismo.ch, info@lugano tourism.ch, für Kongresse: info@lugano-conventions.com.

Internet

www.lugano-tourism.ch, www.lagolugano.ticino.ch

Günstig unterwegs

... ist man mit der **Ticino Discovery Card** in öffentlichen Verkehrsmitteln, Museen u. v. m., s. S. 24.

Altstadt

Erreicht man Lugano mit dem Zug, hat man vom Bahnhof aus bereits einen guten Blick über die Stadt. Das gereicht ihr allerdings nicht zum Vorteil: Denn Lugano wartet mit scheußlichen Betonsilos, Wohnblocks in Plattenbaugrau und ebenso hässlichen Hotels auf. Also nichts wie rein in die kleine steile Trambahn, die Besucher sofort ins Herz der Altstadt hinunterbefördert.

Ausgehplatz, Flaniermeile, Mittelpunkt – die Piazza della Riforma

Piazza della Riforma 1

Entlang der Fußgängerzone stehen noch viele alte Palazzi. Man kann durch Lauben schlendern und landet schließlich auf der Piazza della Riforma. Die ist so recht dazu geeignet, die Füße unter eines der Straßencafé-Tischchen zu strecken und dem lebhaften Treiben zuzusehen. Platzhirsch ist der **Palazzo Civico,** 1840–44 errichtet. Gedacht war er als Regierungssitz des Kantons Tessin, heute ist in dem Palazzo das Municipio (Rathaus) untergebracht.

Bei einem Nachmittags-Cappuccino oder Frühabend-Cocktail auf der Piazza della Riforma spürt man es ganz deutlich: Lugano zieht Touristen an – aber nicht nur die. Als drittgrößte Bankenstadt der Schweiz (nach Zürich und Genf) ist der Ort auch Ziel vieler Geschäftsreisender. So sieht man in den Cafés auf dem größten Platz der Stadt Wanderer mit Trekkingschuhen, die glücklich seufzend ein kühles Bier bestellen, Familien, die den Nachwuchs mit Eis ruhigstellen, Büroschönheiten, die die Abendverabredung klarmachen sowie Anzugträger eines jeden Alters. In direkter Nachbarschaft erheben sich die **Gebäude der BSI** 18 (Via Canova 6), der Banca della Svizzera Italiana (s. Entdeckungstour S. 236).

Via Nassa 2

Verführerisch in doppelter Hinsicht ist der Bummel durch die Via Nassa. Die einen werden vor den reich dekorierten Schaufenstern der Feinkostläden den Schritt verlangsamen oder am Straßenstand an hängenden Riesen-(Plastik)-Salamis, an *tramezzini* oder üppig belegten Brötchen nicht vorbei können. Die anderen verkneifen sich die Kalorien und werfen einen Blick in eine der zahlreichen Modeboutiquen: Das nahe Italien lässt grüßen.

Santa Maria degli Angioli 3

Piazza Bernardino Luini
siehe Lieblingsort S. 228

Kulturzentrum LAC 4

Riva Caccia, www.luganolac.ch
Jahrzehntelang war das Grand Hotel Palace nur eine Ruine, endlich

Lieblingsort

Bilderbuch in der Kirche – die Lettnerwand

In der Kirche **Santa Maria degli Angioli** 3, 1490 gegründet, lädt mich das riesige ›Bilderbuch‹ zur mußevollen Betrachtung ein: An die Lettnerwand, die den Kirchenraum des ›gemeinen Volkes‹ von dem der Mönche trennte, malte Bernardino Luini, ein Schüler von Leonardo da Vinci, 1529 den Leidensweg Christi. Der Lärm kommt nur noch als Summen herein, ein Ort, an dem ich zur Ruhe komme, an dem der Alltag eine Pause zu machen scheint.

DIVISERVNT SIBI VESTIMENTA

Locarno Bellinzona
Via San Gottardo
Via San Gottardo
Via Cantonale
Via F. Pelli
Via Dufour
Via Ginevra
Viale S. Franscini
Via Giuseppe Curti
Via A. Fusoni
Viale Cassarate
Via al Chioso
Via Maggio
Via del Tiglio
Via C. Maraini
Via Capelli
Cassarate
Via Serafino Balestra
Via E. Bossi
Via G. B. Pioda
Corso Elvezia
Via P. Lucchini
Via L. Lavizzari
Via Luigi Canonica
Via R. Manzoni
V. Besso
Via Sorengo
Stazione SBB (FFS)
Funicolare
Via Bertaccio
Corso Pestalozzi
Via Pretorio
Viale C. Cattaneo
Palazzo dei Congressi
Via Foce
Porto Comunale
Stazione Ponte Tresa (FLP)
Via T. Rodari
Via Basilea
Via Pessina
Municipio
Start
siehe Detailkarte
Via Abate G. Stabile
Via Montarina
Via Aprica
Via G. Motta
Via Nassa
Riva V. Vela
Spaziergang nach Paradiso
Lago di Lugano
Torre Enderlin
Via Clemente Maraini
LORETO
Via A. Adamini
Via Loreto
Via S. Calloni
Villa Malpensata
Riva Antonio Caccia
Via Giuseppe Mazzini
Via D. Fontana
Via G. Cattori
Viale S. Salvatore
Via G. Guisan
PARADISO
Via Geretta
Via delle Scuole
Via E. Bosia
Riva Paradiso
Funicolare San Salvatore
Via F. Zorzi
Stazione Lugano Paradiso
Stretta Boggia
Via Guidino
Via Carona
Monte San Salvatore
Spaziergang nach Paradiso
Lido di Paradiso
Corso Pestalozzi
Via Pretorio
Via G.B. Pioda
Via Pietro Peri
Via G. Nizzola
Via Bertaccio
Sal. M. e A. Chiattone
Piazza D. Alighieri
Contrada di Verla
Via al Forte
Via G. Carducci
Via d. Posta
Via Stauffacher
Via Borghetto
Via Cattedrale
Via Canova
Piazza Cioccaro
Via Pessina
Via G. Luvini
Via Camuzio
Via d. Albrizzi
Via G. Marconi
Via San Lorenzo
Via G. Motta
Piazza d. Riforma
Via Canova
Piazza Manzoni
Via Nassa
Riva G. Albertolli
Palazzo Civico (Municipio)

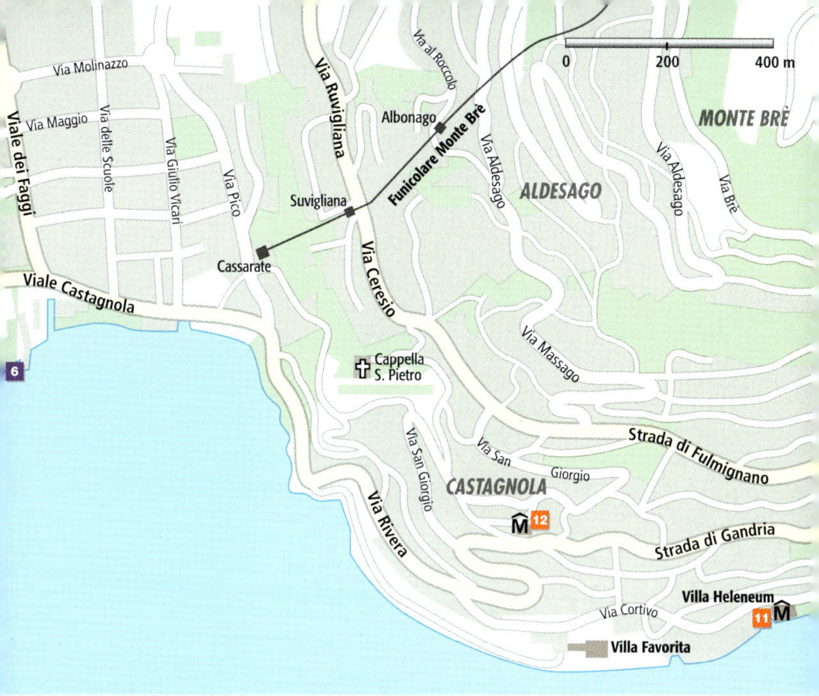

Lugano

Sehenswert

1 Piazza della Riforma
2 Via Nassa
3 Santa Maria degli Angioli
4 Kulturzentrum LAC
5 Santa Maria di Loreto
6 San Lorenzo
7 Giardino Belvedere
8 Parco del Tassino
9 Parco Civico Villa Ciani
10 Parco Villa Negroni
11 Museo delle Culture
12 Archivio Storico Casa Carlo Cattaneo
13 Museo Cantonale di Storia Naturale
14 Villa Ciani
15 Museo Cantonale d'Arte
16 Museo d'Arte
17 Zentrum der fünf Kontinente
18 Bankgebäude BSI
19 Casinò
20 Kantonsbibliothek
21 Universität
22 Banca del Gottardo
23 Palazzo Ransila
24 Bus-Terminal von Botta
25 Palazzo Mantegazza

Übernachten

1 Grand Hotel Eden
2 Hotel Lugano-Dante
3 Hotel Walter Au Lac
4 Hotel Pestalozzi
5 Montarina
6 Casa della Gioventú

Essen & Trinken

1 Ristorante Orologio
2 Cyrano
3 Osteria del Portico
4 Federale
5 Osteria Trani
6 Natural Food Lugano
7 Ristorante Pestalozzi
8 Antica Osteria del Porto
9 Locanda del Boschetto
10 Ristorante Tivoli
11 Grotto Morchino
12 Antico Ristorante Caprino
13 Grand Café al Porto
14 Gelato Italiano –9
15 Gelateria Naturale Chez Guglielmo

Fortsetzung S. 232

Einkaufen

1 Fuchs & Reposo, Libreria Wega
2 Manor
3 Pelletteria Poggioli
4 Sapori Bio
5 La Signora degli Anelli
6 Foglia

Aktiv

1 Verkehrsverein Lugano
2 Club Nautico
3 Fahrradverleih
4 Bagno pubblico
5 Bagno Paradiso Conca d'Oro
6 Lido di Lugano

Abends & Nachts

1 Al Lido
2 Etnic
3 Club 1
4 Morandi

Spaziergang Lugano–Paradiso s. S. 235

erstrahlt die Fassade wieder. Hier entsteht das LAC, das Kulturzentrum Lugano Arte e Cultura. Der einstige Prunkbau war bereits 1843 als Hotel du Park um den Kreuzgang eines 1848 aufgelösten Minoritenklosters herumgebaut worden. Hier waren Kaiserin Elisabeth von Österreich und auch Thomas Cook, der englische Reisespezialist, zu Gast. Nach einem Brand im Jahr 1994 blieb nur die Fassade erhalten. 2015 soll hier das neue Kulturzentrum der Stadt Lugano einziehen. Den Architekturwettbewerb gewann das Tessiner Büro Ivano Gianola. Nach dessen Plänen entstehen eine große Piazza für Freiluftkonzerte, eine transparente Eingangshalle wird ins Museum führen, das fünf Stockwerke einnehmen wird. Dort sollen bisherige Sammlungen und Museen zusammengeführt werden. Das Herzstück aber wird ein Konzert- und Theatersaal mit 1000 Plätzen.

Santa Maria di Loreto 5

Via Loreto 18, tgl. 9–18 Uhr

Loreto heißt der Stadtteil, der sich an die Großbaustelle des Kulturzentrums anschließt. Den Berg hinauf kommt man zu dem Kirchlein Santa Maria di Loreto. Bis zum 16. Jh. stand hier nur ein kleiner Bildstock. Die heutige Kirche erinnert eher an einen Palazzo. Dort ist auch ein Pensionat untergebracht. Aussicht auf den See wird hier oben nicht geboten, dafür ist es still, und der Trubel der Stadt dringt nur als Rauschen herauf.

San Lorenzo 6

Via Borghetto, tgl. 9–18 Uhr

Der Dom San Lorenzo liegt oberhalb der Stadt. Wer den schönsten Blick von den Terrassen von San Lorenzo genießen möchte, der solle sich morgens vor sechs Uhr hierher begeben, so empfahl schon im 19. Jh. der Kunsthistoriker Jacob Burckhardt: »Lange verbirgt der hohe Monte Brè die Sonne, während sie schon das Tal von Lugano zur Linken und den See zur Rechten ganz hell bestrahlt.« Allerdings braucht man heute eine selektive Wahrnehmung, um sich nicht von den vielen hässlichen Neubauten irritieren zu lassen. Das Ungewöhnlichste am Dom selbst (13./14. Jh.) ist die Fassade (1500–17) im Stil der lombardischen Frührenaissance, für Burckhardt »das schönste Bauwerk der Stadt: etwas breiter als hoch, durch ein prachtvolles Gesimse gekrönt«.

Gärten

Giardino Belvedere 7

An der Uferpromenade zwischen Lugano und Paradiso erstreckt sich der Giardino Belvedere – am frühen Abend ein beliebter Treffpunkt einheimischer Flaneure. Die Anlage zieren subtropische Pflanzen und moderne Skulpturen, u. a. von Arp und Travaglini. Um den Quai überhaupt anlegen zu können, musste ab 1876 die Uferfläche befestigt und vergrößert werden, dazu wurde Gestein aufgeschüttet. Vor einigen Jahren folgte dort ein weiteres Projekt größeren Ausmaßes: In Zusammenhang mit dem Bau des neuen Kulturzentrums wurde der Aushub in den See gekippt, eine ökologisch sinnvolle Maßnahme, die die Transportfahrten auf die Deponie reduzierte. 200 000 m^3 Erde und Gestein sollten so den Seegrund sanieren, hinzu kamen Altholz, Büsche und Bäume. Schon nach ein paar Wochen hatte sich der Fischbestand im neuen Habitat vermehrt.

Parco del Tassino 8

Via Cl. Maraini

Einst Jagdrevier der Familie Enderlin, dann ein weitläufiger Privatpark ist es heute ein öffentlicher Garten, in nur wenigen Minuten zu Fuß oberhalb des Bahnhofs zu erreichen. Wege ziehen sich den Hügel hinauf bis zur weithin sichtbaren **Torre Enderlin,** einem nicht zugänglichen Turm. Auf der Hügelkuppe stehen Steintische und Bänke – Picknick einpacken! Im unteren Teil des Parks grasen in einem großen Gehege Damhirsche und Mufflons (nicht füttern, Eintritt frei).

Parco Civico Villa Ciani 9

Riva Giocondo Albertolli, Sommer 6–23, Winter bis 21 Uhr, Eintritt frei

Eineinhalb Millionen Schweizer Franken zahlte die Stadt Lugano den Brüdern Ciani, um ihnen den Park (und die Villa darin) abzukaufen und der Öffentlichkeit zugänglich zu machen. Das war wohlgemerkt bereits im Jahr 1912 und ein Akt von großer Voraussicht. Sonst stünden hier heute vermutlich entweder Bankgebäude oder Hotels. So aber kann man, direkt am Seeufer, unter 200 Jahre alten Eichen und Platanen spazieren.

Parco Villa Negroni 10

Nördlicher Stadtrand, Vezia, ganzes Jahr geöffnet, Eintritt frei, Bus 5, Haltestelle Villa Negroni

Ein doppelter Park aus ›Italienischen Gärten‹ und einem ›Englischen Garten‹. Der Ziergarten nahe der Villa ist für das Tessin ein seltenes Beispiel eines rein italienischen Gartens mit in Form geschnittenem Buchsbaum, einer Tuffsteingrotte, diversen Brunnen und Statuen. Die Villa wurde an der Schwelle zum 19. Jh. von Carlo Morosini aus Lugano gebaut. Als mondäner Treffpunkt spielte sie eine wichtige Rolle im Gesellschaftsleben des 19. Jh. Giuseppe Verdi und Arrigo Boito waren zu Gast, aber auch Garibaldi und seine Gefolgsleute des Risorgimento. Die Gittertore am Eingang und zahlreiche andere eiserne Dekorationen wurden aus den Villen der Familie Negroni in der Brianza nach Lugano gebracht. Der letzte Umbau der Villa erfolgte durch die Stadt Lugano, die diese Liegenschaft 1976 für 4,8 Mio. Franken erworben hat.

Museen

Die umfangreiche Museumslandschaft Luganos ist im Umbruch. Erst wenn das LAC (s. S. 227) seinen Betrieb aufgenommen hat, wird endgültig geklärt, welche Sammlung wohin wandern wird. Bis dahin Informationen unter: Luganoturismo.mobi.

Museo delle Culture 11

Via Cortivo 24, Tel. 058 866 69 60, www.mcl.lugano.ch, Di–So 10–18 Uhr, Eintritt 12 CHF, Jugendliche 8 CHF, jeden ersten So des Monats Eintritt frei

Wo sich die Kubisten ihre Formen abschauten, kann man bei einem Ausflug ans Seeufer im Museo delle Culture Extraeuropee in der **Villa He-**

Der Monte Brè scheint zum Greifen nah – an der Seepromenade in Paradiso

leneum nachvollziehen. 600 Objekte von ethnologischer und kunsthistorischer Bedeutung aus Ozeanien, Asien und Afrika sind hier zu sehen. 1985 hatten Serge und Graziella Brignoni, zwei mit dem Surrealismus verbundene Künstler, der Stadt Lugano ihre Sammlung vermacht, die den Grundstock für das Museum bildete. Über drei Stockwerke verteilt, sind in der neoklassizistischen Villa vorrangig Holzfiguren ausgestellt.

Archivio Storico Casa Carlo Cattaneo 12

Strada di Gandria 4, Tel. 058 866 68 50, www.archiviostoricolugano.ch, Mo–Fr 9–12 Uhr, Eintritt frei

Das Historische Archiv ist eine Schatzgrube für Besucher, die sich intensiver mit der Geschichte der Stadt auseinandersetzen möchten. Über 4000 zum Teil wertvollle Bücher, viele Manuskripte, Drucke und Architekturbände dokumentieren die Geschichte Luganos. Außerdem beherbergt das Archiv eine Bücher- und Schriftensammlung, die das Leben dreier Exilanten im Tessin dokumentiert – des lettischen Schriftsteller-Ehepaars Aspazija und Janis Rainis sowie des italienischen Risorgimento-Politikers Carlo Cattaneo.

Museo Cantonale di Storia Naturale 13

Viale Carlo Cattaneo 4, Tel. 091 815 47 61, www.ti.ch/mcsn, Di–Sa 9–12 und 14–17 Uhr, Eintritt frei

Zurück zur Natur in geschlossenen Räumen kommt man im Museo Cantonale di Storia Naturale. Mineralogie, Botanik und Geopaläontologie sind Thema der über 200 000 Exponate – mit Schwerpunkt auf dem Tessin.

Villa Ciani 14

Park Villa Ciani, Tel. 058 866 72 14, www.lugano.ch/cultura, Di–So 10–12 und 14–18 Uhr

Die Villa Ciani liegt im Parco Civico Villa Ciani am See, der vor oder nach der Kunst zur Muße einlädt. Bis auf Weiteres finden hier Ausstellungen nicht nur zu Kunstthemen statt.

Museo Cantonale d'Arte 15

Via Canova 10, Tel. 091 815 79 71, www.museo-cantonale-arte.ch, Di 14–17, Mi–So 10–17 Uhr; Sammlung 7 CHF, Ausstellungen 12 CHF

In diesem Museum gibt es temporäre thematische und anthologische Ausstellungen. Die Sammlung beherbergt alle Kunstwerke, die dem Kanton Tessin gehören. Dazu zählen neben Werken vieler Tessiner Künstler auch Schätze internationaler Couleur, u. a. von Degas, Renoir, Arp, Jawlensky.

Museo d'Arte 16

Villa Malpensata, Riva A. Caccia 5, Tel. 058 866 72 14, während der Ausstellungen: Di–So 10–18, Fr bis 21 Uhr, Eintritt Erw. 12 CHF, erm. 8 CHF

Im Museo d'Arte in der **Villa Malpensata,** einer großzügigen Seevilla aus dem 18. Jh., sind Wechselausstellungen moderner Kunst zu sehen. Der Schwerpunkt liegt mittlerweile auf dem Expressionismus.

Spaziergang von Lugano nach Paradiso

Für den Spaziergang nach Paradiso, einem Nachbarort mit großer Hotel- und Apartmentdichte, bietet sich die kilometerlange Seepromenade an. Durch einen Grünstreifen etwas abgeschirmt vom Autoverkehr, schlendert man an der weiten Luganer Bucht entlang. Im Blickfeld hat man die beiden Berge, die Lugano umrahmen und die beide mit Seilbahnen erreicht werden können: **Monte Brè** und **Monte San Salvatore** in Paradiso. Auf Ersteren führt eine Standseilbahn. Der Blick von oben reicht über den See und weit in die Alpen hinein. Vom Monte San Salvatore hingegen kann man schon die lombardische Tiefebene überblicken. In der Ortsmitte von **Paradiso** hat Architekt Mario Botta das runde **Zentrum der fünf Kontinente** 17 geschaffen (Viale Salvatore). Hinter dem anspruchsvollen Namen verbergen sich Geschäfte, ein Café, Luxusapartments und Büros.

Übernachten

Am See – **Grand Hotel Eden** 1: Riva Paradiso 1, Paradiso, Tel. ▷ S. 239

Auf Entdeckungstour: Modernes Bauen in Lugano

Botta, aber nicht nur. Der Tessiner Stararchitekt hat in Lugano viel gebaut, aber andere moderne Architekten waren vor und nach ihm ebenfalls tätig. Ein Rundgang mit Bankgebäuden, einem Schwimmbad und einer Bibliothek, zur Universität und am Ende zu einem flaschengrünen Palazzo.

Zeit: Für den Rundgang durch die Stadt sollte man einen halben bis ganzen Tag einplanen.

Planung: Die Bibliothek und die Banken sind während der üblichen Öffnungszeiten für Besucher zugänglich (s. Cityplan s. S. 231).

1975 fand in Zürich eine viel beachtete Ausstellung statt: »Tendenzen – Neuere Architektur im Tessin«, damit kam das Bauen im Südkanton fast über Nacht zu internationalen Ehren. Vor allem in Lugano kann man viele architektonische Zeugnisse aus der Nachkriegszeit bis in die jüngste Vergangenheit finden.

Architektonische Spannung

Der Rundgang, der weit hinter die Altstadt führen wird, beginnt mitten im alten Kern, beim großen runden Springbrunnen an der Uferstraße Riva Giocondo Albertoli. Dort stehen, direkt nebeneinander, zwei auffallend unterschiedliche **Gebäude der BSI** 18 (Via Canova 6), der Banca della Svizzera Italiana, der ältesten Bank im Kanton Tessin, die 1873 in Lugano gegründet wurde. Der braune, klassische Bau links, im 19. Jh. erbaut, ist der Stammsitz, innen im Hof ist eines der Hauptwerke des britischen Bildhauers **Tony Cragg** zu bewundern – vier je 2 m hohe Türme aus Schrauben, Metallscheiben und Altmetall. Nebenan stand ein Bankgebäude aus den 1930ern, erbaut vom Tessiner Architekten **Bruno Bossi.** 1983 kaufte es die BSI, 2006 wurde es spektakulär umgebaut zu einem schnörkellosen weißen Kasten, dem spannungsgeladenen Kontrast zum Haus nebenan. Die Kunstsammlung im Innern umfasst Werke von John Armleder, Robert Barry, Daniel Buren and Liam Gillick. Die wechselnden Ausstellungen können zu den Schalteröffnungszeiten besichtigt werden.

Spieltische hinter Neonkuben

Weiter am See geht es zum **Casinò** 19 (Via Stauffacher 1). 1996 hatten zwei junge Architekten, **Bruno Huber** und **Luca Gazzaniga,** den öffentlichen Wettbewerb für den Bau eines Theaters an der Seepromenade in Lugano gewonnen. Doch kein Theater, sondern das Casinò Lugano wurde realisiert und 2002 eröffnet. Das Casinò wurde zur Sehenswürdigkeit – bis am italienischen Ufer des Luganer Sees in Campione d'Italia Mario Botta ein weiteres Casinò baute. Eine Erneuerung der Luganer Fassade war im Jahr 2010 vorgesehen, beauftragt wurden aber nicht die ursprünglichen Architekten, sondern ein Architekt, der mit einem Direktauftrag von der Gemeinde Lugano beglückt wurde. Ein Vorgehen, das viele Fragen juristischer Natur aufgeworfen hat, u. a. auch bezüglich des Urheberrechts der ursprünglichen Architekten.

Bücher und Baden

Im nahen Park Civico steht die **Kantonsbibliothek** 20, ein Gebäude mit filigraner Fassade, 1940 nach den Entwürfen der Architekten **Carlo** und **Rino Tami** erbaut. Heute gilt es als Inbegriff moderner Architektur im Tessin, damals erlangten die Architekten zwar internationale Anerkennung, doch in Lugano konnte kaum jemand etwas anfangen mit dem langgestreckten Flachbau und dem daran gesetzten massiven Riegel des Verwaltungsgebäudes. Vor ein paar Jahren wurde es sanft restauriert. Ganz in der Nähe, auf der anderen Seite des Cassarate-Baches, steht die **Piscina coperta**, ein ebenfalls von Rino Tami, aber wesentlich später erbautes Hallenbad mit Flachdach (1978). Der kalkweiße Flachbau wurde 2008 zum modernen Schwimmbad umgestaltet.

Multifunktionelles Bauen

Sandra Giraudi und **Felix Wettstein** bauten an der **Universität** 21 (Via Giuseppe Buffi 13) mit. Für das Informatikgebäude mit der davorgesetzten Glasfassade erhielt ihr Architekturbüro 2003 den SIA-Preis für Architektur. Die meisten Universitätsgebäude finden sich am Ende des Corso Elvezia, Ecke Via Madonetta. Die **Mehrzweckaula** und der **Campus** stammen von **Aurelio Galfetti.** Galfettis Hauptwerk ist der Umbau der Burg Castelgrande in Bellinzona und er war zusammen mit Botta Initiator der Architekturakademie der Università della Svizzera Italiana in Mendrisio. Die Aula Magna der Università in Lugano ist ein raffinierter, zur Hälfte im Boden versteckter Bau, dessen Dach als Piazza genutzt werden kann.

Botta verspielt

Nun geht es von der Universität aus nach Westen zur nächsten großen Straße, der Viale Stefano Franscini. Hier, in der sogenannten City von Lugano, die sich vom See aus gesehen hinter der Altstadt ausbreitet, stehen die meisten modernen Gebäude, für die hauptsächlich eher gesichtslose Gebäude der 1960er-Jahre weichen mussten. Durch dieses Viertel – Banken, Versicherungen, Büros und Einkaufszentren – geht es, zurück zur Altstadt, schon bald an einem unverkennbaren Bauwerk entlang, der **Banca del Gottardo** 22 (Viale Franscini 8, www.bsibank.com). Für die 1957 gegründete Bank, die seit 2007 ebenfalls zur BSI gehört, baute der berühmte Tessiner Architekt **Mario Botta** 1988 das Stammhaus – einen langgestreckten Block aus mehreren Einzelbauten, die ihn so weniger massiv erscheinen lassen. Die Fassade ist rosa gestreift und ungewöhnlich verspielt für Bottas sonst übliche Formensprache (s. Foto S. 201).

An der Ecke zum Corso Pestalozzi steht der Neubau des **Palazzo Ransila** 23, ein auffälliges Büro- und Geschäftshaus, ein riesiges Backsteingebäude mit gestufter Fassade und Bottas Bullaugen unterm Flachdach. Und unverkennbar: Auf dem Dach steht ein Baum, so als hätte auf einer Ruine ein Vogel ein Samenkorn fallen gelassen. Es lohnt sich, auch in den Innenhof des angrenzenden klassizistischen Palazzo Ransila einen Blick zu werfen. Dieser wurde völlig entkernt, nur die Fassade blieb stehen, dahinter erneut schwarz-weiß gestreifte Botta-Architektur.

Ufo gelandet

Wer jetzt noch Energie hat und von hier mit dem Linienbus von Lugano nach Paradiso losfahren will, kann einen weiteren Bau des Architekten ausgiebig betrachten: ein funktionales **Bus-Terminal** 24 (Via Pestalozzi). Tagsüber wirkt dieses klar und licht, ein gläsern überdachter Platz, nicht mehr. Nachts aber strahlt das Terminal in wechselnden Farben, sieht mal aus wie ein blaues, mal wie ein rotes Ufo. Beim neuen **Kulturzentrum** 4, das auf dem Weg liegt, müssen sich die Betrachter bis zur geplanten Eröffnung 2015 noch mit der Baustelle begnügen (s. S. 227).

Elf Stockwerke hoch und mit einer flaschengrünen gläsernen Hülle, so präsentiert sich in Paradiso die letzte Station des Rundgangs, der **Palazzo Mantegazza** 25 (Riva Paradiso 32). Der Multifunktionsbau wurde vom Architekten **Giampiero Camponovo** geplant – demselben, der den weißen Kubus der BSI entwarf.

091 985 92 00, www.edenlugano.ch, DZ ab 450 CHF. Der wahre Luxus dieses Fünf-Sterne-Hotels ohne besonderen Charme liegt in der Dependance, die direkt am See liegt, eine Seltenheit in Lugano.

Kuschelig – **Hotel Lugano-Dante** 2: Piazza Cioccaro 5, Tel. 091 910 57 00, www.hotel-luganodante.com, DZ ab 300 CHF. Zentral gelegen, mitten im Zentrum, direkt neben der Zahnradbahn. Die Zimmer sind etwas plüschig und mit alten Möbeln ausgestattet.

Zentraler Seeblick – **Hotel Walter Au Lac** 3: Piazza Rezzonico 7, Tel. 091 922 74 25, www.walteraulac.ch, DZ ab 192 CHF. Seit 100 Jahren gibt es dieses Garni-Hotel bereits, nur hat leider der Verkehr in dieser Zeit entlang des Sees erheblich zugenommen. Am ruhigsten ist es im 4. Stock.

Mein Tipp – **Hotel Pestalozzi** 4: s. oben

Einfach mit Pool – **Montarina** 5: Via Montarina 1, Tel. 091 966 72 72, www.montarina.ch, DZ ab 112 CHF. Ein Hostel in einer alten Villa, nah beim Bahnhof. Ruhig gelegen, einfach – aber mit Pool im Garten. Es gibt Betten im Schlafsaal, historische Zimmer mit Etagenbad und moderne, normale Hotelzimmer.

Hostel – **Casa della Gioventú** 7: Via Cantonale 13, Lugano-Savosa, Tel. 091 966 27 28, www.youthhostel.ch/lugano, lugano@youthhostel.ch. Mit dem Bus 5 bis Crocifisso vom Bahnhof zu erreichen. Es gibt nicht nur Zimmer, sondern auch Apartments und einen Garten mit Pool.

Bei Freunden – **www.airbnb.com:** Ab 40 CHF. Lugano ist teuer, da ist Airbnb eine gute Lösung, eine moderne Art der Ferienwohnungsvermittlung, meist wohnt man in einem Privatzimmer beim Vermieter.

Camping – In Lugano selbst gibt es keinen **Campingplatz,** dafür finden Camper mehrere Plätze bei Agno, s. S. 262.

Mein Tipp

Frühstück mit ›Seeblick‹

Eine Entdeckung: In Fußnähe zum Zentrum ist in einem alten Palazzo dieses einfache Design-Hotel eingezogen. Plüschfreie Zone, die Zimmer sind funktional, aber geschmackvoll, und für den günstigen Preis bekommt man ein ordentliches Frühstück. Der Hingucker: das Wandgemälde mit ›Seeblick‹ im Frühstückssaal.

Hotel Pestalozzi 4: Piazza Indipendenza 9, Tel. 091 921 46 46, www.pestalozzi-lugano.ch, DZ ab 156 CHF (Hauptsaison ab 176 CHF), mit Etagendusche ab 106 CHF (Hauptsaison ab 116 CHF).

Essen & Trinken

Edel – **Ristorante Orologio** 1: Via Nizzola 2, Tel. 091 923 23 38, Mobil 076 566 78 58, www.ristoranteorologio.ch, Mo–Sa 11–15, 19–24 Uhr, So geschl. Das elegante Ristorante wird geführt vom renommierte Sommelier Savino Angioletti. Serviert wird gehobene mediterrane Küche.

Auch edel – **Cyrano** 2: Corso Pestalozzi 27, Tel. 091 922 21 82, www.bistrocyrano.ch, Mo–Fr 11–14.30 und ab 18.30 Uhr, Lamm 25 CHF. 13 Punkte im Gault Millau hat das kleine Restaurant bereits kurz nach der Eröffnung abgesahnt. Man sitzt in kühl-schön designten Räumen oder dem gemütlichen Gärtchen.

Unter Lauben – **Osteria del Portico** 3: Corso Pestalozzi 21/a, Tel. 091 921 02 95, Mo–Fr 8.30–24 Uhr, Vitello tonnato 18 CHF. Das Restaurant ist zugleich eine Weinhandlung, die Auswahl an Weinen im Lokal ist also überdurchschnittlich groß. Man kann unter den schönen Lauben oder auch im kleinen Garten essen.

Platzhirsch – **Federale** 4: Piazza Riforma 9, Tel. 091 923 91 75, www.caffefederale.ch; Olimpia, Tel. 091 922 74 88. www.ristoranteolimpia.ch; Sass Café, Tel. 091 922 21 83, www.sasscafe.ch, alle: www.piazzariformalugano.ch, alle tgl. 11–24 Uhr. Die Restaurants auf der Piazza della Riforma sind fast alle in einer Hand: Der Gastronom Guido Sassi führt das Olimpia, das Ristorante Federale und die jünger und moderner anmutende Vinebar Sass Café. Dennoch: Man wird höflich bedient, und die Küche ist besser, als man es an so einem touristischen Hotspot vermuten würde. So bekommt man einen ordentlichen gemischten Käseteller für 22 CHF.

Nette Weinbar – **Osteria Trani** 5 :Via Cattedrale 12, Tel. 091 922 05 05, www.trani.ch, Mo–Sa 10–1 Uhr, So abends, Vier-Gänge-Menüs ab 49 CHF. Geschmackvoll-schlicht eingerichtete kleine Osteria, an einer steilen Treppe zum Dom gelegen. Es gibt Menüs und vor allem eine üppige Weinkarte. Das Trani, eröffnet 1994, behauptet von sich, die erste richtige Weinbar des Tessins gewesen zu sein.

Bio, vegan – **Natural Food Lugano** 6: Via Ariosto 6, Tel. 091 924 00 00, Veganer Bio-Imbiss und Take-away.

Vegetarisch – **Ristorante Pestalozzi** 7: Piazza Indipendenza 9, Tel. 091 921 46 46, www.pestalozzi-lugano.ch, tgl., mittags Küche bis 15.30, abends bis 23 Uhr. In dem Hotelrestaurant gibt es nicht nur kein Fleisch, sondern auch keinen Alkohol, und das schon seit 100 Jahren. Nicht ausschließlich vegetarisch, aber strikt alkoholfrei.

Sehenswert – **Antica Osteria del Porto** 8: Via Foce 9, Tel. 091 971 42 00, www.osteriadelporto.ch, tgl. 11–24 Uhr. Kaninchen-Papardelle 24 CHF. Allein die Lage lohnt den Besuch, im Grünen, an der Landzunge des Baches, zwischen Lido und Parco Ciani. Man kann hier gut nur auf ein Glas Wein vorbeischauen.

Fisch im Wald – **Locanda del Boschetto** 9: Via del Boschetto 8, Tel. 091 994 24 93, Di–So 12–15 und 19–24 Uhr, Platte mit gegrilltem Fisch 35 CHF. Wenn man genug hat von Tessiner Salami und Tessiner Käse: Hier gibt es, überraschend angesichts der rustikalen Umgebung, ausschließlich Fischgerichte.

Runde Sache – **Ristorante Tivoli** 10: Via Guisan 6, Paradiso, Tel. 091 993 16 54, www.ristorantetivolilugano.com, ab 11 Uhr, kleiner Vorspeisenteller ab 14 CHF. Das Gebäude ist das auffälligste von Lugano Paradiso: Das runde ›Haus der fünf Kontinente‹ wurde von Mario Botta erbaut, der auch Teile des Mobiliars entworfen hat.

Grottengut – **Grotto Morchino** 11: Via Carona 1, Pazzallo, Tel. 091 994 60 44, www.morchino.ch, Di–So 10–14 und 18–24 Uhr, Sa nur am Abend, Fohlenfilet vom Grill 34 CHF. »... im steilen Bergwald auf schmaler Terrasse standen Steinbänke und Tische im Baumdunkel, aus dem Felsenkeller brachte der Wirt den kühlen Wein ...«, schrieb Hermann Hesse und er soll das Morchino damit gemeint haben. Oberhalb von Lugano Paradiso, in einer Serpentine im Wald. Angenehme Atmosphäre, charmant geführt von Pier-Luigi Olgiati.

Per Boot – **Antico Ristorante Caprino** 12: Cantine di Caprino, Tel. 091 921 39 20, www.ristorantecaprino.ch, Mai–Okt. Di–So ab 11 Uhr, Hauptgerichte ab 18 CHF. Idyllischer kann man ein Grotto gar nicht erreichen: Man ruft an, dann wird man am zentralen Bootssteg von Lugano mit einem kleinen Boot abgeholt und ans gegenüberliegende Ufer gebracht, das noble Grotto ist nur vom Wasser aus zu erreichen.

Cafés und Eisdielen

Wiener Charme – **Grand Café al Porto** 13: Via Pessina 3, Tel. 091 910 51 30, www.grand-cafe-lugano.ch, Mo–Sa 8–18.30 Uhr. Altes, renoviertes Kaffeehaus mit Patio, Leckereien aus der bekannten Konditorei in Locarno.

Eis – **Gelato Italiano –9°** 14: Via al Forte 4, Quartiere Marghetti, Tel. 091 921 15 67, www.gelato-9.com. Leckere Sorten wie ›Das Hässliche und das Gute‹, ›Schweizer Schokoladen-Verführung (dunkel)‹ oder ›Santorini‹ mit griechischem Joghurt und Bio-Honig. Ungewöhnlich, unbedingt probieren!

Für Allergiker – **Gelateria Naturale Chez Guglielmo** 15: am Seeufer gegenüber vom Casino. Hier gibt es glutenfreies Eis.

Einkaufen

Die **Via Nassa** 2, der ›Weg der Fischernetze‹ in der Altstadt, ist die Hauptgeschäftsstraße mit Feinkostläden, Modeboutiquen und Schmuckläden. Kleinere, preisgünstigere Boutiquen und Lädchen zum Stöbern ziehen sich die steile **Via Cattedrale** hinauf, die neben der Standseilbahn zum Bahnhof beginnt.

Bücher – **Fuchs & Reposo, Libreria Wega** 1: Via Nassa 21, Tel. 091 923 16 06. Schon seit 1935 gibt es diese Buchhandlung, mit einer guten Auswahl deutschsprachiger Literatur.

Lebensmittel – **Manor** 2: Piazza Dante 2, Tel. 091 912 76 99. Feinkostabteilung im Erdgeschoss des Kaufhauses, nicht billig, aber großartige Auswahl an lokalen Produkten mit Herstellerverzeichnis und viel Bio-Ware dazu.

Lederwaren – **Pelletteria Poggioli** 3: Via Luvini 5, Tel. 091 923 10 40, www.

Im Zentrum der Genüsse – Via Nassa und Via Pessina

Mein Tipp

Günstiges Obst und Gemüse
Dienstags und freitags wird von 7 bis 12 Uhr auf der **Piazza della Riforma** 1 Gemüsemarkt abgehalten. Erstaunlicherweise ermäßigen dann die teuren Lebensmittelgeschäfte in der Via Pessina und der Via Nassa ihre Preise um 20 %.

poggiolipelletteria.ch. Seit 1905 gibt es hier schöne Lederwaren.
Bio – **Sapori Bio** 4: Salita Chiattone 18, Tel. 091 922 04 64, www.saporibio.ch. Bio-Imbiss und -Lebensmittelladen.
Schmuck – **La Signora degli Anelli** 5: Via Cattedrale 6, Tel. 076 447 75 45. Die ›Frau der Ringe‹ fertigt wunderschönen, nicht zu teuren Schmuck.
Grappa – **Foglia** 6: Via Bosia 4, Paradiso, Tel. 091 994 52 05. Spirituosenladen und Grappahersteller, preiswerter als die schicken Läden in Luganos Fußgängerzone.

Aktiv

Geführte Touren gratis – **Verkehrsverein Lugano** 1: Riva Albertolli, Palazzo Civico, www.lugano-tourism.ch/de/113/gefuhrte-ausfluge.aspx. Montags Rundgang durch die Altstadt, dienstags Garten-Wanderung, mittwochs Kulturspaziergang mit Gymnastik, donnerstags ›Zeugen der Vergangenheit‹, Treffpunkt jeweils 10 Uhr im Info-Büro, Eintritt frei.
Bootsverleih, Segeln – **Club Nautico** 2: Via Calloni 9, Cassarate, Tel. 091 994 12 56, Fax 091 994 60 59. Man kann nicht nur Boote ausleihen, sondern auch Wasserski fahren (150 CHF/Std.) und surfen (19 CHF/Std.).
Fahrradverleih – **Bahnhof** 3: Mietrad, halber Tag, Abgabe am gleichen Bahnhof: 27 CHF; 1 Tag, Abgabe am gleichen Bahnhof: 35 CHF, Rückgabe an anderem Bahnhof: 43 CHF, Informationen: www.rentabike.ch/dynasite.cfm?dsmid=78635 oder www.sbb.ch/bahnhof-services/auto-velo/mieten-und-ausleihen/mietvelo.htm.
Schwimmen – **Bagno pubblico** 4: Lungolago Lugano, Riva Caccia, Tel. 058 866 69 11, tgl. 9–18, Mai–Mitte Juni, Sept tgl. 9–18.30, Mitte Juni–-Ende Aug. bis 20 Uhr, Erw. 6 CHF, Kinder 3 CHF. Man liegt auf einem großen Steg, schick und angesagt. **Bagno Paradiso Conca d'Oro** 5: Riva Paradiso, Tel. 091 993 07 95, www.lugano.ch/sport, nur auf Italienisch, 9–18, Mai, Juni, Sept. 9.30–18.30, Juli/Aug. bis 19.30 Uhr, Erw. 7 CHF, Kinder 3 CHF. Großes Bad mit Schwimmbecken, Sprungturm und großer Liegewiese. **Lido di Lugano** 6: Via Lido, Cassarate, Tel. 058 866 68 80, www.lugano.ch/sport, Mai–Sept. 9–19, Juni–Aug. bis 19.30 Uhr, 11 CHF. Das größte Freibad im Tessin, mit Olympia-Becken und zwei weiteren Schwimmbecken, große Liegewiese und Seebad.

Abends & Nachts

Für den Sundowner – **Al Lido** 1: neben dem Strand, Viale Castagnola 6, Tel. 091 971 55 00, www.allidobar.com. Den Tag am Strand ausklingen lassen – bei einem leckeren Abendessen oder einem Schlummertrunk. Das Open-Air-Kino ist bis Mitternacht geöffnet.
Afro – **Etnic** 2: Quartiere Maghetti, www.etnic.ch, Tel. 091 923 38 25, Café Mo–Mi 11.45–14.30 und 17.30–24, Do, Fr bis 1, Sa 12–15 und 18–1 Uhr. So geschl. Afrikanisch angehauchte Jazzmusik, afrikanische und lateinamerikanische Küche.

Für Nachteulen – **Club 1** 3: Via Cantonale 1, Do–Sa 24–5 Uhr. Techno-Club, etwas düster, sehr laut, sehr angesagt, immer voll.
Ü30-Abende – **Morandi** 4: Via Trevano 56, Tel. 076 347 52 51, www.56morandiclub.ch, Fr und Sa 23.30–5 Uhr. Seit über 20 Jahren existiert diese Diskothek. Es gibt Ü30-Partys, dann wird Musik aus der Gründerzeit des Ladens aufgelegt.

Infos & Termine

Verkehrsverein Lugano: Riva Albertolli, Palazzo Civico, Tel. 091 866 66 00, www.luganoturismo.ch, info@luganotourism.ch.
www.luganow.ch: Website mit einer unterhaltsamen App mit historischen Fotos.
WiFi Lugano: In der Innenstadt, zwischen Casinò und Piazza della Riforma kostenloser Zugang ins Internet mittels WiFi.

Verkehr

Flughafen: Lugano Airport, Agno, 5 km westlich, Info: Tel. 091 610 11 11, www.lugano-airport.ch. Der Flughafen Lugano-Agno wird von Swiss angeflogen (www.swiss.com). Flüge nach Genf mit Etihad Regional (www.etihadregional.com). Flughafen-shuttle nach Ankunft/vor Abflug und auf Anfrage: Tel. 079 221 42 43, www.shuttle-bus.com. Nächster internationaler Flughafen ist Mailand-Malpensa.
Bahn: www.sbb.ch. Lugano liegt an der Nord-Süd-Achse der Gotthard-Strecke. Die meisten Fernzüge halten hier. Regionalzüge nach Bellinzona und Chiasso sowie nach Ponte Tresa.
Bus: www.utpt.ch. Der innerstädtische Busverkehr von Lugano ist gut organisiert. Es lohnt sich, das Auto in der Hotelgarage zu lassen.
Schiff: Navigazione del Lago di Lugano, Viale Castagnola 12, Tel. 091 971 52 23, www.lakelugano.ch. Auf dem Luganer See verkehren regelmäßig Linienschiffe, sie legen in Lugano und Paradiso, seltener in Cassarate und Castagnola ab.
Standseilbahn: Wegen Renovierungsarbeiten bleibt die Funicolare vom Bahnhof bis Dezember 2016 außer Betrieb; die Bahnen von Cassarata auf den Monte Brè (www.montebre.ch) und von Lugano Paradiso auf den Monte San Salvatore (www.montesansalvatore.ch) verkehren von 9–23 Uhr alle 30 Min.

Termine

Estival Jazz: Ende Juni/Anfang Juli, www.estivaljazz.ch. Freiluftkonzerte auf der Piazza della Riforma. Viele Stars wie Miles Davis, Dizzy Gillespie, Keith Jarrett, Ray Charles, Paco de Lucia, Van Morrison waren schon da.
Blues to Bop: Ende Aug., www.bluestobop.ch. Sommer-Jazzfestival.
Lugano Festival: April–Ende Juni, Tel. 058 866 48 30 (Tickets und Info Mo, Di, Do 14–17.30 Uhr), www.luganofestival.ch, s. S. 37. Das Orchester des Bolschoi-Theaters aus Moskau, das Schweizer Radio- und Sinfonie-Orchester, das Orchester der Mailänder Scala u. a. sind Gäste des Lugano Festivals.
Progetto Martha Argerich: letzte drei Juniwochen, jährlich, www.argerich-luganofestival.ch, s. S. 37. Die großartige Pianistin aus Buenos Aires, die fast nie Solo-Auftritte gibt, stellt eine Reihe von Künstlern vor, mit denen sie musiziert.
Internationales Bergfilm-Festival: Ende Aug./Anfang Sept., kostenlose Filmvorführungen auf der Piazza, www.festival-dei-festival.ch. Internationale Bergfilme und andere Filme, die mit Alpinismus zu tun haben.

Ganz nah am Seeufer in Gandria

Lago di Lugano

Verträumte Dörfer und ein Hauptverkehrsdamm spiegeln die spannungsgeladene Bandbreite der Seeregion wider. Die italienische Enklave Campione und die Halbinsel von Morcote gehören genauso zu den viel besuchten Zielen wie die Miniatur-Schweiz in Melide. Zu den bekanntesten Museen des Tessins gehört das Museo Hermann Hesse in Montagnola.

Das Ufer des Lago di Lugano ist an vielen Stellen unzugänglich, manche Orte waren jahrhundertelang praktisch nur über den See zu erreichen, und auch heute noch gibt es keine durchgehende Uferstraße. Den Ausflug nach Gandria kurz vor der italienischen Grenze unternimmt man immer noch am besten per Boot oder zu Fuß entlang dem schönen Spazierweg **Sentiero di Gandria** (3 km). Ohnehin sollte man ruhig einmal das Auto stehen lassen und die Seeorte vom Wasser aus besuchen.

Infobox

Reisekarte: ▶ F/G 9/10

Infos

Verkehrsverein Lugano: s. S. 226

Verkehr

Schifffahrt: Auf dem Luganer See verkehren regelmäßige Linienschiffe, sie legen in Lugano und Paradiso, seltener in Cassarate und Castagnola ab und fahren nach Gandria, Cantine di Gandria, Campione, Capolago und Morcote (Navigazione del Lago di Lugano, Viale Castagnola 12, Tel. 091 971 52 23, www.lakelugano.ch).

(See-)Geschichte

Schon vor über 150 Jahren, 1848, wurde auf dem Luganer See das erste Dampfschiff mit Namen ›Ticino‹ vom Stapel gelassen, das 200 Personen befördern konnte. Bis dahin hatte es auf dem See nur Ruderboote gegeben. Mit dem ersten Dampfschiff schritt die Motorisierung auch auf den Straßen voran, Pferdewagen wurden von der Bahn abgelöst. Schon vor der Einweihung des Gotthard-Tunnels wurde seit 1874 die Strecke Chiasso–Lugano befahren. 1886 ging die erste Standseilbahn in Betrieb. Sie beförderte Reisende vom Bahnhof Lugano hinunter zum See – und ist bis heute in Betrieb. Auch auf dem See nahm der Verkehr zu: 1856 kam die ›Ceresio‹, 1870 die ›Generoso‹, 1876 die ›Lampo‹. 70 000 Passagiere im Jahr nutzten die Schiffe. Nach dem Gotthard-Durchstich stieg die Zahl sprunghaft an: 1882 waren es bereits 280 000. Heute sind es über eine halbe Million Passagiere pro Jahr auf elf Schiffen, das neueste ist das 40 m lange ›San Gottardo‹.

Brè ▶ F 9

Das Künstlerdorf liegt auf 785 m, oberhalb von Castagnola. Im Dorfkern sind Skulpturen und Malereien Tessiner Künstler ausgestellt. Dieser **Kunstpfad Arredo Artistico** führt durch das ganze Dorf, er entstand im Laufe vieler Jahre, immer wieder wurde hier und dort ein Bild befestigt, eine Skulptur aufgestellt. Er umfasst Werke von Tessinern, vom Iraker Ad Fadhil und weiteren 20 Kulturschaffenden. Die Via Crucis im Innern der **Chiesa Parrochiale di San Fedele** stammt von

Wanderung vom Monte Brè nach Castagnola

Joszef Birò, an der Fassade ist ein Fresko von Luigi Taddei zu sehen.

Museo Wilhelm Schmid

Contrada Prò 22, Brè s/Lugano, Tel. 058 866 69 10, www.lugano.ch/cultura, April–Okt. Do–So 10–12, 14–18 Uhr, Eintritt frei
Wilhelm Schmid (1892–1971) war ein expressionistischer Maler, seine Frau Maria Schmid vermachte Haus und Bibliothek der Stadt Lugano.

Wanderung vom Monte Brè nach Castagnola

Strecke: 4,5 km; Dauer: 3 Std.; Start: Bergstation Monte Brè; einfache Wanderung bergab
Von der Bergstation auf dem **Monte Brè** spaziert man zum **Dorf Brè.** Weiter Richtung Gandria folgt man dem ›Naturalistisch-archäologischen Weg‹ bis man in **Gandria** den See erreicht. Weiter geht es immer nah am Ufer auf dem **Sentiero dell'Olivo,** den eine deutsche Baronin in den 1960er-Jahren der Stadt Lugano schenkte und der durch zahlreiche Olivenhaine führt. Olivenbäume, die in der Gegend rar geworden sind, wurden auf Terrassen angepflanzt (im Sommer 6–23, im Winter 6–21 Uhr, Eintritt frei).

Mit dem Rad

An der Bergstation der Seilbahn auf den Monte Brè kann man Mountainbikes ausleihen. Von dort führen zwei ausgeschilderte Bergradwege weiter, ein einfacher hinunter Richtung Lugano, ein sportlicherer zur Alpe Bolla (Bike inkl. Seilbahnfahrt, halber Tag 24 CHF, ganzer Tag 32 CHF, s. auch www.montebre.ch).

Übernachten, Essen

Institution – **Osteria Monti:** Via Cai 33, Lugano Brè, Tel. 091 971 57 51, www.monti-bre.ch, April–Okt. Di ab 17.30, Mi–So 11–15 und 17.30–23 Uhr. kalte Vorspeisen ab 12 CHF. Tessiner Küche gepaart mit romantischem Ambiente. Urs Etzensperger führt diese Osteria schon seit über 30 Jahren. Drei hübsche, kleine Zimmer, mit Waschgelegenheit (DZ/F 60 €).

Infos

Von Lugano mit **Bus** Nr. 12 in 30 Min. erreichbar; mit der **Seilbahn** auf den Monte Brè.

Gandria ! ▶ F/G 9

Vom See aus zeigt sich Gandria von seiner besten Seite: ein ehemaliges Fischerdorf, die Häuser liegen steil übereinander am Hang. Nachmittags herrscht ziemlicher Trubel und die kleinen Gassen sind vollgestopft mit Menschen. Wer jedoch mit einem der ersten Boote morgens herkommt oder sich zu einem frühen Spaziergang entschließen kann, wird das Dorf verträumt erleben. Noch bessere Chancen dazu hat, wer hier übernachtet.

Museo Doganale Svizzero
Cantine di Gandria, Tel. 091 910 48 11, www.musee-suisse.ch, Palmsonntag–Ende Okt. tgl. 13.30–17.30 Uhr, Eintritt frei
Am gegenüberliegenden Ufer von Gandria befinden sich die **Cantine di Gandria,** Vorratslager und Weinkeller des Ortes. Ebendort ist auch das **Museo Doganale Svizzero,** das Schweizerische Zollmuseum, in dem man den Einfallsreichtum der Schmuggler bewundern kann. Das ›Erlebnismuseum‹ zeigt eine Bandbreite von historischen Grenzsteinen, Schmuggelverstecken im Auto und Computerspielen. Auch zahlreiche Sonderausstellungen.

Übernachten

Romantisch – **Elvezia al Lago:** Sentiero di Gandria 21, Lugano Castagnola, Tel. 091 971 44 51, www.elvezialago.ch, DZ 170–230 CHF. Leicht kitschig anmutendes Hotel, wundervoll am See gelegen. Für Verliebte, die es romantisch mögen. Gäste werden vom nächstgelegenen Parkplatz abgeholt; mit privatem Strand.
Frühstück am See – **Hotel Moosmann:** Gandria, Tel. 091 971 72 61, www.hotel-moosmann-gandria.ch, DZ 150–230 CHF. Die neidischen Blicke der Passagiere des morgendlichen Schiffes gelten Ihnen, wenn Sie auf der Terrasse dieses Hotels direkt am See frühstücken.
Terrassenblick – **Locanda Gandriese:** unter der Kirche, Gandria, Tel. 091 971 41 81, www.locanda.com, DZ 100 CHF/Dusche auf dem Gang. Mit Restau-

Bötchenfahren mit Blick auf den Monte San Salvatore, einen der Hausberge Luganos

rant, essen kann man auf einer Terrasse zum See, Carpaccio kostet 25 CHF.

Aktiv

Strand – **Lido San Domenico:** Sentiero di Gandria 12, Castagnola, Tel. 058 866 69 14, 9.30–18.30, Juli/Aug. bis 20 Uhr, Erw. 6 CHF, Kinder 4 CHF, Kleines Freibad am Spazierweg von Lugano nach Gandria.

Infos

Verkehr

Die Straße nach Italien führt oberhalb des Ortes vorbei.

Bus: mehrmals tgl. mit Lugano.
Schiff: Die Ausflugsschiffe halten in Gandria und Cantine di Gandria.

Monte San Salvatore ▸ F 9

Der San Salvatore ist der zweite Hausberg Luganos, gegenüber dem Monte Brè. Vom San Salvatore kann man schon die lombardische Tiefebene überblicken. Das dortige **Museo San Salvatore** (Tel. 091 985 28 28, www.montesansalvatore.ch, Mi–So 10–12 und 13–15 Uhr, Eintritt frei) birgt eine

Mineraliensammlung. Am Gipfel gibt es ein **Gourmetrestaurant** (Hauptspeisen 35 CHF) und ein Selbstbedienungslokal; auch Picknickplätze sind vorhanden.

Infos

Internet: www.montesansalvatore.ch

Standseilbahn: von Lugano Paradiso, halbstdl., Fr/Sa im Sommer letzte Talfahrt um 23 Uhr, Seilbahn Tel. 091 985 28 28.

Campione d'Italia

▶ F 9/10

Die italienische Enklave Campione d'Italia liegt am ansonsten schweizerischen Ostufer. Die Zugehörigkeit zu Italien fußt auf einer Schenkung von 777 an das Kloster Sant'Ambrogio in Mailand, das hier ein Tochterkloster bauen ließ. Um 1800 hätte die Schweiz Campione beinahe bekommen: Da hatte die Helvetische Regierung überlegt, Indemini (im Gambarogno) gegen Campione einzutauschen.

Spielkasino

Die größte Anziehungskraft des Ortes übt das Spielkasino aus (www.casinocampione.it). Auch hier setzte der Tessiner Architekt **Mario Botta** eine geradezu riesige Landmarke, sein Neubau des Spielkasinos, ein goldgelber Glaspalast, umfasst 18 000 m² und hat 90 Mio. € gekostet. 3100 Spieler finden Platz an den Tischen. Besucher dürfen auch einfach im Panoramarestaurant Platz nehmen.

Madonna dei Ghirli

Viale Marco da Campione, tgl. 9–18 Uhr

Zur Wallfahrtskirche Santuario della Madonna dei Ghirli mit spätgotischen Fresken pilgern Kunstliebhaber. In früheren Jahrhunderten war Campione berühmt für die *maestri campionesi,* Bildhauer und Baumeister, die im lombardischen Raum arbeiteten.

Essen & Trinken

Französisch – **Da Candida:** Viale Marco da Campione 4, Tel. 091 649 75 41, www.dacandida.ch, Di–So 12–14 und 19–23 Uhr. Das Restaurant steht in Italien, aber Spezialität des Hauses ist die Foie-Gras von der Ente. Kein Wunder, Küchenchef Bernard Fournier kommt aus Frankreich, hat die kleine Trattoria im Ortskern schon vor vielen Jahren übernommen. Keine Stopfleber werde verwendet, wird versichert, sondern solche von glücklichen Enten. Ravioli gibt es ab 25 CHF, das Überraschungsmenü für 69 CHF. Und wer am Spieltisch abgeräumt hat, findet große italienische Rotweine.

Infos

Verkehr: Campione ist per Schiff oder über den Damm von Melide zu erreichen.

Bissone und Melide ▶ F 10

Melide und Bissone sind Anfangs- bzw. Endpunkt des Damms über den Luganer See, der eine der wichtigsten Nord-Süd-Verbindungen der Schweiz ist. Ihn passieren täglich 77 000 Fahrzeuge und 240 Züge. Entsprechend groß sind die Umwelt- und Lärmbelästigungen, worunter Melide und Bissone besonders zu leiden haben. Abhilfe könnte eine teilweise oder vollständige Überdeckung von Bahn und Straße bringen. Auch eine Verlegung der A2-Streckenführung bergwärts wurde diskutiert. Doch mittlerweile hat ein anderer Plan Vorrang: die Bahntrasse. Unterirdisch soll sie nun verlaufen, um weiterzuführen, was mit Gotthard-Basistunnel und Ceneri-Tunnel begann und zu einer Flachbahn durch die Alpen werden soll.

Angesichts des vielen Verkehrs ist man umso erstaunter, wenn man von Melide entlang der Halbinsel Ceresio Richtung Morcote den See entlangfährt, wo man ruhige Ecken findet, die von dem Verkehrsgetümmel unweit des Ufers nichts ahnen lassen.

Melide selbst wird sich in den nächsten Jahren stark ändern. Die wunderbare Villa Branca, ein Jugendstilgebäude mitten im Ort, ließ man jahrelang verfallen. Bäume wachsen auf ihrem Dach, das schmiedeeiserne Balkongitter rostete vor sich hin, die Dekorationen an den Fassaden fielen herab. Schließlich war der Verfall nicht mehr aufzuhalten, die Renovierung zu teuer. Die Villa wurde abgerissen. Derzeit entsteht ein Apartmenthaus in dieser privilegierten Lage – und für die Wohnungen wird man sicher Käufer finden.

Swissminiatur

Via Cantonale, Tel. 091 640 10 60, www.swissminiatur.ch, Mitte März–Ende Okt. tgl. 9–18, Ende Okt.–Mitte Dez. und Anfang Jan.–Mitte März Mo–Fr 10–16, Sa und So 13–16 Uhr, Eintritt: 19/12 CHF

Nicht nur für kleine Besucher interessant: Swissminiatur zeigt die kleine Schweiz ganz klein – mit viel Liebe zum Detail. Der Glacier Express und eine Häusergruppe aus dem Glarner Dorf Elm kamen 2011 als neuste Modelle hinzu. Sie sind originalgetreu im Maßstab 1 : 25 nachgebildet. Im Swissminiatur verkehrt der Glacier Express auf einer eigens geschaffenen Linie. Er umfasst zwei Lokomotiven, einen Speisewagen sowie je zwei Waggons der 1. und 2. Klasse.

Übernachten, Essen

Schick am See – **Art Deco Hotel Del Lago:** Lungolago Motta 9, Tel. 091 649 70 41, www.hotel-dellago.ch, tgl. 12–14 und 18.30–23 Uhr, DZ 160–440 CHF, Hauptgerichte um 30 CHF. Vor ein paar Jahren renoviert strahlt dieses Hotel in warmen Farben; hübsche Terrasse. Ins Seafood-Restaurant des Hotels kommen viele Luganer auf ein gutes Abendessen herüber.

Auch am See – **Seehotel Riviera:** Lungolago Motta 7, Tel. 091 640 15 00, www.hotel-riviera.ch, DZ 180–250 CHF Direkt am See, neutral modern renovierte Zimmer.

Infos

Verkehr

Bahn: Bahnhof Via Cantonale, Tel. 900 300 300. Mehrmals stündlich Züge von Lugano. Fahrtdauer ca. 10 Min.

Bus: häufig Pendlerbusse ab Lugano

Morcote ▸ F 10

Lebhaft geht es wiederum in Morcote zu, das hat touristische Gründe. Morcote liegt ausgesprochen hübsch am Ufer des Lago di Lugano, an der Südspitze der großen Halbinsel Ceresio. Weit zieht sich der Ort am See entlang, winklige Gassen winden sich zwischen alten Bürgerhäusern und herrschaftlichen Palazzi aus der Barock- und Renaissancezeit.

Vico Morcote, oberhalb in unvergleichlicher Aussichtslage am Hang gelegen, gehört zweifelsohne zu den meistfotografierten Dörfern des Tessins. Sehenswert ist die 1758 barockisierte Wallfahrtskirche **Santa Maria del Sasso** – besonders auffällig ist der monumentale Treppenaufgang mit 408 Stufen.

Parco Scherrer

am Ortsrand, Tel. 091 996 21 25, 15, www.promorcote.ch, März–Okt. tgl. 10–17, Juli/Aug. bis 18 Uhr, Erw. 7 CHF, Kinder 2 CHF

Ein Park mit Geschichte: Der Tuchhändler Arthur Scherrer, 1881 in Sankt Gallen geboren, reiste viel in der Welt umher. Was ihm gefiel, brachte er mit nach Hause und bald auch in sein Haus in Morcote. Zu den Sammlerstücken gehörten Pflanzen, aber auch Kunstwerke, und aus all diesen Zutaten wurde ein üppiger Park mit siamesischem Teehaus und Nofretete-Tempel. Der Park wurde 1965 mit den Gebäuden und Kunstwerken aus aller Herren Länder von der Witwe Scherrers der Gemeinde Morcote geschenkt. Im Park mit seiner reichen subtropischen Vegetation wachsen Palmen und Kamelien, Oleander und Zedern, Eukalyptus, Magnolien, Azaleen, Orangen, Zitronen, Bambus und vieles mehr.

Plakatmuseum

Museo del Manifesto Ticinese, Riveta de la Tor, Tel. 091 996 30 50, www.jansonius.ch, April–Okt. Do–Sa 14–18 Uhr, Eintritt frei

Das kleine Museum an der Uferpromenade zeigt eine Sammlung von über 100 Originalplakaten, von denen manche über 100 Jahre alt sind. Man bekommt einen Überblick darüber, wie unterschiedlich sich das Tessin im Laufe der Jahrzehnte als Tourismus-Destination präsentierte, von floralen Jugendstilmotiven bis zum kühlen Nachkriegsdesign.

Übernachten

Prächtig – **Swiss DiamondHotel Olivella:** Via Cantonale, Tel. 091 735 00 00, www.swissdiamondhotel.com, DZ ab 300 CHF. Fünf-Sterne-Palast in einem plüschig aufgehübschten 1970er-Jahre-Bau. Der Blick von den oberen Zimmern auf den See ist schön und das Essen auf der Hotelterrasse direkt am Wasser ausgezeichnet.

Charmant – **Della Posta:** Piazza Grande, Tel. 091 996 11 27, www.hotelmorcote.com/Posta.html, März–Nov., DZ 120–190 CHF. Reizendes altmodisches Tessiner Haus mit Seeterrasse.

Günstig – **Ristorante Battello:** Tel./Fax 091 996 12 60, www.albattello.com, DZ 120–160 CHF. Einfache Zimmer, aber mit Seeblick.

Essen & Trinken

Elegant – **Al Böcc:** La piazza, Vico Morcote, Tel. 091 980 26 27, www.bocc.ch, tgl. 10.30–14.30, 19.30–24 Uhr. Küchenchef Mauro Marcello serviert italienische Küche, etwa Tagliatelle mit Hasenragout (25 CHF).

Abseits – **Grotto Alpe Vicania:** Vico Morcote, Tel. 09 19 80 24 14, www.ristorantevicania.ch, März–Juni Mi–So, Juli–Okt. Di–So ab 12 und 18 Uhr, Spargelrisotto mit Jakobsmuscheln 25 CHF. Auf halbem Weg zwischen Vico Morcote und Carona führt eine Privatstraße (s. Schild) zu einem Parkplatz im Wald, von diesem erreicht man nach 300 m das alte Grotto. Gehobene Küche, mehr Restaurant als Grotto; mit Terrasse, überdachte Veranda.

Im See – **Ristorante Oasi:** Via Cantonale, Tel. 091 980 27 00, www.ristoranteoasi.ch, Juli/Aug. tgl., sonst Mi–Mo

Die südliche Vegetation und die schöne Lage machen Morcote zum beliebten Ziel

9.30–23.30 Uhr. Das kleine Restaurant hat eine Terrasse auf Stelzen im See. Die Küche ist stark italienisch geprägt, so gibt es viele Nudelgerichte, etwa Penne mit Mozarella und Rucola (14 CHF).
Unter Lauben – **Osteria Portici:** Piazza Grande, Tel. 091 9 96 18 96, www.osteriaportici.ch, 9–1 Uhr. Da die Einheimischen den Blick auf den See tagein, tagaus haben, brauchen sie ihn nicht beim Essen und setzen sich gerne in dieses einfache Restaurant unter den Laubengängen. Spezialität ist Risotto im Käselaib eines Grana Padano serviert (16 CHF), reiche Weinauswahl.
Einfach – **Grotto del Parco:** beim Parco Scherrer, Riva di Pilastri 24, Tel. 09 19 96 22 07, www.grottodelparco.ch, Mi–Mo nur mittags. Einfache Tessiner Küche. Maurizio Nobs Klassiker ist das Tris di Pasta (14 CHF).
Pizza – **Ristorante della Posta:** Adresse s. Übernachten, Küche 11–23 Uhr, ab 8 CHF. Pizza aus dem Holzofen ist die Spezialität des historischen Hauses.

Aktiv

Strand – Kurz hinter Morcote gibt es einen kleinen öffentlichen Strand.

Abends & Nachts

Ausgezeichnet – **Bar del Sole:** Piazza Grande. Barkeeper Enrico Fadda wurde vor einigen Jahren als Barmann des Jahres ausgezeichnet.

Infos

Morcote Touristinformation: Riva del Garavèll, Infostand am Schiffsanleger, Tel. 058 866 49 60, www.promorcote.ch, http://morcoteturismo.ch.

Verkehr

Da es kaum Parkplätze gibt und die engen Gassen am besten zu Fuß erkundet werden, sollte man nicht mit dem Auto anreisen, sondern per **Schiff** oder **Bus** ab Lugano, mehrmals tgl. möglich.

Carona ▸ F 10

Weniger überlaufen als Morcote ist der Bergort Carona, doch sehenswert ist er allemal. Reiche Bürger bauten sich dort schon im Spätmittelalter stattliche Häuser, hinzu kamen üppige Barockbauten. Die Piazzetta wird eingerahmt von einigen Patrizierhäusern, auffällig ist darunter die **Casa Costanza** mit ihren barocken Balkonen. Der Ortskern gehört zu den national geschützten Denkmälern in der Schweiz. In Carona lebte das deutsche Schriftstellerpaar Kurt Held und Lisa Tetzner (s. S. 73) im Exil. Vom Vorplatz der Pfarrkirche **San Giorgio** bietet sich ein einmaliger Panoramablick über den See.

Die Wallfahrtskirche **Madonna d'Ongero,** von Carona aus auf einem Waldweg (15 Min.) zu erreichen, gilt als eine der stilreinsten Barockkirchen des Kantons. Schon Hermann Hesse war begeistert von der alten Marienkirche, die schlafend mitten im schweigenden Walde stehe, einsam am endlosen waldbewachsenen Berghang.

Sehenswert ist der **Botanische Garten San Grato,** der sich oberhalb des Ortes entlangzieht. Mehrere Themenwege führen durch den Garten, an seltenen Pflanzen und Skulpturen entlang (ganzjährig, Eintritt frei).

Übernachten

Erhaben – **Villa Carona:** Tel. 091 649 70 55, www.villacarona.ch, DZ ab 195 CHF. 200-jähriges Haus in der Ortsmitte, weiter Blick. Frühstück gibt es im Garten unter einer Traubenpergola.

Essen & Trinken

Schattenplatz – **Grotto-Osteria Ciona:** bei der Kirche, Carona-Ciona, Tel. 091 649 44 24, im Sommer Do–Di, im Winter Do–Mo 10–15 und 17–24, So 11–15 Uhr. Man sitzt im schattigen Garten oder unter Gewölben. Rinderfilet auf dem heißen Stein (32 CHF) oder Tessiner Spezialitäten werden serviert.
Urig – **Grotto del Pan Perdü:** Ortsmitte, Tel. 091 649 91 92, Di–So 11.30–15.30, 17.30–24 Uhr. An rot-weißkarierten Tischdecken unter getrockneten Maiskolben sitzt man in der Stube und verspeist Brasato mit Polenta (28 CHF), und zum Abschluss gibt es auf der schattigen Terrasse Grappa.

Infos

Internet: Interessantes zum Dorf unter www.carona-tourism.ch

Bus: mehrmals tgl. Verbindung mit Lugano

Collina d'Oro ▸ F 9

Zu Collina d'Oro gehören die Dörfer **Agra, Gentilino** und **Montagnola.** In letzterem lebte Hermann Hesse 43 Jahre lang (s. Entdeckungstour S. 256). Sehenswert ist die Kirche **SS. Nazario e Celso,** die ursprünglich gotisch war und im 19. Jh. umgebaut wurde. Im nahe gelegenen, malerischen Dorf **Gentilino** sorgt bis heute ebenfalls Hermann Hesse für Besucher: Der Schriftsteller liegt auf dem Friedhof der Barockkirche **Sant'Abbondio** begraben. Außer ihm ruhen dort Hugo Ball und Bruno Walter. Eine Tafel im Eingangsbereich führt zu den Gräbern der Berühmtheiten. Einige Grabmale schuf der Tessiner Bildhauer Vincenzo Vela aus dem Mendrisiotto.

Übernachten

Legendär – **Resort Collina d'Oro:** Via Roncone 22, Collina d'Oro, Tel. 091 641 11 11, www.resortcollinadoro.com, DZ 350 CHF. Das ehemalige Tuberkulose-Sanatorium wurde komplett renoviert und 2013 neu eröffnet. Großartig gelegen, großer Pool.
Jugendherberge – **Figino:** Via Casoro 2, Tel. 091 995 11 51, www.youthhostel.ch/figino, Mitglieder im Mehrbettzimmer pro Person/Nacht inkl. Frühstücksbuffet u. Bettwäsche ab 31,50 CHF, Nichtmitglieder ab 37,50 CHF; es gibt auch 2-Bett-Zimmer ab 40,50/46,50 CHF. Altes Patrizierhaus mit Boccia-Bahn.

Essen & Trinken

Im Wald – **Grotto al bosco:** Gentilino, Via ai Grotti, Tel. 091 994 6776, Mi–Mo 9–15 und 17–24 Uhr. Zwischen Lugano und Agno biegt man in Soregno links ab und erreicht alsbald das Grotto, das schon eher ein kleines Restaurant und für seine gute Küche bekannt ist. Dazu gehören Wildschweinbraten (28 CHF) und Kastaniensorbet. Es gibt weitere Lokale in der Via dei Grotti.
Literaturcafé – **Boccadoro:** Via dei Somazzi, 100 m vom Museo Hermann Hesse entfernt, Tel. 091 993 37 50, boccadoro@hessemontagnola.ch, April–Okt. tgl. 9.30–18.30, Nov–März Di, Mi, Fr–So 9.30–16.30, Do 9.30–14 Uhr, Montag geschl., jeden Fr Happy Hour 18–20 Uhr. Snacks und Getränke. Lesungen von zeitgenössischen Schriftstellern, sogar Rocklegende Patti Smith, eine Hesse-Verehrerin, trat 2010 dort auf. Kostenloser Internet-Point.

Infos

Bus: mehrmals tgl. Verbindung mit Lugano

Auf Entdeckungstour: Klingsors Palazzo – Hermann Hesse in Montagnola

43 Jahre lebte Hesse (1877–1962) in Montagnola, er wurde Schweizer laut Pass, und Tessiner im Herzen. Wunderbare Aquarelle und Erzählungen wie »Klingsors letzter Sommer« entstanden in seiner Künstlerklause überm Lago di Lugano. Auf den Spuren von Hermann Hesse im Tessin …

Reisekarte: ► F 9

Museo Hermann Hesse: Torre Camuzzi, Tel. 09 19 93 37 70, www.hessemontagnola.ch, März–Okt. tgl. 10–17.30, im Winter nur Sa/So 10–17.30 Uhr; Eintritt 8,50 CHF, Kinder bis 12 J. frei; jeden So um 17 Uhr Lesung, Nov./Dez. nur jeden 1. So im Monat um 16 Uhr.

Lesetipp: Meine noble Ruine, Hermann Hesse in der Casa Camuzzi, hrsg. von Volker Michaelis. Wenig bekannte Fotos, viele Bilder und ein intelligenter, umfassend recherchierter Text. Erhältlich im Museum.

Hesses Schreibmaschine steht auf einem kleinen Tisch am Fenster, eine der 36 in der Schweizer Nationalbibliothek deponierten Brillen liegt daneben, Bücher überall. Wer heute ins viel besuchte Hesse-Museum in Montagnola kommt, mag denken, hier, in der Torre Camuzzi habe er gewohnt, so hübsch hergerichtet ist alles. Aber Hesse wohnte nebenan. Das macht aber nichts, der Besuch des Museums lohnt sich auf jeden Fall. Es ist sinnvoll zusammengestellt, vor allem was die Sammlerstücke zur Indienfahrt von 1911 anbelangt. In einer Vitrine hängt der weiße Safarikittel, der Überseekoffer steht daneben.

Der arme Poet

Beim Rundgang kann man leicht neidisch werden, so formidabel wohnte also der Literaturnobelpreisträger im Tessin! Und doch war es ganz anders. Als Hermann Hesse 1919 ins Tessin kam, war der Nobelpreis noch in weiter Ferne, er war ein Schriftsteller, der aus politischen Gründen manches unter Pseudonym veröffentlichte; sogar eine passable Bleibe konnte sich der arme Poet kaum leisten. Er fand eine »noble Ruine«, die **Casa Camuzzi,** das seltsam barock verschnörkelte Haus in Montagnola, das er mitnichten samt und sonders mieten konnte. Hesse musste mit Bücherschreiben genügend Geld verdienen, um drei Kinder und eine kranke Ehefrau, die er in Deutschland zurückgelassen hatte, mitzufinanzieren. »Diverse Leute« wohnten in dem Palazzo, Hesse zog in vier kleine Stuben unterm Dach. Wasser und Heizung gab es nicht, im Winter nur einen Kamin, der kaum wärmte. Aber: der Blick! Über einen dschungelartigen Terrassengarten sah man bis auf den Luganer See. Hesse blieb. »Mitte Mai 1919. Meine Adresse lautet jetzt: Montagnola bei Lugano (Schweiz). Herman Hesse.« So lapidar hatte er es auf eine Karte drucken lassen, die er verschickte.

Initiiert und vorangebracht hat das Museum Heiner Hesse, ein Sohn aus erster Ehe. Als erstes und bisher einziges Hesse-Museum in der Schweiz wurde es am 2. Juli 1997 anlässlich des 120. Geburtstages Hermann Hesses eingeweiht. Das Museum hat eine rührige Ausstellungstätigkeit aufgenommen, in wechselnden Präsentationen werden Werke oder Lebensabschnitte des Dichters vorgestellt, ebenso Lesungen aus seinen Büchern veranstaltet.

2012 jährte sich der Todestag Hermann Hesses zum 50. Mal. Das Kunstmuseum Bern und das Museum in Montagnola veranstalteten zusammen erstmals eine Retrospektive zum Maler Hermann Hesse mit einer repräsentativen Werkauswahl aus dem immensen künstlerischen Oeuvre von über 3000 Aquarellen.

Bücher überall

Im Museum kann man leicht einen halben Tag verbringen, obwohl es klein ist. Im Kellergeschoss läuft ein Film, ausgesprochen informativ und mit schönen Bildern, und wenn man wirklich jeden Buchrücken im Haus zu Ende studiert hat, kann man im Kassenraum aus einer endlosen Zahl an Werken wählen. Die berühmten Romane und Erzählungen werden verkauft, aber auch Aphorismen und Gedichte, immer wieder neu zusammengestellt, mal zum Thema Garten, mal übers Tessin, mal übers Reisen.

»Ein guter Sommer ...«

Geboren 1877 in Calw, hatte Hesse lange in der Schweiz gelebt und das Tessin oft besucht. Er verbrachte einige Zeit auf dem Monte Verità in Ascona, zu einer Alkohol-Entziehungskur. Hesse benannte seine Neigung zum Trunk offenherzig, er schrieb darüber kaum verschlüsselt in »Klingsors letzter Sommer«, das er neben anderen Texten in Montagnola verfasste. In der Casa Camuzzi wohnte Hesse bis

1931 und äußerte sich glücklich über diese Zeit: Ein guter Sommer sei das in Castagnetta, herrlich wohne er hier und herrlich muteten ihn die Kastanienwälder an. Schließlich verließ er die Casa Camuzzi und zog mit seiner dritten Frau Ninon in ein komfortables, heizbares Wohnhaus, das ihm sein Freund, der Architekt Hans C. Bodmer, in Montagnola bauen ließ, die Casa Rossa.

Wer auf den Spuren von Hesse in der Umgebung des Dorfes spazieren möchte, könnte sich mit viel Zeit Bücher von Hesse zur Hand nehmen, die einen Tessin-Bezug haben, und sich auf die Suche machen nach dem Lieblingsgrotto, nach jener Bank im Wald oder nach der Casa Rossa. Praktischerweise haben so einen Spaziergang auf Hesses Spuren aber andere schon vorgemacht, und so kann man einfach dem ausgeschilderten Weg **»Wanderung auf den Spuren von Hermann Hesse«** folgen, die Wegweiser tragen alle die Unterschrift des Dichters. Richtig perfekt wird es mit dem Audioguide für genau diesen Rundgang, den das Museum vermietet (5 CHF) und der mehr Hintergründe als die Schilder unterwegs vermittelt.

Spätes Glück

Dabei ist sogar Hesses Stimme zu hören, wie er etwa 1954 Tessin als seine »vorbestimmte Heimat« beschreibt. Er liest ein Gedicht vor, eine Aufnahme von 1912. Man erfährt mehr über **Ninon Dolbin,** geborene Ausländer, seine dritte Frau, die neben ihm begraben liegt in Gentilino. Die Wienerin hatte schon als 15-Jährige Briefe an Hesse geschrieben, 1926 besuchte sie ihn das erste Mal und dann immer wieder. Hesse schien anfangs nicht so begeistert: Eine Frau aus Wien sei da, schrieb der Schriftsteller einem Freund, sie gefalle ihm und sei auch »ganz lieb«, aber er könne doch nichts mit ihr anfangen und stehe »der dramatischen Lage ohne allen Humor gegenüber.« Im November 1931 heiratete Hesse die 18 Jahre jüngere Frau.

»Das Malen ist wunderschön«

Weitere Stationen erzählen von Restaurants und Grotti, berichten von den Freunden, vor allem Künstler und Intellektuelle, die Hesse im Tessin besuchten. Andere waren auf der Flucht. So etwa **Hugo Ball** und dessen Frau **Emmy,** für deren Unterhalt er, selbst alles andere als vermögend, mitsorgte. Es gibt Episoden zu Hesses drei Ehen, zu seiner Freude an der Gartenarbeit und zur Malerei.

»Mai 1919. Meine Adresse lautet jetzt: Montagnola ...«

Denn in Montagnola entdeckte Hesse das Malen für sich, zunächst als eine Art Fortsetzung der langjährigen Psychotherapie. Zahlreiche Aquarelle entstanden (Postkarten und Poster verkauft das Museum ebenfalls). Hesse schwärmte, das Malen sei wunderschön, es mache einen froher und duldsamer. Und man habe nachher nicht wie beim Schreiben schwarze Finger, sondern rote und blaue. In der Casa Camuzzi entstanden außer Bildern so bedeutende Werke wie »Klingsors letzter Sommer«, »Siddhartha«, »Narziss und Goldmund«, »Steppenwolf« und zahlreiche Gedichte.

Der ausführliche Wanderweg vervollständigt das gelungene Museumskonzept und er endet sinnigerweise auf dem Friedhof von Gentilino. 1960 schrieb Hesse über seinen 40-jährigen Aufenthalt in Montagnola, er habe manchen Baum und Strauch gepflanzt und hoffe – auch wenn er kein Tessiner geworden sei –, in der Erde von St. Abbondio begraben zu werden.

Im Jahr 1962 wurde Hesse zum Ehrenbürger des Dorfes ernannt; er bedankte sich mit einer Rede auf Italienisch. Im selben Jahr starb er in Montagnola und wurde seinem Wunsch gemäß in Gentilino beerdigt (s. S. 255). Für den Rundgang sollte man etwa drei Stunden einplanen, er führt von Montagnola nach Gentilino und durch den Wald wieder zurück.

Malcantone

Das waldige Hügelgebiet zwischen Luganer See und Gambarogno lockt mit endlosen Wanderwegen, stillen Dörfern und der höchstgelegenen Kirche Europas: Mario Bottas Santa Maria degli Angeli auf dem Monte Tamaro.

Monte Tamaro ▸ E 8

Santa Maria degli Angeli ▸ E 8
Auf den Monte Tamaro kommt man von Rivera (▸ F 7) gemütlich mit der Seilbahn. Zum Gipfel (1962 m) geht man dann noch eine knappe Stunde (www.montetamaro.ch).

Unterhalb der Bergstation der Gondelbahn Rivera-Alpe Foppa, ca. fünf Minuten zu Fuß, befindet sich die höchstgelegene Kirche Europas, die 1994 erbaut wurde. **Santa Maria degli Angeli,** eine der meisterlichen Kirchenbauten des Tessiner Architekten **Mario Botta,** schiebt sich an einem viaduktartigen Steg an der Bergkuppe entlang, gebaut aus Beton und mit Porphyr, einem salamiroten Gestein mit kristallinen Einschlüssen, verkleidet. Die Innenräume sind ausgeschmückt mit abstrakten Bildern von Enzo Cucchi. Von der Bergstation erreicht man die Kirche in fünf Minuten.

Infobox

Reisekarte: ▸ E/F 8/9

Infos

Ente Turistico del Malcantone: Piazza Lago, Caslano, Tel. 09 16 06 29 86, www.malcantone.ch, 1info@malcantone.ch.

Strada verde

Das 40 km lange Wanderwegnetz (ausgeschildert) der Strada verde verbindet einige Dörfer der Region. Die offizielle Route dauert drei Tage und beginnt in Arosio, weiter über z. B. Alpe die Agra, Novaggio, Piazzano, Beride, Astano, Alpe di Paz, Piano di Piem, Arosio. Infos unter www.gps-tracks.com/gps-wanderung-malcantone-wandern-auf-der-strada-verde-B00802.html.

Wanderung vom Monte Lema zum Monte Tamaro ▸ E 8

Strecke: 14 km; Dauer: 4–5 Std.; 950 Höhenmeter; Start: Miglieglia; einfach, keine größeren Auf- und Abstiege; www.montelema.ch

Zu den bekanntesten Wanderungen dieser Region zählt die Tour vom Monte Lema (1620 m) zum Monte Tamaro (1962 m). Nicht nur die Schönheit des Gebirges und immer wieder grandiose Aussichten kann man bei dieser einfachen Höhenwanderung genießen, sondern auch Bottas Santa Maria degli Angeli (s. o.) bewundern.

Zunächst fährt man ab **Miglieglia** mit der Kabinenbahn auf den **Monte Lema.** Der Weg ist breit ausgetreten und nicht zu verfehlen. Es geht auf dem Kamm immer wieder auf und ab, die Steigungen summieren sich im Laufe des Tages zu einer richtigen Bergtour. Auch am Schluss, auf den **Monte Tamaro,** geht es auf dem Südgrat noch einmal steil hinauf. Nach dem 20-minütigen Abstieg vom Monte Tamaro fährt man von der **Alpe Foppa** bzw. der Bergstation Corte di Sopra mit der Gondelbahn hinunter nach **Rivera** (ca. 30 Min. Fahrtzeit) und zurück nach **Lugano** mit dem Bus.

Die Anfahrt nach Miglieglia (früh aufstehen!) kann auch mit öffentlichen Verkehrsmitteln unternommen werden: Man fährt mit der Ponte-Tresa-Bahn von Lugano nach Magliaso, dann mit dem Postauto über Novaggio nach Miglieglia. Alternativ dazu kann man natürlich das Auto an einer der beiden Seilbahnen parken, hochfahren, von einem Gipfel zum anderen und wieder zurückwandern.

Wanderung Monte Lema–Monte Tamaro

Übernachten

Legendäre Stätte – **Kurhaus Cademario:** Via Kurhaus, Cademario, Tel. 091 610 51 11, www.kurhauscademario.com, DZ ab 260 CHF. Das 1914 erbaute, legendäre Kurhaus Cademario wurde nach mehrjähriger Renovierung 2013 neu eröffnet. Tolle Aussicht auf den Malcantone, gediegenes Ambiente.

Essen & Trinken

Hoch oben – Auf der **Alpe Foppa** kann man einkehren, es gibt eine Snack-Bar, einen Kiosk und eine Sonnenterrasse mit Liegestühlen. Im **Restaurant** wird traditionelle und typische Tessiner Küche serviert. Am letzten Saisontag, meist der 1. Nov., gibt es zum Abschluss einen Gratis-Apero (Getränk und Happen) mit Musik.

Aktiv

Plantschen – **Splash & Spa Tamaro:** Rivera, www.splashespa.ch, Erw. ab 35 CHF. 2013 eröffnete in Rivera der innovative Wasserpark. Ein Besucher verbraucht nicht mehr als eine halbe Badewanne voll Wasser – und bekommt dennoch jede Menge Action, Spass und Erholung. Auf einer Fläche von 14 300 m^2 gibt es Schwimm- und Thermalbäder, Rutschen, künstliche Wellen, Surfanlagen sowie einen großen Wellness- und Beautybereich.

Infos

Seilbahn Monte Tamaro: www.montetamaro.ch, Tel. 091 946 23 03, Ende März–Anfang Nov. tgl. 8.30–17, letzte Bergfahrt 16.30 Uhr; hin und zurück 23 CHF, nur Bergfahrt 18 CHF, mit MTB 20 CHF, Tageskarte Gleitschirm 27 CHF. Die Kombikarte mit Talfahrt Monte

Lema und Bustransfer zurück zur Talstation Monte Tamaro kostet 51 CHF. **Monte Lema:** Tel. 091 609 11 68, www.montelema.ch, Anfang April–Anfang Nov., Zeiten wie Seilbahn Monte Tamaro; hin und zurück 24 CHF, nur Bergfahrt 18 CHF, mit MTB 23 CHF, Tageskarte Gleitschirm 28 CHF.

Agno ▸ F 9

Fährt man von Lugano aus am westlichen Seearm des Lago di Lugano entlang, kommt man zunächst nach Agno. Das Städtchen mit knapp 4000 Einwohnern liegt in der fruchtbaren Ebene an der Mündung des Flusses Vedeggio in den Luganer See. Diese Gegend war bereits in vorrömischer Zeit besiedelt. Aus Agno stammte der Architekt Luigi Rusca (1758–1822), der in Russland für die Zarin Katharina die Große arbeitete. In Agno befindet sich der Flughafen des Kantons. Die ganze Region zwischen Lugano und Ponte Tresa leidet unter der ständigen Verkehrsverstopfung. Die Staus zur Rushhour morgens und abends sind legendär, vor allem auch wegen der Pendler aus Italien. Wer sich in diesen Stunden etwas vornimmt, sollte für die Anfahrt sehr viel mehr Zeit einplanen, als man für die kurze Strecke vermuten sollte. Einheimische wissen das: Sie lesen im morgendlichen Stopp-and-Go die Tageszeitung, schminken sich oder lackieren sich abends im Auto noch die Fingernägel.

Hinter Agno steigt das waldige Hügelland des Malcantone an, ein beliebtes **Wandergebiet,** weitab vom Seetrubel und wenig besucht. 300 km gut gepflegte und ausgewiesene Wanderwege führen durch das Malcantone, dessen Name sich ableitet von den *magli,* den Hammerschmieden, die es hier früher zuhauf gab. Ein Abstecher zur Kirche **Santa Maria Iseo-Cimo** lohnt sich wegen des fantastischen Ausblicks (s. Lieblingsort S. 265).

Zoo Al Maglio-Neggio

Via ai Mulini 14, Tel. 091 606 14 93, www.zooalmaglio.ch, April–Okt. tgl. 9–19, Nov.–März 10–18 Uhr, Erw. 11 CHF, Kinder 6 CHF

In Neggio, auf halbem Weg zwischen Agno und Ponte Tresa, liegt der einzige Zoo des Tessins, mit über 100 Tieren aus aller Welt, darunter auch Löwen, Tiger und Bären.

Ganz bequem mit der Gondelbahn auf den Monte Tamaro

Übernachten

Direkt am See – **Eurocampo:** Tel. 091 605 21 14, www.eurocampo.ch, vierköpfige Familie mit Wohnwagen 44,80 CHF pro Tag. Ordentlich ausgestattet, Liegewiese am See, ohne Pool, aber andere Freizeiteinrichtungen.

Essen & Trinken

Erlesen – **Grotto Riviera**: Via Pezza, Agno 24, www.ristoranteriviera.ch, Tel. 091 605 21 55, Di–Sa, nur abends, Küche ab 18 Uhr, Putenschnitzel vom Grill 34 CHF, gefüllte Wachteln 29 CHF. Originelles Grotto, das eher ein Restaurant mit großer Weinkarte ist. Die Speisekarte steht auf einer Schiefertafel.

Aktiv

Lamatrekking – **Casa Gisoretta:** Iseo, nordöstl. von Agno, Tel. 07 93 31 25 73, www.lama-trekking.ch.vu, Schnuppertrekking ca. 1 Std. Erw. 25 CHF, Kinder 15 CHF, Übernachtung im Zelt auf

Lieblingsort

Oase mit Weitblick – Santa Maria Iseo-Cimo ▶ E 9
Eine meiner Lieblingsoasen mit Panoramablick ist der kleine Platz vor der Kirche Santa Maria Iseo-Cimo. Von Agno geht es eine gewundene Straße hinauf, immer höher, den Verkehr und Trubel lasse ich hinter mir. Die Kirche steht allein auf einem Hügel – und meine Augen schweifen hinunter auf den Südzipfel des Luganer Sees und zur Collina d'Oro, zum gegenüberliegenden Ufer.

Wanderung um den Monte Caslano

dem Gelände oder im Heulager. Der Wanderführer Hanspeter Frei hat sich Lamas zugelegt und führt mit diesen geduldigen Tieren Kinder und Erwachsene auf Trekkingtouren durch das Malcantone. Auch im Winter möglich.

Caslano ▸ E 9

Das Dorf auf der kleinen Halbinsel zwischen Agno und Ponte Tresa wirkt wie ein verschlafener italienischer Ferienort am Meer. Im hübschen Ortskern tragen die Straßen so eigenartige Namen wie Via Streciöö.

Fischerei-Museum

Via Meriggi 32, Tel. 091 606 63 63, www.museodellapesca.ch, April–Okt. Di, Do, So 14–17, Juli, Aug. 16–19 Uhr, 5 CHF
Eine Ausstellung durch die Welt der Fischerei. Modern gestaltet, beginnt es thematisch bei der Urgeschichte des Fischfangs.

Wanderung um den Monte Caslano

Strecke: 5,5 km; Dauer: 2 Std.; Start: Parkplatz beim Campeggio Bosconi in Caslano; einfach
Vom Parkplatz beim Campeggio Bosconi geht man an den See und folgt dem Ufer bis zum **Dorfplatz.** Vorbei am **Ristorante Battello,** dort nach links zur unteren Straße. Auf diesem Weg (Karte: rot) umrundet man den Monte Sassalto, so der richtige Name. Der Weg führt fast immer entlang des Wassers, mal geteert, mal als Pfad. Wer es sportlich etwas anspruchsvoller mag, kann auch auf den Berg hinaufwandern, auf halber Höhe befindet sich ein Naturlehrpfad (grün).

Übernachten

Mittendrin – **Osteria Battello:** Piazza Lago 3, Tel. 091 606 16 50, www.osteriabattello.com, DZ ab 135 CHF. Die Zimmer sind klein, aber die Osteria liegt direkt am See und mitten im Geschehen, wenn man in Caslano davon überhaupt reden kann.

Aktiv

Golf – **Golf Club Lugano**: Via Boett, Magliaso, Tel. 091 606 15 57, www.golflugano.ch. 18-Loch, nordöstlich von Caslano.

Infos

Siehe Infobox S. 260

Ponte Tresa ▸ E 9

Mit dem Bau des Damms von Melide wurde der Grenzübergang von Ponte Tresa weniger wichtig für den Fernverkehr. Tägliche Pendler nutzen ihn aber zuhauf. Über diese Grenze zogen schon die Heere des Heiligen Römischen Reiches, 1510 die Eidgenossen, 1799 General Suworow mit 22 000 Mann sowie ungezählte Auswanderer, die ihre arme Heimat verließen. Das Malcantone verlor an Bedeutung, und so wanderten eben noch mehr Menschen aus, darunter einige, die im Ausland berühmt wurden: Domenico Trezzini aus Astano entwarf in St. Petersburg Bauten für Peter den Großen, Luigi Rusca aus Agno baute für Katharina die Große. Mit den Abwanderungen leerten sich nicht nur die Dörfer, ganze Landwirtschaftszweige verödeten. Es gibt praktisch keinen der zahlreichen Maulbeerbäume mehr, die zur Seidenraupenzucht verwendet wurden. Tabak wird nicht mehr angepflanzt und kein Hanf mehr verarbeitet.

In Ponte Tresa verlässt der Fluss Tresa den Lago di Lugano, er bildet einige Kilometer lang die Grenze zwischen Italien und der Schweiz. Im italienischen Luino fließt der Tresa dann in den Lago Maggiore.

Übernachten, Essen

Im Grünen – **B&B Vallombrosa:** Castelrotto, Tel. 091 608 18 66, www.vallombrosa.ch, DZ ab 180 CHF. Castelrotto liegt im Hinterland von Ponte Tresa. Dieses reizende Bed & Breakfast gehört zum Weingut Vallombrosa und natürlich kann man alle Produkte und den Wein auch kaufen – für zu Hause.

Das Schöne – **Belcantone:** Novaggio, ca. 7 km nördlich, Tel./Fax 091 606 13 23, www.pensionebelcantone.ch, DZ 120–140 CHF. Fulvio und Roberto führen diese kleine Pension mit dem treffenden Namen – Belcantone im Malcantone – familiär. Das Haus ist auf Biker eingestellt und die Pizza wird vor den Augen der Gäste im Ofen gebacken (Do–Di 8.30–24 Uhr).

Essen & Trinken

Typisch – **Grotto Lema:** Novaggio, Tel. 091 606 54 41, Di–Sa 11–21.30, So bis 18.30 Uhr, z. B. im Herbst Wildschwein ab 25 CHF. Gepflegte Boccia-Bahn, Granittischen, Tessiner Küche und mitten im Malcantone gelegen.

Restaurantterrassen direkt am See laden in Ponte Tresa zum Verweilen ein

Das Beste auf einen Blick

Mendrisiotto

Highlight!

Monte San Giorgio: Der Monte San Giorgio ist der Jurassic Parc des Tessins, der ›Berg der Saurier‹ enthält gut erhaltene, 200 Mio. Jahre alte Fossilien und wurde 2003 von der UNESCO in die Liste des Weltnaturerbes aufgenommen. S. 275

Auf Entdeckungstour

Immer Bellavista – Wandern auf dem Monte Generoso: Der nur 1701 m hohe Monte Generoso zählt zu den besten Aussichtsbergen des Tessins. Er steht so weit im Süden, dass man von ihm die oberitalienischen Seen ebenso gut sieht wie den Alpenbogen. Viele Wandermöglichkeiten machen das Vergnügen perfekt. S. 272

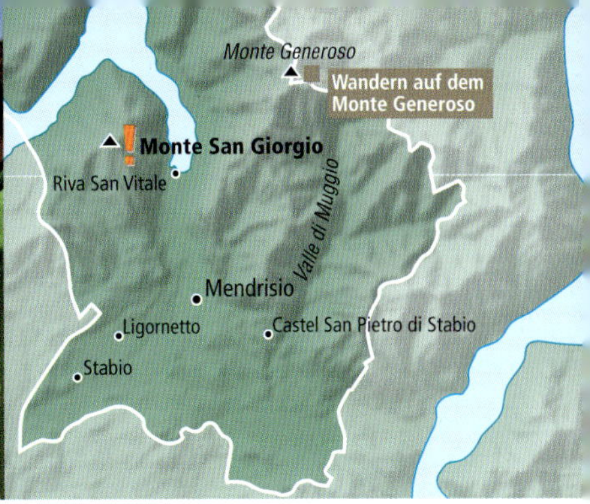

Kultur & Sehenswertes

Baptisterium San Giovanni: In Riva San Vitale steht der älteste Sakralbau der Schweiz. S. 270

Museo della civittà contadina: In Stabio erzählt das Museum vom bäuerlichen Leben in alten Zeiten. S. 276

Museo d'Arte: Das Kunstmuseum in Mendrisio ist in einem im 13. Jh. gegründeten Servitenkloster untergebracht. S. 278

Museo Vincenso Vela: In Ligornetto hat Mario Botta das Wohnhaus des Bildhauers zum Museum umgebaut. S. 283

Zu Fuß unterwegs

Valle di Muggio: Im südlichsten Alpental der Schweiz kann man wandern und alte Mühlen besuchen. S. 283

Auf den Monte San Giorgio: Wie einst die Pilger steigt man hinauf zur Wallfahrtskapelle. S. 276

Genießen & Atmosphäre

Montalbano: Im Gutshaus aus dem 18. Jh. wird in Castel San Pietro di Stabio frische Küche serviert, Fisch vom Großmarkt in Mailand, Trauben und Trüffel aus der Region. S. 277

Antico Grotto Ticino: Die Besitzer dieses alten Grottos in Mendrisio behaupten, den besten Risotto der Welt zu rühren. Ausprobieren empfohlen! S. 281

Abends & Nachts

Außer zum Jazzfest **Estival Jazz,** bei dem auf der Piazzale alla Valle in Mendrisio kostenlose Konzerte gegeben werden, herrscht im südlichsten Zipfel des Kantons vor allem eines: Ruhe. S. 282

Mendrisiotto

Hügel mit Wein und Zypressen – die Landschaft des Mendrisiotto hat mit den Schweizer Alpentälern des Sopraceneri nichts mehr gemein. Das Mendrisiotto streckt seine Fühler eher nach Italien als zum Alpenraum aus.

Ähnlich wie das nördlichste Tal des Tessins, die Leventina, nimmt man auch das Mendrisiotto meist nur im Vorbeifahren wahr: ein Durchgangsland, das vom Autofenster fast nur aus Industrieansiedlungen zu bestehen scheint. Die kleinen Schönheiten dieses Landstrichs entdeckt man erst, wenn man die E 35 verlässt: etwa stille Dörfer inmitten von Weinbergen und das südlichste alpine Tal des Tessins. In dem südlichsten Zipfel der Schweiz finden sich auch viele Zeugnisse gelungener moderner Architektur.

Riva San Vitale ▶ F 10

Ein recht hübscher Ort am Südende des Lago di Lugano ist Riva San Vitale, das Kunstsinnige und auch Gläubige anzieht: Das **Baptisterium San Giovanni** in der Via Settala ist der älteste Sakralbau der Schweiz und entstand um 500. Der kleine quadratische Bau, der innen achteckig ausgeformt ist, liegt etwas versteckt in einem Hinterhof und wirkt, entsprechend seinem Alter, eher unscheinbar. Die vorromanischen und romanischen Fresken sind größtenteils verblasst. Mächtig ist das Taufbecken, in dem einst die Immersionstaufe vollzogen, also der Täufling ganz eingetaucht wurde.

Zweites bedeutendes Bauwerk von Riva San Vitale ist die berühmte Renaissance-Kirche **Santa Croce,** deren Kuppel den Ort weithin sichtbar überragt. Der Zentralbau wurde von Giovanni Antonio Piotti errichtet (1588–92), die Wandmalereien stammen von Pietro della Valsolda. Auffällig sind die Altäre aus dem begehrten Marmor von Arzo (Via Santa Croce, s. S. 59).

Essen & Trinken

Originell – **Osteria Unione:** Via dell'Indipendenza 16, Tel. 091 648 23 53, www.osteriaunione.ch, Do–Mo 9–24, Di bis 14 Uhr, Hirschfilet mit Thymian 29 CHF. Im alten Kino. Sa Bühnenshow, man sitzt sinnigerweise auf Regiestühlen.

Typisch – **Grotto Pojana:** Via Pojana 63, Tel. 091 649 74 31, www.grottopojana.com, Mi–So 11.30–14 und 18.30–22 Uhr, Di bis mittags, Polenta mit Rindfleisch/Felchen mit Salbeibutter 28 CHF. Urtümliches Grotto.

Termine

Monte Generoso Bike Marathon: 1. So im Juni, Tel. 079 812 54 45, www.montegenerosobikemarathon.ch. Start/Ziel in Mendrisio, dann geht es auf den Monte Generoso. Die kurze

Infobox

Reisekarte: ▶ F/G 10/11

Infos

Ente Turistico del Mendrisiotto e Basso Ceresio: Via Lavizzari 2, Mendrisio, Tel. 091 641 30 50, www.mendrisiotourism.ch, info@mendrisiotourism.ch, Mo–Fr 9–12 und 14–18, Sa 9–12 Uhr.

Das Taufbecken im Baptisterium von Riva San Vitale wurde aus einem Findling gehauen

Strecke ist 46 km lang, die lange Route misst 94 km.

Monte Generoso

▶ G 10

Siehe Entdeckungstour S. 272

Capolago ▶ F 10

Capolago liegt ›an der Spitze des Sees‹, das etwa bedeutet der Name. Früher war es ein Fischerdorf, das auch einen regional bedeutenden Hafen hatte, da von dort Güter vom Schiff dann wieder auf Fahrzeuge umgeladen wurden, in Richtung Süden. Berühmtester Sohn der Stadt ist der Architekt Carlo Maderno, geboren 1556; er gestaltete die Fassade des Petersdoms in Rom. Im ehemaligen Seehotel war die Druckerei Elvetica untergebracht, dort wurden während des italienischen Risorgimento, der Einigungsbewegung, revolutionäre Schriften gedruckt. Seit einer Gemeindereform 2009 ist Capolago nicht mehr selbstständig, sondern gehört zur neuen Großgemeinde Mendrisio. In Capolago startet die Zahnradbahn auf den 1701 m hohen Monte Generoso (zzt. im Umbau, Wiedereröffnung 2016).

Übernachten

Zentral – **Svizzero:** Via Scacchi 13, an der Talstation der Bahn, Tel. 091 648 19 75, www.albergoristorantesvizzero.com, DZ 160 CHF. Ordentlich renovierte Zimmer mit eher einfacher Ausstattung.

Camping – **Monte Generoso:** Tel. 091 649 83 33, www.montegeneroso.ch, vierköpfige Familie mit Wohnwagen 45 CHF pro Tag. Platz di- ▷ S. 275

Auf Entdeckungstour: Immer Bellavista – Wandern auf dem Monte Generoso

In Capolago startet die Zahnradbahn auf den 1701 m hohen Monte Generoso, der zu den besten Aussichtsbergen des Tessins zählt. Er steht so weit im Süden, dass man von ihm die oberitalienischen Seen ebenso gut sieht wie den Alpenbogen. Von der Mittel- oder Bergstation eröffnen sich lehrreiche Wanderungen.

Reisekarte: ▶ G 10

Planung: Die Zahnradbahn wird renoviert, die Wiedereröffnung ist für 2016 geplant. Monte Generoso ist dennoch zu erreichen: Man kann mit dem Auto oder mit dem Mountainbike bis zur Mittelstation Bellavista hochfahren. Die beschriebenen Wanderungen können auch von hier aus unternommen werden. Im Ostello Vetta kann man übernachten (Infos: Ferrovia Monte Generoso SA, Capolago, Tel. 091 630 51 11, info@montegeneroso.ch).

Zur Einstimmung des Wandertags steigt man am besten schon an der Mittelstation Bellavista auf 1220 m aus. Hier begann bereits 1867 mit dem Hotel Bellavista das touristische Geschäft. Der See ist während der steilen Fahrt kleiner geworden, das Panorama hat sich geweitet. Von hier geht es auf dem ausgeschilderten Naturlehrpfad zur Bergstation Generoso-Vetta.

Zwölf Hinweistafeln erklären geologische und naturräumliche Besonderheiten, hier erfährt man schon das Meiste über Fossilien, Schmetterlinge, Gämsen und mehr. 400 Höhenmeter sind es zur Bergstation, eine Stunde muss man etwa rechnen.

So weit das Auge reicht

Ganz oben, vom Gipfel mit der markanten Metallpyramide aus, kann man mit bloßem Auge herrliche Blicke ins Gebirge werfen. Im Norden reichen sie bis zur Alpenkette, vom Gran Paradiso zum Monte Rosa, vom Matterhorn zur Jungfrau und schließlich vom Gotthardmassiv bis zur Berninagruppe. Südlich des Monte Generoso gibt es keine nennenswerten Erhebungen mehr, man sieht die Seen von Lugano, Como und Varese – kurz nach der Grenze in Chiasso ist man nach wenigen Autominuten bereits in der brettflachen Po-Ebene.

Meerestiere aus Stein

Der Monte Generoso besteht, wie auch die anderen Berge des Sottoceneri, aus Kalkstein. Das fällt auch in den Dörfern auf: Die Häuser sind nicht mehr aus Granit, sondern entweder aus rohen Kalksteinen oder auch aus Ziegeln. Backsteingebäude konnten nur mittels Mörtel gebaut werden, und für diesen benötigte man Kalk, der eben hier vorkommt. Typisch für Kalk sind auch die Ablagerungen, die man finden kann, wenn man aufmerksam sucht. Ammoniten und andere Fossilien sind häufig zu sehen. Denn das Sedimentgestein des Monte Generoso entstand vor gut 200 Mio. Jahren durch die Ablagerung von Weichtierschalen und von Skeletten toter Meereswirbeltiere auf dem Meeresboden. An der Seilbahn-Bergstation kann man auf zahlreichen Wegen weiterwandern (Infos dort). Zu empfehlen sind die **Schneegrottenrouten.**

Kühlschränke im Berg

Diese speziellen Grotten auf den Abhängen des Monte Generoso, ›Nevère‹ genannt, haben ihre Entstehung ebenfalls dem Kalkstein zu verdanken. Hier, wo alles Wasser sofort versickerte, es keine Bäche gab, konnte Wasser nicht zur Kühlung von Lebensmitteln verwendet werden. Also versuchte man, den Schnee so lange wie möglich zu konservieren. Zum Kühlen benutzte man gepressten Schnee: Dieser wurde in bis zu 7 m in den Boden gebaute zylindrische Bruchsteingebäude geschafft. Daneben wurden Bäume gepflanzt, meist Buchen, die Schatten spendeten und so den Schnee bis in den Sommer hinein vor dem Schmelzen bewahrten.

Einer der Wege führt ab der **Bergstation Generoso-Vetta** zur **Alpe dei Nadigh** und weiter zur **Alpe Génor** (Höhenunterschied 325 m), man geht etwa zweieinhalb Stunden, immer auf einem einfachen Pfad und dann entlang der Zahnradbahntrasse. Der Weg passiert zehn Schneegrotten unterschiedlicher Größe. Zunächst ist eine auf der **Alpe Piana** zu sehen, die in ein Wohnhaus umgewandelt wurde. Drei stehen noch auf der größeren **Alpe dei Nadigh,** wovon eine etwas versteckt in einem Stallgebäude untergebracht ist. Die runde Form aller sogenannten Grotten ist aber immer zu erkennen, wenn man ein bisschen Detektiv spielt. Vier weitere stehen auf **Génor** mit den dazugehörigen Alpsiedlungen **Caserett** und **La Crus** und die letzten beiden auf **Tegnöo.** Dort folgt man dem beschilderten Weg zur Bahntrasse und wandert dann entweder zurück zum Gipfel oder gemütlich abwärts zur Station Bellavista.

Wald- und wildreich

Naturlehrpfad und Schneegrottenroute lassen sich gut verbinden. Wer den Weg nach unten zu Fuß antreten will oder auf dem Berg übernachtet, kann auf der ausgeschilderten **Route der Kohlenmeiler,** ausgehend von der Mittelstation Bellavista bis zur Station **La Piana** absteigen. Dafür sind in etwa drei Stunden 600 m zu überwinden. Bis vor wenigen Jahrzehnten wurde hier oben noch Holzkohle hergestellt und die Stellen für die Kohlenmeiler, jene luftdicht abgeschlossenen Holzhaufen, mit denen die Holzkohle erzeugt wurde, sind noch sichtbar (Broschüre »Kohle und Kohlenmeiler am Monte Generoso« an der Seilbahn erhältlich).

Wer einfach nur so durch den Wald spazieren will, findet ebenfalls schöne Wege. Autos fahren hier keine und so wurde der Berg fast zu einem Naturpark. Gämsen, Füchse, Eichhörnchen und andere Wildtiere sind auf dem Monte Generoso heimisch. Die Grenze zwischen der Schweiz und Italien verläuft über den Berg – der Schweizer Teil ist rauer, der italienische milder und reicher mit Weideland gesegnet.

Formaggio und Firmament

Wandern macht hungrig: Im **Ristorante Belvedere** oben auf dem Berg gibt es zu Tessiner Käseplatten die Aussicht gratis. Und wer sich nicht sattsehen kann: Eine Nacht auf dem Monte Generoso ist bei klarem Himmel ein Ereignis. Angefangen vom Sonnenuntergang über den Bergen bis zum Sternenhimmel. Und wer noch genauer schauen möchte: Oben auf dem Gipfel steht die 1996 eröffnete öffentliche **Sternwarte.** Eine Gruppe von Amateurastronomen betreut die Anlage und veranstaltet Abende mit Spezialisten und Forschern. Interessierte können sich bei solchen Abenden nach vorheriger Anmeldung einklinken; für Gruppen werden auch Spezialveranstaltungen mit Experten organisiert (Informationen und Anmeldung bei francesco.isgro@montegeneroso.ch). Jeden Sonntag kann die Sonne beobachtet werden, falls die Wetterverhälnisse dies zulassen, einerseits mit dem Linsenfernrohr Takahaschi oder mit einem neuen Gerät (LUNT LS152TH alpha), das speziell für die Beobachtung von Sonnenflecken, Sonneneruptionen und Sonnenprotuberanzen eingesetzt wird. Die Beobachtung ist gratis.

Wenn im Observatorium kein Programm angeboten wird, kann man den **Planetenweg** entlangspazieren, einen leichten, 600 m langen Lehrpfad, in dem das Planetensystem auf Hinweistafeln dargestellt wird. Der Pfad beginnt beim Vorplatz des Hotel-Restaurants Vetta.

rekt am Luganer See, bei Melano. Fahrradverleih vorhanden.

Essen & Trinken

Einsiedelei – **Grotto Eremo di San Nicolao:** Somazzo, Tel. 091 646 40 50, Mai– Sept. Di–So, Okt.–April Mi–So jeweils ab 11 Uhr, Käseteller ab 16 CHF. Von der Bergstation muss man etwa 15 Min. bergabwärts wandern. Dort, bei der Kapelle des Einsiedlers Nicolao von 1413, liegt das Grotto. Die Sicht ist wahrhaftig wundervoll. Spezialität sind die Formaggini und der Büscion aus dem Valle di Muggio.

Infos

Zahnradbahn: Nach Umbauarbeiten Wiedereröffnung 2016.

Meride ▸ F 10/11

Oberhalb des geschäftigen Durchfahrtstales liegt **Meride,** ein verschlafenes, hübsches Nest. Um die vielen Weinberge genießen zu können, die der Gegend den Namen Tessiner Toskana eingebracht haben, muss man schon hochfahren. Im Tal bestimmen Industrieansiedlungen, Schwerlaster und heftiger Verkehr die Atmosphäre. Meride hat hübsche gepflasterte Gassen. Man trifft kaum Menschen. Sehenswert ist die Kirche **San Silvestro,** darin Fresken von 1690 von Francesco Antonio Giorgioli.

Fossilienmuseum

Tel. 091 646 37 80, www.montesangiorgio.ch, www.meride.ch, tgl. 8–18 Uhr, Eintritt frei

Das vom Tessiner Architekten Mario Botta umgebaute und erweiterte Fossilienmuseum in Meride zeigt Originale, Kopien und Illustrationen von Sauriern, Fischen und wirbellosen Tieren des Gebietes sowie Fotos der Ausgrabungen.

Übernachten, Essen

Camping – **Parco al Sole:** Meride, Tel. 091 646 43 30, www.tcs.ch/de/reisen-camping/camping/angebote/meride-mendrisio.php, vierköpfige Familie mit Wohnwagen 41 CHF pro Tag. Vier-Sterne-Platz, auch Wohnwagen zu mieten.

Gediegen – **L'Antica Osteria:** Piazza Rinaldi, in Tremona, südlich von Meride, Tel. 091 646 75 45, Di– Sa 10–14 und 17.30–23.30 Uhr, So nur mittags. Der Besitzer Michael Keck ist ein gebürtiger Zürcher, zu ihm kommen die Tessiner und die Deutschschweizer aus der Umgebung gern. Es gibt etwa Kartoffel-Gnocchi mit frischen Tomaten (15 CHF) und Fischgerichte ab 28 CHF sowie zwölf offene Rotweine (ab 2,50 CHF).

Monte San Giorgio ! ▸ F 10/11

Der Monte San Giorgio erhebt sich nordwestlich von Mendrisio, oberhalb von Meride. Die Ablagerungen des Berges umschließen gut erhaltene Fossilien, die auf 200 Mio. Jahre zurückgehen. Der ›Berg der Saurier‹ wurde 2003 von der UNESCO in die Liste des Weltnaturerbes aufgenommen. Seit 1942 werden Grabungen durchgeführt. Einige Saurier, wie der Tanystropheus, wurden bis zu 6 m lang. Es gibt sogar Saurier, die nach diesem Fundort benannt wurden, wie der Ceresiosaurus und der Ticinosuchus. Führungen sind auf Anfrage möglich (buchbar unter info@montesangiorgio.org).

Wanderung auf den Monte San Giorgio

Strecke: 12 km; Dauer: 4 Std.; 650 Höhenmeter; Start: Meride

Man startet in Meride am **Fossilienmuseum** und folgt der Beschilderung nach **Fontana.** Von dort geht es auf dem gepflasterten Weg weiter, die Strecke ist eben wegen der gut erhaltenen Pflasterung im Inventar der historischen Verkehrswege der Schweiz als Objekt von nationaler Bedeutung aufgenommen. Der Beschilderung nach **Cassina** folgend kommt man zu einer kleinen **Kapelle.** Von hier führt ein steiler Pfad auf den Gipfel mit **Wallfahrtskapelle.** Man geht den gleichen Weg zurück.

Alternative: Es bietet sich für den Rückweg auch eine ausgeschilderte Rundwanderung Richtung Alpe di Brusino, weiter durch Spinirolo und wieder nach Fontana an.

Wanderung auf den Monte San Giorgio

Infos

www.montesangiorgio.org/de: Internetseite des UNESCO-Weltkulturerbes mit Informationen rund um den Monte San Giorgio und die Region. Liste der gefundenen Fossilien und Forschungsergebnisse.

Arzo und Stabio ▶ F 11

Im Westen des Mendrisiotto liegen die **Marmorsteinbrüche** von Arzo. An der Straße sieht man die verschiedenen Farben des begehrten, roten Baustoffes. Zu den charakteristischen Kolorierungen zählen drei unterschiedliche Farben, die ›Macchie vecchie‹ – Rot, Gelb und Grau – sowie die Arten ›Venato‹, ›Rosso‹ und ›Broccatello‹. In zahlreichen Kirchen in Norditalien wurden daraus Säulen und Taufbecken gefertigt. Bis heute geht immer noch über die Hälfte des Marmo di Arzo nach Italien. Entstanden sind die Buntkalke zu Beginn des Juras vor rund 190 Mio. Jahren und manche Fundstellen glänzen zusätzlich mit eingeschlossenen Fossilien.

Museo della civittà contadina

Via al Castello, Stabio, Tel./Fax 091 641 69 90, www.stabio.ch/museo-della-civilta-contadina.html, So, Di, Do, Sa 14–17 Uhr, 5/3 CHF

Südlich von Arzo, in Stabio, zeigt das Museum der ländlichen Zivilisation im alten Gemeindeschulhaus (19. Jh.) Kutschen, eine Sammlung von Fallen und Fangeisen sowie landwirtschaftliche Geräte.

Übernachten, Essen

Schlicht mit Jugendstil – **Casa Beretta:** Via Antonio Rinaldi, Arzo, Tel. 091 646 11 31, www.bnbcasaberetta.

ch, DZ ab 120 CHF. Ein Jugendstilhaus mit Garten am Dorfrand von Arzo, die Mansarden ausgebaut, fertig ist das einfache B&B. Und unten im Haus gibt es noch eine ›piccola Osteria‹, die wirklich sehr ›piccola‹ ist. Reservieren sei hier angeraten.

Für Gruppen – **La Perfetta:** Arzo, Tel. 091 695 11 10, www.gruppen-unterkuenfte.ch/ Haeuser/Perfetta/perfetta.htm oder 091 646 55 58, laperfetta@chiasso.ch, Bett ab 18 CHF. Gruppenunterkunft, 4–8-Bett-Zimmer, ähnlich wie eine Alpenvereinshütte.

Eine Institution – **Montalbano:** Via Montalbano 34 c, Castel S. Pietro di Stabio, Tel. 091 647 1206, www.montalbano.ch, Mo, Sa mittags und So abends geschl., einheimische Fische ca. 30 CHF, kl. Portion ca. 20 CHF. Das Gutshaus aus dem 18. Jh. wird seit 25 Jahren von der Familie Croci Torti als Restaurant geführt. Chef Claudio Croci Torti gräbt alte Rezepte aus, lässt sich von Bauern aus der Region beliefern, der eine bringt Trüffel, der andere Tauben, der Dritte fängt Zander für ihn. Und Doraden bekommt er frisch vom Mailänder Großmarkt.

Nicht nur Pizza – **Al Torchio Antico:** Piazetta Guid Bustelli, Arzo, Tel. 091 646 49 94, http://altorchioantico.ch, Di–Fr 17–24, Sa/So 10–14, 17–24 Uhr, DZ ab 100 CHF, Pizza ab 10 CHF. Bekannt ist die Dorfwirtschaft für hausgemachte Gnocchi und 38 Sorten Pizza. Der Wein kommt von den Hängen des Monte San Giorgio. Und wer bleiben mag: Einfache Zimmer gibt es auch.

Edel – **Ristorante Vecchia Osteria:** Via Campora 11, Seseglio, Tel. 091 682 72 72. www.vecchiaosteria.ch, Di–Sa 12–15 und 19–22 Uhr, So nur mittags. Außen ein wenig attraktiver grauer Bau, zeigen sich innen elegant renovierte Gasträume; im Sommer hübscher Garten mit Blick auf Weinreben. Küchenchef Ambrogio Stefanetti hat sich andernorts schon einen Michelinstern erkocht, auch hier geht es gehoben zu, etwa mit Lachs mit Kapern aus Lipari (28 CHF) oder dem Mittagslunch aus vier Gängen (52 CHF). Speziell ist die Polenta aus dem Mais Granoturco, der in einer historischen Mühle im Valle di Muggio gemahlen wird.

Einkaufen

Hemden – **Fabrikverkauf van Laack:** Via Meride, Arzo, Mo–Fr 10–12, 14–17, Sa 9.30–12 Uhr. Sogar Italiener kaufen hier hochwertige Hemden zu reduzierten Preisen ein.

Mendrisio ▸ F 11

Im Herzen des Mendrisiotto liegt das geschäftige Mendrisio, die namengebende Bezirkshauptstadt am Fuße des Monte Generoso. Seit 2009, nach dem Zusammenschluss mit Capolago, Rancate, Arzo und Tremona zu Groß-Mendrisio, ist es auch offiziell eine Stadt. Mendrisio ist umgeben von Industrieanlagen und Großmärkten. Drumherum gürten sich Weinberge – die ›Tessiner Toskana‹ nennt sich die Region deshalb gern. In Mendrisios Altstadt findet man ein paar hübsche Gassen, wenn man danach sucht. Aber es gibt kaum Restaurants, Billig-Shops machen in rascher Folge auf und wieder zu. Zur neuen Ortsmitte wurde das Einkaufszentrum mt Wohnhäusern. Es entstand in den 1990er-Jahren, geplant – natürlich – von Mario Botta, dem Stararchitekten, der heute auch wieder in Mendrisio wohnt.

Stadtgeschichte

Die Besiedlung in der Steinzeit ist durch Funde belegt. Im Kampf zwischen

Mendrisio

Sehenswert
1 SS. Cosma e Damiano
2 Museo d'Arte
3 Architekturakademie
4 San Martino

Übernachten
1 Hotel Morgana
2 Studio Stellanove
3 Garni Sport

Essen & Trinken
1 Antico Grotto Ticino
2 Atenaeo del vino
3 Grotto Bundi

Einkaufen
1 FoxTown

Guelfen und Ghibellinen, Papst- und Kaisertreuen, wurde Mendrisio 1242 von den Mailänder Kaiseranhängern zerstört. Unter Napoleon gab es auch im Mendrisiotto Stimmen, die den Anschluss an die Cisalpinische Republik forderten, doch die Bevölkerung entschied sich dann doch für die Schweiz: Am 15. Februar 1798 endete die Vögteherrschaft (seit 1522) und 1803 kam das Mendrisiotto zum Kanton Tessin. Durch politische Veränderungen ungetrübt, hat sich in Mendrisio eine Tradition aus dem 16. Jh. bis heute erhalten: die Prozessionen in der Karwoche. Die Teilnehmer ziehen in historischen Kostümen durch die Altstadt, Kinder tragen traditionell bemalte Laternen, die Häuser sind mit Transparenten aus dem 18. Jh. geschmückt.

Pfarrkirche SS. Cosma e Damiano 1

Piazza del Ponte

Das auffälligste Bauwerk, die Pfarrkirche SS. Cosma e Damiano, von Luigi Fontana 1870–74 an der Stelle einer romanischen, später barocken Kirche erbaut, thront eindrucksvoll auf ihrer monumentalen Fronttreppe. Unterhalb der Kirche hat sich ein mittelalterlicher Stadtturm gut erhalten. Sie gilt als monumentalster Kirchenbau des 19. Jh. im Tessin. Das holzgeschnitzte Altargehäuse ist noch aus der Vorgängerkirche. Die hölzerne und vergoldete Madonna del Rosario stammt aus dem 17. Jh. und wird von den Einheimischen geliebt.

Museo d'Arte 2

Piazza S. Giovanni, Tel. 091 640 33 50, www.mendrisio.ch/museo, Di–Fr 10–12, 14–17, Sa/So 10–18 Uhr, Erw. 10 CHF, Kinder 8 CHF

Besuchenswert ist das Museo d'Arte schon wegen der hübschen Räumlichkeiten. Ein Teil des Museums ist in einem im 13. Jh. gegründeten **Servitenkloster** untergebracht. Zu sehen sind dort überwiegend Werke von Tessiner Künstlern (18. Jh. bis heute). Die anderen Ausstellungsstücke befinden sich direkt daneben in der Kirche **Santa Maria delle Grazie**, einem ursprünglich romanischen, mehrfach umgebauten Oratorium. Sehenswert ist dort u. a. ein Altarbild aus dem 14. Jh.

Architekturakademie 3

Accademia di architettura, Largo Bernasconi 2, Tel. 058 666 50 00, www.arch.unisi.ch

Es dauerte lange, bis im Tessin eine Universität gegründet wurde, obwohl sich bereits vor über 150 Jahren der Tessiner Politiker Stefano Franscini dafür eingesetzt hatte. 1996 schließlich bekam Lugano eine Fakultät für Wirtschafts- und Kommunikationswissenschaft und Mendrisio die Architekturakademie. An dieser Gründung hatte **Mario Botta** wesentlichen Anteil, er initiierte den Fachbereich Architektur (Accademia di Architettura di Mendrisio) der Universität der italienischen Schweiz, an der er seit 1996 neben **Bruno Reichlin** und **Aurelio Galfetti** Architekturentwurf

lehrt. Der Großteil der Akademie ist im neoklassizistischen Palazzo Turconi untergebracht, dort empfängt die Studierenden am Eingang eine Nana-Großplastik von Niki de Saint Phalle. Ein **Neubau** entstand im Jahr 2000, gebaut von den Zürcher Architekten Patrik Zurkirchen und Amr Solimann.

Architekturmuseum

Largo Bernasconi 2

Schon im Jahr 2005 wurde ein internationaler Architekten-Wettbewerb für den Bau dieses Museums ausgerufen, doch das ehrgeizige Projekt ist bisher über die Planungsphase nicht hinausgekommen. Dereinst soll es

In der Architekturakademie Mendrisios geht es sehr modern zu

einmal Dauer- und Wanderausstellungen zu Architektur, Design und Mode zeigen und zugleich Standort für Forschungs- und Studientätigkeit zur Architektur sein.

San Martino 4

Via San Martino

Die Kirche steht nördlich der Altstadt einsam auf der Wiese, eingekeilt zwischen Bahngleise und Autobahn. Sie wurde erstmals im Jahr 963 erwähnt und ist damit eine der ältesten Kirchen im Tessin. Auf den ersten Blick sieht sie nicht wie ein Gotteshaus aus, sondern eher wie ein landwirtschaftliches Gebäude. Die meisten der romanischen Reste wurden im Barock bei Umbauarbeiten zerstört. Zu St. Martin wird ein großer Gottesdienst gefeiert. Auf der Wiese vor der Kirche findet dann ein Erntedankmarkt statt, ein echter Bauernmarkt mit Viehversteigerung.

Übernachten

Mit Pool – **Hotel Morgana** 1: Via C. Maderno 12, Tel. 091 646 23 55, www.hotelmorgana.ch, DZ 195 CHF. Etwas außerhalb vom Dorfzentrum mit Sonnenterrasse und Pool.

Künstlerisch – **Studio Stellanove** 2: Via Stella 9, Tel. 079 386 75 56, www.stellanove.ch/studio_d.htm, 85 CHF. pro Tag. Geräumiges Studio in der Fußgängerzone. Elegant möbliert, mit DVD und Waschmaschine ausgestattet, auf Wunsch gibt es im Sommer Frühstück auf der Veranda (9 CHF).

Freundlich geführt – **Garni Sport** 3: Piazza L. Fontata 1, Tel. 091 646 15 60, DZ 80 CHF. Einfaches Hotel. Frühstück gibt es im Sommer im Hof.

Essen & Trinken

»Hic mihi terrarum angulus ridet«, hier lacht mir die schönste Ecke der

Erde entgegen. Dieses Vergil-Zitat steht als Inschrift in einem der Keller, die in den Felsen von San Nicolao in Mendrisio eingehauen sind. Dort, in der Kastanienallee Viale alle Cantine, gibt es viele Vorratskeller, von denen einige zu Grotti wurden, z. B.:

Risottissimo – **Antico Grotto Ticino** 1: Via alle Cantine 20, Tel. 091 646 77 97, www.grottoticino.ch, Do–Di 12–14 und 18.30–22 Uhr, Risottogerichte 19,50 CHF/Person. Dieses Grotto ist eher ein richtiges Restaurant. Im Kellergewölbe steht modernes Mobiliar, serviert wird das beste Risotto der Welt, wie die Kellner gerne behaupten. Wer wollte ihnen widersprechen?

Elegant – **Atenaeo del vino** 2: Via Pontico Virunio 1, Tel. 091 630 06 36, www.atenaeodelvino.ch, Di–Sa 11–15 und 17–22.30 Uhr, So und Mo geschl., Lammkotelett 28 CHF. Ehemals war hier eine alte Osteria untergebracht, heute lockt hier dieses moderne Lokal, das hauptsächlich eine Enoteca ist – und ein echter Gewinn für die Innenstadt von Mendrisio. Außer einer üppigen Weinkarte gibt es Speisen der Region auf gehobenem Niveau.

Musica Polentana – **Grotto Bundi** 3: Via alle Cantine 24, Tel. 091 646 70 89, www.grottobundi.com, Di–Sa 9–14.30 und 17–24, So bis 22, Mo geschl., warme Küche 11.45–13.30 und 18.45–20.30 Uhr. Rinderschmorbraten 28 CHF, als kleine Portion 18,50 CHF. Sandrine und Stefano Romelli führen dieses Grotto, das ebenfalls eher ein richtiges, wenn auch einfaches Lokal ist. Spezialität ist außer den wunderbaren Weinen der Region und hausgemachten Wurstwaren die Polenta und die kann man, zum selbst Anrühren, auch kaufen und mit nach Hause nehmen. Auch wenn man zu Hause kaum den typischen Kupferkessel im Kamin haben wird, in dem der Maisbrei hier zubereitet wird.

Einkaufen

Schnäppchen-Mall – **FoxTown** 1: Via Ang. Maspoli 18, bei der Autobahn-Ausfahrt, Tel. 08 48 82 88 88, www.foxtown.ch, tgl. (!) 11–19 Uhr. In dem Factory Outlet finden sich Shops sowohl von feinen italienischen Marken wie Prada und Versace als auch von Sportlabels wie Nike. Manches bis zu 70 % reduziert. Hierher kommen auch Italiener gerne zum Shoppen. Mittlerweile ist das Outlet die meistbesuchte Sehenswürdigkeit des Tessins.

Aktiv

Kulturführung – ab April jeden 2. So im Monat 10–12 Uhr, Mindestteilnehmerzahl 5 Personen, Anmeldung bis Sa 11 Uhr, Tel. 091 641 30 50, info@mendrisiotourism.ch, 15 CHF pro Person, bis 16 Jahre gratis. Das **Fremdenverkehrsamt** organisiert **Führungen zu Kunst und Architektur** in Mendrisio. Die Tour führt durch den alten Ortskern, zum mittelalterlichen Glockenturm, zu Gebäuden aus dem 15. Jh., alten Handwerksbetrieben und weiteren Sehenswürdigkeiten.

Infos & Termine

Touristeninformation

Siehe Infobox S. 270

Verkehr

Bahn: In Mendrisio halten nicht alle Fernzüge. Mehrmals tgl. fahren Regionalzüge nach Lugano und Chiasso.

Termine

Gründonnerstagsprozession: www.processionimendrisio.ch. Die Funziun di Giüdee, wie sie im Volksmund genannt wird, erinnert an mittelalterliche Darstellungen. Etwa 300 als Judäer und Römer verkleidete Personen lau-

Mein Tipp

Bacchantisch – Sagra dell'uva

Die Sagra dell'uva war ursprünglich eher eine Agrarmesse, auf der die Einheimischen ihre lokalen Produkte vorstellten. 1944 in Balerna gegründet, wurde die Sagra vor einigen Jahren nach Mendrisio verlagert und zu einem herbstlichen Fest zu Ehren der Weintraube. In der ganzen Altstadt gibt es am ersten Septemberwochenende Probierstände, Musik und Malerei. Alte Höfe werden zu Grotti, dort und am Markt mit den Verkaufs- und Degustationsständen treffen sich die Einheimischen und die wenigen Ausländer. Die zum Volksfest gewandelte Messe ist eine gute Gelegenheit, das in der Innenstadt nicht besonders attraktive Mendrisio einmal länger zu besuchen. **Sagra dell'uva:** www.sagradelluva.ch, Fr und Sa bis 1 Uhr, So bis zum späten Nachmittag.

fen in einer Prozession durch die Stadt. Sie tragen Kostüme, die 1898 von der Mailänder Scala gekauft wurden. Vor dieser Zeit trug jeder Darsteller sein eigenes Kostüm. Diese einfachen alten Kleider sind spurlos verschwunden.

Karfreitagsprozession: Die Ursprünge dieser rund 600 starken Prozession liegen im 16. Jh. Mit den teilnehmenden Konfraternitäten und religiösen Vereinen hat der Umzug einen ausgeprägt religiösen und liturgischen Charakter. Jungen und Mädchen tragen feingeschnitzte, vergoldete Kreuze und Symbole der Passion. In früheren Jahrhunderten soll Mendrisio so von Menschen aus dem Tessin und der Lombardei überschwemmt gewesen sein, dass »man zu einer bestimmten Abendstunde im ganzen Dorf kein Stück Brot und kein Glas Wein mehr finden konnte«.

Palio degli Asini: s. S. 37

Estival Jazz: Ende Juni, www.estivaljazz.ch. Konzerte auf hohem Niveau, die kostenlos besucht werden können. Nach der Gründung in Lugano macht das Festival seit einigen Jahren auch in Mendrisio Station. Zu Künstlern, die auf der Piazzale alla Valle aufgetreten sind, zählen Noah, Sainkho Namtchylag, Tito Paris, Manu Digango und Joe Zawinul.

Rassegna Gastronomica: www.rassegnagastronomica.ch. Den ganzen Oktober über gibt es im Mendrisiotto verschiedene Veranstaltungen rund ums Essen, wie Weinfeste, Kastanienbratereien, Vergünstigungen in Restaurants und Weindegustationen.

Außerhalb von Mendrisio ▶ F/G 11

Pinacoteca cantonale Giovanni Züst

Rancate, Tel. 091 816 47 91, www.ti.ch/zuest, Sept.–Anfang Jan. Di–Fr 9–12 und 14–18, Sa, So und Feiertage 10–12 und 14–18, März–Juni Di–So 9–12 und 14–17, Juli/Aug. Di–So 14–18 Uhr, Erw. 10 CHF, Kinder 8 CHF

Südwestlich von Mendrisio befindet sich in dem kleinen Ort **Rancate** die Pinakothek Giovanni Züst. Sie logiert im ehemaligen Pfarrhaus, das der Architekt Tita Carloni 1967 restaurierte, der in Lugano auch die Fassade des Doms erneuerte. Nochmals renoviert wurde ab 1988 von Claudio Cavadini, heute Honorarprofessor für Innenarchitektur in Stuttgart. Zu sehen sind Werke von Künstlern des 17. bis 20. Jh. aus der Region, wie etwa von Giovanni Battista Serodine aus Ascona und Giuseppe Petrini aus Carona.

Museo Vela

Largo Vincenzo Vela, Ligornetto, Tel. 091 640 70 40, www.museo-vela.ch, Mitte März–Mitte Dez. Di–So 10–17, Juni–Sept. bis 18 Uhr, Erw. 12 CHF, Kinder 8 CHF

Wenige Kilometer südwestlich von Mendrisio liegt **Ligornetto.** Dort wurde 1820 der veristische Bildhauer **Vincenzo Vela** geboren. Von ihm stammt u. a. das Denkmal für die Opfer des Tunnelbaus am Gotthard in Airolo. Ab 1856 lehrte Vela elf Jahre lang als Kunstprofessor an der Turiner Accademia Albertina. In seinem Haus in Ligornetto, das er seit 1880 als Wohnsitz und Atelier nutzte, befindet sich heute das 2001 von **Botta** umgestaltete Museo Vela. Das Herzstück der Villa ist ein großer achteckiger Saal. Zu sehen sind Skulpturen, Gipsmodelle, Skizzen und Zeichnungen, eine Familienbibliothek und Bilder zeitgenössischer Maler.

Kaffeemuseum

Via Motta 2, Balerna, Tel. 091 695 05 05, www.chiccodoro.ch, Besuche nur mit Voranmeldung und nur für Gruppen, Mo–Fr 14–17 Uhr

In **Balerna,** 6 km südlich von Mendrisio, zeigt **Il museo del caffè** die Geschichte der Kaffeeherstellung. Es gibt auch einen Verkaufsraum, da Caffè Chicco D'Oro auch in heutiger Zeit noch eine Kaffeerösterei ist.

Essen & Trinken

Groß und gut – **Crotto dei Tigli:** Via Tarchini 53, Balerna, Tel. 091 683 30 81, www.crottodeitigli.ch, Mi–So 12–14, 19–21.30, Mo/Di nur 19–21.30 Uhr. Hübscher Biergarten vor einem alten Tessiner Haus mit geräumigem Gastraum und Boccia-Bahn. Einfache Küche, etwa Busecca, Kuttelsuppe, für 8 CHF, kleines Menü ab 25 CHF.

Aktiv

Wellness und Kinderspaß – **Freizeitpark California:** Corso San Gottardo 4, Balerna, Tel. 091 695 70 00, www.california-acquapark.ch, Mo–Fr 8.30–22 Uhr, Sa, So und Feiertage 9–20 Uhr, Tageskarte Erw. 15 CHF, Kinder 10 CHF. Hallenbad mit Fitnesscenter, Sauna, Sonnenstudio, Riesenrutsche und Thermalbecken.

Infos

Verkehr

Bahn: In Balerno halten Nahverkehrszüge.
Bus: Verbindungen nach Ligornetto.

Morbio ▸ G 11

Der Doppelort Morbio Superiore und Morbio Inferiore wächst immer näher an Mendrisio heran – und wird zunehmend zu dessen Schlafstadt. Sehenswert sind die barocke Wallfahrtskirche **Santa Maria dei Miracoli** sowie die **Mittelschule,** ein Frühwerk (1977) von Mario Botta. Nach Morbio Superiore lohnt sich der Abstecher wegen der sogenannten römischen Brücke über die Breggia und dem Dorfbrunnen, für den römische Grabsteine verwendet wurden.

Valle di Muggio

▸ G 10/11

Das Valle di Muggio ist das südlichste alpine Tal im Tessin. Über dem weiten Talboden erheben sich steile Hänge, terrassiert für karge Ernten. Auch in diesem Tal setzte eine große Landflucht ein. Heute sind die Terrassen, Ergebnis jahrhundertelanger

Im GeoPark Gole della Breggia hat der Fluss bizarre Formationen aus dem Kalk gespült

Knochenarbeit und Schinderei, von Wiesen überwachsen. Aus **Muggio** stammt die Architektenfamilie Fontana. Giuseppe Fontana baute hier 1760 die Pfarrkirche **San Lorenzo,** zu der – wie auch zur Kirche SS. Cosma e Damiano in Mendrisio – eine große Freitreppe führt.

Castel San Pietro ▸ G 10

Am Taleingang liegt Castel San Pietro mit der kleinen, gleichnamigen **Kirche,** die zum Bischofssitz von Como gehörte. Die zugehörige Burg wurde im 16. Jh. geschleift, die ältere Kirche blieb stehen. San Pietro, 1343 von Kardinal Bonifazius erbaut, wird auch **Chiesa Rossa** (›rote Kirche‹) genannt. Der Name ist auf die Farbe der vorderen Fassade zurückzuführen. Der Bischof von Como ordnete diese Färbung 1599 an. Diese Regelung wurde auch auf andere Kirchen im Tessin übertragen. 1390 wurde die Kirche zum Schauplatz einer Auseinandersetzung zwischen den Guelfen und den Ghibellinen. Zur Weihnachtsmesse erschlugen Mitglieder der Mailänder Familie Busioni aus Machtgier Angehörige der Familie Rusca: Hundert Tote, darunter auch der den Gottesdienst leitende Pfarrer. Im Innern sind Fresken aus dem 14. Jh. erhalten geblieben. Interessant ist das **Basrelief des Bischofs von Como,** dem Kirchengründer Bonifacio. Auf der Rückseite des Reliefs wurde eine Schutzwand aus der karolingischen Zeit (ca. 9. Jh.) entdeckt.

Mühlen

Besichtigung verschiedener Mühlen über das Museo Etnografico Valle di Muggio, Tel. 091 690 20 38, www.mevm.ch

In Bruzella kann eine der wenigen erhaltenen Mühlen auch ohne Begleitung besichtigt werden, die gegen Ende des 19. Jahrhundert an der Breggia in Betrieb waren (tg. außer Mo 14–17 Uhr).

Spaziergang durch die Gole della Breggia

Parco delle Gole della Breggia, Morbio Inferiore, Tel. 091 690 10 29, www.parcobreggia.ch (auch geführte Touren), mit dem Auto erreichbar, vom Parkplatz geht es zu Fuß weiter
Ein ausgiebiger dreistündiger Spaziergang – mit gutem Schuhwerk – lohnt im Naturpark Parco delle Gole della Breggia am unteren Ende des Valle di Muggio. Tief in das Kalkgestein hat sich die Breggia hier über 1,5 km einen Weg gebahnt, mit Schluchten und tiefen Gumpen. 1998 gegründet, war er der erste GeoPark der Schweiz. An den vom Fluss herausgewaschenen Formationen entlang unternimmt man eine Reise ins Tertiär: Alle Schichten der Erdgeschichte sind zu sehen, weit über 100 Mio. Jahre alt. Die Parkverwaltung ist in eine Mühle eingezogen, den **Mulino del Ghitello.** Durch den Park führen verschiedene Wege, z. B. gibt es einen historischen Rundgang von der Ghitello-Mühle zur Mulin da Canaa und schließlich zur Chiesa Rossa. Ein geologischer Pfad führt näher an den Felsen vorbei, Infos bei der Parkverwaltung (s. o.).

Essen & Trinken

Gourmet – **Locanda del Ghitello:** Parco della Breggia, Tel. 091 682 20 61, www.alghitello.ch, Mo–Sa 12–13.30 und 19–22 Uhr, Mi nur mittags, Sa abends, Vier-Gänge-Menü 84 CHF. Das Lokal liegt im Grünen, ist aber schwer zu finden, in der Nähe des Shoppingcenters Breggia. Serviert wird mediterrane Küche von Koch Luca Alberti. Hohes Niveau, aber bezahlbar.

Fürs Wochenende – **Grotto Casarno:** Muggio, Tel. 09 16 84 14 23, nur Sa/So ab 11 Uhr. Einfaches Grotto. Spezialität: Ziegenfrischkäse des Tales.

Beliebt – **Grotto del Molino:** Via ai Crotti 2, Morbio Inferiore, Tel. 09 16 83 11 80, www.grottomulino.com, im Winter Mo–Sa ab 17.30, So 11–15, im Sommer Mi–Mo 11–15 und ab 17.30 Uhr. Do gibt es Polenta mit Schnecken (15 CHF), Di Pizzocheri (14 CHF), ein deftiges Tellergericht mit Kartoffeln, Mangold und Pasta.

Infos

Am besten fährt man ins Valle Muggio mit dem **Bus** bis nach Muggio, von dort kann man hinunterwandern nach Morbio Superiore.

Chiasso ▸ G 11

Die geschäftige Grenzstadt Chiasso wurde 1127 erstmals erwähnt. Im Mittelalter wurde in Chiasso ein wichtiger Pferdemarkt abgehalten. Ein wahrer Bauboom setzte hier nach der Eröffnung der Gotthardbahn ein. Heute zählt Chiasso etwa 7800 Einwohner und ist die südlichste Schweizer Gemeinde. Um die ständigen Verkehrsprobleme im Mendrisiotto zu beheben, bewilligte das Tessiner Kantonsparlament 2009 Mittel in Höhe von 73,4 Mio. Franken. Mit dem Geld wurde der Autobahnzubringer in Mendrisio neu gestaltet. Außerdem soll die Verkehrsführung in Chiasso verbessert werden.

Crédit Suisse

Piazza Independenza
Markantestes Gebäude in der Innenstadt ist der Neubau der Bank Crédit

Suisse von 1996 nach Plänen von Sergio Grassi und Sandro Cantoni. Der spitzwinklige, hell-dunkel gestreifte Bau versammelt eine große Anzahl moderner Kunst im öffentlich zugänglichen Innern.

Pfarrkirche San Vitale

Viale Manzoni

Die Pfarrkirche San Vitale fand 1237 erstmals Erwähnung. Von diesem ursprünglichen Bau ist allerdings nichts mehr zu sehen: Die Kirche wurde 1935 im Neorenaissancestil neu erbaut.

MaxMuseo

Via Dante Alighieri 6, Tel. 091 682 56 56, www.maxmuseo.ch, Di–So 10–12 und 15–18 Uhr

Das noch recht neue MaxMuseo ist dem Schweizer Grafiker Max Huber gewidmet. In dem auffälligen Bau von Pia Dürisch werden neben den Werken Max Hubers auch Wanderausstellungen gezeigt. Zudem gibt es didaktische Bereiche, die Begegnungen zwischen Künstlern und Kunstliebhabern fördern sollen. In einem Videosaal mitsamt Archiv sind mehr als 300 nationale und internationale Videotitel aufbewahrt.

Skulptur »Schweiz und Italien«

Im Bahnhof umarmen sich schwesterlich in einer Skulptur von Margherita Oswald Toppi die Schweiz und Italien (1932), beide allegorisch als Frauen dargestellt. Und als letzter Blick fällt das Auge der Reisenden, bevor sie die Grenze nach Italien überqueren, auf ein großformatiges Gemälde über der Gleisunterführung: »Emigranten« sind dargestellt, die wenig freudig ihre Heimat verlassen. Ein sinniger Platz für dieses Werk: Schließlich war Chiasso schon im 19. Jh. eine der Grenzen, über die viele ins Ausland gingen.

Übernachten, Essen

In Chiasso machen wenige Urlauber Halt. Das Hotelangebot ist bescheiden. *Ordentlicher Standard* – **Mövenpick Touring:** Piazza Indipendenza 1, Tel. 091 682 53 31, www.hotelmovenpick touring.com, DZ 150–180 CHF. Das beste Haus am Platz, ein gediegenes Business-Hotel, nur zwei Gehminuten vom Bahnhof.

Gourmet – **Conca Bella:** Via Concabella 2, Vacallo (2 km nördlich von Chiasso), Tel. 091 697 50 40, www.concabella.ch, Di–Sa 12–14 und 19–21.30 Uhr, DZ ab 160 CHF, ein fünfgängiges Gourmetmenü kostet etwa 110 CHF. Das Restaurant ist eines der besten der Region. Zum Restaurant gehört auch ein Hotel.

Vegetarisch – **La Meridiana:** Via San Gottardo 102, Balerna, Tel. 091 683

50 29, Di–So 11.30–14 und 19–21 Uhr, Pasta um 10 CHF. Ungezwungen essen in alternativ-künstlerischer Atmosphäre. Es werden nicht nur, aber auch vegetarische Menüs serviert.

Günstig erlesen – **Osteria L'Uliatt:** Via Fontana da Sogno 3, Tel. 091 682 70 57, www.f-diamante.ch/pdf/idea.pdf, Mo–Fr mittags. Klein, sonniggelb, Designerlampen über den Tischen und darauf etwa das kleine, feine Menü für nur 25 CHF: mal mit Flusskrebsen, mal mit Zicklein an Rosmarin. Im Betrieb arbeiten behinderte Menschen mit, er gehört zur Stiftung Diamante.

Einkaufen

Erlebniseinkauf – **Centro Ovale:** Via Pietro E Luisita Chiesa 2, http://centro-ovale.com, Mo–Sa 9–19, Do bis 21 Uhr. Das Einkaufszentrum mit den gängigen Ketten wie H&M besticht durch sein Äußeres. Die Architekten Ostinelli und Partner haben das markante Gebäude entworfen, weithin sichtbar, wie ein flachgedrücktes Ei aus Beton.

Infos & Termine

Bahn: An dem Grenzbahnhof halten fast alle Züge.

Termine

ChiassoJazz: Febr., www.jazzfestivalchiasso.ch. Das Jazzfestival in Chiasso ist ein Klassiker: Im Laufe der Jahre sind vor allem europäische Künstler wie Stefano Bollani oder Kenny Wheeler aufgetreten.

Das Mendrisiotto ist Weinland – hier ein Weinbauer aus Castel San Pietro bei der Ernte

Sprachführer Italienisch

Aussprachregeln

In der Regel wird Italienisch so ausgesprochen wie geschrieben. Treffen zwei **Vokale** aufeinander, so werden beide einzeln gesprochen (z. B. E-uropa). Die **Betonung** liegt bei den meisten Wörtern auf der vorletzten Silbe. Liegt sie auf der letzten Silbe, wird ein Akzent verwendet (z. B. città, caffè). Die weiteren Akzente, die hier verwendet werden, sollen lediglich die Aussprache erleichtern, finden sich aber nicht im geschriebenen Italienisch.

Konsonanten

c	vor a, o, u wie k, z. B. conto; vor e, i wie tsch, z. B. cinque
ch	wie k, z. B. chiuso
ci	vor a, o, u wie tsch, z. B. doccia
g	vor e, i wie dsch, z. B. Germania
gi	vor a, o, u wie dsch, z. B. spiaggia
gl	wie ll in Brillant, z. B. taglia
gn	wie gn in Kognak, z. B. bagno
h	wird nicht gesprochen
s	teils stimmhaft wie in Saal, z. B. museo; teils stimmlos wie in Haus, z. B. sinistra
sc	vor a, o, u wie sk, z. B. scusi; vor e, i wie sch, z. B. scelta
sch	wie sk, z. B. schiena
sci	vor a, o, u wie sch, z. B. scienza
v	wie w, z. B. venerdì
z	teils wie ds, z. B. zero; teils wie ts, z. B. zitto

Allgemeines

guten Morgen/Tag	buon giorno
guten Abend	buona sera
gute Nacht	buona notte
auf Wiedersehen	arrivederci
entschuldige(n Sie)	scusa (scusi)
hallo/grüß dich	ciao
bitte	prego/per favore
danke	grazie
ja/nein	sì/no
Wie bitte?	come?/prego?

Unterwegs

Haltestelle	fermata
Bus/Auto	autobus/màcchina
Ausfahrt/-gang	uscita
Tankstelle	stazione di servizio
rechts/links	a destra/a sinistra
geradeaus	diritto
Auskunft	informazione
Bahnhof/Flughafen	stazione/aeroporto
alle Richtungen	tutte le direzioni
Einbahnstraße	senso ùnico
Eingang	entrata
geöffnet	aperto/-a
geschlossen	chiuso/-a
Kirche/Museum	chiesa/museo
Strand	spiaggia
Brücke	ponte
Platz	piazza/posto

Zeit

Stunde/Tag	ora/giorno
Woche	settimana
Monat	mese
Jahr	anno
heute/gestern	oggi/ieri
morgen	domani
morgens/abends	di mattina/di sera
mittags	a mezzogiorno
früh/spät	presto/tardi
Montag	lunedì
Dienstag	martedì
Mittwoch	mercoledì
Donnerstag	giovedì
Freitag	venerdì
Samstag	sàbato
Sonntag	doménica

Notfall

Hilfe!	Soccorso!/Aiuto!
Polizei	polizìa
Arzt	mèdico
Zahnarzt	dentista
Apotheke	farmacìa
Krankenhaus	ospedale
Unfall	incidente

Schmerzen	dolori
Panne	guasto

Übernachten

Hotel	albergo
Pension	pensione
Einzelzimmer	camera singola
Doppelzimmer	camera doppia
mit/ohne Bad	con/senza bagno
Toilette	bagno, gabinetto
Dusche	doccia
mit Frühstück	con prima colazione
Halbpension	mezza pensione
Gepäck	bagagli
Rechnung	conto

Einkaufen

Geschäft/Markt	negozio/mercato
Kreditkarte	carta di crédito
Geld	soldi
Geldautomat	bancomat
Lebensmittel	alimentari
teuer	caro/-a
billig	a buon mercato
Größe	taglia
bezahlen	pagare

Zahlen

1	uno	17	diciassette
2	due	18	diciotto
3	tre	19	diciannove
4	quattro	20	venti
5	cinque	21	ventuno
6	sei	30	trenta
7	sette	40	quaranta
8	otto	50	cinquanta
9	nove	60	sessanta
10	dieci	70	settanta
11	ùndici	80	ottanta
12	dòdici	90	novanta
13	trédici	100	cento
14	quattordici	150	centocinquanta
15	quìndici	200	duecento
16	sédici	1000	mille

Die wichtigsten Sätze

Allgemeines

Sprechen Sie … Deutsch/Englisch?	Parla … tedesco/inglese?
Ich verstehe nicht.	Non capisco.
Ich spreche kein Italienisch.	Non parlo italiano.
Ich heiße …	Mi chiamo …
Wie heißt Du/ heißen Sie?	Come ti chiami/ si chiama?
Wie geht es Dir/Ihnen?	Come stai/sta?
Danke, gut.	Grazie, bene.
Wie viel Uhr ist es?	Che ora è?

Unterwegs

Wie komme ich zu/nach …?	Come faccio ad arrivare a …?
Wo ist bitte …?	Scusi, dov'è …?
Könnten Sie mir bitte … zeigen?	Mi potrebbe indicare …, per favore?

Notfall

Können Sie mir bitte helfen?	Mi può aiutare, per favore?
Ich brauche einen Arzt.	Ho bisogno di un mèdico.
Hier tut es weh.	Mi fa male qui.

Übernachten

Haben Sie ein freies Zimmer?	C'è una càmera lìbera?
Wie viel kostet das Zimmer pro Nacht?	Quanto costa la càmera per notte?
Ich habe ein Zimmer bestellt.	Ho prenotato una càmera.

Einkaufen

Wie viel kostet …?	Quanto costa …?
Ich brauche …	Ho bisogno di …
Wann öffnet/ schließt …?	Quando apre/ chiude …?

Kulinarisches Lexikon

Zubereitung/Spezialitäten

affogato	gedünstet
alla griglia	gegrillt
amabile/dolce	süß
arrosto/-a	gebraten
arrostato/-a	geröstet
bollito/-a	gekocht
caldo/-a	warm
formaggio	Käse
freddo/-a	kalt
fritto/-a	gebacken
al forno	aus dem Backofen
gratinato/-a	überbacken
stufato/-a	geschmort
con/senza	mit/ohne

Vorspeisen und Suppen

alici	sauer eingelegte Sardinen
antipasti misti	gemischte Vorspeisen
bruschetta	geröstetes Weißbrot mit Knoblauch und Öl
busecca	Gemüsesuppe mit Kutteln
cannellini	weiße längliche Bohnen, ungewürzt
carciofi	Artischocken
cazzöla	deftiger Eintopf
cozze ripiene	gefüllte Muscheln
fagiolini bianchi	weiße Bohnen
insalata di polpo	Tintenfischsalat
melanzane alla griglia	gegrillte Auberginen
peperonata	gemischtes geschmortes Gemüse
prosciutto	Schinken
salame di cinghiale	Wildschweinsalami
vitello tonnato	Kalbsbraten mit Thunfischpaste
zucchine alla griglia	gegrillte Zucchini
zuppa di pesce	Fischsuppe

Pasta und Co

cannelloni	gefüllte Nudelröhren
fettuccine/tagliatelle	Bandnudeln
gnocchi	Kartoffelklößchen
lasagne	Nudelauflauf mit Hackfleisch, Tomaten, Bechamelsoße
paglia e fieno	gelbe und grüne Bandnudeln
pasta fresca (fatta in casa)	frische (hausgemachte) Pasta
pasta ripiena	gefüllte Pasta, meist mit Spinat und Ricotta
polenta	Maisbrei
risotto ai funghi	Pilzrisotto
risotto alla marinara	Risotto mit Meeresfrüchten

Fisch und Meeresfrüchte

anguilla	Aal
coregone	Renke
cozza	Miesmuschel
lavarello	Blaufelche
luccio	Hecht
orata	Dorade/Goldbrasse
ostrica	Auster
pesce persico	Barsch
salmone	Lachs
seppia	Tintenfisch
sogliola	Seezunge
trota	Forelle

Fleisch und Geflügel

agnello	Lamm
anatra	Ente
brasato	Rinderschmorbraten
capra	Ziege
carne	Fleisch
cinghiale	Wildschwein
coniglio	Kaninchen
coscia/cosciotto	Keule
costine	Rippchen
faraona	Perlhuhn
lepre	Hase
maiale/porco	Schwein
manzo	Rind
oca	Gans
pernice	Rebhuhn

pollo	Hähnchen
puledro	Fohlen
quaglia	Wachtel
salumi	Wurstwaren
tacchino	Pute
vitello	Kalb

Gemüse und Beilagen

bietola	Mangold
carota	Mohrrübe
cavolfiore	Blumenkohl
cavolo	Kohl
cipolla	Zwiebel
fagioli/fave	Bohnen
finocchio	Fenchel
fungo porcino	Steinpilz
insalata mista	gemischter Salat
melanzana	Aubergine
pane	Brot
patata	Kartoffel
pisello	Erbse
polenta	Maisbrei
pomodoro	Tomate
porro	Lauch
riso	Reis
sedano	Sellerie
spinaci	Spinat
zucca	Kürbis

Nachspeisen und Obst

albicocca	Aprikose
büscion	frischer Kräuterkäse
anguria	Wassermelone
fico	Feige
formaggini	kleine Weichkäse, gewürzt
fragola	Erdbeere
frutta	Obst
gelato	Eiscreme
lampone	Himbeere
macedonia	frischer Obstsalat
mela	Apfel
melone	Honigmelone
panna cotta	Sahnepudding
tiramisù	Löffelbiskuit mit Mascarponecreme
zabaione	Eierschaumcreme
zincarlin	Ziegenkäse

Getränke

acqua (minerale)	(Mineral-)Wasser
... con gas/gassata	... mit Kohlensäure
... senza gas/liscia	... ohne Kohlensäure
birra (alla spina)	(Fass-)Bier
caffè (corretto)	Kaffee (mit Grappa)
ghiaccio	Eis
granita di caffè	Eiskaffee
grappa	Tresterschnaps
latte	Milch
liquore	Likör
spumante	Sekt
succo	Saft
tè	Tee
vino rosso/bianco	Rotwein/Weißwein

Im Restaurant

Ich möchte einen Tisch reservieren.	Vorrei prenotare un távolo.
Die Speisekarte, bitte.	Il menù, per favore.
Weinkarte	lista dei vini
Die Rechnung, bitte.	Il conto, per favore
Vorspeise	antipasto/ primo piatto
Suppe	minestra/zuppa
Hauptgericht	piatto principale
Nachspeise	dessert/dolce
Beilagen	contorno
Tagesgericht	menù del giorno
Gedeck	coperto
Messer	coltello
Gabel	forchetta
Löffel	cucchiaio
Glas	bicchiere
Flasche	bottiglia
Salz/Pfeffer	sale/pepe
Zucker/Süßstoff	zùcchero/saccarina
Kellner/Kellnerin	cameriere/cameriera

Register

Die Autorin: Seit ihrer Kindheit reist Barbara Schaefer nach Italien – und kam auf dem Weg dorthin immer wieder durch das Tessin. Als Erwachsene beschloss sie, nicht mehr nur durchzufahren, sondern zu bleiben. Ihre erste Reise führte sie zum Monte Verità bei Ascona, vor Ort entdeckte sie, wie schön Täler, Berge und Seen rundherum waren. Als Journalistin und freie Autorin reist die Wahlberlinerin viel, doch immer wieder entdeckt sie das Tessin neu für sich.

Abbildungsnachweis
Bilderberg, Hamburg: S. 12 u. li.,118/119 (Ernsting)
DuMont Bildarchiv, Ostfildern: S. 129, 244/245 (Gerth); 12 o. li., 50, 69, 144/145 (Mosler); 21, 29, 33, 47, 59, 62, 82, 91, 98/99, 120/121, 130 re., 140, 186 (2x), 194/195, 198, 201, 207, 212, 224 re., 225, 227, 236, 241, 253, 259, 262/263, 271 (Werner)
Roland Gerth, Thal (Schweiz): S. 219, 234/235
Glow Images, München: S. 10 (Etienne)
Bildagentur Huber, Garmisch-Partenkirchen: Umschlagklappe vorn, S. 57, 164 re., 184/185, 269, 272 (Gräfenhain); 111 (Reto); Titelbild (Serrano); 71 (Simeone)
Laif, Köln: S. 66/67, 164 li.,172/173 (Adenis); 52 (Arcticphoto); 55 (Balzarini/Keystone Schweiz); 64, 268 li., 286/287 (Celentano); 79 (Gaasterland); 25, 267 (Galli); 9 (2x) (Kürschner); 11, 76 (Modrow); 97, 248/249 (Ruetschi/Keystone Schweiz); 222 (Lorenz/Keystone Schweiz)
Look, München: S. 165, 181 (Greune); 88/89 (van Dierendonck); 60, 130 li.,134/135, 176 (Werner); 7, 12 u. re., 42/43, 60, 131, 157, 210/211 (Wohner); 16/17 (Wothe)
Mauritius Images, Mittenwald: S. 104 (Bahnmüller); 268 re., 280 (Imagebroker/Dietrich); 284 (Imagebroker/Szönyi)
picture-alliance, Frankfurt a. M.: S. 77 (akg); 75 (Binder)
Barbara Schaefer, Berlin: S. 6, 12 o. re., 13 (4x), 72, 84/85, 87, 90 (2x), 94, 108/109, 114, 115, 148, 154/155, 158, 168/169, 187, 189, 204, 214, 224 li., 228/229, 256, 264/265, 296

Kartografie
DuMont Reisekartografie, Fürstenfeldbruck
© DuMont Reiseverlag, Ostfildern

Umschlagfotos
Titelbild: Blick auf den Hafen von Brissago am Lago Maggiore
Umschlagklappe vorn: Sonvico mit Blick auf den Lago di Lugano

Hinweis: Autorin und Verlag haben alle Informationen mit größtmöglicher Sorgfalt geprüft. Gleichwohl erfolgen alle Angaben ohne Gewähr. Bitte schreiben Sie uns! Über Ihre Rückmeldung und Ihre Verbesserungsvorschläge freuen wir uns: **DuMont Reiseverlag,** Postfach 3151, 73751 Ostfildern, info@dumontreise.de, www.dumontreise.de

3., vollständig überarbeitete Auflage 2015

Redaktion/Lektorat: C. Traber, A. Winterling, H. Volz
Grafisches Konzept: Groschwitz/Blachnierek, Hamburg
Printed in China

FSC www.fsc.org MIX Papier aus verantwortungsvollen Quellen FSC® C020056